二十一世纪普通高等教育人才培养“十四五”系列精品教材

U0943875

财务分析

主　编　汪上达　申佳奇

四川·成都

图书在版编目(CIP)数据

财务分析/汪上达,申佳奇主编 .—成都:西南财经大学出版社,2021. 8
ISBN 978-7-5504-5007-3

Ⅰ.①财… Ⅱ.①汪…②申… Ⅲ.①会计分析—高等学校—教材
Ⅳ.①F231. 2

中国版本图书馆 CIP 数据核字(2021)第 159778 号

财务分析
CAIWU FENXI
主编 汪上达 申佳奇

责任编辑:李晓嵩
助理编辑:杜显钰
封面设计:墨创文化
责任印制:朱曼丽

出版发行	西南财经大学出版社(四川省成都市光华村街 55 号)
网　　址	http://cbs. swufe. edu. cn
电子邮件	bookcj@ swufe. edu. cn
邮政编码	610074
电　　话	028-87353785
照　　排	四川胜翔数码印务设计有限公司
印　　刷	郫县犀浦印刷厂
成品尺寸	185mm×260mm
印　　张	20. 25
字　　数	474 千字
版　　次	2021 年 8 月第 1 版
印　　次	2021 年 8 月第 1 次印刷
印　　数	1— 3000 册
书　　号	ISBN 978-7-5504-5007-3
定　　价	55. 00 元

前 言

随着经济的快速发展，企业面临的环境日趋复杂，商业竞争日益激烈。在这样的背景之下，做好财务分析工作有助于企业的所有者、经营者、债权人，国家机关及企业员工等利益相关者利用财务信息做出准确的判断，并帮助其做出正确的决策。而在经济高速发展的今天，财务分析所涉及的内容也越来越多，这就要求我们的财务分析人员具备更加扎实的专业知识，从而更好地完成财务分析工作。从学科来讲，财务分析是一门植根于会计学和财务管理学，融合经济学与金融学等学科的理论与方法而独立发展起来的综合性、边缘性应用学科。为了满足会计学、财务管理、审计、财政和金融等专业的学生学习财务分析课程的需要，向学生介绍财务分析基本理论、专业知识与提升学生的综合应用能力，为企业及相关对口岗位提供人才，我们编写了这本力求符合时代潮流，有实际价值的《财务分析》教材。

我们在编写教材的过程当中，依据财务分析概述→财务分析程序与方法→战略分析→会计报表分析→能力分析→企业价值评估的逻辑编写了这本教材。在写作过程当中，我们强调了财务分析课程的应用型，在每章开头设置了一个课堂导入，通过介绍案例的方法让读者能够在学习之前对相关内容有一个了解，并且在每一章的最后都安排了本章小结和课后习题，让读者能够更好地理解该部分的内容。

在编写本教材的过程中，我们参阅和借鉴了许多文献，尽管在参考文献部分尽量将参阅的文献名称写了下来，但难免有所遗漏。为此，我们向所有被参阅、借鉴、引用了文献的作者表示衷心的感谢。

全书一共分成14章，其中第一章是财务分析概述，第二章是财务分析程序与方法，第三章是企业战略分析，第四章到第七章是会计报表分析，第八章是会计信息质量与会计环境分析，第九章到第十二章是四大能力分析，第十三章是财务综合能力分析，第十四章是企业价值评估。

对于本教材存在的不足或纰漏，敬请读者谅解并批评指正。

目　录

第一章
财务分析概述

学习目标

1. 了解财务分析的产生与发展。
2. 理解财务分析的内涵与目标。
3. 了解财务分析的体系与内容。
4. 掌握财务分析的形式与要求。
5. 了解财务分析的信息来源。

课堂导入

“帘外雨潺潺，春意阑珊”。东海港湾清晨的船笛声，将成会计师从沉思中唤醒。他摘下了眼镜，起身关上台灯，走到窗前。他推窗极目，望着眼前的苍茫大海，伫立良久。

成会计师从业二十五载。每到企业季度、半年度、年度财务分析报告日之际，他总是废寝忘食，力求提交高质量的财务分析报告。财务部长在日前召开的公司财务部会议上的讲话仍言犹在耳。

“再过15天就是公司董事会年度报告披露例会，我们财务部务必在10天内拿出一份总经理视角的年度财务分析报告。另外，公司王总会计师还特别要求我们财务部在5天内提交本年度第一季度财务分析快报和上年度新上技术项目的运行分析报告。”

“本年度第一季度财务分析快报让小刘来写，上年度新上技术项目的运行分析报告由小李负责，上年度财务分析报告请成会计师主笔，三份报告都由成会计师总体把关。小李，你刚毕业，写分析报告可要多向成会计师请教啊，也劳烦成会计师多费心！”财务部长接着说。

面对此情此景，成会计师想起这些年自己所做的财务分析报告，不仅被公司管理层、投资者所认可，还能给予利益相关者以有效的决策支持。曾有人问他财务分析的奥妙何在，他的道白是：“财报犹如故事书，光怪陆离众壑味，究竟奥秘何所在，多维分析愈珍珠！”

财务分析是什么？它具有怎样的内涵与外延？其作用又如何？财务分析的最终产品是什么？该产品通过何种载体来呈现？财务分析起源于哪里？它又是如何发展的？企业财务分析体系应如何构建？本教材提出的财务分析体系包括哪些基本内容？我们将在这一章里论述和解说上述内容，试图让读者对此有一个清晰而全面的认识。

第一节 财务分析的产生与发展

一、财务分析的产生

财务分析是工业化大发展的产物，自产生以来，重心从信用分析转移到投资分析，又从投资分析转移到内部分析。

（一）以信用分析为重心的阶段

财务分析起源于美国银行家对企业进行的所谓的信用分析。在 20 世纪初，资本主义开始大规模进行生产，出现了生产过剩现象，破产企业数目急剧增加，经营理财能力成了决定企业命运的关键因素。银行为确保发放贷款的安全性，要求申请贷款的企业提供资产负债表，银行根据企业的财务状况分析企业是否具有偿债能力。银行的着眼点是了解企业的财务状况和偿债能力。1919 年，美国银行家亚历山大·沃尔首开财务分析和评价的先河，创立了比率分析体系，对贷款人进行信用调查和分析，据以判断客户的偿债能力。所以，信用分析又称资产负债表分析，主要用于分析企业的流动资金状况、负债状况和资金周转状况等。起初，银行只根据企业资产和负债的数量对比来判断企业对借款的偿还能力和还款保障程度。随后银行将分析范围扩大到对企业资产结构、负债结构和资金平衡的分析，初步形成了一系列的分析方法和分析指标。1923 年，詹姆斯·H·比斯（James H. Biss）认为信用分析要考虑行业因素，财务分析比率要通过行业标准比率来比较和分析，并计算了许多行业和公司的标准比率。

（二）以投资分析为重心的阶段

到了 20 世纪 20 年代，随着资本市场的形成，针对盈利水平的分析出现了。财务分析的主要服务对象由银行扩展到投资人，在资本市场上，随着社会筹资范围的扩大和非银行的贷款人和股权投资人的增加，公众开始进入资本市场和债券市场，投资人对财务信息分析的要求变得更为普遍。为了能够提高投资的收益，投资者们开始利用银行对不同企业及行业的分析资料进行投资决策。自此，财务分析由信用分析阶段进入投资分析阶段，这使得财务分析涵盖了偿债能力、盈利能力、筹资结构、利润分配等内容，建立起较为完善的外部财务分析体系。从财务分析技术来看，这一阶段不仅仅依赖于比率分析，更注重采用趋势分析、结构分析等来分析和预测企业财务状况和财务成果等。财务分析以为企业之外的银行或其他投资者提供信用分析和盈利分析为主，但只能做到对财务数据的事后分析。

（三）以内部分析为重心的阶段

财务分析在一开始只用于外部分析，即企业外部利益相关者根据各自的要求进行分析。后来，企业在接受银行咨询的过程中，逐渐认识到财务分析的重要性，开始由被动地接受分析逐步转变为主动地进行自我分析。尤其是在第二次世界大战以后，各国将发展的重心转移到经济领域，企业规模普遍开始扩大，经营活动日趋复杂。经理人员为提升盈利能力和偿债能力，以获取投资人和债权人的青睐与支持，开始进行内部分析。

借助财务会计报告所提供的有关资料，经营者开始进行全面、系统的筹资、投资和经营管理分析，企业资产管理、成本分析、业绩评价、价值评估等内部财务分析也成为财务分析的主要内容。对于内部财务分析，企业管理者不仅可以使用公开的报表数据进行分析，而且可以利用没有公开的内部数据进行分析，由此明确管理行为和报表数据的关系，通过改善内部管理来优化企业的经营，让企业更好地发展下去。这些都说明，财务分析由外部分析拓展到内部分析，为改善内部管理服务。

20 世纪 70 年代之后，国际投资迅速增加，国际融资规模不断扩大，财务分析揭示出的财务信息影响投资者对投资报酬的评估和对风险程度的预测。通过对财务信息的比较分析，投资者可以做出有利于公司的投资决策。在这一阶段，内部分析不断普及和深化，与外部分析共同成为财务会计报告分析的重心。内部分析所需和所用的资料非常丰富，这为扩大财务分析领域、提升财务分析效果和发展财务分析技术提供了条件。通过分析财务会计报告，企业管理者可以掌握企业的经营状况，实现企业事前、事中、事后的评价，预测企业未来的发展前景。内部财务分析对企业偿债能力、业绩评价、成本费用、现金流量、盈利能力、营运能力、经营协调能力、发展潜力等方面进行了全方位的分析。财务分析功能的强化要求对企业中存在的问题进行深入的研究探讨，从而找到问题的解决之道，这一阶段的财务分析非常强调发挥专业判断的作用，并且越来越注重对非财务指标的分析与评价。

现代财务分析的重心由外部分析转向内部分析。财务分析的内、外部信息使用者在进行财务分析时虽有不同的侧重，但也有共同的要求，都要求财务分析能够揭示企业的经营趋势、资产与负债及资产与所有者权益之间的关系、企业的盈利能力等。因此，企业的内部分析内容往往也包括外部分析内容；反之，则不然。这主要是因为外部信息使用者有不同的目标及对内部信息资料的不可得，企业的外部分析是企业外部利益集团根据各自的需求对企业进行分析，内部分析则主要为管理当局制定政策提供依据。

二、财务分析的发展

伴随着企业规模的不断扩大，经营活动的日趋复杂，市场竞争也越来越激烈，此时，财务人员意识到财务问题不再仅仅是资金的筹措问题，也是如何更加有效地运用资金的问题。无论是事前决策、事中控制还是事后评价，都需要我们对财务报表提供的相关资料进行分析。财务分析逐渐成为企业改善内部经营管理的重要手段。通过扩展应用领域，财务分析无论是在分析技术上还是在分析形势上都有了更快更好的发展。

（一）财务分析应用领域的发展

早期对财务分析的产生与发展做出重要贡献的是贷款人和投资者。在近代与现代，企业经理、银行家和其他人对财务信息的需要影响着财务分析的发展进程。

1. 银行信贷领域的财务分析

直到 20 世纪初，会计账簿和会计报表一直被当作记账员工作的证明。然而，这时银行家开始要求将资产负债表作为评价贷款是否延期的基础。财务报表大规模被用于信贷领域，则开始于 1895 年。当时纽约州银行协会的经理委员会做出一项决定：要求他们的机构贷款人提交书面的、有其签字的资产负债报表。从那时起，财务报表被主要银行推荐使用。1900年纽约州银行协会发布了申请贷款的标准表格，其中包括部分资产负债表。尽管银行开始要求其客户提供资产负债表，但没有对其内容进行数量计量的任何尝试。资产负债表可能仅仅用于检查，然后就被存档了。纽约第四国家银行副总经理杰姆斯主张提供财务报表，他认为提供贷款必须预测贷款人的偿债能力，必须对财务报表进行分析。他设计出财务报表的比较格式，并认为财务报表的比较应是财务分析的内容。银行家们在接受了比较报表的观点后，开始考虑应该比较什么，如速动资产与流动负债等。这可以证明，在20世纪初，比率分析已经出现并且已经被贷款人所接受。

2. 投资领域的财务分析

利用财务报表分析观察企业财务状况的观点同样被应用于投资领域。20世纪初，美国人汤姆斯在处理各种铁路报表时，使用了现代分析方法，这使得将财务分析作为评价财务状况的基础在投资领域越来越流行。

3. 现代财务分析领域

随着财务分析的领域不断扩展，现代财务分析早已不仅限于银行信贷分析和一般投资分析。随着经济的发展，体制改革与现代公司制的出现，财务分析在资本市场、企业重组、绩效评价、企业评估等领域开始了更广泛的应用。

（二）财务分析技术的发展

1. 比率分析

1919年，亚历山大建立了比率分析体系。他指出，为了取得全面的认识，必须考虑财务报表之间的各种关系，而不仅仅是流动资产与流动负债之间的关系。他一直是比率分析的积极倡导者，并多次精炼计算方法。由此，通过计算一系列比率来进行分析的方法迅速流行起来。然而，比率分析的重要性被夸大了：比率分析被认为具有神秘的能力，是企业成功的“万能钥匙”。许多人开始将其盲目地运用到许多领域中。

2. 标准比率分析

在广泛接受比率分析方法的同时，财务分析者们认为需要一种类似成本会计中标准成本的比率分析标准，即标准比率。在1923年，有学者提出，每一个行业都有以行业活动为基础并反映行业特点的财务与经营比率，这些比率可以通过行业平均比率来确定，许多行业和公司的平均比率或标准比率得到计算。此后，标准比率分析方法开始流行，许多组织开始计算标准比率。

3. 趋势百分比分析

1925年，出版物中出现了严厉批评比率分析的文章。总结起来，对比率分析的异议主要有四点：一是比率的变动可能仅仅被解释为两个相关因素之间的变动；二是某一比率很难综合反映其与比率计算相关的某一报表（如资产负债表）的联系；三是比率给人们一种不保险的最终印象；四是比率不能给人们提供反映财务报表（如资产负债表）关系的综合观点。为了解决比率分析存在的问题，人们提出了替代比率分析的方法，即以一年为基年，得到一系列相关基年的百分比，称之为趋势百分比分析。通过研究趋势百分比的变动，人们可得到企业进步程度的综合印象。

4. 现代财务分析技术

现代财务分析技术是在比率分析、标准比率分析、趋势百分比分析等传统分析技术的基础上发展起来并不断完善的。与传统分析技术相比，其分析体系、分析内容已发生了重大变化。一些新的分析技术也被应用于财务分析之中，如预测分析技术、实证分析技术、价值评估技术、电算化分析技术等。现代财务分析技术体现了传统分析技术与现代分析技术的结合、手工分析技术与电算化分析技术的结合、规范分析技术与实证分析技术的结合、事后评价分析技术与事前预测分析技术的结合。

（三）财务分析形式的发展

1. 静态分析与动态分析

财务分析中的计量可分为两大类：一类是静态分析，它计量单一报表中各项目之间的关系；另一类是动态分析，它计量连续报表中各项目之间的关系。财务分析的最初形式是静态分析，如比率分析。当人们认识到静态分析的缺陷后，开始采用动态分析的方式弥补其不足，动态分析应运而生。可见，要全面综合解释财务报表，这两类分析都是必需的。

2. 全面分析与专题分析

财务分析根据分析的内容与范围的不同，可分为全面分析和专题分析两种。全面分析的目的是找出企业经营中具有普遍性的问题，全面总结企业在这一时期的成绩与问题，为协调各部门关系、做好下期生产经营安排奠定基础或提供依据。专题分析能及时深入地揭示企业在某方面的财务状况，为分析者提供详细的资料信息，对解决企业的关键性问题有重要作用。在财务分析中，应将全面分析与专题分析相结合，这样才能全面深入地反映企业的问题，正确地评价企业的各方面状况。

三、我国财务分析的发展

在我国，真正开展财务分析工作还是在20世纪初。当时设在中国的一些洋行和中国金融资本家开始分析企业的经营效益和偿债能力，但很少根据会计核算数据进行较全面的分析。中华人民共和国成立后，在计划经济体制下，我国一直把财务分析作为企业经济活动分析的一部分。但在统收统支的计划经济体制下，企业经济活动分析的基本任务是反映各项计划的完成情况，财务分析在企业经济活动分析中是无足轻重的。改革开放以来，随着企业自主权的扩大，财务分析引起了越来越多有识之士的重视，不仅企业经济活动分析中财务分析的内容得到了充实，而且财务管理和管理会计等学科也增加了财务分析的内容。随着我国社会主义市场经济体制的建立、发展与完善，我国的宏观经济环境和微观经济体制都发生了很大变化。建立产权清晰、权责明确、政企分开、管理科学的现代企业制度已成为我国企业制度改革的目标和方向。财务分析逐渐形成了独立的理论体系和方法体系。1993年我国实行了财会制度的重大改革，相继颁布了企业会计准则和《企业财务通则》，并重新修订了《中华人民共和国会计法》，统一了财务会计制度，完善了企业的会计信息披露制度，为在我国建立和开展专门的财务分析奠定了基础。由此开始，财务分析才从作为财务管理和财务会计中的一部分内容，逐渐演变成为一门独立的学科。

第二节　财务分析的内涵与目的

一、财务分析的内涵

（一）我国财务分析学科产生的必然性

中华人民共和国成立后，在计划经济体制下，我国学习苏联的模式，在学科建设方面，开设了企业经济活动分析课程，而财务分析当时只被作为企业经济活动分析的一部分内容。后来，许多学科中增加了财务分析的内容，但是这些学科有其独立的理论体系与方法论体系，而财务分析只不过是这些学科体系中的一部分，所以没能形成独立的财务分析理论体系与方法论体系。

在现代企业制度下，企业的所有者、债权人、经营者和政府经济管理者都站在各自的立场上，从各自的目的和利益出发，关心企业的经营状况、财务状况和经济效益，然而他们缺少投资、经营、交易等所需要的系统的财务分析理论与方法。因此，这在客观上产生了建立独立的财务分析学科体系的需要，从而使财务分析学科体系应运而生。

（二）财务分析的基本内涵

界定财务分析的内涵是建立财务分析学科体系的关键。财务分析是指财务分析主体为实现财务分析目标，以财务信息及其他相关信息为基础，运用财务分析技术，对分析对象的财务活动的可靠性和有效性进行分析，为经营决策、管理控制及监督管理提供依据的一门具有独立性、边缘性、综合性特征的经济应用学科。

财务分析的主体是多元的。投资者、中介机构（如财务分析师）、管理者、监管部门、其他利益相关者等都是财务分析的主体。他们都从各自的目的出发进行财务分析。

财务分析的依据或基础是财务信息和其他相关信息。财务信息包括财务报告信息和内部会计报告信息、资本市场金融产品价格信息和利率信息等，其他相关信息包括非财务的统计信息、业务信息等。

财务分析的对象是财务活动，分析的内容是其可靠性与有效性。所谓可靠性分析，是指分析财务信息是否真实准确地反映了财务活动的过程与结果，特别是分析会计信息确认、计量、记录和报告原则与方法的差异、变更、错误等对财务活动可靠性带来的影响；所谓有效性分析，是指分析财务活动的盈利能力、营运能力、支付能力、增长能力等，以判断分析对象的财务活动与结果的质量，为经营决策、管理控制及监督管理提供准确的信息或依据。

因此，从相关主体来看，财务分析可分为投资者财务分析、管理者财务分析、监管者财务分析、客户财务分析、供应商财务分析、员工财务分析等；从分析方法来看，财务分析可分为会计分析与比率分析；从服务对象来看，财务分析可分为外部财务分析和内部财务分析；从职能作用来看，财务分析可分为基于决策的财务分析、基于控制的财务分析和基于监管的财务分析。综上所述，财务分析是指以会计核算和报告资料及其他相关资料为依据，采用一系列专门的分析技术和方法，对企业等经济组织过去和现在的有关筹资活动、投资活动、经营活动的盈利能力、营运能力、偿债能力和增长能力状况等进行分析与评价，为企业的投资者、债权人、经营者及其他关心企业的组织或个人了解企业过去、评价企业现状、预测企业未来、做出正确经营决策、管理控制和监督管理提供准确信息或依据的经济应用学科。

（三）财务分析的定义

关于财务分析的定义，可以有许多认识与理解。从分析的内容来看，财务分析既可以指对企业的历史财务状况与成果进行分析，也可以指对企业将要实施的投资项目在财务方面进行的评价与分析。从分析的主体来看，财务分析既可以指从企业所有者和债权人的角度对企业的财务状况与成果进行分析，也可以指从企业内部管理者的角度对企业的整体或局部财务状况与成果进行分析、预测等。

本书认为，财务分析是指财务分析主体为实现财务分析目标，以财务报表及与之有关的其他数据资料为基础，采用一定的方法对企业财务活动中的各种经济关系及财务活动结果进行综合分析和预测，为经营决策、管理监督和咨询评估提供所需财务信息的一项工作。其实质是财务分析主体对企业财务活动进行全面分析和评价的过程。全面理解财务分析的含义，必须搞清楚以下几个问题：

1. 财务分析有系统、客观的资料依据

财务分析的最基本资料是企业财务报告，财务报告体系和结构及内在的科学性、系统性、客观性为财务分析的系统性与客观性奠定了坚实的基础。另外，财务分析不仅以财务报告资料为依据，而且还参考管理会计报表、市场信息及其他有关资料，使财务分析资料更加真实、完整。

2. 财务分析有专门的功能

财务分析的最基本功能是将大量的报表数据和其他相关资料转化成对企业的经营者及其利益相关者有用的决策信息，减少决策的不确定性。

3. 财务分析有明确的目的和作用

财务分析的目的受财务分析主体和财务分析服务对象的制约，不同的财务分析主体进行财务分析的目的是不同的，财务分析的基本目的是管理决策和监督评价。财务分析的作用从不同角度看是不同的，但一般作用是评价企业过去、反映企业现状、预测企业未来。

4. 财务分析有健全的方法论体系

财务分析的实践使财务分析的方法不断发展和完善。财务分析既有一般方法或步骤，又有专门技术方法。比较分析法、比率分析法、趋势分析法、因素分析法等都是财务分析专门和有效的技术方法。

5. 财务分析是分析和综合的统一

分析与综合通常是相对应的，有分析就应有综合。分析揭示了企业在各个领域或各个环节的财务运行状况及效果，综合则要在分析的基础上得出企业整体财务运行状况及效果的结论。财务分析应把分析和综合结合起来，在分析的基础上从总体上把握企业的财务状况和经营实力。

（四）财务分析与相关学科的关系

财务分析是在企业经济活动分析、财务管理和会计工作基础上形成的一门综合性、边缘性学科。它依据经济理论和实践的要求，综合了财务管理、会计学、金融学、经济学等相关学科的长处，成为一门具有独立理论体系和方法论体系的经济应用学科。因此，财务分析与财务管理、会计学、金融学、经济学等学科既有联系，又有区别。

1. 财务分析与财务管理

从财务分析与财务管理的关系看，它们的相同点在于都将财务问题作为研究的对象。它们的区别主要表现在以下方面：

（1）职能与方法不同。财务分析将职能与方法的着眼点放在分析上，属决策支持系统；财务管理将职能与方法的着眼点放在管理上，属决策系统。

（2）研究财务问题的侧重点不同。财务分析侧重对财务活动状况和结果进行研究，而财务管理则侧重对财务活动的全过程进行研究。

（3）结果的确定性不同。财务分析的结果具有确定性，因为它是以实际的财务报表等资料为基础得到的；而有的财务管理的结果是不确定的，因为它是根据预测值及概率估算的。

（4）服务对象不同。财务分析的服务对象包括企业内外部的信息使用者，而财务管理的服务对象则主要是企业内部的经营者。

由上可以看出，财务分析与财务管理在很多方面具有不同的特征。过去把财务分析仅仅作为财务管理的一个环节，这是很狭隘的做法。财务分析作为一门学科，具有丰富的内涵和广阔的外延，我们应从一个更广的角度理解财务分析。值得注意的是，由于它们都是针对企业的财务活动而言的，因此两者又是密不可分的。财务分析贯穿财务管理过程的始终，财务管理的每一环节都应有相应的财务分析。财务分析按环节可分为财务预测分析、财务决策分析、财务控制分析、财务评价分析等；按财务活动内容则分为筹资分析、投资分析、股利分配分析等，再辅以专题分析。

2. 财务分析与会计学

会计学学科体系由于正在进行一场轰轰烈烈的改革，因此给这个问题的讨论带来了一定难度，要理顺两者的关系，首先应对会计学学科体系有个全面而清晰的认识。与财务分析相关的会计学学科，应该包括财务会计、成本会计和管理会计，而在三个学科当中，此前我们对成本会计与管理会计之间的界限划分得不是很清楚。在西方国家，管理会计直到 20 世纪 50 年代以前，一直未能成为一门独立学科，而可以作为独立的会计分支学科存在的是成本会计。成本会计作为一门独立学科产生于 19 世纪末期，到了 20 世纪 50 年代后，开始让位于管理会计。在我国引入西方管理会计之前，成本会计与财务会计一样，处于企业普通的会计体系中，未形成独立学科，这主要是因为在传统体制下，两者对象的统一性和目标的共同性。在引入西方管理会计后，由于我国企业的普通会计体系是包括了成本计算和成本核算的，且我国的成本内涵与西方国家不同，因此不同于西方财务会计，我国普通会计介绍的是完全成本法和实际成本制度，而西方管理会计介绍变动成本法和标准成本制度，这便是通常说的普通会计与管理会计“两张皮”、管理会计在我国难以运用的原因。目前有人认为化解两者矛盾的方法是分化管理会计，将成本问题分离出来，结合我国实情加以改造，形成独立的成本会计学，而将管理会计中的非成本部分并入如财务管理等相关学科中。这种方案是合理而可行的。因此，财务分析现在面对的相关学科是财务会计与成本会计。

（1）财务分析与财务会计的关系。财务分析是财务会计的逻辑扩展，对财务会计所提供的信息进行加工与转换。虽然会计报表能够提供一些信息，但对信息使用者来说，仍不能有效满足需求，如银行不能直接从阅读会计报表中确证企业偿债能力的强弱。会计报表缺乏对企业财务状况的高度概括，财务分析则通过对报表中有关项目的审查、研究、计算，形成各种有关企业能力的指标，将会计信息转化为对决策有用的信息。财务分析主要是以财务会计核算的报表资料为依据的，因此没有财务会计核算的报表资料的正确性就没有财务分析的准确性。由此可以看出，财务会计的主要职能是核算，是为财务分析提供需要的信息，而财务分析则是建立在财务会计信息基础上的，两者相辅相成，缺一不可。它们都是决策支持系统，财务会计为财务决策提供粗加工原料，而财务分析则为财务决策提供精加工信息。它们之间存在层次递进的关系。

（2）财务分析与成本会计的关系。财务分析与成本会计在企业内部生产经营管理方面是有一定联系的。财务分析需要以成本会计的一些资料为依据进行，但财务分析与成本会计的关系已经不那么紧密了。

3. 财务分析与金融学

现代财务分析的应用领域扩展到以获取超额收益为目的的金融投资领域，要求财务分析人员必须具备一定的金融知识，能够综合市场信息进行分析判断，否则财务分析的结果可能是毫无意义的，而现代金融学理论对财务分析也产生了极大的影响，如市场有效假说认为投资者不可能通过财务分析来取得超额收益，而实践中有效市场是不存在的；投资组合理论要求投资者进行分散化投资，因而需要对企业风险进行评估和分析。总体来看，财务分析的内容随金融学和金融市场的发展不断扩充，金融学理论和分析方法也广泛应用于财务分析之中，因此形成了一门新的边缘学科——财务金融学。

4. 财务分析与经济学

经济是财务分析的土壤，财务分析的对象是企业的经济活动。经济学孕育了财务分析，财务分析的发展轨迹表明，财务分析是随经济的发展而发展的。经济学作为研究经济发展规律的学科为财务分析提供了理论基础，如果财务分析主体不同，那么其分析目的和结果也不同。

综上所述，财务分析作为一门独立的边缘学科，存在着与很多学科相互交叉、移植和借鉴的情况。但是，交叉并不意味着合流，移植也并非混同，借鉴更不会抹杀固有的区别。财务分析学科与其他相关学科之间并不是完全泾渭分明的，我们应力避大面积重复。所谓独立，是指其具有完整的理论体系和方法论体系，与相关学科并列，不是某学科的组成部分；所谓边缘，是指其与相关学科相互交叉，是在各学科有关内容的基础上形成的经济应用学科。随着相关学科对会计信息需求的增加、对数量及质量要求的提高，财务分析的学科地位会得到进一步提升，应用领域会得到进一步扩展。

二、财务分析的目的

财务分析的目的受财务分析主体的制约，不同的财务分析主体进行财务分析的目的是不同的。各种财务分析主体的分析构成了财务分析的目的或财务分析的研究目标。财务分析主体可分为外部和内部两大类。外部分析主体一般包括债权人、股东、其他企业、会计师事务所、政府及其他有关机构；内部分析主体一般为企业管理者、企业主、职工等。企业财务分析主体构成的多元化导致了目的的多元化，从而又导致了分析内容的不同，因此从分析主体看，研究财务分析的目的可以从以下几方面进行：

（一）从企业股权投资者角度看财务分析的目的

企业的股权投资者包括企业的所有者和潜在投资者，他们进行财务分析的最根本目的是看企业的盈利能力，因为盈利能力是投资者的资本保值和增值的关键。但是投资者仅关心盈利能力还不够，为了确保资本保值和增值，他们还应研究企业的权益结构、支付能力及营运状况。只有投资者认为企业有着良好的发展前景，企业的所有者才会保持或增加投资，潜在投资者才能把资金投向该企业，否则企业所有者将尽可能地抛售股权，潜在投资者将转向其他企业投资。另外，对企业所有者而言，财务分析也能评价企业经营者的经营业绩，发现经营过程中存在的问题，从而通过行使股东权利，为企业未来发展指明方向。

（二）从企业债权者角度看财务分析的目的

企业债权者包括企业借款的银行和一些金融机构，以及购买企业债券的单位与个人等。债权者进行财务分析的目的与经营者和投资者都不同，银行等债权人一方面从各自经营或收益的目的出发愿意将资金贷给某企业，另一方面又要非常小心地观察和分析该企业有无违约或破产清算的可能。一般来说，银行、金融机构及其他债权人不仅要求本金的及时收回，而且要得到相应的报酬或收益，而这个收益又与其承担的风险程度相适应，通常偿还期越长，风险越大。因此，从债权人角度进行财务分析，主要目的如下：一是看企业的借款或其他债权是否能及时、足额收回，即研究企业偿债能力的强弱；二是看债务者的收益状况与风险程度是否相适应，为此，还应将偿债能力分析与盈利能力分析相结合。

（三）从企业经营者角度看财务分析的目的

企业经营者主要指企业的经理及各分厂、部门、车间等的管理人员。他们进行财务分析的目的是综合的和多方面的。从对企业所有者负责的角度看，他们关心盈利结果，这是他们的总体目标，但是在财务分析中，他们关心的不仅仅是盈利结果，还包括盈利原因及过程，如资产结构分析、营运状况与效率分析、经营风险与财务风险分析、支付能力与偿债能力分析等。分析的目的是及时发现生产经营中存在的问题与不足，并采取有效措施解决这些问题，使企业不仅用现有资源盈利更多，而且使盈利能力持续提升。

（四）供应商和客户进行财务分析的目的

业务关联企业是指位于价值链上游的供应商和下游的销售商（客户）。供应商是企业原材料、设备和劳务等资源的提供者，他们与企业通过赊购形成了商业信用关系，必须判断受信企业的信用状况、风险情况及偿债能力，因此供应商和放贷人类似，他们进行财务分析时主要关注企业的信用状况、风险情况及偿债能力。企业商品的消费者是客户，也是企业的经济利益关系人。企业在为客户提供商品和劳务时，同时承担着为商品质量担保的义务。客户关心企业连续提供商品和劳务的能力，希望通过财务信息了解企业的销售能力和发展能力。

（五）政府部门进行财务分析的目的

政府与企业的关系表现为多种形式。一方面，政府可以通过持有股权对企业行使全部或部分业主权益，此时，政府除了关注投资所产生的社会效应外，还必然对投资所产生的经济效益予以考虑，在谋求资本保全的前提下，期望能够同时获得稳定的财政收入；另一方面，政府作为社会管理者，利用企业财务报表获取相关信息，以更好地制定宏观经济政策。

（六）员工进行财务分析的目的

员工与企业存在着长久、持续的关系。他们关心工作岗位的稳定性、工作环境的安全性及取得报酬的持续性和增长性，因此更加关注企业的盈利能力及发展前景。

（七）竞争对手进行财务分析的目的

竞争对手希望获取关于企业财务状况的会计信息和其他信息，借以判断企业间的相对效率。同时，财务分析可以为未来可能出现的企业兼并提供信息。因此，竞争对手可能把企业作为未来收购或接管的目标，愿意了解企业的各种财务信息。

（八）社会公众进行财务分析的目的

社会公众对特定企业的关心是多方面的，如企业的就业政策、环境政策、产品政策及社会责任履行情况等。针对这些方面的问题，社会公众往往可以借助盈利能力进行分析。

（九）其他主体进行财务分析的目的

其他进行财务分析的主体主要是指与企业经营有关的企业单位和会计师事务所、证券经营机构及评估咨询机构等市场中介组织。与企业经营有关的企业单位主要是指材料供应者、产品购买者等。这些企业单位出于保护自身利益的需要，非常关心往来企业的财务状况，从而进行财务分析。他们进行财务分析的主要目的在于弄清企业的信用状况，包括商业上的信用和财务上的信用。商业信用是指按时、按质完成各种交易行为；财务信用则是指及时清算各种款项。企业信用状况分析首先可通过对企业支付能力和偿债能力的评价进行，其次可根据对企业利润表中反映的企业交易完成情况的分析判断来说明。

注册会计师在审计过程中，通过财务分析来发现被审计单位在经济活动及财务工作中的差错或不规范的会计处理，从而降低审计风险，提高审计服务质量。证券分析师或股评专家通过对企业财务状况进行分析，以便更好地选股或推荐具有投资价值的企业，从而为客户提供高水准的服务。评估咨询机构通过财务分析，可以了解企业财务状况、管理效率及发展趋势，以支持其开展评估和咨询业务及做出相关决策。

第三节　财务分析的体系与内容

财务分析体系应基于相应的理论基础和逻辑思路而构建，即应以财务分析信息使用主体的需求为导向，从财务分析主体的分析目的出发，运用科学而完备的分析工具和方法，全面而客观地分析尽可能充分的资料，以此获得有理有据并满足分析主体基本需求的分析结论。

一、构建财务分析体系的理论基础

构建财务分析体系有很多的理论基础，这里我们只对利益相关者理论、企业财务分层管理理论和企业社会责任理论做介绍。

（一）利益相关者理论与财务分析

利益相关者理论更多地从企业的角度来看待企业与其利益相关者之间的关系问题。该理论认为企业利益相关者有外部利益相关者和内部利益相关者，外部利益相关者主要有投资者、债权人、客户和政府等，内部利益相关者主要有经营者和职工等。不同利益相关者的利益来源是不同的。

具体来说，投资者的利益源于资本收益和股利收益。这种利益与企业的盈利能力、风险水平、经营效率和发展潜力等密切相关。债权人的利益源于持有债权的安全性、完整性和利息收益。债权的安全性、完整性主要取决于债务人的经营状况和信誉程度，而利息收益则直接与企业的盈利能力相关。经营者的利润高低与完成受托责任的好坏相关，而受托责任往往表现为具体的财务指标，如资本增值额、投资报酬率、销售利润率等。客户的利益源于企业良好的信用和持续发展。供应商可以从及时收回的货款和持续的销售中获益，购货方可通过购进质优价廉的产品受益。这些又与企业的盈利能力、偿还能力和营运能力相关。职工的利益源于企业支付的工资、奖金和福利，虽然这些利益不完全与企业经济效益有关，但仍受企业经济效益的影响，如奖金、福利等。政府的利益主要源于企业缴纳的各种税金，这些税金包括与收入相关的流转税、与盈利相关的所得税、与财产金额相关的财产税等，可见政府的利益直接与企业的资产规模、收入水平和盈利能力相关。

归纳起来，企业利益相关者从自身利益的角度出发，对与其利益相关的盈利能力、偿债能力、营运能力和发展能力比较关注，这种关注促进了财务分析的产生与发展。对企业投资收益、盈利能力、偿债能力、企业价值等进行分析与评价的财务分析满足了企业利益相关者的利益分析需要。可以说现代企业的财务分析实质上是企业利益相关者的财务分析。

（二）企业财务分层管理理论与财务分析

现代企业理论认为，企业是所有者、经营者、债权人、政府和消费者等形成的契约关系的集合，因此企业财务管理的主体是多元的。现代企业制度下最主要的参与企业财务管理的主体是所有者（出资者）、经营者（管理者）和财务经理（财务机构负责人）三者，由于所有权和经营权分离，以及经营者在企业内部实行分权管理，因此所有者、经营者和财务经理三者站在不同的利益立场，并以不同的行为方式参与企业的理财活动，必然会导致不同的理财层次和财务目标。企业财务就分成了所有者财务、经营者财务和财务经理财务三个层次，通常不同层次企业财务的目标是不同的，因此财务管理的内容也不尽相同并各有侧重。所有者财务的目标是关注企业资本的保值和增值，经营者财务的目标是保证企业的利润持续增长，而财务经理财务的目标则是保证实现企业的现金流良性循环。财务分析主体的财务分析目标也不尽相同。所有者进行财务分析，关注资本的保值和增值问题；债权人进行财务分析，关注企业的信贷安全与风险；经营管理者进行财务分析，在关注所有者利益的同时还注重相关者的利益协调，焦点在于解决企业持续创造价值的问题。

（三）企业社会责任理论与财务分析

企业社会责任是指从整个社会出发，考虑企业行为对社会的影响，关心企业与社会之间的关系。对于企业社会责任与企业绩效之间的关系，大多数实证结果表明，企业社会责任与企业绩效在一定程度上存在正相关关系，特别是那些以会计指标衡量企业绩效的实证文献。企业绩效的高低和能否持续发展在很大程度上与企业是否承担社会责任存在正相关关系。

但是，现代财务分析只重视对企业利益相关者进行分析，却忽视了对企业社会责任的分析。这种忽视不但使依赖财务分析结果的企业利益相关者做出的决策不科学，而且可能给企业带来因没有履行必要的社会责任而被终止经营的巨大风险，因此，在财务分析中引入对企业社会责任的分析是十分必要的，这种分析极有可能使现有财务分析体系更完善，使依赖财务分析结果的企业利益相关者所做的决策更科学。

二、构建财务分析体系的逻辑思路

构建财务分析体系应遵循的逻辑思路是，从企业目标（财务目标）出发到财务结果再回到企业目标（财务目标），也就是遵循“企业目标与财务目标→财务目标与财务活动→财务活动与财务报表→财务报表与财务效率（能力）→财务效率（能力）与财务结果”的逻辑思路。

（一）企业目标与财务目标

任何一个学科体系的建立都离不开其应用领域的目标。财务分析作为对企业财务活动及其效率、结果与财务关系的分析，其目标必然与财务目标相一致。关于财务目标的提法或观点较多，如股东（所有者）价值最大化目标、企业价值最大化目标（持续创造价值）、利润最大化目标和经济效益最大化目标等。

要研究财务目标，首先应明确企业目标。其实，企业目标从根本上讲必然与企业所有者目标相一致。在商品经济条件下，企业所有者是资本所有者，企业目标应与资本所有者目标相一致，即实现资本的保值与增值，而资本的保值与增值目标与财务目标是一致的。无论是股东（所有者）价值最大化目标、企业价值最大化目标、利润最大化目标，还是经济效益最大化目标，都是如此。追求股东（所有者）价值最大化是根本的财务目标，它与追求企业价值最大化目标并不矛盾，从长远来看，股东（所有者）价值增加，必然导致企业利益相关方同时受益。如果损害了其他利益方的利益，那么在这种不和谐的环境中要想增加股东（所有者）价值是难以实现的，股东是企业中在增加自己权益的同时也增加利益相关方权益的唯一利益方，同时，股东（所有者）价值最大化目标与利润最大化目标、经济效益最大化目标也不矛盾，利润是直接目标，经济效益是核心目标。因此，企业目标、企业所有者目标与财务目标必然是一致的。

（二）财务目标与财务活动

企业实现财务目标的过程正是企业进行财务活动的过程，这个过程包括筹资活动过程、投资活动过程、经营活动过程和利润分配活动过程。

筹资活动过程是资本的来源过程或资本的取得过程。筹资活动包括所有者投入资本和债权人投入资本。企业在筹资活动中或在取得资本时，要考虑为什么要筹资、从哪里筹资、以何种方式筹资、筹多少资、资本代价有多大、筹资风险有多高、支付能力如何、资本结构是否优化等因素。筹资活动的目的在于以较低的资本成本和较小的风险取得企业所需要的资本。

投资活动过程是资源的取得和配置过程。企业在投资活动过程中首先要考虑投资方向，即投到哪里，是国内还是国外，是制造业还是服务业，是普通技术产业还是高科技产业等；其次要考虑投资回报，即投资回报是高还是低，是快还是慢；再次要考虑投资风险，即有无投资风险，风险究竟有多大，企业能否承受投资风险等；最后还要考虑投资结构、资产利用程度、投资时间和投资区位的天时地利等因素。投资活动的目的在于充分使用资产，以一定的资产、较小的风险取得尽可能大的产出。

经营活动过程是资本的耗费过程和资本的收回过程。企业在经营活动中，要考虑生产要素和商品或劳务的数量、结构、质量、消耗、价格、功能、品牌等因素。经营活动的目的在于以较低的成本费用取得较高的收入，实现更多的利润。

利润分配活动过程是资本退出经营的过程或利润分配的过程。利润分配活动包括提取资本公积和盈余公积并向股东支付股利和留用利润等。企业在利润分配过程中，要考虑资本需求量、大小股东的利益关系、企业眼前利益与长远利益的关系处理、国家政策、企业形象等因素。利润分配活动的目的在于兼顾各方面利益，构建和谐的企业经营环境，使企业发展步入良性循环的轨道。

（三）财务活动与财务报表

企业的基本财务报表由资产负债表、利润表、现金流量表和所有者权益变动表组成，企业的各项财务活动都直接或间接地通过这些报表来体现。

资产负债表反映企业在某一时点的资源配置与规模及资源权益归属的情况，是对企业筹资活动和投资活动的具体体现，体现企业的实力。利润表反映企业在某一时期的收入、成本、利润及利润分配情况，是对企业经营活动和资本活动的具体体现，体现企业的能力。现金流量表反映企业在某一时期的经营活动、投资活动和筹资活动的现金流量情况，它以现金流量为基础，是对企业财务活动总体状况的具体体现，体现企业的效益和活力。

由此可见，财务报表从静态到动态，从权责发生制到收付实现制，对企业财务活动中的筹资活动、投资活动、经营活动和利润分配活动进行了全面、系统、综合的反映。

（四）财务报表与财务效率（能力）

财务报表包括动态报表和静态报表，不仅能直接反映筹资活动、投资活动、经营活动和利润分配活动的状态或状况，而且可通过财务分析揭示财务活动的效率（能力）。

财务效率（能力）是指资源投入与产出的比率关系及由此派生出的其他比率关系，通常可通过盈利能力、营运能力、偿债能力、发展能力、获现能力和社会责任履行能力等方面来反映。

盈利能力根据不同的资源投入可分为资本经营盈利能力、资产经营盈利能力、商品经营盈利能力。

营运能力根据不同的资产范围可分为全部资产营运能力、流动资产营运能力、固定资产营运能力。

偿债能力根据不同的偿债期限可分为短期偿债能力和长期偿债能力。

发展能力是指企业保持持续发展或增长的能力。发展能力根据不同的影响因素可分为竞争能力，如市场竞争能力等；经营发展能力；财务发展能力；可持续增长能力。

获现能力是指企业获取现金流量的能力。反映企业获现能力的指标主要有销售获现比率、总资产现金回收率、孤余现金比率、每股经营现金净流量等。

社会责任履行能力是指企业基于整个社会的利益，就企业行为对社会的影响、企业与社会和平共处等方面，从财务角度履行社会责任的能力。反映企业社会责任履行能力的效率指标主要有单位收入研发费、单位收入材料消耗量、环保投资率、社会贡献率、社会积累率等。为了提升企业的财务效率（能力），企业需要考虑利益相关者的正当利益诉求，只有这样才能保证企业的和谐发展。因此，企业必须切实关注社会责任履行能力，以及企业的可持续发展问题。

上述各种能力是财务效率的体现，而财务效率的计算与分析离不开财务报表。

（五）财务效率（能力）与财务成果

企业财务效率（能力）最终都将体现在企业的财务成果上，即体现在企业的价值上。企业价值是对企业财务效率（能力）的综合反映或体现，同时，企业价值正是评价企业财务目标实现程度的根本。

三、财务分析的内容

从总体上说，财务分析的内容就是指分析企业的财务状况和经营成果。但是，不同的分析目的有不同的分析内容。一般情况下财务分析的内容主要包括外部财务分析内容和内部财务分析内容。

（一）外部财务分析内容

1. 企业偿债能力分析

企业偿债能力是指企业偿还其债务的能力，通过对它的分析，我们能揭示出企业财务风险的大小。按债务偿还期限的长短不同，其又分为短期偿债能力与长期偿债能力。

（1）短期偿债能力。短期偿债能力是指一个企业以流动资产支付流动负债的能力。设置该指标对外部信息需要者非常重要。对于企业来讲，该指标也至关重要。短期偿债能力的强弱主要取决于企业营运资金的多少及资产变现速度的快慢。另外，可动用的银行贷款、准备很快变现的长期资产、偿债能力的声誉、未做记录的或有负债、担保责任引起的负债、未决诉讼等对它也有影响。短期偿债能力指标包括流动比率、速动比率和现金比率等。

（2）长期偿债能力。长期偿债能力是指企业以资产或劳务支付长期债务的能力。对长期偿债能力进行分析是因为企业的利润与其有紧密的联系。分析长期偿债能力不能不重视企业的获利能力，这是因为企业的现金流入量最终取决于能够获得的利润，而现金流出量最终取决于必须付出的成本。此外，债务与资本的比例也是极其重要的。影响企业长期偿债能力的因素很多，除资产、负债、所有者权益外，还有长期租赁、担保责任、或有项目等因素。长期偿债能力指标包括已获利息倍数、资产负债率、产权比率和有形净值债务率等。

2. 企业资产运用效率分析

企业资产运用效率分析是指对企业总资产或部分资产的运用效率和周转情况所进行的分析。企业经营的目的在于有效运用各项资产获得最大的利润。利润主要来源于营业收入，企业必须凭借资产、运用资产才能取得营业收入。资产周转速度越快，表示其运用效率越高，利润越大。企业运用各项资产有无过量投资？有无因设备短缺而导致生产不足？有无因资产闲置而导致利润降低？相关的各种问题，皆为企业管理者、投资者、债权人及其他相关人士所关切。通过分析资产运用效率，我们可以评价企业营业收入与各项营运资产是否保持合理关系，考察企业运用各项资产效率的高低。资产运用效率指标包括存货周转率、应收账款周转率、流动资产周转率、固定资产周转率和总资产周转率等。

3. 企业盈利能力分析

企业盈利能力分析是指对企业盈利能力和盈利分配情况所进行的分析，它反映企业财务结构和经营绩效的综合表现。企业经营的目的在于盈利且使经营规模不断扩大。各方信息使用者无不对企业盈利程度进行重点关注。投资者关心企业赚取利润的多少并重视对利润的分析，是因为他们的投资报酬是从中支付的。如果是上市公司，企业盈利增加还能使股票市价上升，从而使投资者获得资本收益。对于债权人来讲，利润是企业偿债资金的重要来源。政府有关部门关心的是微观和宏观的经济效益及各种税费上缴的可靠性，而企业管理者可通过盈利能力分析来评价判断企业的经营成果，分析变化原因，总结经验教训，不断提高企业获利水平。同时，利润是管理者经营业绩好和管理效能高的集中体现。对于职工来讲，利润则是丰厚报酬及资金的来源，可以保证工作的稳定，也是集体福利设施得以不断完善的重要保障。

企业盈利能力指标可以从一般的企业及上市公司两方面制定。一般的企业盈利能力指标包括销售利润率、成本费用利润率、资产总额利润率、资本金利润率和权益利润率等。上市公司除上述指标外，还可借助以下盈利能力指标：每股盈余、每股股利、市盈率、股东权益报酬率、股利支付率、留存盈利比率。

4. 社会贡献能力分析

社会贡献能力分析是指从国家或社会的角度衡量企业对国家或社会的贡献水平。企业的目标是追求最大的利润，但作为社会主义国家的企业，单纯地、片面地追求企业个体的经济效益是不行的，还必须对社会做出贡献。对以盈利为目的的企业而言，可以用实现利税的多少来衡量，但对一些公益性企业来说，这种方式则不适用。为此，我们设计社会贡献率、社会积累率指标，从经济效益和社会效益两个方面反映企业对国家、社会的贡献情况。

5. 综合财务能力分析

综合财务能力分析是指根据企业财务状况和经营情况的总体变化性质、趋势进行的分析。前述指标多从一个侧面反映企业的财务状况，有一定的片面性和局限性。为了更好地反映企业的整体状况，我们需要把它们综合在一起，进行系统分析。综合财务能力分析指标包括杜邦财务分析体系中的权益报酬率和沃尔评分法的实际得分值等。

（二）内部财务分析内容

前述5项外部财务分析内容既可以为企业外部信息需要者使用，也可以为企业内部信息需要者使用。但内部财务分析内容主要是为满足企业内部管理的需要而设置的，可根据企业所在行业的特点和管理的特征灵活设置。内部财务分析内容相当广泛。一般说来，内部财务分析可以从筹资分析、投资分析等方面进行。

1. 筹资分析

在市场经济体制下，企业经营所需资金要靠企业自身来筹集。因此，筹资分析便成为企业财务分析中的一项重要内容。在筹资分析中，首先分析企业的资金需求量，其次分析企业未来的财务状况和获利能力，再次分析企业的资金成本和筹资风险，最后确定一个合理的筹资方案并与资金供应者进行协商，使企业筹资活动顺利进行。筹资分析可设置筹资结构比率、资金成本率等指标。

2. 投资分析

企业对投资活动首先应进行事前可行性分析，从而为投资决策提供依据，这是投资分析的重点；其次应对投资活动进行事中分析，以控制投资规模，提高投资效益；最后对投资活动进行事后分析，以考核投资效果，评价投资业绩，为优化企业今后的投资决策提供依据。企业在投资分析时一般需要考虑货币时间价值、投资风险价值、资金成本和现金流量等财务因素。在投资阶段，为考察投资方案的可行性，可设置内含报酬率指标；为考察投资的收益情况，可设置投资报酬率、投资回收期等指标。

四、财务分析的作用

财务分析的作用主要包括以下几方面的内容：

（一）评估企业过去的经营绩效

各财务分析主体进行企业财务分析，了解企业过去一段时期的经营绩效，如企业净利润的多少，投资报酬率的高低，销货量的大小，现金及营运资金流动速度的快慢等。因此，通过对企业进行财务分析，各分析主体可以评估企业过去的经营情况，并将其与同行业相互比较，以评价该企业的经营得失及潜在能力。

（二）衡量企业目前的财务状况

会计报表等资料是对企业各项生产经营活动的综合反映，但会计报表的格式及提供的数据往往是根据会计的特点和管理的一般需要而确定的，因此会计报表等资料不可能全面提供不同目的报表使用者需要的各方面信息。财务分析主体进行财务分析可以了解企业目前的财务状况，如企业现在拥有的资产价值是多少，各项资产的投资比例是否合理，对外债务是否过多，可使用的现金数额、存货数额是多少及负债与所有者权益的比例关系是否适当。因此各财务分析主体通过企业财务分析，可展示企业目前财务状况的真相，以评价企业财务现状，并估计企业未来发展的潜在能量。

（三）预测企业未来的发展前景

财务分析主体进行财务分析需要拟定数项可供选择的未来发展方案，然后针对目前的情形，预测未来的发展趋势，从而做出最佳选择。方案一经选定，将影响企业未来的发展，对财务方面的影响尤为深刻。因此，财务分析主体可以通过财务分析对企业现实的财务状况和经营成果进行深入细致的分析研究，科学地预测未来的发展趋势，做出经营决策。

第四节　财务分析的形式与要求

一、财务分析的形式

财务分析的形式因财务分析主体、客体和目的的不同而不同。要准确分析企业财务状况，实现财务分析目标，需要明确不同财务分析形式的特点及用途。通常，财务分析的形式可以有如下划分：

（一）内部分析与外部分析

1. 内部分析

内部分析主要是指企业内部经营者对企业进行的财务状况分析。其目的在于判断和评价企业的生产经营是否正常，财务状况有无异常。例如，通过流动性分析，可以检验企业资金的运营速度、货款支付能力或债务偿还能力；通过盈利分析，可以评价企业盈利能力与资本保值和增值能力；通过分析经营目标的实现情况，可以进行相关的业绩考核与评价。通过以上分析，可以发现企业在经营管理过程中的问题和不足，为企业未来的发展指明方向。

2. 外部分析

外部分析主要是指企业外部的投资者、债权人及政府部门等外部信息使用者根据各自需要，分析企业有关情况。投资者对企业进行财务分析，主要关心企业的盈利能力和发展前景，以及资本的保值和增值状况；债权人对企业进行财务分析，主要看企业的偿债能力和信用情况，判断本金和利息能否及时、足额收回；政府部门主要关心企业经营行为的合法性、合理性及相应的社会责任承担情况。外部分析是财务分析的主要形式。

需要注意的是，内部分析和外部分析并不是完全孤立的。要保证财务分析的准确性，内部分析有时候要站在外部分析的角度进行，而外部分析也要参考内部分析的结论以避免得出片面的分析结果。

（二）全面分析和专题分析

1. 全面分析

全面分析主要是指对企业一定时期的生产经营情况进行系统、综合、全面的分析和评价，其目的在于寻找企业在生产经营过程中面临的普遍性问题，全面总结企业在某一时期的发展问题，协调各部门之间的关系，安排下期生产经营的相关内容。全面分析主要在年终进行，最终形成系统、全面的财务分析报告，并向股东大会汇报。

2. 专题分析

专题分析根据不同的分析主体和分析目的展开，主题鲜明、重点突出、内容深透、切合需要，如经营者分析生产经营过程中的某一环节，投资者分析单个投资行为是否具有价值，债权人分析是否继续提供贷款等都属于专题分析。例如，当某企业在资金紧张时，通过专题分析，可以对融资结构、资产结构、现金流量设计及支付能力等方面进行研究，寻找企业资金紧张的原因，找到相应的解决办法。专题分析可以及时深入地揭示企业某方面的财务状况，为分析者提供详细的有价值的分析资料和有效的解决问题的路径。

（三）静态分析和动态分析

1. 静态分析

静态分析是指根据某一时点或某一时期的财务报表，分析报表中的各项目或报表之间的各项目。例如，通过某一财务比率或几个财务比率揭示财务关系。又如，通过垂直分析或结构分析揭示总体中各项目的水平。静态分析的目的在于寻找财务活动之间的内在联系，揭示其相互影响的程度，判断企业的经济效益和财务状况。

2. 动态分析

动态分析是指根据几个时期的财务报表或相关信息，分析财务变动状况。例如，水平分析和趋势分析就属于动态分析。动态分析的目的在于揭示财务活动的变动规律，为企业未来的发展提供预测资料。

静态分析和动态分析都存在不足之处，因此，我们在对企业进行综合财务分析时，要将两者结合起来，才能得出更为准确的结论。

二、财务分析的要求

尽管不同的财务分析主体对财务分析的具体要求存在差别，但是财务分析主体对财务分析有共性的要求。

1. 财务分析的客观性

财务分析只有遵循客观性要求，才能为其主体提供有用的信息和结论。客观性要求主要体现在分析所依据的信息的客观性和分析结论的客观性两个方面。财务分析所依据的信息都必须是现实（或未来）经济活动中客观存在（或必然发生）的，而不是人们主观臆测或任意编造的，对分析所依据信息的选择必须实事求是。分析结论也应有其客观性，反映事物之间的客观联系、发现的规律和现实经济生活中的实际情况，而不能为迎合某种需要而故意“包装”。

2. 财务分析的科学性

有了客观的分析信息，还必须有科学的分析态度和科学的分析方法，这样才能得出科学的结论。科学的分析态度要求财务分析主体应具有严谨的工作作风。科学的分析方法是指必须根据分析的目的与所依据的信息，采取相适应的分析方法，切不可搞形式主义，盲目追求不切实际的分析模式，以免结论主观武断，误导利益相关者的决策。

3. 财务分析的可比性

企业利益相关者在进行财务决策时常常需要对同一行业的不同企业、同一企业的不同发展阶段的财务指标与发展趋势进行比较分析，从而做出选择，这就要求财务分析所依据的信息具有可比性。为使财务分析所依据的信息具有可比性，必然要求分析指标和评价标准具有可比性。对于某些因制度变化所产生的差异，应进行必要的调整，不能调整的应在财务分析报告中予以说明。

4. 财务分析的全面性

财务分析主体的多元化和分析目的的多样性决定了财务分析的全面性。财务分析的全面性要求主要体现在两个方面：一是要考虑全部利益相关者的需要，因而在财务指标的设计上应该尽可能全面反映资金投入运作，满足财务分析主体的需要；二是在影响因素的分析上，既要反映有利因素的影响，又要反映不利因素的影响，使利益相关者能够对企业做出正确的评价，以便采取措施促进企业全面提升价值和可持续发展。

第五节　财务分析信息的种类与来源

财务分析信息是财务分析的基础和不可分割的组成部分，是财务分析的根本依据。搜集和整理财务分析信息是财务分析的重要步骤之一，财务分析信息的数量和质量决定着财务分析的质量与效果。财务分析信息对保证财务分析工作的顺利进行、提高财务分析的质量有重要的作用。

一、财务分析信息的种类

根据不同的财务分析目的，财务分析信息可以进行如下分类：

（一）内部信息与外部信息

财务分析信息按信息来源的不同可分为内部信息和外部信息两类。内部信息是指从企业内部取得的财务信息，外部信息则是指从企业外部取得的信息。

（二）定期信息与不定期信息

财务分析信息根据取得时间的确定与否可分为定期信息和不定期信息。定期信息是指企业经常需要，可定期取得的信息；不定期信息则是指根据临时需要搜集的信息。

（三）实际信息与标准信息

财务分析信息根据实际发生与否可分为实际信息和标准信息。实际信息是指反映各项经济指标实际完成情况的信息，标准信息是指用于作为评价标准而搜集与整理的信息。

（四）政策法规信息与市场信息

政策法规信息与市场信息是指除企业内部信息之外的所有企业外部信息。在进行企业财务分析过程中，无论是投资者、经营者，还是债权者，只获取企业内部信息是远远不够的，尤其是在我国实行社会主义市场经济体制的今天，财务分析更不能离开政策法规信息与市场信息。政策法规信息主要是指国家为加强宏观管理所制定的各项与企业有关的政策、法规、制度等，包括经济体制方面的政策、宏观经济政策和产业与技术政策等；市场信息包括除政策法规信息之外的所有企业外部信息，主要有综合部门发布的信息、证券市场的信息、其他市场的信息、企业间交流的信息和其他有关信息。

二、财务分析信息的来源

根据不同的财务分析目的，财务分析人员需要寻求并获取不同的财务分析信息。一般而言，财务分析信息主要有如下来源：

（一）资产负债表

资产负债表是反映企业某一时点的资产、负债和所有者权益的会计报表。资产负债表包括资产负债表主表和资产负债表附表。资产负债表主表主要提供了企业的资产结构、资产流动性、资本来源状况、资本结构等财务状况。通过对资产负债表主表的分析，可以了解企业的偿债能力、资产营运能力等，为投资者、债权人和企业管理层提供决策依据。资产负债表附表主要有资产减值准备明细表、所有者权益（或股东权益）增减变动表及应交增值税明细表。

（二）利润表

利润表包括利润表主表和利润表附表。利润表主表是指反映一定时期内企业的收入、费用和利润的会计报表。它有助于财务分析主体了解企业的生产经营成果。通过对利润表主表的分析，我们可以了解企业获利能力、企业未来发展能力、发展趋势及考核企业利润的完成情况。利润表附表主要有利润分配表和利润表的外部报表。

（三）现金流量表

现金流量表是指反映一个企业在一定时期内现金的增减情况的会计报表。它有助于财务分析主体了解企业获取现金和现金等价物的能力，并据以预测企业的未来现金流量。同时，从现金的角度进行分析，可以弥补财务分析中资产负债表和利润表信息量不足的缺陷。三表结合，更能准确地对企业财务活动进行分析。以上三种报表将在后面的章节当中具体讲述，此处不再赘述。

（四）会计报表附注及财务情况说明书

1. 会计报表附注

会计报表附注是为了便于会计报表使用者理解会计报表的内容而对会计报表的

编制基础、编制依据、编制原则和方法及主要项目等所做的进一步说明。

会计报表附注至少应包括下列内容：不符合基本会计假设的说明，重要会计政策和会计估计及其变更情况、变更原因及其对财务状况和经营成果的影响，或有事项和资产负债表日后事项的说明，关联方关系及其交易的说明，重要资产转让及其出售情况，企业合并、分立，重大投资、融资活动，会计报表中重要项目的明细资料，有助于理解和分析会计报表内容而需要说明的其他事项。

2. 财务情况说明书

财务情况说明书是我国企业会计准则中规定的企业财务报告的重要组成部分之一。它是对一定会计期间内财务、成本情况进行分析总结的书面文字报告，可以说是企业简要的财务分析报告。财务情况说明书的一般内容包括企业的生产经营情况、利润实现和分配情况、资金增减和周转情况、财务收支情况、税金缴纳情况、企业各项财产物资变动情况、重大财务事项的情况和财务报表日后事项的情况。

（五）日常核算资料

不管是对计划指标的完成情况进行分析，还是对实际执行情况进行分析，我们都需要收集企业日常经营、实际运行的情况资料。例如，资金的占用、融资的渠道、经营的成果等一整套完整的、正确的核算资料。因此，我们除了依据上述财务报表外，有时为了更详细地了解企业经营活动，还可能会用到企业的日常核算资料，如会计凭证、会计账簿、财产清查、成本计算等，以此作为财务分析的一种补充资料。

（六）标准、计划、定额等资料

用比较的方法进行财务分析更具说服力。我们在分析的时候可以将本期财务数据与上年度或某个历史水平的财务数据相比较，来考察其发展变化情况。另外，我们在评价企业财务情况时，有时候会把实际财务运行值与计划财务预算值相比较以判断企业经营状况。因而，我们在分析各项财务指标的完成情况时，常常将各种计划指标、定额等作为对比分析的基准，如成本定额、目标利润等；根据计划指标的完成情况，对企业实际经营状况进行客观评价。

（七）审计报告

审计报告为财务分析提供重要信息。有人将审阅审计报告作为财务分析的首要步骤，这足以说明审计报告的重要性。审计报告可向财务分析师提供有关会计报告是否公正表述的独立性、权威性意见。

注册会计师在审计报告中对所审计的会计报告可提出以下四种意见中的一种：无保留意见、保留意见、否定意见、拒绝表示意见。四种意见中，第一种属于有利意见或肯定意见，后三种属于不利意见。注册会计师在审计报告中如果提出后三种意见，必须做出必要的说明。

（八）上市公司公开披露的信息

上市公司为了体现公开、公平、公正原则，还必须披露相关信息，主要有招股说明书、上市公告、定期报告和临时报告等。充分披露有助于各利益集团对上市公司的充分了解。

1. 招股说明书

招股说明书是指公司在公开发行股票时，由公司董事会向证券管理机构呈报，并在指定报刊上刊登的书面文件。其内容主要有股票发行数量、种类、发行价格，公司风险因素和对策，股本组成与债务，资金运行计划，近期经营业绩和营利预测，股利分配政策等。

2. 上市公告书

上市公告书是指上市公司在股票获准上市交易后应当对外披露的文件，主要包括股票发行情况、股权结构、股东大会决议、公司高层持股情况、公司近 3 年的经营业绩和财务状况及下一年的营利预测等。

3. 定期报告

定期报告一般包括中期报告和年度报告两种。中期报告反映公司当年前 6 个月的财务状况和经营成果，主要包括财务报告和有关注释。年度报告不但要披露当年的财务状况与经营成果，还要提供与以前年度相比较的各类信息，以及各项重大经济政策和经济事项等信息。

4. 临时报告

临时报告是指公司上市后，除了按规定披露的定期报告外还要披露的其他信息。临时报告主要用于向社会披露临时重大事件，如投资规模增加，注册资本变更，公司合并和分立，债转股，巨额的资产抵押、变卖或报废等。

除了依据企业会计核算资料外，财务分析还要以企业的一些非财务资料为依据。我们知道财务会计系统是建立在货币计量、会计假设基础之上的，企业有些经济业务是不能用货币反映的，如人员素质、产品质量、市场份额、研发状况等，因此我们在分析财务报表的基础上要结合实际的经济业务进行分析。

（九）会计法规体系与会计原则

我国会计法规体系随会计改革的逐步推进而不断变化，目前正在向国际惯例靠近，总体来说主要有以下五个层次：第一层次，全国人民代表大会及其常务委员会颁布的法律；第二层次，国务院制定或颁布的法规；第三层次，财政部或财政部与其他部委联合制定与颁布的法规；第四层次，地方政府、主管部委和非政府机构制定的法规；第五层次，企业、非营利性组织、行政单位内部的财务与会计管理制度。

企业在会计核算时，应当遵循的基本原则包括可靠性原则、相关性原则、可比性原则、可理解性原则、谨慎性原则、重要性原则、实质重于形式原则、收入与相关成本费用配比原则、实际成本原则等。

本章小结

财务分析的产生、财务分析领域的进步、财务分析技术的发展和财务分析形式的多样化是紧密相连的。

财务分析是指以会计核算和报告资料及其他相关资料为依据，采用一系列专门的分析技术和方法，对企业等经济组织过去和现在的有关筹资活动、投资活动、经营活动的盈利能力、营运能力、偿债能力和增长能力状况等进行分析与评价，为企业的投资者、债权者、经营者及其他关心企业的组织或个人了解企业过去、评价企业现状、预测企业未来、做出正确决策与估价提供准确的信息或依据的经济应用学科。

财务分析的目的受财务分析主体和财务分析服务对象的制约，不同的财务分析主体进行财务分析的目的是不同的，不同的财务分析服务对象所关心的问题也是不同的。各种财务分析主体的财务分析目的和财务分析服务对象所关心的问题，就构成了财务分析的目的和财务分析的研究目标。财务分析对正确预测、决策、计划、控制、考核、评价都有重要作用。

财务分析的形式有内部分析与外部分析、全面分析与专题分析、静态分析与动态分析等。尽管财务分析主体有所不同，但是所有的财务分析主体都对财务分析有客观性、科学性、可比性和全面性的要求。

课后习题

一、简答题

1. 财务分析的分析重心经历了哪些阶段？财务分析的应用领域、分析技术及分析形式各自经历了哪些发展阶段？

2. 财务分析主体、分析依据和分析对象各是什么？

3. 财务分析和各学科之间的关系是怎样的？

4. 财务分析的形式有哪些？

5. 财务分析信息的来源有哪些，财务分析程序是怎样的？

二、案例分析题

王府井全渠道实战分享

王府井集团股份有限公司（以下简称“王府井”）于1955年创立，是有六十多年历史的百货公司，由原来的传统百货商店拓展到有了奥特莱斯、购物中心，还增加了超市的业务，形成多业态复合发展模式。为应对线上零售对传统零售的冲击，王府井因需而变，从多渠道、跨渠道销售向全渠道销售转型，提升企业整体服务能力。

经过这么多年的发展，王府井对全渠道销售和业务开展做了总结，包括如何利用现在的移动“互联网+”模式及王府井的卖场、货品和消费者资源，如何对资源进行整合，在王府井层面向消费者提供无缝衔接的购买体验，这些是王府井的努力方向。在当前互联网包括社交媒体的推介下，如何让顾客来到线下呢？对此，王府井希望借助一些优势把消费者引过来，故提出以消费者为中心进行资源整合。

通过助B、聚C模式，王府井形成独特的生态体系，高效整合联营商户、消费者及第三方服务商等多方资源，建立业界领先的商业模式。所谓助B（联营商户），即构建O2O开放平台，为联营商户提供全渠道支持，共享门店库存，提供营销、交易、交付与服务支持，帮助供应商提升盈利能力。所谓聚C（消费者），即提供丰富的百货、超市物品、折扣商品及增值服务，构建全渠道销售体系，提供无缝衔接的购物体验。

王府井有22个平台，250亿个接口，也使用很多合作伙伴的系统，借助很多外部资源，以达到系统建设的目的，为全渠道销售提供很好的支持。

原先可能有企业资源计划（ERP）系统、办公自动化（OA）系统就足够了，但是王府井在全渠道销售网络建设过程中，希望实现线上线下互通、门店体验优化、销售平台化，以更好地发展业务和提升互联互通的能力。

讨论：王府井的多渠道销售对财务分析的目的是否有影响？该信息是否会影响财务分析？

第二章
财务分析程序与方法

学习目标

1. 掌握财务分析程序包括的阶段和步骤，熟悉各阶段的目标；明确企业战略分析的内容与作用；理解会计分析的目的；明确比率分析法的分类与作用；掌握因素分析法的原理；了解综合分析法的作用；理解与掌握财务分析报告的内容与写作要求。

2. 掌握财务分析方法，特别是水平分析法、垂直分析法和趋势分析法；熟悉因素分析法的实施步骤；了解财务分析报告的编写方法。

3. 能够运用财务分析基本程序与方法分析财务状况和经营成果；能够运用财务分析方法揭示会计报表和报告中信息的质量，为财务比率分析奠定基础；能够运用比率分析法揭示财务状况及经营成果的特点；能够运用因素分析法揭示财务状况变化的原因；学会灵活运用财务分析方法解决复杂的现实问题，实现财务分析的总体目标。

课堂导入

掌握财务分析程序与方法的重要性

大商集团股份有限公司（以下简称“大商股份”）和北京华联综合超市股份有限公司（以下简称“华联综超”）是我国零售连锁业的领跑者，在跨区域经营过程中都取得了骄人的成绩。然而，2017—2018 年华联综超在盈利能力上比大商股份略胜一筹：华联综超 2017 年和 2018 年的营业收入分别仅相当于大商股份的 49.4%和 45.8%，但是净利润却分别相当于大商股份的 62.0%和 48.8%。2017 年大商股份和华联综超的净利润率分别为 2.18%和 2.73%，2018 年分别为 1.27%和 1.36%。影响两者盈利能力的因素固然有很多，但与经营策略的选择不无关系。总体来说，大商股份和华联综超在经营策略上的最大差异在于华联综超以经营租赁店面为主，而大商股份以经营自有产权店面为主。

大商股份的总部位于辽宁省大连市。大商股份共有 44 家店面，其中，除大连市有 7 家店面外，辽宁省其他地区还有 16 家店面，黑龙江省有 7 家店面，河南省有 3 家店面，山东省有 2 家店面，北京市和香港特别行政区等地还有一些店面。

华联综超的总部位于北京市。华联综超共有 62 家店面，其中，北京市有 12 家店面，内蒙古自治区和安徽省各有 5 家店面，江苏省、贵州省和四川省各有 4 家店面，辽宁省、广西壮族自治区、山西省和湖北省各有 3 家店面，甘肃省、青海省、吉林省和黑龙江省各有2家店面，宁夏回族自治区、河北省、山东省、浙江省、江西省、广东省和河南省等省（区）还各有1家店面。

从两家超市的店面分布可以看出，华联综超已将销售网络扩展到全国各地，市场范围明显大于大商股份。究其原因，主要在于大商股份扩大经营规模的方式是经营自有产权店面，建造新店面不仅占用大量资金，而且形成较高的期间费用。因此，大商股份的资金流动性和盈利能力均受到严重影响。可见，资金不足正是目前制约大商股份扩大经营规模的瓶颈。

由此可见，会计报表反映了企业当期的财务状况和经营成果，其背后还隐藏着深层次的行业特点和企业经营策略。要全面评价企业当前的各项财务效率、预测企业未来的发展状况，就不能将目光仅仅局限在企业报表上，还必须结合宏观经济环境和未来走势、行业特点和发展前景、企业战略规划和经营策略等信息进行全面分析。如何在财务分析中综合运用宏观信息、行业信息和企业信息呢？这需要我们了解财务分析程序与方法。

第一节 财务分析程序

财务分析程序，亦称财务分析一般方法，是指进行财务分析应遵循的一般规程。研究财务分析程序是进行财务分析的基础与关键，它为开展财务分析工作、掌握财务分析技术指明了方向。

综观现有的多种财务分析程序，它们有相同点，即在搜集财务分析信息、分析财务信息、得出财务分析结论等步骤上是基本一致的，区别主要体现在具体分析环节或细节上。结合中外财务分析步骤与特点，考虑我国财务分析需求与供给，我们将财务分析程序归纳为以下几个步骤：

一、财务分析信息搜集准备

分析者在进行财务分析时应首先完成以下两项工作：

（一）确定分析目标，制订分析方案

财务分析目标因分析目的的不同而不同。对分析者来说，财务分析可分为信用分析、投资前景分析、经营决策分析和税务分析。信用分析主要是分析企业的偿债能力和支付能力。投资分析主要是分析投资资金的安全性和获利性。经营决策分析则是为企业产品、生产结构和发展战略方面的重大调整服务。税务分析主要是分析企业的收入与支出情况。

从分析性质来说，财务分析有日常经营分析、定期总结分析、预测分析和检查分析。日常经营分析主要分析实际完成与企业目标的偏离情况。总结分析是对企业当期的生产经营及财务状况进行全面分析。预测分析是要弄清企业的发展前景。检查分析一般是对有关专题分析研究。

明确分析目标之后，分析人员要根据分析量的大小、分析问题的难度，制订出分析方案，要明确是全面分析还是重点分析，是协作进行还是分工负责，要列出分析项目，安排工作进度，确定完成标准与完成时间。

（二）搜集资料、整理核实资料

搜集资料、整理核实资料是保障财务分析工作顺利进行的基础性工作。一般来说，在财务分析工作开始之前就应占有主要资料，切忌资料不全就着手进行分析。

搜集资料是一个调查过程，深入全面的调查是进行科学分析的前提，但调查要有目的地进行。分析人员可以在日常工作中，根据财务分析内容要点，经常搜集积累有关资料，具体包括各类政策、法规性文件，历年财务报告的分析报告，各类报纸、杂志公布有关资料，统计资料或年度财务计划。

在各种资料搜集齐全后，分析人员要加以整理核实，保证其合法性、正确性和真实性，同时根据所构想的分析内容进行分类。整理核实资料是财务分析工作中的中间环节，起着承上启下的作用。

在这一阶段，分析人员应根据分析的内容要点做摘记，合理分类，以便查找和使用。应该指出，搜集资料和整理核实资料不是完全分离的两个阶段，一般我们可以边搜集边整理核实，搜集资料与整理核实资料交叉进行。但切忌临近撰写分析报告才搜集资料，应把这项工作贯穿于日常工作中，这样才能搜集到内容丰富、涉及面广、有参考价值的资料，在进行分析时才会胸有成竹、忙而不乱。

二、战略分析与会计分析

战略分析与会计分析是财务效率分析的基础。战略分析与会计分析主要由以下两个步骤组成：

（一）企业战略分析

企业战略分析是指企业通过对所在行业或拟进入行业的分析，明确自身地位及应采取的竞争战略。企业战略分析通常包括行业分析和企业竞争策略分析。行业分析的目的在于分析行业的盈利水平与盈利潜力，因为不同行业的盈利能力和潜力是不同的。影响行业盈利能力的因素有许多，归纳起来主要可分为两类：一是行业的竞争程度；二是市场谈判或议价能力。企业战略分析的关键在于企业如何根据行业分析的结果，正确选择企业的竞争策略，使企业保持持久竞争优势和较强盈利能力。

企业的竞争策略有许多，最重要的有两种，即低成本竞争策略和产品差异竞争策略。企业战略分析是会计分析和财务效率分析的导向。通过企业战略分析，财务分析人员能深入了解企业的经济状况和经济环境，从而能进行客观、正确的会计分析与财务效率分析。

（二）财务报表会计分析

财务报表会计分析的目的在于评价企业财务报表所反映的财务状况与经营成果的真实程度。财务报表会计分析的作用如下：一方面通过对会计政策、会计方法、会计披露的评价，揭示会计信息的质量；另一方面通过对会计政策、会计估计变更的调整，修正会计数据，为财务分析奠定基础，并保证财务分析结论的可靠性。进行财务报表会计分析，一般可按以下步骤进行：

1. 阅读会计报告

阅读会计报告是财务报表会计分析的第一步。在全面阅读会计报告的基础上应关注以下内容：注册会计师给出的审计意见与结论，企业采用的会计原则、会计政策、会计估计及其变更情况，会计信息披露的完整性、真实性，会计报告附注中涉及的重大事项、表外资产情况、会计报表事后事项等，财务情况说明书及管理层讨论。在阅读会计报告的步骤中，一定要抓住年度财务报告中的重要信息、关键信息、敏感信息及盈余管理的产生等信息，为后面的分析奠定基础。

2. 比较会计报表

在阅读会计报告的基础上，重点对会计报表进行比较。比较的方法包括水平分析法、垂直分析法和趋势分析法等。通过各种比较，揭示财务会计信息的差异及变化，找出需要进一步分析与说明的问题。

3. 解释会计报表

解释会计报表是指在比较会计报表的基础上，考虑企业采取的会计原则、会计政策、会计核算方法等，说明会计报表差异产生的原因，包括会计原则变化影响、会计政策变更影响、会计核算失误影响等，特别重要的是要发现企业经营管理中存在的潜在危险信号。解释会计报表是会计分析的重要环节，通过对会计报表差异或变化的解释，着重分清财务报表数据变化的主观影响与客观影响、可持续影响与临时性影响、实质性影响与盈余管理影响、真实盈余管理影响与应计盈余管理影响等。

4. 修正会计报表信息

在解释会计报表的基础上，依据会计相关性与可靠性的原则，对不相关、不可靠的会计信息进行调整或剔除，保证会计报表中信息的质量，为财务指标分析，如比率分析、因素分析等奠定扎实的基础。

会计分析是财务效率分析的基础。通过会计分析，对发现的由会计原则、会计政策等引起的会计信息差异，应通过一定的方式加以说明或调整，消除会计信息的失真问题。

三、财务分析实施

完成上述准备工作后就正式实施财务分析，这是最为重要的一环，直接影响到分析工作的成败。进行财务分析工作一般应根据分析的目的、内容选用适宜的分析方法。分析方法对分析结果和分析质量有重要影响。我们应通过深入考虑和集体研讨，做到集思广益；根据分析目标和内容，评价所收集的资料，寻找数据间的因果关系。财务分析实施主要包括以下两个步骤：

（一）财务指标分析

财务指标分析，特别是财务比率指标分析，是财务分析的一种重要方法或形式。财务指标能准确反映某方面的财务状况。进行财务分析，应根据分析的目的和要求选择正确的分析指标。债权人要进行企业偿债能力分析，必须选择反映偿债能力的指标或反映资产流动性情况的指标，如流动比率指标、速动比率指标、资产负债率指标等；而一个潜在投资者要进行企业的投资决策分析，则应选择反映企业盈利能力的指标，如总资产报酬率、资本收益率，以及股利报偿率和股利发放率等。正确选择与计算财务指标是正确判断与评价企业财务状况的关键所在。

（二）因素分析

财务分析不仅要解释现象，而且应分析原因。因素分析就是要在报表整体分析和财务指标分析的基础上，对一些主要指标的完成情况，从其影响因素角度，深入进行定量分析，确定各因素对其影响的方向和程度，为企业正确进行财务评价提供基本的依据。

四、财务分析综合评价

财务分析综合评价是财务分析实施的继续。在这个过程中，我们根据不同的财务分析目标，形成财务分析最终结论。财务分析综合评价具体又包括以下三个步骤：

（一）财务综合分析与评价

财务综合分析与评价是指在应用各种财务分析方法进行分析的基础上，将定量分析结果、定性分析判断及实际调查情况结合起来，以得出财务分析结论的过程。财务分析结论是财务分析的关键，它的正确与否是判断财务分析质量高低的唯一标准。一个正确的财务分析结论的得出，往往需要经过几次反复。

（二）财务预测与价值评估

财务分析既是一个财务管理循环的结束，又是另一个财务管理循环的开始。应用历史或现实财务分析结果预测未来财务状况与企业价值，是现代财务分析的重要任务之一。因此，财务分析不能仅满足于在事后分析原因，得出结论，更要对企业的未来发展及价值状况进行分析与评价。

（三）撰写财务分析报告

撰写财务分析报告是财务分析综合评价中的最后步骤。财务分析报告将财务分析的基本问题、财务分析结论及针对问题而提出的措施、建议以书面的形式表现出来，为财务分析主体及财务分析报告的其他受益者提供决策依据。

1. 财务分析报告的含义与作用

财务分析报告是指财务分析主体对企业在一定时期的筹资活动、投资活动、经营活动的盈利状况、营运状况、偿债状况等进行分析与评价，进而形成的书面文字报告。财务分析的主体可能是经营者，也可能是财务分析师或其他企业利益相关者。企业的投资者、债权人和其他部门在投资、借贷和做出其他决策时，并不能完全依据经营者的财务分析报告的结论。投资者、债权人和其他部门或者有自己的财务分析人员或者聘请财务分析专家，形成自己的财务分析报告，为决策提供更客观的资料。例如，政府部门的财务分析报告可为国家进行国民经济宏观调控和管理提供客观依据。应当指出的是，企业外部分析主体的财务分析报告并不一定针对一个企业进行全面分析，它也可能就某一专题对许多企业进行分析。例如，银行可根据对众多企业偿债能力的分析，形成关于企业偿债能力状况的财务分析报告，为借贷决策提供依据。

财务分析报告是对企业财务分析结果的概括与总结，它对企业的经营者、投资者、债权人及其他有关单位或个人了解企业生产经营与财务状况，进行投资、经营、交易决策等都有重要意义。

第一，财务分析报告为企业外部潜在投资者、债权人、政府有关部门评价企业经营状况与财务状况提供参考。企业外部潜在投资者、债权人和政府有关部门等从各自财务分析的目的出发，经常对企业进行财务分析。他们进行财务分析的最直接依据是企业财务报表。此外，企业财务分析报告能提供许多企业财务报表所不具备的资料，因此企业财务分析报告也就成为企业外部分析者的重要参考资料。

第二，财务分析报告为企业改善与加强生产经营管理提供重要依据。财务分析报告全面揭示了企业在盈利能力、运营效率、支付及偿债能力等方面取得的成绩和存在的问题或不足，为改善经营管理指明了方向，提供了信息依据。企业可针对财务分析报告中提出的问题，采取相应的积极措施并加以解决，这对提高财务运行质量和经济效益有重要作用。

第三，财务分析报告是企业经营者向董事会、股东会和职工代表大会汇报的书面材料。财务分析报告全面总结了经营者在一定时期的生产经营业绩，说明了企业经营目标的实现程度或完成情况，提示了企业在生产经营过程中存在的问题，提出了解决问题的措施和未来的打算。董事会和股东会可根据财务分析报告对经营者进行评价和奖惩。

2. 财务分析报告的格式与内容

财务分析报告的格式与内容因分析报告的目的和用途的不同而可能有所不同。例如，专题财务分析报告的格式与内容和全面财务分析报告的格式与内容就不同，月度财务分析报告与年度财务分析报告的格式与内容也可能有所区别。全面财务分析报告的格式比较正规，内容比较完整。一般来说，财务分析报告的格式与内容如下：

（1）反映基本财务情况。基本财务情况主要说明企业各项财务分析指标的完成情况，包括企业盈利能力情况，如利润额及增长率、各种利润率等；企业营运状况，如存货周转率、应收账款周转率、各种资产额的变动和资产结构的变动、资金来源与运用状况等；企业权益状况，如企业负债结构、所有者权益结构的变动情况及企业债务负担情况等；企业偿债能力状况，如资产负债率、流动比率、速动比率的情况等；企业产品成本的升降情况等。对于一些对外报送的财务分析报告，还应说明企业的性质、规模、主要产品、职工人数等情况，以便财务分析报告使用者对企业有比较全面的了解。

（2）说明主要成绩和重大事项。这一部分在全面反映企业总体财务状况的基础上，主要对企业经营管理中取得的成绩及原因进行说明。例如，利润取得较大幅度的增长，主要原因是技术引进和技术改造提高了产品质量，减少了产品消耗，打开了市场销路等；企业支付能力增强、资金紧张得以缓解，主要原因是产品适销对路，减少了产品库存积压，加快了资金周转速度等。

（3）分析存在的问题。这是企业财务分析的关键所在。一个财务分析报告如果不能将企业存在的问题分析清楚，分析的作用就不能很好地发挥，至少这个分析报告是不完善的。分析存在的问题，一要抓住关键问题，二要分清原因。例如，假设某企业几年来资金一直十分紧张，经过分析，发现问题的关键：企业固定资产投资增长过快，流动资产需求增加，即资产结构失衡。又如，企业产品成本居高不下，主要原因在于工资的增长速度快于劳动生产率的增长速度等。另外，对于存在的问题，应分清是主观因素引起的，还是客观原因造成的。

（4）提出改进措施和意见。财务分析的目的是发现问题并解决问题。财务分析报告对企业存在的问题必须提出切实可行的改进意见。例如，对企业资产结构失衡问题，解决的措施是减少固定资产或增加流动资产。在企业资金紧张、筹资困难的情况下，减少闲置固定资产可能是可行之策。因为在资金本来十分紧张的情况下，再要增加流动资产，势必加剧资金紧张，不利于问题的解决。

3. 财务分析报告的编写要求

明确了财务分析报告的格式与内容，并不意味着能编写出合格的财务分析报告。编写财务分析报告的人员不仅需要具备财务分析知识，而且应具有一定的写作能力。在此基础上，编写财务分析报告还要满足以下基本要求：

（1）突出重点，兼顾一般。编写财务分析报告，必须根据财务分析的目的和要求，突出分析的重点，不能面面俱到。即使是编写全面财务分析报告，也应有主有次。突出分析的重点并不意味着可忽视一般，企业经营活动和财务活动都是相互联系、相互影响的，因此在对重点问题进行分析时，应兼顾一般问题，这有利于财务分析报告使用者做出全面正确的评价。

（2）观点明确，抓住关键。财务分析报告应有明确的观点，指出企业在经营活动和财务活动中取得的成绩和存在的问题，并抓住关键问题进行深入分析，搞清主观原因和客观原因。

（3）注重时效，及时编报。财务分析报告具有很强的时效性，尤其对一些决策者而言，及时的财务分析报告意味着决策成功了一半，过时的财务分析报告将失去意义，甚至产生危害。在现代信息社会中，财务分析报告作为一种信息载体，必须十分注重时效性。

（4）客观公正，真实可靠。财务分析报告编写得客观公正、真实可靠，是充分发挥财务分析报告作用的关键。如果财务分析报告不能做到客观公正，人为地夸大某些方面或缩小某些方面，甚至弄虚作假，则会使财务分析报告使用者得出错误结论，造成决策失误。财务分析报告的客观公正、真实可靠，既取决于财务分析基础资料的真实可靠，又取决于财务分析人员运用方法的正确合理和分析评价的客观公正。

第二节　财务分析方法

财务分析方法是完成财务分析任务、实现财务分析目标的技术手段。由于财务分析目标不同，实际分析工作选择的财务分析方法也有所不同。常用的财务分析方法有比较分析法、趋势分析法、比率分析法、因素分析法、综合分析法及图解分析法等。

一、比较分析法

比较分析法是指将实际达到的经济指标数据同特定的各种标准相比较，从数量上确定其差异额，分析和判断企业当前财务状况和经营成果的一种财务分析方法。比较分析可以揭示财务活动中的数量关系和存在的差距，为我们发现问题、进一步分析原因、挖掘潜力指明方向。比较分析法是最基本的财务分析方法，没有比较就没有分析，不仅比较分析法本身在财务分析中被广泛应用，而且其他分析方法也是建立在比较分析法基础上的。比较分析法包括水平比较分析法和纵向比较分析法。

1. 水平比较分析法

水平比较分析法又称横向比较分析法，是指将报告期数据与同行业数据或本企业前期或历史某一时期的同项目数据进行差异比较并找出原因的一种分析方法。水平比较分析法又分为绝对数比较分析法、绝对数值增减变动比较分析法、百分比增减变动比较分析法。

（1）绝对数比较分析法。绝对数比较分析法是指将各有关会计报表项目的数值与比较对象进行比较。绝对数比较分析一般通过编制比较财务报表进行，包括比较资产负债表和损益表。比较资产负债表是指将两期或两期以上的资产负债表项目予以并列，以直接观察资产、负债及所有者权益每一项目增减变化的绝对数。比较损益表是指将两期或两期以上的损益表的各有关项目的绝对数予以并列，直接分析损益表内每一项目的增减变化情况。

（2）绝对数值增减变动比较分析法。利用上述绝对数比较分析法，会计报表使用者很难获得各项目增减变动的明确数值，为了使比较进一步明晰化，可以在比较会计报表内，增添绝对数值“增减金额”一栏，以便计算比较对象各有关项目之间的差额，借以帮助会计报表使用者获得比较明确的增减变动数值。

（3）百分比增减变动比较分析法。绝对数值增减变动比较会计报表虽然比绝对数比较会计报表能提供更多的财务信息，但比较的仍然是增减变动的绝对数，无法消除总量因素的影响。因此，为消除总量因素的影响，可将增减变动的绝对数转化为百分比，即在计算增减变动额的同时计算出增减变动百分比。其计算公式为

$$增减变动百分比=变动绝对值\div基期实际数量\times100\%$$

将百分比增减变动情况列示于比较会计报表中，可以反映其不同年度增减变动的相关性，使会计报表使用者能一目了然，便于更好地了解有关财务情况。

2. 纵向比较分析法

纵向比较分析法又称垂直比较分析法或结构比较分析法，纵向比较分析法与水平比较分析法不同，它不是将企业报告期的数据与基期的数据进行直接对比并求出增减变动量和增减变动率，而是通过计算报表中各项目占总体的比重来反映报表中的项目与总体的关系及其变动情况。方法如下：以资产负债表、利润表等财务报表中的某一关键项目为基数项目，将其金额设定为 100，再分别计算出其余项目金额占关键项目金额的百分比，这个百分比表示各项目占总体的比重，我们通过这个比重对各项目做出判断和评价。这种仅有百分比而没有金额的财务报表称为共同比财务报表，它是纵向分析的一种重要形式。资产负债表的共同比财务报表通常以资产总额为基数，而利润表的共同比财务报表通常以主营业务收入总额为基数。

共同比财务报表的主要优点是便于财务报表使用者对不同时期报表的相同项目进行比较。如果财务报表使用者能对数期共同比财务报表的相同项目做比较，则可以观察到相同项目变动的一般趋势，有助于评价和预测。但无论是水平比较分析法还是纵向比较分析法，都只能用于初步分析和判断。

运用比较分析法时，要注意对比指标之间的可比性，这是用好比较分析法的必要条件，否则就不能正确地说明问题，甚至得出错误的结论。所谓对比指标之间的可比性，是指相互比较的指标必须在指标内容、计价基础、计算口径、时间长度等方面保持高度一致。如果企业之间进行同业指标比较，还要注意企业之间的可比性。

二、趋势分析法

趋势分析法是指根据企业连续时期的会计报表中相同指标，计算指数或完成率，进而确定分析期各有关项目的变动情况和趋势的一种财务分析方法。趋势分析法既可用于对会计报表的整体分析，也可用于对某些主要指标的发展趋势进行分析。趋势分析法的一般步骤如下：

第一，计算趋势比率或指数。指数通常有两种，一是定基指数，二是环比指数。定基指数就是指各个时期的指数都是以某一固定时期为基期来计算的。环比指数则是指各个时期的指数是以前一期为基期来计算的。趋势分析法通常采用定基指数，但应当注意的是，对基期的选择要有代表性，如果基期选择不当，则计算出的百分比趋势会造成财务报表使用者判断失误或做出不准确的评价。

第二，根据指数计算结果，评价与判断企业各项指标的变动趋势及合理性。

第三，预测未来的发展趋势。根据企业以前各项指标的变动情况，研究其变动趋势或规律，从而预测企业未来的发展趋势。

下面举例说明趋势分析法的应用。

【例 2-1】根据 Z 公司 2×15—2×17 年的财务指标表（见表 2-1），运用趋势分析法对 Z 公司这几年的总体趋势进行分析。

表 2-1　财务指标表

	2×17 年	2×16 年	2×15 年
营业收入/万元	17 034	13 305	11 550
税后利润/万元	1 397	1 178	374
每股收益/元	4. 31	3. 52	1. 10
每股股息/元	1. 90	1. 71	1. 63

根据表 2-1 的资料，运用趋势分析法，得出趋势分析表（见表 2-2）。

表 2-2　趋势分析表

	2×17 年	2×16 年	2×15 年
营业收入/%	160. 7	125. 5	109. 0
税后利润/%	151. 4	127. 6	40. 5
每股收益/%	169. 7	138. 6	43. 3
每股股息/%	118. 8	106. 9	101. 9

从表 2-2 可以看出，Z 公司的营业收入和每股股息在逐年增长，特别是在 2×15 年和 2×16 年，增长较快；税后利润和每股收益在 2×15 年和 2×16 年有较大幅度增

长。从总体状况看，Z 公司 2×16 年和 2×17 年各项指标的完成情况都比较好。从各指标之间的关系看，每股收益的平均增长速度最快，超过营业收入、税后利润和每股股息的平均增长速度。Z 公司 3 年的发展趋势说明经营状况和财务状况不断改善。如果这个趋势能保持下去，那么 Z 公司 2×18 年的发展状况也会比较好。

三、比率分析法

比率分析法是财务分析的最重要方法。比率分析法是指将影响财务状况的两个相关的项目加以对比，计算出比率，以此确定经济活动变动程度的分析方法。采用这种分析方法，能够将某些条件下的不可比指标变为可比指标，以便进行分析。比率指标主要有以下三类：

1. 构成比率

构成比率又称结构比率，主要用于计算某项经济指标的各个组成部分占总体的比重，反映部分与总体的关系。其计算公式为

$$构成比率=某部分数额\div总体数额\times100\%$$

固定资产占总资产的比重、负债占总权益的比重、收不回来的应收账款占全部应收账款的比重等都属于构成比率。利用构成比率，可以考察总体中某个部分的形成和安排是否合理，以便协调各项财务活动。

2. 效率比率

效率比率用于计算某项经济活动中所费与所得的比例，反映投入与产出的关系。例如，成本费用与销售收入的比率、资金占用额与销售收入的比率。利用效益比率，可以进行得失比较，考察经营成果，评价经济效益的水平。

3. 相关比率

相关比率是指某个项目与相互关联但性质不同的项目加以对比所得的比率，反映有关经济活动的相互关系。利用相关比率，可以考察有联系的相关业务的安排是否合理。评价企业偿债能力的指标有流动比率、速动比率、现金比率、资产负债率、产权比率等，评价企业赢利能力的指标有销售净利率、毛利率、净资产收益率、营业利润率等，评价企业营运能力的指标有应收账款周转率、存货周转率、流动资产周转率、固定资产周转率、总资产周转率等，评价企业发展能力的指标有资本保值增值率、资产增长率、营业收入增长率等。

综上所述，比率分析法的优点是计算简便，计算结果容易得出，而且该方法可以使某些指标在不同规模的企业之间进行比较，甚至也能在一定程度上跨越行业而进行比较。但比率分析法也存在不足之处：第一，比率的变动可能仅仅被解释为两个相关因素之间的变动；第二，很难综合反映比率与计算它的财务报表的联系；第三，比率给人们不保险的最终印象；第四，比率不能给人们提供反映财务报表关系的综合观点。

四、因素分析法

因素分析法是指依据分析指标与其影响因素之间的关系，按照一定的程序和方法，确定各因素对分析指标的影响程度的一种分析方法。这一方法的运用步骤是，

当有若干因素对分析指标发生作用时，假定其他因素都无变化，顺序确定每个因素在单独变化时所产生的影响。因素分析法又有连环替代法和差额计算法两种具体方法。

（一）连环替代法

连环替代法是指确定影响因素，并按照一定的顺序逐个进行因素替换，然后计算出各因素对分析指标的影响程度的一种分析方法。

1. 连环替代法的计算程序

连环替代法的计算程序如下：

步骤1：确定分析指标与其影响因素之间的关系。确定分析指标与其影响因素之间关系的方法，通常是指标分解法，即对经济指标在计算公式的基础上进行分解或扩展，从而得出各影响因素与分析指标之间的关系式。

步骤2：确定各影响因素与分析指标的关系。根据分析指标的报告期数值与基期数值列出两个关系式，或者建立指标体系，确定分析对象。

步骤3：连环顺序替代，计算替代结果。所谓连环顺序替代就是指以基期指标体系为计算基础，用实际指标体系中的每一因素的实际数顺序替代其相应的基期数，每次替代一个因素，替代的因素被保留下来，并计算相应结果。

步骤4：比较各因素的替代结果，确定各因素对分析指标的影响程度。比较替代结果是连续进行的，即将每次替代所计算的结果与这一因素被替代前的结果进行对比，两者的差额就是替代因素对分析对象的影响程度。

【例2-2】某公司2×17—2×18年主营业务收入与商品销售量、商品销售单价的资料如表2-3所示。请分析各因素变动对主营业务收入的影响程度。

表2-3　某公司2×17—2×18年商品销售情况资料表

指标	2×18年	2×17年
主营业务收入/万元	3 900	3 500
商品销售数量/台	300	250
商品销售单价/万元	13	14

主营业务收入的因素分解式为

商品销售收入=销售数量×销售单价

根据连环替代法的计算程序和上述主营业务收入的因素分解式，可以得出：

2×18年主营业务收入=300×13=3 900（万元）

2×17年主营业务收入=250×14=3 500（万元）

2×18年主营业务收入的增加额=3 900−3 500=400（万元）

在此基础上，按照步骤3的做法进行连环顺序替代，并计算每次替代后的结果。

2×17年商品销售收入=250×14=3 500（万元）①

用2×18年商品销售数量替代：

主营业务收入=300×14=4 200（万元）②

用2×18年商品销售单价替代：

主营业务收入=300×13=3 900（万元）③

根据步骤4，确定商品销售数量和商品销售单价两个因素的变动对主营业务收入差异的影响程度。

商品销售数量变动的影响额=②-①=4 200-3 500=700（万元）

商品销售单价变动的影响额=③-②=3 900-4 200=-300（万元）

汇总各因素变动的影响额=商品销售数量变动的影响额+商品销售单价变动的影响额=700+（-300）=400（万元）

根据上述测算可得出如下评价：2×18年主营业务收入比2×17年主营业务收入增加400万元，主要是2×18年商品销售数量比2×17年多50台，从而使商品销售收入增加700万元；2×18年商品销售单价比2×17年降低1万元，从而使商品销售收入减少300万元。因此，增加商品销售数量应为今后的努力方向。

2. 使用连环替代法应注意的问题

（1）因素分解的关联性。构成分析指标的因素，客观上必须存在因果关系，要能够反映形成该项指标差异的内在原因，否则就失去了分析的价值。例如，将影响材料费用的因素分解为下面两个等式，这两个等式在数学上都是成立的。

材料费用=产品产量×单位产品材料费用

=工人人数×每人消耗材料费用

但是从经济学意义上说，只有前一个等式是正确的，后一个等式没有任何意义，因为工人人数和每人消耗材料费用到底是增加有利还是减少有利无法从这个式子中看出。

（2）因素替代的顺序性。前面谈到，因素分解不仅要求准确确定因素，而且不能交换因素排列顺序，这里特别强调不存在乘法交换律问题。因为分析的前提是，按不同因素排列顺序计算的结果是不同的。那么，如何确定正确的替代顺序呢？这是一个在理论上和实践中都没有得到很好解决的问题。传统的方法是依据数量指标在前、质量指标在后的原则进行排列；现在也有人提出依据重要性原则排列，即主要的影响因素排在前面，次要的影响因素排在后面。但是无论哪一种排列方法，都缺少坚实的理论基础。正因为如此，许多人对连环替代法提出异议，并试图加以改进，但人们公认的好的解决方法至今没有出现。一般来说，替代顺序在前的因素对经济指标的影响程度不受其他因素的影响或受到的影响较小，替代顺序在后的因素中含有其他因素共同作用的成分，因此从这个角度看，将对分析指标影响较大的并能明确责任的因素放在前面可能要好一些。

（3）顺序替代的连环性。顺序替代的连环性是指在确定各因素变动对分析对象的影响时，都将某因素替代后的结果与该因素替代前的结果进行对比，一环套一环。这样才能既保证各因素对分析对象影响的可比性，又便于检验分析结果的准确性。因为只有连环替代并确定各因素影响额，才能保证各因素对经济指标的影响额之和与分析对象相等。

（4）计算结果的假定性。连环替代法计算的各因素变动的影响额，会因替代顺序的不同而有差别，所以计算结果难免带有假定性，也就是说它不可能使每个因素的计算结果都达到绝对准确。这种影响只是在某种假定前提下的影响，离开了这种假定前提，影响也就不会产生。因此，在进行财务分析时，财务人员应力求这种假定前提合乎逻辑，这样才不至于影响分析的有效性。

（二）差额计算法

差额计算法是连环替代法的一种简化形式，当然也是因素分析法的一种形式。差额计算法作为连环替代法的简化形式，其因素分析的原理与连环替代法是相同的。区别只在分析程序上，差额计算法比连环替代法简单，即它可直接利用各影响因素的实际数与基期数的差额，在其他因素不变的假定条件下，计算各因素对分析指标的影响程度，或者说差额计算法是将连环替代法的步骤 3 和步骤 4 合并为 1 个步骤。这个步骤的基本点就是：确定各因素实际数与基期数之间的差额，并在此基础上乘以排列在该因素之前的各因素的实际数和排列在该因素之后的各因素的基期数，得出的结果就是该因素变动对分析指标的影响额。下面仍以【例 2-2】来说明。

第一步：计算各因素的差额。

商品销售数量差额＝2×18 年商品销售数量−2×17 年商品销售数量
＝300−250
＝50（台）

商品销售单价差额＝2×18 年商品销售单价−2×17 年商品销售单价
＝13−14
＝−1（万元）

第二步：测算各因素变动对主营业务收入差异的影响额。

商品销售数量变动的影响额＝商品销售数量差额×2×17 年商品销售单价
＝50×14
＝700（万元）

商品销售单价变动的影响额＝商品销售单价差额×2×18 年商品销售数量
＝（−1）×300
＝−300（万元）

第三步：汇总各因素变动对主营业务收入差异的影响额。

汇总各因素变动的影响额＝商品销售数量变动的影响额+商品销售单价变动的影响额
＝700+（−300）
＝400（万元）

五、综合分析法

综合分析法是指综合运用多种分析方法，结合多个分析指标，依据所有财务报表，全面考虑各种因素，进行全面、系统的分析。综合分析法有许多种，概括起来可分为两类：一是财务报表综合分析法，用于综合分析资产与权益、利润与现金流量等；二是财务指标体系综合分析法，用于综合分析杜邦财务分析体系、杜邦财务指标体系的改进等。这些分析方法具有关联性、概括性、精准性的特点。

六、图解分析法

图解分析法，亦称图解法，是财务分析中经常应用的方法之一。严格地说，图解分析法并不是一种独立的财务分析方法，而是上述财务分析方法的直观表达形式。

例如，比较分析法、趋势分析法、因素分析法等都可以用图解分析法来表达。图解分析法的作用在于能形象直观地反映财务活动过程和结果，将复杂的经济活动及其结果以通俗易懂的形式表现出来。因此，有的专家称图解分析法为一目了然的财务分析方法。图解分析法的应用十分广泛，如人们经常在证券交易场所、报纸杂志等看到的财务分析图。目前，随着互联网技术的普及，图解分析法的应用也得到了空前的发展。这里主要介绍对比图解分析法、结构图解分析法、趋势图解分析法。

（一）对比图解分析法

对比图解分析法是指用图形的形式，将某一指标的报告数值与基准数值进行对比，以揭示报告数值与基准数值之间的差异。对比图解分析法是实践中广泛应用的图解分析法之一。对比图的形式多种多样，较常见的是柱状图。

（二）结构图解分析法

结构图解分析法实际上是纵向比较分析法的图解形式，它以图形的方式表示在总体中各部分所占的比重。结构图的形式也有很多种，较常见的是饼形图。

（三）趋势图解分析法

趋势图解分析法是指用坐标图反映某一个或某几个指标在一个较长时期内的变动趋势。坐标图的横轴表示时期，纵轴表示指标数值。将不同时期的指标数值用线连接起来，就形成了反映指标变动趋势的曲线。较常见的趋势图是折线图。

本章小结

本章主要介绍了财务分析程序与方法。财务分析程序，亦称财务分析一般方法，是指进行财务分析所应遵循的一般规程。财务分析程序包括以下几个步骤：

（1）财务分析信息搜集准备。这个步骤包括：确定分析目标，制订分析方案；搜集资料、整理核实资料。

（2）战略分析与会计分析。这个步骤包括：①企业战略分析。企业战略分析是指企业通过对所在行业或拟进入行业的分析，明确自身地位及应采取的竞争战略。企业战略分析通常包括行业分析和企业竞争策略分析。②财务报表会计分析。财务报表会计分析的目的在于评价企业财务报表所反映的财务状况与经营成果的真实程度。财务报表会计分析的作用如下：一方面通过对会计政策、会计方法、会计披露的评价，揭示会计信息的质量；另一方面通过对会计灵活性、会计估计变更的调整，修正会计数据，为财务分析奠定基础，并保证财务分析结论的可靠性。进行财务报表会计分析，一般可按以下步骤进行：第一，阅读会计报告；第二，比较会计报表；第三，解释会计报表；第四，修正会计报表信息。

（3）财务分析实施。这个步骤主要包括财务指标分析和因素分析。①财务指标分析。对财务指标进行分析，特别是对财务比率指标进行分析，是财务分析的一种重要方法或形式。财务指标能准确反映某方面的财务状况。进行财务指标分析，应根据分析的目的和要求选择正确的分析指标。②因素分析。财务分析不仅要解释现象，而且应分析原因。因素分析就是在报表整体分析和财务指标分析的基础上，对一些主要指标的完成情况，从其影响因素角度，深入进行定量分析，确定各因素对其影响的方向和程度，为企业正确进行财务评价提供基本的依据。

（4）财务分析综合评价。这个步骤主要包括财务综合分析与评价、财务预测与价值评估、撰写财务分析报告。①财务综合分析与评价。财务综合分析与评价是在应用各种财务分析方法进行分析的基础上，将定量分析结果、定性分析判断及实际调查情况结合起来，以得出财务分析结论的过程。②财务预测与价值评估。财务分析既是一个财务管理循环的结束，又是另一个财务管理循环的开始。财务分析不能仅满足于在事后分析原因，得出结论，而且要对企业未来发展及价值状况进行分析与评价。③撰写财务分析报告。财务分析报告将财务分析的基本问题、财务分析结论及针对问题而提出的措施、建议以书面的形式表现出来，为财务分析主体及财务分析报告的其他受益者提供决策依据。

另外，本章还总结了几种常用的财务分析方法，如比较分析法、趋势分析法、比率分析法、因素分析法、综合分析法及图解分析法，对每种分析方法做了较为详细的介绍和总结。

课后习题

一、简答题

1. 财务分析程序主要由几个步骤构成？简述每个步骤的具体内容。
2. 在撰写和分析财务报告中，有哪些问题需要注意？
3. 财务分析方法主要有哪几种？请简述这几种方法的主要内容。

二、业务题

某公司 2×19 年、2×20 年有关经营成果资料如表 2-4 所示。

表 2-4　利润表　　单位：千元

项目	2×19 年	2×20 年
一、营业收入	134 568	368 321
减：营业成本	67 986	156 989
税金及附加	28 450	75 588
销售费用	2 040	3 002
管理费用	4 700	9 980
财务费用	4 654	8 620
其中：利息支出	6 894	10 112
资产减值损失	1 009	2 080
加：投资收益	2 257	5 365
二、营业利润	27 986	117 427
加：营业外收入	22 032	37 987

表2-4(续)

项目	2×19 年	2×20 年
减：营业外支出	4 522	6 211
三、利润总额	45 496	149 203
减：所得税费用	15 014	49 237
四、净利润	30 482	99 966

要求：(1) 根据上述资料，你认为可以从哪些角度出发，运用何种分析方法对公司的财务状况、经营状况进行分析？

(2) 假定现在是 2×20 年年报披露日，根据不同的分析目的，你认为可以构造哪些比率指标进行分析？

(3) 除了考虑报表数字外，你认为进行财务报表分析是否需要考虑公司所面临的宏观经济环境？这会影响评价结论吗？

三、案例分析题

不为求生为再造，王健林壮志断腕为哪般？

壮士断腕？说起来容易，做起来看看！尤其是万达集团这样的巨无霸，需要的不仅仅是勇气，更是魄力。没有点胆略，想都别想。

2015 年，万达集团的资产达到 6 340 亿元，同比增长 20. 9%，收入达到 2 901. 6 亿元，同比增长 19. 1%，但是，2016 年，万达集团的预算收入则下降了 12%。一路高歌猛进的势头不但戛然而止，万达集团更是出现了历史上前所未有的负增长。莫非万达集团是那只注定会出现的“黑天鹅”？毕竟这是一个转型升级不断成功的公司，是一个巨大的不动产企业。万达集团的一举一动都会牵扯行业甚至整个社会的神经。

但是，万达集团就是要断腕，动作幅度之大，既在情理之中，又在意料之外。万达集团断的不是别的产业，正是赖以起家、成名、立腕的商业地产。2015 年商业地产业务收入达 1 640 亿元，同比虽然不高，但是尚有 2. 5%的增长；但是，2016 年这块的预算收入只有 1 000 亿元，也就是说一刀砍掉了商业地产业务收入的 40%，接近腰斩！按照万达集团的执行力，就商业地产业务而言，2016 年的收入超过2 000 亿元应该不成问题。但是万达集团硬是将商业地产业务的预算收入降到 1 000 亿元。也许几年后我们就能感受到王健林的英明和远见。相比之下，万达集团的其他业务板块则继续保持高速增长：万达广场的租金增长率在 30%以上，文化集团的收入增长率在 45. 7%，金融集团的收入则完成了年计划的 697%。这些业务板块在 2016 年都将维持 30%~50%的成长率。只不过砍商业地产业务的力度太大，以至于掩盖了这些高速增长业务板块的光芒，造成了虚惊一场的效果。

众所周知，中国房地产业的黄金时代已经结束，无论现在是白银时代还是青铜时代，我们都很难回避这个行业阶段性鸡肋的现实。不能说房地产业未来没有成长的空间，否则为什么会有那么多保险资金铤而走险而被频频举牌，但是也不能说房地产业未来还有如同过去十年一样的辉煌，否则去库存也就不会成为中央政府工作报告的内容。虽然住房在一二线城市过剩，在三四线城市紧缺，在整体上供过于求，但在局部又供不应求，结构性问题突出。而万达集团为顺应这种变化趋势推出的轻资产模式则有效地化解了这种矛盾，一方面众筹了社会资本，另一方面又减小了万达集团重资产的资金压力，最重要的是将城市综合体的成本降到了与城市居民尤其是三四线城市居民消费水平相适应的区间，满足了这些城市提升生活水平的需求，所以万达广场的建设不但没有放慢速度反而以轻资产的方式推进。2016 年万达集团投资 71 个项目，其中轻资产项目就高达 54 个，收入来自租金分成和运营管理。虽然从表面上看收入下降了，但是净资产收益率大幅提高，利润也大幅增长，万达集团的资产越来越证券化，赢利模式越来越金融化。因此，与其说这是一种断腕，不如说这是一种再造。

再造什么？再造一个满足人民大幅提高物质财富水平和精神文化水平的需求的新万达，完成万达集团从开发商向服务商的华丽转身，打造全中国乃至全世界最大的文化企业。万达集团已经收购了好莱坞的传奇影业，以及瑞士的盈方集团，前者让万达集团的影视控股成为全球第一，后者让万达集团的体育控股成为第一。若干年前，“百年万达，国际企业”只是一个梦想，如今这个梦想的一半已经成为现实。万达集团越来越国际化，而不动产的比例越来越低。中国的企业如此转型，如此跨界，又如此成功，引人瞩目。也许，未来万达集团会有更多的惊喜带给大家。

这一切不容易。言必行，行必果，说到做到。王健林能够将判断力和执行力合二为一，在中国的企业家中也堪称另类。2015 年万达集团的服务业收入已经达到 43%，万达集团不会退出房地产业，仍会保持千亿军团的规模，但是今后的确不能被称为开发商了。到 2017 年，万达集团的服务业收入要达到 2/3。

无论人或企业，都有惯性思维，都有路径依赖。否定自己的过去，难；坚定自己的未来，更难。万达集团可以称得上中国传统企业转型升级的标杆，万达集团这样的中国企业越多，中国经济的转型升级就越成功，前景也就越光明。

要求：上述材料对万达集团的分析用到了哪些财务分析的方法？请结合材料具体说明。另外，你认为分析一个企业单纯用财务报表数字来分析是否足够？如果不够，请问还需要结合哪些知识？

第三章
企业战略分析

学习目标

1. 了解企业外部环境分析的主要内容。
2. 了解企业内部环境分析的主要内容。
3. 掌握企业战略分析的方法。

课堂导入

河北环宇集团从1970年开始生产电视机，在国内较有名气，曾获得几十项荣誉，如全国彩电评比一等奖、国家银质奖等，于1985年入选中国十大名牌，可谓名噪一时。可是到1995年年底，河北环宇集团明亏1.48亿元，潜亏4 915万元，负债2.96亿元，宣告破产。1996年1月，河北环宇集团被石家庄宝石集团收购，1 700多名职工在家待业。河北环宇集团1974年就将彩电送进了中南海，1984年又引进彩电生产线，让产品进军欧洲市场，还在英国成立了英环公司，生产环宇电视机，此举吸引了23个国家的驻华大使、参赞来厂参观，1988年生产了电视机40万台。在当时，这样的规模已不算小了。但是，1989年国内市场开始疲软，集团领导对电视机市场的发展前景做了错误的估计，认为前途不大，因此对产品不重视，对电视机产品的开发和生产在1989—1995年的6年间仅投入了3 000万元，这当然不利于在一个竞争非常激烈的行业中发展壮大。河北环宇集团认为主要出路是多种经营，而电视机产品的发展前途不大，因此把大量资金投向别的产业，把主要精力放在搞多种经营上，想做到“东方不亮西方亮”。河北环宇集团贷款2亿元，并将其投入到新的行业，想要“把拳头变成巴掌”，而在投资这些行业时，有较强的盲目性，没有进行科学的可行性论证。

例如，河北环宇集团花了1亿元人民币从美国引进了一条纸箱生产线，预计生产量非常大，但是生产线安装后，集团既缺乏流动资金，又没有市场，直到破产，也没有开动过生产线。此外，在海南与河南等地的投资也没有见效。2亿元贷款没有得到回报，河北环宇集团既丢了西瓜，也没有捡到芝麻。

因此，该集团的电视机在全国同行业中的地位不断下降，由原来的排在十几名到完全失去市场。当该集团的人员到武汉某大商场去调查时，发现货柜里没有环宇电视机，就问售货员，这里是否有环宇电视机出售，售货员回答说有，放在柜台下面。售货员同时解释说，放在下面还好一点，摆在柜台上与别的产品一比，人家的电视机都是新面孔、俏面孔，你的这个老面孔电视机更没有人买了，整个成了陪衬。

环宇电视机在1984—1989年的5年中，只销售了47C-2这一种机型。1989年后，河北环宇集团虽然开发了54厘米的几个品种，但是别的厂家64厘米、74厘米、画中画等新产品不断涌现，而环宇电视机还是老面孔，当然没有市场。

从市场开拓来说，河北环宇集团没有开辟与形成自己的销售渠道与销售网络。电视机走俏时，河北环宇集团只考虑先卖给谁，后卖给谁，根本不去抢占市场；市场疲软时，又不知道往哪里销售产品，没有自己的销售系统，在全国的经销单位只有20多个。

河北环宇集团在破产前，已经是一个拥有117个企业的大集团。这个集团是用行政手段管控的，既脱离企业发展的实际，又盲目求大、求全、求名，而不讲实效。河北环宇集团的核心企业实行资产一体化，不是让资产保值、增值，而是“劫富济贫”，结果是只要有一家核心企业负债，其他核心企业就都受牵连。例如，1991年电视机厂刚刚有一点生机，就被集团抽走了400万元资金，用于为集团其他企业还债。这种“平调”，使原来已经如履薄冰的电视机厂更是雪上加霜。

集团内部运作不规范，内部机构变化频繁。1987年后，机构每年一变或几变，在1987—1991年的4年间进行了6次大调整，还有多次小调整。1991年后，集团内部又做了3次分与合的调整。电视机厂的厂长平均一年换一次，最长的为1年零7个月，最短的8个月，连中层干部都还没有认识完就被调离岗位了，而且这些机构进行调整，并没有把责权利理顺。责权利不清，厂长具体管企业，但没有权；公司总经理有权，但不直接管企业，企业不好运作。河北环宇集团最终于1995年7月宣告破产，于1996年1月为石家庄宝石集团所收购。

通过案例，思考以下内容：

（1）河北环宇集团破产的根本原因是什么？

（2）河北环宇集团破产的主要教训是什么，给我们什么启示？

第一节　企业战略分析概述

对企业战略进行分析，首先必须了解企业战略构成要素与层次，企业战略与竞争战略、财务战略的关系，企业战略分析的内涵以及企业战略分析与财务分析的关系。

一、企业战略

在现代市场经济条件下，企业战略对潜力的发挥、目标的实现和应对不断变化的外部环境具有十分重要的意义。战略管理为企业提供了一套用于分析和管理企业与其所处环境之间关系的科学方法和工具。

企业战略是企业制定总体目标和寻求在环境中的地位并不断发展的谋划和方略。它是有关企业全局性、长远性和根本性的重大谋划，而不是长期总体计划；它是确立企业未来发展方向的总体框架，而不是面面俱到的对未来行动的详细规定；它是在竞争激烈、变化多端的市场环境中企业谋求生存和发展的重要手段。毛泽东认为，把战争或作战的一切重要问题，都提到较高的原则性上去解决。达到这个目的，就是研究战略问题的任务。

日本战略学家大前研一认为，企业战略就是如何实现竞争优势。如果没有竞争对手，制定企业战略就没有必要。制定企业战略的唯一目的就是使企业尽可能有效地比竞争对手占有持久的优势。孙武也曾说："昔之善战者，先为不可胜，以待敌之可胜。"也就是说，善于用兵打仗的人，总是先创造条件，使自己不被敌人战胜，然后等待和寻求敌人可能被自己战胜的时机。

（一）企业战略构成要素与层次

1. 企业战略构成要素

战略（strategy）一词源于希腊语"strategos"，意为军事将领、地方行政长官。后来演变成军事术语，指军事将领指挥军队作战的谋略。在中国，战略一词历史久远，"战"指战争，"略"指谋略。春秋时期孙武的《孙子兵法》被认为是中国最早对战略进行全局筹划的著作。在现代，战略一词被引申至政治和经济领域，其含义演变为泛指统领性的、全局性的、左右胜败的谋略、方案和对策。

企业战略构成要素主要有五个，即愿景、可持续性、有效的战略传递流程、与获取战略优势有关的资源、充分利用企业与环境之间的联系。

2. 企业战略层次与企业管理层次

企业战略涉及三个层次，即公司战略、业务单位战略和职能战略。这三个层次之间，公司战略分解为业务单位战略，业务单位战略分解为职能战略；公司战略统率业务单位战略，业务单位战略统率职能战略。企业战略层次与企业管理层次可以通过图 3-1 表示。

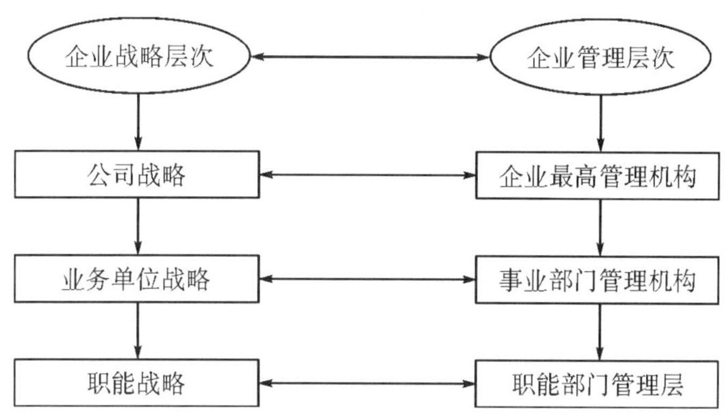

图 3-1　企业战略层次与企业管理层次

（1）公司战略。公司战略一般由公司最高管理层制定。公司战略关乎企业整体，研究公司向什么方向发展和应该经营哪些事务以使公司长期获利等。因此，公司战略用于明确企业的目标和实现目标的计划和行动方针，涉及企业的使命、宗旨、发展计划、整体产品和市场决策等方面的内容。

（2）业务单位战略。业务单位战略是指在公司战略的指导下，业务单位进行竞争的战略，也被称为竞争战略。业务单位是企业的一部分，其提供的产品或服务与其他业务单位提供的产品或服务相比，有不同的外部市场。业务单位不是按企业的组织结构划分的，而是按市场划分的。业务单位战略的目标是取得竞争优势，其主要内容是决定在一个特定市场的产品如何创造价值，包括决定与竞争对手产品的区分、机器的现代化程度、新产品推出和老产品退出、是否成为技术先导企业、如何向顾客传达信息等。

（3）职能战略。职能战略也称职能支持战略，是指按照公司战略或业务单位战略对企业内各方面的职能活动进行的谋划。职能战略一般可分为生产运营型职能战略、资源保障型职能战略和战略支持型职能战略三种。职能战略是为公司战略和业务单位战略服务的，所以必须与公司战略和业务单位战略相配合。例如，公司战略确立了差异化的发展方向，要培养创新的核心能力，就必须在企业的人力资源战略中体现对创新的鼓励，要重视培训、鼓励学习，把创新贡献纳入考核指标体系，在薪酬方面加强对各种创新的奖励。职能战略描述了在执行公司战略和业务单位战略的过程中，企业中的每一职能部门所采用的方法和手段。职能战略不同于公司战略和业务单位战略。首先，职能战略的时间跨度较公司战略短得多。其次，职能战略较公司战略更具体和专门化，且具有行动导向性。公司战略只是给出公司发展的一般方向，而职能战略必须指明比较具体的方向。最后，职能战略的制定需要基层管理人员的积极参与。事实上，在制定职能战略的阶段听取基层管理人员的意见，对成功实施职能战略是非常重要的。

（二）企业战略与竞争战略、财务战略的关系

不同的战略管理模式对企业战略层次的划分有不同的标准，但是大部分战略管理学者将战略划分为三个层次，即企业战略、竞争战略和职能战略，并将财务战略归入职能战略之中。

企业战略决定着企业的总体方向，是为提升企业长期竞争力、创造竞争优势服务的。有学者指出，一个有效的企业战略应该明确指出企业应该在哪里，以及如何做出竞争的选择，如何通过对企业每一个功能的研究找出自己的战略焦点。企业战略不仅应该是竞争优势形成的基础，还应该有相应的实施过程来伴随它的实现。企业战略可以使企业对其经济环境所出现的威胁和机会做出恰当的反应。但是很少企业能够极为有效地实施其企业战略，正如部分学者所说，大部分企业常常有计划无行动，或者有行动无计划。

在企业战略之后是竞争战略，竞争与战略从来都是密不可分的，两者如影随形、结伴而行。企业战略需要由企业内部各个经营领域中有效的竞争战略给予支持和配合，并有明确的实施程序。相关研究人员指出，尽管在企业实践中，所售商品中65%的成本是由经营活动实现的，全部员工的50%是从事经营活动的，但是，企业战略与竞争战略不一致的情况是普遍存在的。竞争战略是对企业获得资源、加工过程和分配领域的决策，它为企业提供了由上至下、一体化的经营管理模式，由此将战术执行决策与企业战略明确地联系在一起。

财务战略是指企业为谋求资金的均衡有效流动，实现整体战略和增强财务竞争力，在分析内外部因素对资金流动性影响的基础上，对资金流动性进行全局性、长期性与创造性的谋划，并确保其执行。财务战略应关注企业资金流动性，着重分析企业内外部因素对资金流动性的影响。财务战略的目标是确保资金的均衡有效流动并最终实现企业的整体战略。财务战略应具备全局性、长期性和创造性的特点。

竞争战略需要由职能部门的战略，即职能战略来落实。财务战略是企业的职能战略之一，它关注的是企业战略实施所依赖的关键资源——资金。资金是财务战略管理的灵魂，也是决定企业生存发展的最重要的驱动因素。企业战略能否成功实现，在很大程度上取决于整个战略期间是否具有充裕的资金作保证，是否有与其协调一致的财务战略和措施。因此，财务战略自然构成企业战略的关键性支持因素。如今，一些西方国家已将财务战略作为加强企业财务管理、形成企业核心能力、取得竞争优势的重要手段。

二、企业战略分析

（一）企业战略分析的内涵

企业战略分析是指企业通过对所在行业或拟进入行业的分析，明确自身地位及应采取的竞争战略，以权衡收益与风险，了解并掌握发展潜力及战略实施的效率。由于视角与职责的不同，外部投资分析师和公司管理者的企业战略分析目标略有不同。外部投资分析师从外部财务分析的需要出发来进行企业战略分析，分析重点为公司所处的宏观环境、公司所在的行业状况及公司在行业中的地位和发展情况。其中，最主要的应当是企业战略的选择和初步判断、宏观经济分析、行业分析和战略角度分析。管理者进行企业战略分析包括两部分内容：一是明确企业战略制定的程序，二是明确企业战略制定与分析的宏观经济环境。

（二）企业战略分析与财务分析的关系

企业财务活动是在企业战略指引下进行的。利用企业财务报告可以解读企业战略，利用企业战略也可以推知企业财务活动的状况和结果。所以，企业战略分析与财务分析的关系密不可分。首先，企业战略分析是财务分析的重要起点。通过企业战略分析，我们能理解企业的经营模式，进而才能将后续的财务分析建立在对企业现实状况了解的基础上。因此，企业战略分析是企业会计分析和财务分析的基础。通过企业战略分析，我们能够深入了解企业的经济状况和所处的经济环境，从而可以进行客观、正确的会计分析和财务分析。其次，企业战略的制定与实施成败，关系企业经营业绩的优劣、财务状况的好坏和企业发展水平的高低。企业战略的制定与实施对企业的影响是自始至终的。因此，企业战略分析对财务分析起导航作用。通过企业战略分析，我们能够指引财务分析去挖掘财务数据背后深藏的战略诱因。所以，企业战略分析应当贯穿企业会计分析与财务分析的全过程。最后，财务分析不能脱离或忽视企业战略分析，否则可能很难深入企业的产业层面和内外部环境结合层面，也可能很难从战略的高度发现企业存在的问题和财务结果变动的深层次原因，以致财务分析建议难以做到相关与切实。

第二节 企业外部环境分析

一、宏观经济环境分析

宏观经济环境是指宏观经济运行的周期性波动等规律性因素和政府实施的经济

政策等政策性因素。进行企业战略分析，首先应明确企业所处的宏观经济环境，具体分析如下：

（一）经济发展水平分析

经济发展水平是指一个国家经济发展的规模、速度和所达到的水准，反映一个国家经济发展水平的常用指标有国民生产总值、国民收入、人均国民收入、经济发展速度、经济增长速度等。对于分析者而言，通过这些指标的分析可以了解国家的经济发展状况，从全局把握宏观经济的变化趋势及对企业可能产生的影响。

（二）经济发展周期分析

经济周期也称商业周期，一般是指经济活动沿着经济发展的总体趋势所经历的有规律的扩张和收缩，是国民总产出、总收入和总就业的波动，也是国民收入或总体经济活动扩张与紧缩的交替或周期性波动变化。过去把经济发展周期分为繁荣、衰退、萧条和复苏四个阶段，具体如图 3-2 所示。

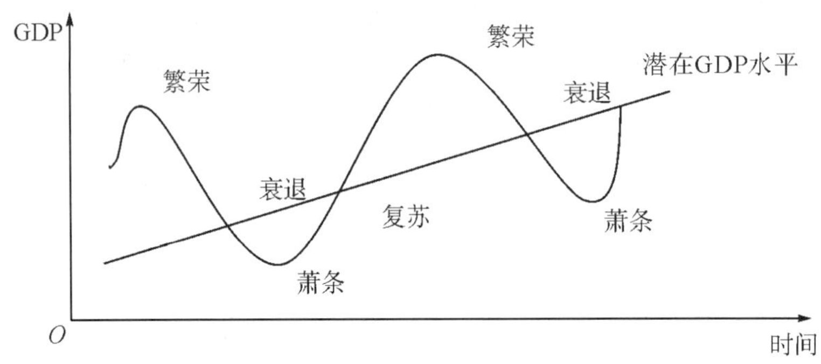

图 3-2　经济发展周期

（1）繁荣阶段：由于投资需求和消费需求的增加超过了产出的增长，刺激价格迅速上涨到较高水平。

（2）衰退阶段：消费者需求减少，投资急剧下降，对劳动力的需求减少，产出下降，企业利润急剧下滑，股票价格和利率一般也会下降。衰退一般指实际国内生产总值（GDP）至少连续两个季度下降。

（3）萧条阶段：供给和需求均处于较低水平，价格停止下跌但处于较低水平。

（4）复苏阶段：这是前一周期的最低点，产出和价格均处于最低水平。随着经济的复苏，生产的恢复和需求的增加，价格也开始逐步回升。

在市场经济条件下，企业家们越来越多地关心经济形势，也就是经济大气候的变化。一个企业的生产经营状况，既受其内部条件的影响，又受其外部宏观经济环境和市场环境的影响。一个企业没有办法决定它的外部环境，但可以通过内部条件的改善，来积极适应外部环境的变化，充分利用外部环境，并在一定范围内，改变自己的小环境，以增强自身活力，提高市场占有率。因此，企业家必须对经济周期的波动有所了解和把握，并能制定出相应的对策来适应周期的波动，否则将在波动中丧失生机。

（三）经济结构分析

经济结构是指国民经济的组成和构造。从国民经济各部门和社会再生产的各个方面的组成和构造来考察，经济结构包括产业结构（如三大产业的构成）、分配结构（如积累与消费的比例及其内部的结构等）、交换结构（如价格结构、进出口结构等）、消费结构、技术结构、劳动力结构等。其中，最重要的是产业结构。经济结构揭示了国民经济中不同组成部分的重要性，也预示了在一定时间内国家的政策倾向。通过分析经济结构，分析者可以了解企业经营活动的状况和发展前景，主动适应宏观经济环境的变化，保证企业持续健康经营，甚至还能抓住机遇，开拓创新，促进企业发展。

（四）经济政策分析

经济政策是指国家或政党为实现一定的政治和经济任务，或者为指导和调节经济活动而规定的在经济生活上的行动准则和措施，主要包括财政政策、货币政策等。经济政策本来属于上层建筑，但是它既是一定的经济基础和社会生产力的反映，又对经济基础和社会生产力产生强大的反作用，能促进或阻碍社会经济的发展，所以它是经济科学研究的一个领域。

1. 财政政策

财政政策是指国家根据一定时期政治、经济、社会发展的任务而规定的财政工作的指导原则，通过财政支出与税收来调节总需求。增加政府支出，可以刺激总需求，从而增加国民收入；反之，则抑制总需求，减少国民收入。由于税收对国民收入是一种收缩性力量，因此增加政府税收，可以抑制总需求从而减少国民收入；反之，刺激总需求从而增加国民收入。财政政策由国家制定，代表统治阶级的意志和利益，具有鲜明的阶级性，并受一定的社会生产力发展水平和相应的经济关系制约。

财政政策是国家整个经济政策的组成部分，同其他经济政策有密切的联系。财政政策的制定和执行要有金融政策、产业政策、收入分配政策等其他经济政策的协调配合。

2. 货币政策

货币政策是指中央银行通过调节货币供应量，影响利息率及经济中的信贷供应程度来间接影响总需求，以达到总需求与总供给趋于理想、均衡状态的一系列措施。货币政策分为扩张性的货币政策和紧缩性的货币政策。扩张性的货币政策通过提升货币供应增长速度来刺激总需求，在这种政策下，取得信贷更为容易，利息率会降低。因此，当产能过剩、总需求不足时，使用扩张性的货币政策最合适。紧缩性的货币政策通过削减货币供应量来降低总需求水平，在这种政策下，取得信贷较为困难，利息率也随之提高。因此，在通货膨胀较严重时，采用紧缩性的货币政策较合适。

货币政策调节的对象是货币供应量，即全社会总的购买力，具体表现形式为流通中的现金和个人、企事业单位在银行的存款。流通中的现金与物价水平变动密切相关，是最活跃的货币，一直是中央银行关注和调节的重要对象。

货币政策工具分为一般性工具和选择性工具。在过去较长的时期内，中国的货币政策以直接调控为主，即采取信贷规模、现金计划等工具。1998 年以后，中国主要采取间接货币政策工具调控货币供应总量。现阶段，中国的货币政策工具主要有公开市场操作、存款准备金、再贷款与再贴现、利率政策、汇率政策和窗口指导等。

二、行业分析

宏观经济环境分析主要分析了社会经济的总体状况，但没有对社会经济的各组成部分进行具体分析。经济发展水平和发展速度反映了各组成部分的平均发展水平和发展速度，但各部门的发展水平并非都与总体发展水平保持一致。在宏观经济运行态势良好、速度增长、效益提高的情况下，有些部门的经济发展水平与经济发展总水平保持一致，而有些部门的经济发展水平高于或低于经济发展总水平。这是因为企业经营除了受到宏观经济环境的影响外，还受到所处行业环境的影响。所谓行业，是指其产品或服务具有共同特征的一大批企业或企业群体。对处于同一行业内的企业都会产生影响的环境因素的集合就是行业环境。通过行业分析，我们可以找出该行业盈利的决定性因素，这对企业战略的制定具有重要意义。

（一）行业特征分析

行业特征是指某个行业区别于其他行业的特别显著的象征和标志，它综合反映了该行业的基本状况和发展趋势。评价行业特征需要对行业有一个全面的认识。一般来说，行业特征包括竞争特征、需求特征、技术特征、增长特征和盈利特征五个方面。影响行业特征的因素如表 3-1 所示。

表 3-1　影响行业特征的因素

行业特征	竞争特征	需求特征	技术特征	增长特征	盈利特征
影响因素	竞争企业数量	需求增长率	技术成熟度	生产能力增长率	平均利润率
	竞争企业战略	顾客满意度	技术复杂性	规模经济效应	平均贡献率
	资源可得性	产品生命周期	相关技术影响	新增投资增长率	平均收益率
	潜在进入者	需求弹性	技术的可保护性	多样化增长程度	
	竞争结构	替代品可接受性	研发费用		
	产品差异化	产品互补性	技术进步的影响		

在实际工作中，要根据行业的具体特征设置具有代表性的指标，尽可能准确地评价行业特征和关键性因素。

（二）行业生命周期分析

行业生命周期是指行业从出现到完全退出社会经济活动所经历的时间，主要包括四个发展阶段：导入期，成长期，成熟期，衰退期。分析行业生命周期有助于从企业之外的恰当角度看待行业前景和企业前景，决定应该加大投入力度还是撤离该行业或企业。行业生命周期如图 3-3 所示。

首先，行业发展阶段决定了企业的扩张速度及其对资本支出的需求。企业在经过导入期而步入成长期后，市场需求的快速增加将引领行业产能的迅速提升，从而导致资本支出的大幅增长。进入成熟期后，市场趋于稳定，竞争也转向质量、性能、服务等非价格方面，行业中大规模、集中式的资本支出将大大减少。

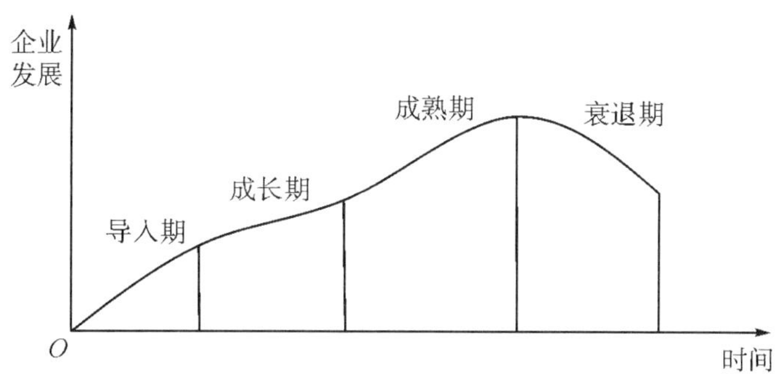

图 3-3　行业生命周期

其次，行业发展阶段还决定了企业不同的风险水平和盈利特征。如在导入期，行业发展不仅面临产品能否被社会广泛接受的市场风险，还面临因生产成本过高而导致的亏损风险。

一个企业如果不了解行业的生命周期阶段，其发展策略会变得危险和不可靠。如企业在某行业中处于领先地位，但是该行业却处于衰退阶段，那么企业的未来发展前景也会渺茫。判断行业所处生命周期的主要指标有市场份额、需求增长率、产品品种、竞争者数量等。

1. 导入期

在导入期，企业的规模可能会非常小。通常，在生命周期的这个阶段，关于该行业的企业如何发展会有不同的看法，而且产品类型、特点、性能和目标市场方面尚在不断发展变化中。

在该阶段，市场中会充满各种新的产品或服务。例如，在电视媒体行业的起步阶段，对于其将如何发展，人们有各种不同的看法。免费电视节目提供商认为应由广告客户而不是消费者来付费，而付费电视节目提供商的看法则与之相反。这种多样性反映了能力各异的企业基于不同的看法而进入某行业。管理层需要制定企业战略来支持产品上市，并定期审核投资项目和监控竞争对手革新技术和开发产品的情况。这个时期的产品设计尚未成熟，产品开发相对较缓慢，利润率较低，市场增长率不高。

2. 成长期

一旦一个行业已经形成并快速发展，便进入了成长期。大多数企业因为拥有高增长率而在行业中继续生存。在该阶段，管理层必须确保充分提高产量以达到公司所设定的目标市场份额。不过，在多数情况下，因为实现高增长率和扩产计划需要大量资金，所以现金会比较短缺。通过取得专利权、扩产和降低成本的方式来设置阻止竞争对手进入行业的壁垒也非常重要。

3. 成熟期

当增长率降到正常水平时，行业即进入了成熟期。这是一个相对稳定的阶段，各年销售量的波动较小，利润增长幅度也较小，市场内的竞争变得更加激烈，消费者的见识更广，要求也更加严格。并非原先存在的产品、企业或企业战略都继续适用于该阶段。企业应重点关注效率、成本控制和市场细分。

在成熟期的后期，行业会进入动荡阶段。由于投资回报率不能令人满意，因此一些企业会从市场中退出。一部分企业通过收购或依靠其自有产品的优势开始主导该行业。在该阶段，企业要监控行业中是否存在潜在的兼并机会，通过探索新市场或研发新技术来继续提升产能，或者开发出具有不同特色或功能的新产品，这对进行企业战略管理至关重要。

4. 衰退期

行业的生命周期与产品的生命周期有所不同，因为行业的存在期比任何单一产品的存在期都要长。行业进入衰退期之后，会出现生产能力过剩，技术被模仿，替代产品充斥市场，市场增长率严重下降，产品品种减少，行业发展水平随各公司从该行业中退出而下降等情况。最终，某一行业可能不复存在或被并入另一行业。要在这样一个非赢即输的环境中保持独特优势，充分运用企业战略分析方法显得尤为重要。

现实中很少有行业会完全经历生命周期的四个阶段，我们在应用时切记生搬硬套。此外，如果确定了行业所处的生命周期，我们还需要结合行业经济环境进行具体分析。

（三）行业市场类型分析

经济学理论将市场分为完全竞争市场、垄断竞争市场、寡头垄断市场和完全垄断市场四种基本类型，其中完全竞争市场和完全垄断市场是两种极端。现实中的市场大多介于这两种极端之间，也就是既有竞争，又有垄断，既不是完全竞争市场，又不是完全垄断市场，被称为不完全竞争市场。根据市场垄断程度，不完全竞争市场又分为垄断竞争市场和寡头垄断市场。影响市场类型的因素主要有市场集中度、产品差异程度和进入壁垒等。不同行业市场类型的表现特征如表 3-2 所示。

表 3-2　不同行业市场类型的表现特征

市场类型	市场集中度	产品差异程度	进入壁垒	典型行业
完全竞争市场	极低	差别极大	无	农产品、鞋业
垄断竞争市场	较低	有差别	较低	手机、家电
寡头垄断市场	极高	同质化或较大	较高	石油、汽车
完全垄断市场	完全	无替代品	极高	铁路、公共事业

影响市场类型的首要因素是市场集中度。市场集中度是指行业内规模最大的前几位企业的有关数值（如产量、产值、销售额、销售量、职工人数、资产总额等）占整个市场和行业的份额。根据产业经济学的“结构-行为-绩效”范式，集中度较高的产业有利于企业间的合谋，有助于大企业运用市场潜力制定较高价格，从而获得较高的产业利润。

不同行业市场类型中，由于企业竞争的激烈程度不同，因此企业所获取的利润也就各不相同。行业竞争越激烈，身陷其中的企业的毛利率可能就越低。特别是那些处于成熟期的，甚至走向衰退期的行业，由于竞争非常激烈，整个行业的毛利率都会比较低。该行业中的企业尽管有差别，但很难在提高毛利率与行业发展水平方面有太大的突破。

（四）行业盈利能力分析

不同的行业，其盈利能力显然不同，甚至有天壤之别。分析行业盈利能力的工具有很多种，其中波特提出的波特五力模型较为经典，且便于分析使用。

波特认为，有五种竞争力量决定了行业的盈利能力，其中三种来源于企业的水平竞争，包括行业内部竞争者现在的竞争能力、潜在竞争者进入的能力和替代品生产者的替代能力，另外两种则来自企业的垂直关系，包括供应商的讨价还价能力和购买者的讨价还价能力。根据波特五力模型的分析框架，行业内实际和潜在的竞争程度决定了行业获取超额利润的可能性，而这一超额利润的获得则取决于该行业中的企业与客户和供应商讨价还价的能力。波特五力模型如图 3-4 所示。

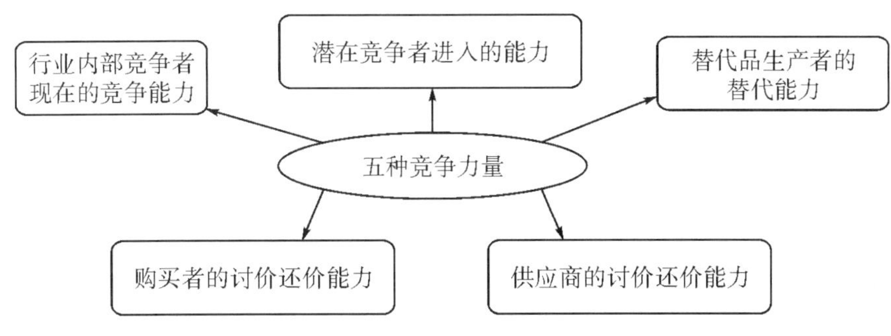

图 3-4　波特五力模型

各种竞争力量都将从不同方面对行业盈利能力带来影响。

1. 现有竞争对手间的竞争程度与利润摊薄

现有企业间的竞争是企业所承受的最大压力。现有竞争者根据自己的资源，采取价格竞争、新产品开发、服务质量及促销等手段力图在市场上占据有利地位和争夺更多的消费者，对行业内竞争者构成极大威胁。一般情况下，行业增长率高、竞争者的集中度和均衡度高、产品的独特性强、进入壁垒高、退出障碍小，则企业间的竞争强度会小一些；反之，竞争会更加激烈。同行竞争总是由一个或几个企业认为存在提高其市场地位的机会而引发的，如我国家电市场上，某电器股份有限公司几次依靠资金实力和规模经济发起价格大战，导致同行业其他企业报复性反击，竞争的结果可能是彼此都未能获利，特别是在行业中竞争者数量较多的情况下。同样，如果行业内的竞争者较为集中，实力、规模相当，如美国软饮料行业的可口可乐和百事可乐，他们可以心照不宣地相互合作，避免破坏性的价格竞争。

2. 潜在进入者威胁利润分配的格局

早期进入某行业的企业能通过先行优势阻止未来企业进入而获取垄断利润。先进入者容易取得成本优势或价格优势，制定有利的行业标准或得到资源许可，而行业的高额利润必然招致新入企业的分割。新进入者一方面会对生产能力和市场占有率提出要求，这必然引起其与现有企业的激烈竞争，促使产品价格下跌；另一方面，新进入者会争夺生产资源，从而可能使行业生产成本升高，降低利润。行业进入的难易程度成为影响新进入者进入该行业的关键。规模经济、先行优势、分销渠道和法律障碍等都会影响行业进入的难易程度。站在行业利润的角度看，最有利的情况是进入壁垒高而退出障碍小，因为新进入者被进入壁垒阻挡，而不成功的竞争者可以退出该行业；当进入壁垒高而退出障碍大时，该行业有较高的潜在利润但通常伴随高风险，因为尽管挡住了新进入者，但不成功的企业仍会留在该行业并坚持斗争；当进入壁垒低而退出障碍小时，这种情况虽然不理想，但不是最糟糕的；当进入壁垒低而退出障碍大时，进入该行业很容易，经济状况好转时该行业会吸引新企业加入，但当经济状况恶化时，企业却无力撤出该行业，结果使这些企业滞留在行业里，导致行业获利能力长期恶化。

3. 替代品威胁利润蛋糕

替代品与被替代品有相似的功能，无形中延伸了被替代品的行业竞争边界，而且这些替代品往往由高盈利行业提供，表现出一种价格优势，从而限制了替代品生产企业所在行业的产品价格，抑制了行业利润。所以，产品一旦被模仿和替代，企业的利润必然下滑。

4. 供求双方的强弱对利润的影响

行业的竞争程度决定了企业获取超额利润的潜力，而行业供应商和消费者的议价能力决定了行业的实际利润水平。在产出前，企业面临与劳动力供应方、原材料供应商的交易；在产出时，企业直接面对消费者或分销商。买方实际上也在和行业内的企业竞争，他们迫使企业降价、提高质量、提供更优服务，这些都会降低行业的盈利水平。买方的议价能力受其价格敏感性和交易地位的影响。例如，若产品缺乏独特性、购买成本高而转换成本低，则买方愿意寻找成本更低的产品。又如，面向供应商的买主因数量少、购买量大、可供买方选择的产品或替代品多而在交易中更容易保持强势地位；而当供应商数量少且可供买方选择的替代品少时，供应商处于强势地位，从而可以提高买方的购买成本。

第三节　企业内部环境分析

在对企业外部环境分析之后，接下来我们将对企业内部环境进行分析，以摸清企业拥有什么样的独特资源、能力和核心竞争力，从而决定做什么。企业内部环境是指企业内部的物质环境和文化环境的总和，包括企业资源、企业能力、企业竞争力等因素，也被称为企业内部条件。

一、企业资源分析

（一）企业资源概述

企业资源是指企业拥有或控制的有效因素总和，包括资产、其他作业程序、技能和知识等。企业资源对企业具有非常重要的作用，企业的持续竞争力由企业资源决定。企业资源通常包括有形资源、无形资源和人力资源。

1. 有形资产

有形资源主要是指财务资源和实物资源，它们是企业开展经营管理活动的基础，一般都可以通过会计方式来计算价值。其中，财务资源是指企业已经发生的能用会计方式记录在账的并以货币计量的各种经济资源，包括资金、债权和其他权利。在企业财务资源系统中，最主要的资源是资金。财务资源是企业提升业务能力的经济基础，也是形成其他资源的重要条件。实物资源主要是指在使用过程中具有物质形态的固定资产，包括工厂车间、机器设备、工具器具、生产资料、土地、房屋等。由于大多数固定资产的单位价值较高，使用年限较长，物质形态固定，流动性较差，因此其价值大多表现出边际收益递减规律的一般特性，但也有一些固定资产在折旧完毕后仍然具有使用价值和价值，甚至会增值，如繁华地段的商业店铺等。在传统工业中，固定资产是企业资源系统的重要组成部分，它是衡量企业实力的重要标志。

2. 无形资产

无形资产是指企业长期积累的，没有实物形态的，甚至无法用货币精准计量的资源，主要包括品牌、商誉、技术、专利、商标、企业文化和组织经验等。尽管无形资产难以被精确计量，但由于无形资产一般都很难被竞争对手了解、购买、模仿或替代，因此无形资产是企业核心竞争力的重要来源。例如，技术资源是一种重要的无形资产，它主要是指专利、版权和商业秘密等，具有先进性、独创性和独占性等特点，使得企业可以据此形成自己的竞争优势。商誉也是一种关键的无形资产。商誉是指企业由于管理卓越、顾客信任或其他特殊优势而具有的企业形象，它能给企业带来超额利润。对于产品形态差异较小的行业，如矿泉水行业，商誉可以说是最重要的企业资源。

3. 人力资源

人力资源是指存在于企业组织系统内部的人员和可以利用的外部人员的总和，包括这些人的体力、智力、人际关系、心理特征及其知识经验的总汇。一方面，人力资源表现为一定的物质存在——人员的数量，同时更重要的是表现为这些员工内在的体力、智力、人际关系、知识经验和心理特征等无形物质。所以，人力资源是有形与无形的统一资源。它是企业资源结构中最重要的关键资源，是企业技术资源和信息资源的载体，是其他资源的操作者，决定着所有资源效力的发挥水平。

（二）决定企业竞争优势的企业资源判断标准

在分析一个企业拥有的资源时，我们必须知道哪些资源是有价值的，可以使企业获得竞争优势，其主要的判断标准有以下几个方面：

1. 资源的稀缺性

如果一种资源是所有竞争者都能轻易取得的，那么这种资源便不能成为企业竞争优势的来源。如果企业掌握了取得处于短缺供应状态的资源，而其他的竞争对手又不能获取这种资源，那么拥有这种稀缺性资源的企业便能获得竞争优势。如果企业能够持久地拥有这种稀缺性资源，则企业从这种稀缺性资源中获得的竞争优势也将是可持续的。

2. 资源的不可模仿性

资源的不可模仿性是竞争优势的来源，也是价值创造的核心。资源的不可模仿性主要有以下四种形式：

（1）物理上独特的资源。有些资源的独特性是由物质本身的特性所决定的。例如，企业所拥有的房地产处于极佳的地理位置，企业拥有采矿权或拥有受法律保护的专利生产技术等。这些资源都有物理上的特殊性，是不可能被模仿的。

（2）具有路径依赖性的资源。它是指那些必须经过长期的积累才能获得的资源。例如，青岛海尔股份有限公司在售后服务环节的竞争优势并不仅仅在于有一支训练有素的售后服务人员队伍，更重要的是其多年来不断完善营销体制建设，能够为公司健康运行奠定坚实的基础。其他公司想要模仿青岛海尔股份有限公司的售后服务，同样需要花费大量时间来建立自身的营销体制，这在短期内是不可能实现的。

（3）具有因果含糊性的资源。企业对有些资源的形成原因并不能给出清晰的解释。例如，企业文化常常是一种因果含糊性的资源，美国西南航空公司以家庭式愉快、节俭而投入的企业文化著称，这种企业文化成为其重要资源，竞争对手难以对其进行模仿，原因就是没有人可以明确地解释形成这种企业文化的真实原因。具有因果含糊性的资源，是组织中最常见的一种资源，难以被竞争对手模仿。

（4）具有经济制约性的资源。它是指企业的竞争对手已经具有复制其资源的能力，但因市场空间有限而不能与其竞争的情况。例如，企业在市场上处于领导者的地位，其战略是在特定的市场上投入大量资本。这个特定市场可能会由于空间太小，不能支撑两个竞争者同时盈利，企业的竞争对手再有能力，也只好放弃竞争。这种资源便是具有经济制约性的资源。

3. 资源的不可替代性

波特的五力模型指出了替代产品的威胁力量，同样，企业资源如果容易被替代，那么即使竞争者不能拥有或模仿企业的资源，它们也仍然可以通过获取替代资源而改变企业的竞争地位。例如，一些独特的旅游景点很难被其他景点所替代。

4. 资源的持久性

资源的贬值速度越慢就越有利于企业形成核心竞争力。一般来说，有形资源往往都有自己的损耗周期，但无形资源和人力资源的贬值速度则很难被确定。例如，一些品牌资源随着时代的发展实际上在不断升值；而通信技术和计算机技术的迅速发展却会削减建立在这些技术基础之上的企业竞争优势。

二、企业能力分析

企业能力是指企业配置资源，发挥其生产和竞争作用的能力。企业能力来源于企业有形资源、无形资源和人力资源的整合，是企业各种资源有机结合的结果。企业能力主要由研发能力、生产管理能力、营销能力、财务能力、组织管理能力等组成。

（1）研发能力。研发能力对企业保持持续竞争力具有非常重要的作用。企业开展研发活动，能够加快产品的更新换代，提高产品质量，降低产品成本，更好地满足消费者的需求。对企业研发能力的考量主要从研发计划、研发组织、研发过程和研发效果等几个方面进行。

（2）生产管理能力。生产管理能力主要包括对生产过程、产出、库存、人力和质量等方面的管理能力。

（3）营销能力。营销能力是指企业引导消费者消费其产品或购买其服务的产品竞争能力、销售活动能力和市场决策能力。

（4）财务能力。财务能力主要涉及企业筹集资金的能力及使用和管理所筹集资金的能力。

（5）组织管理能力。对组织管理能力的衡量和评价可以从职能管理体系的任务分工、岗位责任、集权和分权的情况、组织结构、管理层次和管理范围等方面进行。

（6）核心竞争力。企业的核心竞争力就是企业的决策力，它包括把握全局、审时度势的判断力，大胆突破、敢于竞争的创新力，博采众长、开拓进取的文化力，保证质量、诚实守信的亲和力。核心竞争力是群体或团队中根深蒂固的、互相弥补的一系列技能和知识的组合。企业的核心竞争力就是企业长期形成的，蕴涵在企业内质中的，独具的，支撑企业形成过去、现在和未来竞争优势，并使企业在竞争环境中能够长时间取得主动权的核心能力。

企业核心竞争力是建立在企业核心资源基础上的企业技术、产品、管理、文化等的综合优势在市场上的反映，是企业在经营过程中形成的不易被竞争对手效仿并能带来超额利润的独特能力。在激烈的竞争中，企业只有具有核心竞争力，才能获得持久的竞争优势，保持长盛不衰。

第四节　企业战略分析方法

我们在对企业战略进行分析时，需要用到一些战略分析方法。常见的战略分析方法包括 SWOT 分析法、PEST 分析法和波士顿矩阵法。

一、SWOT 分析法

所谓 SWOT 分析，即基于内外部竞争环境和竞争条件的态势分析，就是将与研究对象密切相关的各种主要内部优势和劣势及外部机会和威胁等，通过调查列举出来，并依照矩阵形式排列，然后用系统分析的思想，把各种因素相互匹配起来加以分析，从中得出一系列相应的结论，而结论通常带有一定的决策性。

运用这种方法，我们可以对研究对象所处的情景进行全面、系统、准确的研究，从而根据研究结果制定相应的发展战略、计划及对策等。

优势（strengths）和劣势（weaknesses）属于内部因素，机会（opportunities）和威胁（threats）属于外部因素。企业战略应是一个企业能够做的（组织的强项和弱项）和可能做的（环境的机会和威胁）的有机组合。

SWOT 分析法常常被用于制定集团发展战略和分析竞争对手情况，在战略分析中，它是最常用的方法之一。进行 SWOT 分析时，主要有以下几个方面的内容：

（一）分析环境因素

运用各种调查研究方法，分析公司面临的各种环境因素，即外部环境因素和内部环境因素。外部环境因素包括机会因素和威胁因素，它们是外部环境对公司的发展有直接影响的有利因素和不利因素，属于客观因素；内部环境因素包括优势因素和弱点因素，它们是公司在发展中存在的积极因素和消极因素，属于主动因素。在调查分析这些因素时，我们不仅要考虑历史与现状，而且要关注未来发展问题。

（1）优势（S）。S 是组织机构的内部因素，具体包括有利的竞争态势、充足的资金、良好的企业形象等。

（2）劣势（W）。W 也是组织机构的内部因素，具体包括设备老化、管理混乱、缺少关键技术、研究开发落后等。

（3）机会（O）。O 是组织机构的外部因素，具体包括纵向一体化、市场迅速发展、可以增加互补产品等。

（4）威胁（T）。T 也是组织机构的外部因素，具体包括市场发展缓慢、竞争压力增大、不利的政府政策等。

（二）构造 SWOT 矩阵

将调查得出的各种因素根据轻重缓急或影响程度等排序，构造 SWOT 矩阵。在此过程中，将那些对公司发展有直接的、重要的、迫切的、久远的影响的因素优先排列出来，而将那些对公司发展有间接的、次要的、不急的、短暂的影响的因素排列在后面。

（三）制订行动计划

在完成环境因素分析和 SWOT 矩阵构造后，我们便可以制订相应的行动计划。制订计划的基本思路是：一是依靠优势因素，克服弱点因素，利用机会因素，化解威胁因素；二是考虑过去，立足当前，着眼未来。运用系统分析的综合分析方法，将排列与考虑的各种环境因素相匹配并加以组合，得出一系列公司未来发展的可选择对策。SWOT 矩阵分析格式如表 3-3 所示。

表 3-3　SWOT 矩阵分析格式

威胁（T）	机会（O）
市场发展缓慢 竞争压力增大 不利的政府政策 新的竞争者进入行业 替代品的销售额正在逐步上升 顾客讨价还价的能力增强 顾客需要与爱好逐步改变 通货膨胀及其他	纵向一体化 市场迅速发展 可以增加互补产品 能争取到新的顾客群 有进入新市场的可能 有能力进入更好的企业集团 在同行业中，竞争业绩优良 扩展产品线，满足顾客需要
优势（S）	**劣势（W）**
有利的竞争态势 充足的资金 良好的企业形象 技术产权 成本优势 竞争优势 特殊能力 产品创新 具有规模经济 高素质的管理人员 适应力强的经营战略	设备老化 管理混乱 缺少关键技术 战略方向不明 行业地位下降 产品线太短 技术开发落后 营销水平低于同行业的其他企业 战略实施的历史记录不佳 不明原因导致的利润率下降 资金枯竭 相对于竞争对手的高成本

二、PEST 分析法

PEST 分析法是指对政治（political）因素、经济（economic）因素、社会（social）文化因素和技术（technological）因素这四大类主要的外部环境因素进行分析的方法。

（一）政治因素

政治与法律因素是指对企业经营活动具有现存的和潜在的作用与影响的政治力量，同时也包括对企业经营活动加以限制和要求的法律和法规等。具体来说，政治因素分别包括国家和企业所在地区的政局稳定状况、执政党所要推行的基本政策及这些政策的连续性和稳定性。这些基本政策包括产业政策、税收政策、政府订货及补贴政策等。就产业政策来说，国家确定的重点产业总是处于优先发展的地位。因此，处于重点行业的企业，增长机会多，发展空间大；那些处于非重点行业的企业，发展则比较缓慢，甚至停滞不前，因而处于这种行业的企业很难有所发展。另外，政府的税收政策影响企业的财务结构和投资决策，资本持有者总是愿意将资金投向那些有较大需求且税率较低的产业部门。

政治因素对企业行为的影响是比较复杂的。有些政府行为对企业的活动有限制性的作用，但有些政府行为对企业有指导作用和积极的影响。政府有时以资源供给者的身份出现，如政府有关自然资源（森林、矿山、土地等）和农产品国家储备的政策将对一些企业的战略选择产生重大的影响。另外，政府有时以顾客的身份出现，扮演消费者的角色。例如，政府订货对军事工业、航空航天等国防工业有重大的影响，同时也间接影响其他工业的消费走向。此外，政府贷款和补贴对某些行业的发展也有积极的影响。一些政治因素对企业的行为有直接的影响，但一般来说，政府主要通过制定一些法律和法规来间接影响企业的活动。为了指导和促进企业的发展，国家颁布了《中华人民共和国民法典》《中华人民共和国企业破产法》《中华人民共和国商标法》《中华人民共和国产品质量法》《中华人民共和国专利法》《中华人民共和国中外合资经营企业法》等法律。此外，国家还有对工业污染程度、卫生、产品安全、某些产品定价的规定，而这类法律和法规对企业的活动有限制性的影响。

（二）经济因素

在众多的经济因素中，首先要分析的是宏观经济的总体状况，如分析企业所在国家或地区的经济发展状况，是高速发展还是低速发展，是处于停滞状态还是处于倒退状态。一般说来，在宏观经济大发展的背景下，市场规模扩大，需求增加，企业发展的机会就更多。例如，国民经济处于繁荣时期，建筑业、汽车制造业、机械制造业及轮船制造业等都会有较大的发展空间。而上述行业的发展必然会带动钢铁业的繁荣，使钢材的需求量增大。反之，在宏观经济低速发展或停滞甚至倒退的情况下，市场需求增长很慢甚至不增长，这样企业发展的机会也就少。反映宏观经济总体状况的关键指标是国内生产总值（CDP）增长率。比较高的、健康的国内生产总值增长率表明国民经济的良好运行状态。而宏观经济总体状况通常受到政府债务水平及中央银行货币供应量的重大影响。

除上述宏观经济总体状况以外，企业还应考虑中央银行或各专业银行的利率水平、劳动力的供给（失业率）、消费者的收入水平、价格指数的变化（通货膨胀率）等。这些因素将影响企业的投资决策、定价决策及人员录用政策等。值得指出的是，从2003年开始，我国中央政府的宏观调控目标主要集中在四个方面：国内生产总值的增长速度、物价总水平、城镇失业率或就业水平及国际收支平衡状态。

对于从事跨国经营的企业来说，其还必须考虑的经济因素包括关税种类及水平、国际贸易的支付方式、东道国政府对利润的控制、税收制度等。外国政府有时限制外方企业从该国提走利润率，有时还要对外方企业所占的股份比例加以限制。

（三）社会文化因素

社会文化因素包括社会文化、社会习俗、社会道德观念、社会公众的价值观念、职工的工作态度及人口统计学特征等。变化中的社会文化因素影响社会对企业产品或劳务的需求，也能改变企业的战略选择。

社会文化是人们的价值观、思想、态度、社会行为等的综合体。社会文化因素强烈影响人们的购买决策和企业的经营行为。不同的国家有不同的传统文化，也有不同的亚文化群、社会习俗和道德观念，从而影响人们的消费方式和购买偏好，进而影响企业的经营方式。因此企业必须了解社会行为准则、社会习俗、社会道德观念等社会文化因素的变化对企业的影响。

随着受教育水平的提高，人们对生活质量也有了更高的要求。在这种情况下，各种自发的利益团体就会出现，如消费者协会、环境保护组织等。一些利益团体对企业的行为产生很大的影响，甚至对企业的活动有很大的限制作用，因此我们需要鉴别对企业有影响的各种利益团体。公众的价值观念是随着时代的变迁而变化的，具体表现在人们对婚姻、生活方式、工作、道德、性别角色、公正、教育、退休等方面的态度和意见。这些价值观念同人们的工作态度一起对企业的工作安排、作业组织、管理行为及报酬制度等产生很大的影响。譬如，追求物质利益就会使劳动者索取与自己劳动价值相等的报酬，这样物质回报可能会成为激励职工的首要手段。

人口统计学特征是社会文化因素中的另一重要因素，它包括人口数量、年龄、民族、职业、宗教信仰、家庭规模、收入水平、受教育程度等。据统计，在21世纪上半叶，我国人口结构趋于老龄化，青壮年劳动力的供应则相对紧张，从而影响企业劳动力的补充。但与此同时，人口结构的老龄化又会促使社会出现一个老年人的市场，这就为生产老年人用品和提供老年人服务的企业提供了发展机会。

（四）技术因素

技术因素不仅指那些引起时代革命性变化的发明，而且包括与企业生产有关的新技术、新工艺、新材料的出现，发展趋势及应用前景。技术的变革在为企业提供机遇的同时，也对它构成了威胁。因此，技术因素主要从两个方面影响企业战略的选择。一方面，技术革新为企业创造了机遇，主要表现在：一是新技术的出现使得社会和新兴行业增加对本行业产品的需求，从而使得企业可以拓展经营范围和开辟新的市场；二是技术进步可能使得企业通过利用新的生产方法、新的生产工艺或新材料等，生产出高质量、高性能的产品，同时也可能会使得产品生产成本大大降低。例如，连铸技术的出现简化了钢铁加工工艺，提高了生产效率，也节约了大量的能源，从而降低了产品成本；互联网技术的广泛应用可以使企业在全球范围内实现最优成本采购和全球物流配送，同时也可使企业在不同的地点完成产品研发、设计、生产、销售和售后服务等不同的活动，以寻求产品的不断增值。另一方面，新技术的出现也使企业面临挑战。技术进步会使社会对企业产品和服务的需求发生重大变化。技术进步可能给某一个产业提供了机遇，也可能会对另一个产业构成威胁。塑料制品业的发展就在一定程度上对钢铁业形成了威胁，许多塑料制品成为钢铁产品的替代品。此外，竞争对手的技术进步可能使本企业的产品或服务陈旧过时，也可能使本企业的产品价格过高，从而使本企业失去竞争力。在国际贸易中，某个国家在产品生产中采用先进技术，就会导致另一个国家的同类产品价格偏高。因此，要认真分析技术革命对企业带来的影响，认清本企业和竞争对手在技术上的优势和劣势。PEST 分析法的分析格式如图 3-5 所示。

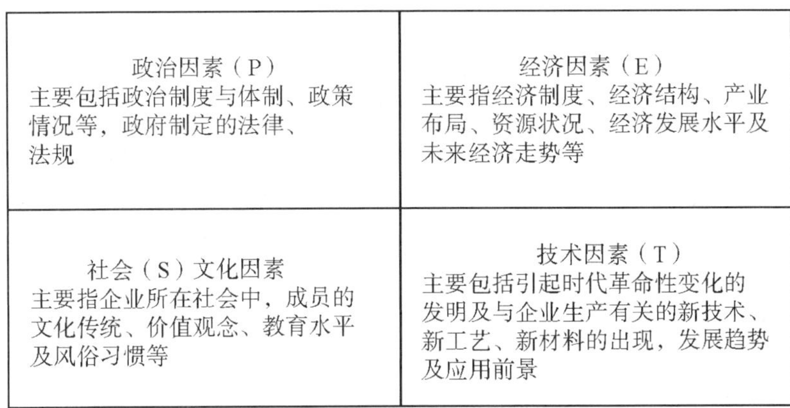

图 3-5　PEST 分析法的分析格式

三、波士顿矩阵法

（一）波士顿矩阵法的内容

波士顿矩阵法认为，决定产品结构的基本因素一般有两个，即市场引力与企业实力。市场引力包括企业销售增长率、目标市场容量、竞争对手强弱及利润高低等，其中最主要的是反映市场引力的综合指标——销售增长率，这是决定企业产品结构的外在因素。企业实力包括市场占有率，技术、设备、资金利用能力等，其中市场占有率是决定企业产品结构的内在要素，它直接显示出企业竞争实力。销售增长率与市场占有率既相互影响，又互为前提。市场引力强，市场占有率高，表明产品有的良好发展前景，企业也具备相应的适应能力和较强的实力；如果产品仅仅有较强的市场引力而没有相应的高市场占有率，则说明企业尚无足够实力且产品无法顺利销售。

以上两个因素的相互作用会导致四种不同性质的产品类型，形成不同的产品发展前景，即销售增长率和市场占有率“双高”的产品群（明星类产品）；销售增长率和市场占有率“双低”的产品群（瘦狗类产品）；销售增长率高、市场占有率低的产品群（问题类产品）；销售增长率低、市场占有率高的产品群（现金牛类产品），具体如图 3-6 所示。

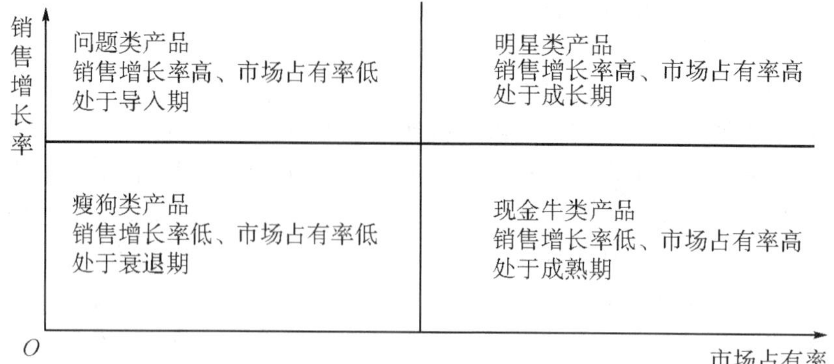

图 3-6 波士顿矩阵

（二）应用波士顿矩阵法的战略对策

（1）明星类产品。明星类产品是指处于高销售增长率、高市场占有率象限内的产品。这类产品可能成为企业的现金牛类产品，我们需要加大投资力度以支持其迅速发展，采用的发展战略是积极扩大市场规模和增加市场机会，以长远利益为目标，提高市场占有率，提高竞争地位。对于明星类产品的管理与组织，企业最好采用事业部形式，由对生产技术和销售两方面都很在行的经营者负责。

（2）现金牛类产品。现金牛类产品又称厚利产品，是指处于低销售增长率、高市场占有率象限内的产品，已进入成熟期。其特点是销售量大、利润率高、负债比率低，可以为企业提供资金，而且由于销售增长率低，也无须增加投资，因此成为企业回收资金、支持其他产品，尤其是投资明星产品的后盾。对这一象限内的大多数产品，其市场占有率的下跌已成不可阻挡之势，因此企业可采用收缩战略，即以所投入资源达到短期收益最大化为限。第一，尽量压缩设备投资和其他投资；第二，采用榨油式方法，争取在短时间内获取更多利润，为其他产品提供资金。对于这一象限内的销售增长率仍有提高的产品，企业应进一步进行市场细分，维持现有市场增长率或减缓其下降速度。对于现金牛类产品，适合用事业部制进行管理，其经营者最好是市场营销型人物。

（3）问题类产品。问题类产品是处于高销售增长率、低市场占有率象限内的产品。前者说明市场机会多、前景好，而后者则说明产品在市场营销上存在问题。其特点是利润率较低、所需资金不足、负债比率高。例如，在产品生命周期中处于引进期、因种种原因未能打开市场局面的新产品就属此类产品。企业对问题类产品应采取选择性投资战略，即首先对该象限中那些经过改进可能成为明星类产品的产品进行重点投资，提高市场占有率，使之转变成明星类产品，对其他将来有希望成为明星类产品的产品在一段时期内采取扶持的对策。因此，对问题类产品的改进与扶持一般均列入企业长期计划中。对问题类产品的管理与组织，企业最好采取智囊团或项目组织等形式，选拔有规划能力、敢于冒风险、有才干的人负责。

（4）瘦狗类产品。瘦狗类产品也称衰退类产品，是处在低销售增长率、低市场场占有率象限内的产品。其特点是利润率低、处于保本或亏损状态、负债比率高、无法为企业带来收益。对这类产品，企业应采用撤退战略，即首先应减少批量，逐渐

撤退，对那些销售增长率和市场占有率均极低的产品应立即淘汰；其次应将剩余资源向其他类产品转移；最后应整顿产品系列，统一管理。

本章小结

企业未来的发展同企业所制定的战略是紧密相连的，成功的企业战略能够保证企业发挥自身的潜力、实现经营发展目标等。企业战略涉及的层次包括公司战略、业务单位战略和职能战略，这三个层次的战略分别由企业中不同的机构进行制定。

企业在进行战略分析时，需要进行外部环境分析和内部环境分析，其中外部环境分析主要分析企业所处的宏观经济环境与企业所在的行业环境，宏观经济环境分析包括分析经济发展水平、经济发展周期、经济结构和经济政策，行业分析包括分析行业特征、行业生命周期、行业市场类型及行业盈利能力。内部环境分析主要分析企业内部条件，包括企业资源、企业能力。

在对企业战略进行分析的时候需要采用一些战略分析方法，以此帮助企业制定更为合理的企业战略。常见的战略分析方法包括SWOT分析法、PEST分析法和波士顿矩阵法等。

课后习题

简答题

1. 企业有哪几个层次的战略？各层次的战略所对应的相关管理层次是什么？
2. 宏观经济环境分析具体分析哪些内容？
3. 经济发展周期和行业生命周期各自要经历哪些阶段？
4. 企业内部环境的组成因素有哪些？企业资源通常包括哪几种？
5. SWOT分析法、PEST分析法和波士顿矩阵法各自的内容是什么？

第四章
资产负债表分析

学习目标

1. 掌握资产负债表分析的内容及作用。

2. 掌握资产负债表水平分析的步骤和要点，理解资产负债表水平分析应注意的问题。

3. 掌握资产负债表结构分析的步骤和要点，理解资产负债表结构分析应注意的问题。

4. 重点掌握资产负债表各项目分析的要点。

课堂导入

A 公司所在的行业是汽车制造行业。目前 A 公司正努力把握产业发展趋势，加快创新转型，从传统的制造型企业转变为向消费者提供移动出行服务与产品的综合供应商。主要业务包括整车（含乘用车、商用车）的研发、生产和销售；零部件（含动力驱动系统、底盘系统、内外饰系统，以及电池、电驱、电力电子等新能源汽车核心零部件和智能产品系统）的研发、生产、销售；物流、汽车电商、出行服务、节能和充电服务等汽车服务贸易业务；汽车相关金融、保险和投资业务；海外经营和国际商贸业务。同时 A 公司在产业大数据和人工智能领域积极布局。该公司采取投资管控与实体运营相结合的经营模式，对下属多个联营及合营企业进行投资管控，对自主品牌业务进行实体运营，成为目前国内产销规模最大的汽车集团，同时也是国内 A 股市场市值最高的汽车上市公司。

2019 年全球汽车行业普遍遇冷，国内汽车市场受经济增速下行和行业政策因素的叠加影响，延续了 2018 年下半年以来的低迷走势，而且整体跌幅进一步扩大。全年国内市场销售整车 2 590.5 万辆，同比下降 8.0%；其中，乘用车销售 2 154.9 万辆，同比下降 9.1%，商用车销售 435.6 万辆，同比下降 2.2%；新能源汽车市场在购置补贴减少后也出现阶段性调整，新能源汽车全年销售 120.4 万辆，同比下降 1.3%。虽然 2019 年国内汽车市场寒意更浓，但乘用车消费升级的趋势依然明显，东部沿海及中西部区域市场的汽车消费仍总体稳健，商用车、重型卡车市场在基建和治理超载的带动下继续保持增长态势。汽车市场的寒冬凸显了机遇的可贵，考验着车企的韧劲，也让车企在磨砺中积蓄着变革的力量。

面对国内汽车市场的超预期下行，A 公司深感挑战加剧、压力陡增。全年公司实现整车销售 623.8 万辆，同比下降 11.5%；其中，乘用车销售 537.8 万辆，同比下降 12.7%，商用车销售 85.9 万辆，同比下降 3.4%。为应对汽车市场的寒冬，A

公司积极抢抓新能源汽车市场和海外市场的结构性机遇，依靠2019年年度报告，推陈出新、多点开花，全年实现新能源汽车销售18.5万辆，同比增长30.4%，继续保持较快增长势头；实现整车出口及海外销售35万辆，同比增长26.5%。在全球贸易局势恶化、全国整车出口普遍下滑的背景下，A公司的整车出口逆势增长，不仅出口销量继续排名全国第一，而且领先优势进一步扩大。

第一节　资产负债表分析的目的与内容

一、资产负债表分析的目的及列报方法

资产负债表是指反映某一会计主体在某一特定日期的财务状况的财务报表，是企业最重要的财务报表之一。资产负债表分析是指以资产负债表和其他财务资料为依据和起点，采用专门方法，进行系统分析和评价的体系。通过资产负债表分析，我们可以了解企业总资产、负债及所有者权益等情况，熟悉企业财务状况和偿债能力，发现企业在经营管理中存在的问题，把握企业未来的发展趋势。

资产负债表分析的目的在于了解企业对财务状况的反映程度，以及所提供会计信息的质量，据此对企业资产和权益的变动情况以及企业财务状况做出恰当的评价。

资产负债表列报最根本的目标就是如实反映企业拥有的资产、承担的负债及拥有的权益。资产负债表遵循了“资产=负债+所有者权益”这一会计恒等式。因此，资产负债表应当分别列示资产总计项目和负债与所有者权益之和的总计项目，并且这两者的金额应当相等。资产有多种分类方法，如按货币性资产和非货币性资产分类，按有形资产和无形资产分类，按短期资产和长期资产分类，按资产的流动性分类等。我国会计实务和国际会计实务一般是将资产按流动性进行分类。按照我国《企业会计准则第30号——财务报表列报》的规定，应先列报流动性强的资产，再列报流动性弱的资产。资产负债表中的资产类应当列示流动资产和非流动资产的合计项目；负债类至少应当列示流动负债、非流动负债的合计项目；所有者权益类应当列示所有者权益的合计项目。

本章选用《关于修订印发合并财务报表格式（2019版）的通知》（财会〔2019〕16号）中的资产负债表格式。由于标注“＊”的项目为金融企业专用项目，因此本章对标注“＊”的项目不做详细列报说明。资产负债表格式，如表4-1所示。

表4-1　资产负债表

编制单位：　　　　　　　　年　月　日　　　　　　　　会企01表

单位：

资产	期末余额	年初余额	负债和所有者权益（或股东权益）	期末余额	年初余额
流动资产：			流动负债：		
货币资金			短期借款		

表4-1(续)

资产	期末余额	年初余额	负债和所有者权益（或股东权益）	期末余额	年初余额
结算备付金 *			向中央银行借款 *		
拆出资金 *			拆入资金 *		
交易性金融资产			交易性金融负债		
衍生金融资产			衍生金融负债		
应收票据			应付票据		
应收账款			应付账款		
应收款项融资			预收款项		
预付款项			合同负债		
应收保费 *			卖出回购金融资产款 *		
应收分保账款 *			吸收存款及同业存款 *		
应收分保合同准备金 *			代理买卖证券款 *		
其他应收款			代理承销证券款 *		
买入返售金融资产 *			应付职工薪酬		
存货			应交税费		
合同资产			其他应付款		
持有待售资产			应付手续费及佣金 *		
一年内到期的非流动资产			应付分保账款 *		
其他流动资产			持有待售负债		
流动资产合计			一年内到期的非流动负债		
非流动资产：			其他流动负债		
发放贷款和垫款 *			流动负债合计		
债权投资			非流动负债：		
其他债权投资			保险合同准备金 *		
长期应收款			长期借款		
长期股权投资			应付债券		
其他权益工具投资			其中：优先股		
其他非流动金融资产			永续债		
投资性房地产			租赁负债		
固定资产			长期应付款		
在建工程			预计负债		

表4-1(续)

资产	期末余额	年初余额	负债和所有者权益（或股东权益）	期末余额	年初余额
生产性生物资产			递延收益		
油气资产			递延所得税负债		
使用权资产			其他非流动负债		
无形资产			非流动负债合计		
开发支出			负债合计		
商誉			所有者权益（或股东权益）：		
长期待摊费用			实收资本（或股本）		
递延所得税资产			其他权益工具		
其他非流动资产			其中：优先股		
非流动资产合计			永续债		
			资本公积		
			减：库存股		
			其他综合收益		
			专项储备		
			盈余公积		
			一般风险准备*		
			未分配利润		
			归属于母公司所有者权益（或股东权益）合计		
			少数股东权益		
			所有者权益（或股东权益）合计		
资产总计			负债及所有者权益（或股东权益）总计		

（一）资产项目的列报方法

1.“货币资金”项目

“货币资金”项目反映企业库存现金、银行结算户存款、外埠存款、银行汇票存款、银行本票存款、信用卡存款、信用证保证金存款等的合计数。本项目应根据“库存现金”“银行存款”“其他货币资金”科目期末余额的合计数填列。

2.“交易性金融资产”项目

“交易性金融资产”项目反映企业分类为以公允价值计量且其变动计入当期损益的金融资产，以及企业持有的直接指定为以公允价值计量且其变动计入当期损益的金融资产的期末账面价值。本项目应根据“交易性金融资产”科目的相关明细科目期末余额分析填列。

3. “衍生金融资产”项目

“衍生金融资产”项目反映企业期末持有的衍生工具、套期工具、被套期项目中属于衍生金融资产的金额。本项目应根据“衍生工具”“套期工具”“被套期项目”等科目的期末借方余额分析计算填列。

4. “应收票据”项目

“应收票据”项目反映企业因销售商品、提供劳务等而收到的商业汇票，包括银行承兑汇票和商业承兑汇票。企业会计准则规定，应收票据也要根据实际情况计提坏账准备，并按照扣除坏账准备后的净额列示。因此，本项目应根据“应收票据”科目的期末余额减去“坏账准备”科目中有关应收票据计提的坏账准备余额后的金额填列。

5. “应收账款”项目

“应收账款”项目反映企业因销售商品、提供劳务等经营活动应收取的款项，如应收的价款、增值税税款及代垫的运杂费等。本项目应根据“应收账款”和“预收款项”科目所属各明细科目的期末借方余额合计，减去“坏账准备”科目中有关应收账款计提的坏账准备期末余额后的金额填列。

6. “应收款项融资”项目

“应收款项融资”项目反映以公允价值计量且其变动计入其他综合收益的应收票据和应收账款等。企业基于日常资金管理的需要，将部分银行承兑汇票贴现和背书，对部分应收账款通过无追索权保理进行出售，基于出售的频繁程度、金额及内部管理情况，此类金融资产的业务模式为既以收取合同现金流量为目标又以出售为目标，且此类金融资产的合同现金流量特征与基本借贷安排相一致。此类金融资产按照公允价值计量且其变动计入其他综合收益，但减值损失或利得、汇兑损益和按照实际利率法计算的利息收入计入当期损益。

7. “预付款项”项目

“预付款项”项目反映企业按照购货合同规定预付给供应单位的款项等。本项目应根据“预付款项”和“应付账款”科目所属各明细科目的期末借方余额合计，减去“坏账准备”科目中有关预付款项计提的坏账准备期末余额后的金额填列。

8. “其他应收款”项目

“其他应收款”项目反映企业除应收票据、应收账款、预付款项、应收股利、应收利息等经营活动以外的其他各种应收、暂付的款项。其他应收款属于企业营业收入以外的债权，如应收的各种赔款、罚款、存储的保证金，以及应向职工收取的垫付款项等。本项目应根据“其他应收款”科目的期末余额，减去“坏账准备”科目中有关其他应收款计提的坏账准备期末余额后的金额填列。

9. “存货”项目

“存货”项目反映企业期末在库、在途和在加工中的各种存货的可变现净值。存货是企业在生产经营中为销售或耗用而储备的资产，包括各种原材料、包装物、低值易耗品、委托加工材料、产成品、库存商品及委托代销商品等。本项目应根据

“在途物资”“材料采购”“原材料”“库存商品”“周转材料”“委托加工物资”“生产成本”和“劳务成本”等科目的期末余额合计，减去“存货跌价准备”科目期末余额后的金额填列。材料采用计划成本核算及库存商品采用计划成本或售价核算的小企业，应按加或减材料成本差异、减商品进销差价后的金额填列。

10. “合同资产”项目

“合同资产”项目应根据“合同资产”科目的相关明细科目期末余额分析填列，同一合同下的合同资产应当以净额列示，其中净额为借方余额的，应当根据其流动性在“合同资产”或“其他非流动资产”项目中填列，已计提减值准备的，还应减去“合同资产减值准备”科目中相关的期末余额后的金额填列。

11. “持有待售资产”项目

“持有待售资产”项目反映企业划分为持有待售的非流动资产及被划分为持有待售的处置中的资产。本项目应根据单独设置的“持有待售资产”科目的期末余额填列，或者根据非流动资产类科目的余额计算分析填列。

12. “一年内到期的非流动资产”项目

“一年内到期的非流动资产”项目反映企业非流动资产项目中在一年内到期的金额，包括一年内到期的持有至到期投资、长期待摊费用及一年内可收回的长期应收款。本项目应根据有关科目的期末余额填列。

13. “其他流动资产”项目

“其他流动资产”项目反映企业除了货币资金、交易性金融资产、应收票据、应收账款、存货等流动资产以外的其他流动资产。本项目应根据有关科目的期末余额填列。

14. “债权投资”项目

“债权投资”项目反映企业以摊余成本计量的长期债权投资的期末账面价值。本项目应根据“债权投资”科目的相关明细科目期末余额，减去“债权投资减值准备”科目中相关减值准备的期末余额后的金额分析填列。

15. “其他债权投资”项目

“其他债权投资”项目反映企业分类为以公允价值计量且其变动计入其他综合收益的长期债权投资的期末账面价值。本项目应根据“其他债权投资”科目的相关明细科目期末余额分析填列。

16. “长期应收款”项目

“长期应收款”项目反映企业融资租赁产生的应收款项和采用递延方式分期收取的款项，以及实质上具有融资性质的销售商品和提供劳务等经营活动产生的应收款项。本项目应根据“长期应付款”期末余额，减去一年内到期的部分、“未确认融资收益”科目期末余额、“坏账准备”科目中按长期应收款计提的坏账损失后的金额填列。

17. “长期股权投资”项目

“长期股权投资”项目反映企业不准备在一年内（含一年）变现的各种股权性质投资的账面余额减去减值准备后的净额。本项目应根据“长期股权投资”科目的期末余额减去“长期股权投资减值准备”科目期末余额后的金额填列。

18. “其他权益工具投资”项目

“其他权益工具投资”项目反映企业指定为以公允价值计量且其变动计入其他综合收益的非交易性权益工具投资的期末账面价值。本项目应根据“其他权益工具投资”科目的期末余额填列。

19. “其他非流动金融资产”项目

“其他非流动金融资产”项目反映自资产负债表日起超过一年到期且预期持有超过一年的以公允价值计量且其变动计入当期损益的非流动金融资产的期末账面价值。本项目在“其他非流动金融资产”项目填列。

20. “投资性房地产”项目

“投资性房地产”项目反映企业持有的投资性房地产。企业采用成本模式计量投资性房地产的，本项目应根据“投资性房地产”科目的期末余额减去“投资性房地产累计折旧（摊销）”和“投资性房地产减值准备”科目期末余额后的金额填列；企业采用公允价值模式计量投资性房地产的，本项目应根据“投资性房地产”科目的期末余额填列。

21．“固定资产”项目

“固定资产”项目反映企业固定资产的期末账面价值和企业尚未清理完毕的固定资产清理净损益。本项目应根据“固定资产”科目的期末余额，减去“累计折旧”和“固定资产减值准备”科目的期末余额后的金额，以及“固定资产清理”科目的期末余额填列。

22. “在建工程”项目

“在建工程”项目反映企业尚未达到预定可使用状态的在建工程的期末账面价值和企业为在建工程准备的各种物资的期末账面价值。本项目应根据“在建工程”科目的期末余额，减去“在建工程减值准备”科目的期末余额后的金额，以及“工程物资”科目的期末余额，减去“工程物资减值准备”科目的期末余额后的金额填列。

23. “生产性生物资产”项目

“生产性生物资产”项目反映企业持有的生产性生物资产。本项目应根据“生产性生物资产”科目的期末余额，减去“生产性生物资产累计折旧”和“生产性生物资产减值准备”科目期末余额后的金额填列。

24. “油气资产”项目

“油气资产”项目反映企业持有的矿区权益和油气井及相关设施的原价减去累计折耗和累计减值准备后的净额。本项目应根据“油气资产”科目的期末余额，减去“累计折耗”科目期末余额和相应减值准备后的金额填列。

25. “使用权资产”项目

“使用权资产”项目反映承租人持有的使用权资产的期末账面价值。本项目应根据“使用权资产”科目的期末余额，减去“使用权资产累计折旧”和“使用权资产减值准备”科目期末余额后的金额填列。

26. “无形资产”项目

“无形资产”项目反映企业持有的无形资产，包括专利权、非专利技术、商标权、著作权、土地使用权等。本项目应根据“无形资产”科目的期末余额，减去“累计摊销”和“无形资产减值准备”科目期末余额后的金额填列。

27.“开发支出”项目

“开发支出”项目反映企业开发无形资产过程中能够资本化形成无形资产成本的支出部分。本项目应根据“研发支出”科目中所属的“资本化支出”明细科目期末余额填列。“开发支出”项目，可以用来表示正处于开发过程，而且估计能够开发成功并具有一定价值，因此能够资本化的无形资产的投入成本，预示企业的科技进步前景。

28.“商誉”项目

“商誉”项目反映企业在合并中形成的商誉的价值。本项目应根据“商誉”科目的期末余额，减去相应减值准备后的金额填列。

29.“长期待摊费用”项目

“长期待摊费用”项目反映企业已经发生但应由本期和以后各期负担的分摊期限在一年以上的各项费用。“长期待摊费用”项目中在一年内（含一年）摊销的部分在资产负债表“一年内到期的非流动资产”项目填列。本项目应根据“长期待摊费用”科目的期末余额减去将于一年内（含一年）摊销的数额后的金额填列。

30．“递延所得税资产”项目

“递延所得税资产”项目反映企业确认的可抵扣暂时性差异产生的递延所得税资产。本项目应根据“递延所得税资产”科目的期末余额填列。

31.“其他非流动资产”项目

“其他非流动资产”项目反映企业除长期股权投资、固定资产、在建工程、工程物资、无形资产等资产以外的其他非流动资产。本项目应根据有关科目的期末余额填列。

（二）负债项目的列报方法

1.“短期借款”项目

“短期借款”项目反映企业向银行或其他金融机构等借入的期限在一年以下（含一年）的借款。本项目应根据“短期借款”科目的期末余额填列。

2.“交易性金融负债”项目

“交易性金融负债”项目反映企业承担的交易性金融负债，以及企业持有的直接指定为以公允价值计量且其变动计入当期损益的金融负债的期末账面价值。本项目应根据“交易性金融负债”科目的相关明细科目期末余额填列。

3.“衍生金融负债”项目

“衍生金融负债”项目反映公司衍生金融工具业务中的衍生金融工具的公允价值及其变动形成的衍生负债。本项目根据“衍生工具”“套期工具”“衍生金融负债被套期项目”科目的期末贷方余额填列。

4.“应付票据”项目

“应付票据”项目反映企业购买材料、商品和接受劳务供应等而开出、承兑的商业汇票，包括银行承兑汇票和商业承兑汇票。本项目应根据“应付票据”科目的期末余额填列。

5. “应付账款”项目

“应付账款”项目反映企业因购买材料、商品和接受劳务供应等经营活动而应支付的款项。本项目应根据“应付账款”和“预付款项”科目所属各明细科目的期末贷方余额合计数填列，如“应付账款”科目所属明细科目期末有借方余额，应在资产负债表“预付款项”项目内填列。

6. “预收款项”项目

“预收款项”项目反映企业按照购货合同规定预付给供应单位的款项。本项目应根据“预收款项”和“应收账款”科目所属各明细科目的期末贷方余额合计数填列，如“预收款项”科目所属各明细科目期末有借方余额，应在资产负债表“应收账款”项目内填列。

7. “合同负债”项目

“合同负债”项目应根据“合同负债”科目的相关明细科目的期末余额分析填列，同一合同下的合同负债应当以净额列示，其中净额为贷方余额的，应当根据其流动性在“合同负债”或“其他非流动负债”项目中填列。

8. “应付职工薪酬”项目

“应付职工薪酬”项目反映企业根据有关规定应付给职工的工资、职工福利、社会保险费、住房公积金、工会经费、职工教育经费、非货币性福利、辞退福利等各种薪酬。外商投资企业按规定从净利润中提取的职工奖励及福利基金，也在本项目中列示。

9. “应交税费”项目

“应交税费”项目反映企业按照税法规定计算应缴纳的各种税费，包括增值税、消费税、所得税、资源税、土地增值税、城市维护建设税、房产税、土地税、车船使用税、教育费附加、矿产资源补偿费等。企业代扣代缴的个人所得税，也通过本项目列示。企业所缴纳的税金不需要预计应缴数的，如印花税、耕地占用税等，不在本项目中列示。本项目应根据“应交税费”科目的期末贷方余额填列，如“应交税费”科目期末为借方余额，应以“-”号填列。

10. “其他应付款”项目

“其他应付款”项目反映企业除应付票据、应付账款、预收款项、应付职工薪酬、应付股利、应付利息、应交税费等经营活动以外的其他各项应付、暂收的款项。本项目应根据“其他应付款”科目的期末余额填列。

11. “持有待售负债”项目

“持有待售负债”项目反映企业被划分为持有待售类别的处置组中的负债。本项目应根据单独设置的“持有待售负债”科目的期末余额填列，或者根据非流动负债类科目的余额分析填列。

12. “一年内到期的非流动负债”项目

“一年内到期的非流动负债”项目反映企业非流动负债中将于资产负债表日后一年内到期的金额，如将于一年内偿还的长期借款。本项目应根据有关科目的期末余额填列。

13. “其他流动负债”项目

“其他流动负债”项目反映企业除短期借款、交易性金融负债、应付票据、应付账款、应付职工薪酬、应交税费等流动负债以外的其他流动负债。本项目应根据有关科目的期末余额填列。

14. “长期借款”项目

“长期借款”项目反映企业向银行或其他金融机构借入的期限在一年以上（不含一年）的各项借款。本项目应根据“长期借款”科目的期末余额填列。

15. “应付债券”项目

“应付债券”项目反映企业为筹集长期资金而发行的债券本金和利息。本项目应根据“应付债券”科目的期末余额填列。

16. “租赁负债”项目

“租赁负债”项目反映承租人企业尚未支付的租赁付款额的期末账面价值。本项目应根据“租赁负债”科目的期末余额填列。自资产负债表日起一年内到期应予以清偿的租赁负债的期末账面价值，在“一年内到期的非流动负债”项目中反映。

17. “长期应付款”项目

“长期应付款”项目反映企业除长期借款和应付债券以外的其他各种长期应付款项。本项目应根据“长期应付款”科目的期末余额，减去相应的“未确认融资费用”科目期末余额后的金额填列。

18. “预计负债”项目

“预计负债”项目反映企业确认的对外提供担保、未决诉讼、产品质量保证、重组义务、亏损性合同等预计负债。本项目应根据“预计负债”科目的期末余额填列。

19. “递延收益”项目

“递延收益”项目反映企业收到的、应在以后期间计入损益的政府补助。本项目应根据“递延收益”科目的期末余额分析填列。

20. “递延所得税负债”项目

“递延所得税负债”项目反映企业确认的应纳税暂时性差异产生的所得税负债。本项目应根据“递延所得税负债”科目的期末余额填列。

21. “其他非流动负债”项目

“其他非流动负债”项目反映企业除长期借款、应付债券等负债以外的其他非流动负债，本项目应根据有关科目的期末余额减去将于一年内（含一年）到期还数后的余额填列。非流动负债各项目中将于一年内（含一年）到期的非流动负债，应在“一年内到期的非流动负债”项目内单独反映。

（三）所有者权益项目的列报方法

1. “实收资本（或股本）”项目

“实收资本（或股本）”项目反映企业各投资者实际投入的资本（或股本）总额。本项目应根据“实收资本（或股本）”科目的期末余额填列。

2. “其他权益工具”项目

“其他权益工具”项目反映企业发行的除普通股以外的分类为权益工具的金融

工具的账面价值，并在“其他权益工具”项目下增设“优先股”和“永续债”两个项目，分别反映企业发行的分类为权益工具的优先股和永续债的账面价值。在“应付债券”项目下增设“优先股”和“永续债”两个项目，分别反映企业发行的分类为金融负债的优先股和永续债的账面价值。如属流动负债，应当比照上述原则在流动负债类相关项目中列报。

3.“资本公积”项目

“资本公积”项目反映企业资本公积的期末余额。本项目应根据“资本公积”科目的期末余额填列。

4.“库存股”项目

“库存股”项目反映企业持有的尚未转让或注销的本公司股份金额。本项目应根据“库存股”科目的期末余额填列。

5.“其他综合收益”项目

“其他综合收益”项目是指企业根据其他会计准则规定未在当期损益中确认的各项利得和损失。本项目应根据“其他综合收益”科目的期末余额填列。

6.“专项储备”项目

“专项储备”项目反映高危行业企业按国家规定提取的安全生产费的期末账面价值。本项目根据“专项储备”科目的期末余额填列。

7.“盈余公积”项目

“盈余公积”项目反映企业盈余公积的期末余额。本项目应根据“盈余公积”科目的期末余额填列。

8.“未分配利润”项目

“未分配利润”项目反映企业尚未分配的利润。本项目应根据“本年利润”科目和“利润分配”科目的余额计算填列。未弥补的亏损在本项目内以“-”号填列。

9.“归属于母公司所有者权益”项目

“归属于母公司所有者权益”项目反映公司集团的所有者权益中归属于母公司所有者权益的部分。

10.“少数股东权益”项目

“少数股东权益”项目反映非全资子公司的所有者权益中属于少数股东享有的份额，即不属于母公司的份额。

二、资产负债表分析的内容及作用

资产负债表分析主要包括资产负债表水平分析、资产负债表结构分析及资产负债表项目分析，分析资产与权益变动的原因、资产结构与资本结构及主要项目变动的原因及影响。

（一）资产负债表水平分析

资产负债表水平分析主要是指对资产负债表各项资产、负债和所有者权益的增减变动及其合理性进行分析，揭示企业筹资与投资过程差异，分析与揭示企业生产经营活动、经营管理水平、会计政策及会计估计变更对筹资与投资的影响。

（二）资产负债表结构分析

资产负债表结构分析主要是指将资产负债表中各项目与总资产或权益总额进行

对比，分析企业的资产构成、负债构成和股东权益构成，揭示企业资产结构和资本结构的合理程度，探索优化企业资产结构和资本结构的思路。

（三）资产负债表项目分析

资产负债表项目分析主要是指在资产负债表全面分析的基础上，对资产负债表中资产、负债和所有者权益主要项目的变动情况及其合理性进行分析。

资产负债表分析有利于全面了解企业资产规模、资产结构及资产质量，判断企业持续经营的能力与竞争实力。资产数量的多少，在很大程度上决定着企业经营规模的大小。企业的资金主要来源于负债和所有者权益，分析企业资本结构，可以了解企业的负债结构和企业的总体债务水平，判断企业偿债能力的强弱和财务风险的大小，因此分析资产负债表有利于全面了解企业资本结构、评价企业融资能力及潜在的财务风险，同时也可以了解企业的所有者权益结构和收益分配情况。除此之外，结合现金流量表所反映的信息，对资产质量及其变现能力进行分析和对债务结构特别是对债务期限与偿还方式进行分析，有利于判断企业的财务状况，特别是资金需求的未来变动趋势。

第二节　资产负债表水平分析

一、资产负债表水平分析的目的

资产负债表水平分析的目的之一是通过了解企业财务状况变动情况，揭示企业资产、负债和所有者权益的增减变动差异，分析差异产生的原因及财务影响，为企业进行筹资、投资等相关决策提供相应的依据。

资产负债表水平分析的依据是资产负债表，即采用水平分析法，将资产负债表的实际数与选定的标准进行比较，编制出资产负债表水平分析表，以此进行分析评价。资产负债表水平分析要根据分析的目的来选择比较的标准（基期），当分析的目的在于揭示资产负债表的实际变动情况，分析产生实际差异的原因时，其比较的标准应选择资产负债表的上年实际数；当分析的目的在于揭示资产负债表预算或计划执行情况，分析影响资产负债表预算或计划执行情况的原因时，其比较的标准应选择资产负债表的预算数或计划数。

二、资产负债表水平分析的步骤及要点

进行资产负债表水平分析时，遵循“总-分-总”的模式，分析步骤及要点如下：

（一）进行资产负债表整体性分析

进行资产负债表整体性分析是指描述资产负债表年末资产、负债、所有者权益的增减变动额及增减变动率，分析资产、负债、所有者权益的整体变化。

（二）从企业投资活动或资产角度进行资产分析

从企业投资活动或资产角度进行资产分析是指描述企业总资产规模的增减变动额及增减变动率和流动资产、非流动资产的增减变动额及增减变动率，结合企业实

际及行业特点，重点分析变动幅度比较大的或对总资产变动影响较大的资产部分，推断各类资产变化的相关原因。

（三）从企业筹资活动或权益角度进行负债分析和所有者权益分析

从企业筹资活动或权益角度进行负债分析和所有者权益分析是指描述企业负债、所有者权益的增减变动额及增减变动率，分项分析各类负债及各类所有者权益的增减变动额及增减变动率，结合企业实际及行业特点，重点分析变动幅度比较大的或对权益变动影响较大的资产部分，推断各类负债及各类所有者权益变化的相关原因。

（四）小结

小结是指对资产负债表分析出的总体趋势、主要因素及原因进行概括，评估相关财务影响。值得注意的是，进行资产负债表分析应结合会计报表附注的相关内容，同时关注会计报表附注对数据变化的解释。相关数据之间应相互印证，应具有一定的钩稽关系。

三、资产负债表水平分析实例

A 公司是国内具有最大产销规模的汽车集团，也是国内 A 股市场市值最高的汽车上市公司，其所在的行业是汽车制造行业。该公司凭借在汽车产业链上较为完整的布局、持续提升的创新研发能力及借力资本市场的快速发展，整车产销规模多年来保持领先地位。A 公司的主要业务是研发、生产、销售汽车整车（包括乘用车和商用车）和汽车零部件（包括发动机、变速箱、动力传动、底盘、内外饰、电子电器等）。A 公司同时从事相关汽车服务贸易业务和金融投资业务。A 公司采取投资管控与实体运营相结合的经营模式，并对控股企业进行投资管控，对自主品牌业务进行实体运营。以 A 公司为例，编制资产负债表水平分析表，如表 4-2 所示。

表 4-2　A 公司资产负债表水平分析表　　　　金额单位：元

项目	2×19 年 12 月 31 日	2×18 年 12 月 31 日	增减变动额	增减变动率/%
流动资产：				
货币资金	127 826 836 682. 25	123 771 376 378. 50	4 055 460 303. 75	3. 28
结算备付金 *				
拆出资金 *				
交易性金融资产	49 796 599 024. 47	—	—	—
以公允价值计量且其变动计入当期损益的金融资产	—	26 561 958 372. 83	—	—
衍生金融资产				
应收票据	6 245 092 532. 74	20 960 437 399. 34	-14 715 344 866. 60	-70. 21
应收账款	41 340 635 443. 91	40 129 806 051. 07	1 210 829 392. 84	3. 02
应收款项融资	11 401 837 512. 65	—	—	—
预付款项	28 939 123 052. 21	18 693 772 988. 65	10 245 350 063. 56	54. 81
应收保费 *				

表4-2(续)

项目	2×19 年 12 月 31 日	2×18 年 12 月 31 日	增减变动额	增减变动率 /%
应收分保账款 *				
应收分保合同准备金 *				
其他应收款	14 602 620 859. 24	16 098 675 531. 76	-1 496 054 672. 52	-9. 29
其中：应收利息	323 603 469. 30	845 875 895. 56	-522 272 426. 26	-61. 74
应收股利	1 066 824 275. 97	1 684 077 535. 91	-617 253 259. 94	-36. 65
买入返售金融资产 *	13 542 369 331. 38	664 270 025. 14	12 878 099 306. 24	1 938. 68
存货	54 398 633 356. 34	58 942 623 891. 76	-4 543 990 535. 42	-7. 71
合同资产				
持有待售资产	83 313 948. 40	80 713 400. 00	2 600 548. 40	3. 22
一年内到期的非流动资产	53 192 243 425. 13	68 482 616 753. 87	-15 290 373 328. 74	-22. 33
其他流动资产	109 788 322 384. 77	78 989 593 361. 29	30 798 729 023. 48	38. 99
流动资产合计	511 157 627 553. 49	453 375 844 154. 21	57 781 783 399. 28	12. 74
非流动资产：				
发放贷款和垫款 *	81 827 057 625. 85	83 622 585 035. 57	-1 795 527 409. 72	-2. 15
债权投资	391 919 940. 49	—	—	—
可供出售金融资产	—	23 930 347 255. 24	—	—
其他债权投资	610 824 643. 23	—	—	—
长期应收款	11 144 424 111. 43	6 837 413 269. 79	4 307 010 841. 64	62. 99
长期股权投资	64 617 007 133. 41	70 930 412 035. 35	-6 313 404 901. 94	-8. 90
其他权益工具投资	18 281 876 133. 32	—	—	—
其他非流动金融资产	2 094 472 035. 47	—	—	—
投资性房地产	3 252 061 451. 33	3 189 719 135. 21	62 342 316. 12	1. 95
固定资产	83 056 007 151. 50	69 187 280 487. 53	13 868 726 663. 97	20. 05
在建工程	16 187 540 866. 58	20 849 258 157. 42	-4 661 717 290. 84	-22. 36
生产性生物资产				
油气资产				
使用权资产				
无形资产	15 281 159 697. 99	14 008 333 485. 71	1 272 826 212. 28	9. 09
开发支出	1 646 702 512. 60	538 649 981. 13	1 108 052 531. 47	205. 71
商誉	1 480 799 484. 53	1 481 372 227. 53	-572 743. 00	-0. 04
长期待摊费用	2 471 107 186. 38	2 046 972 887. 33	424 134 299. 05	20. 72
递延所得税资产	29 815 148 154. 50	27 929 663 770. 25	1 885 484 384. 25	6. 75
其他非流动资产	6 017 543 917. 09	4 841 997 958. 74	1 175 545 958. 35	24. 28
非流动资产合计	338 175 652 045. 70	329 394 005 686. 80	8 781 646 358. 90	2. 67
资产总计	849 333 279 599. 19	782 769 849 841. 01	66 563 429 758. 18	8. 50

表4-2(续)

项目	2×19 年 12 月 31 日	2×18 年 12 月 31 日	增减变动额	增减变动率/%
流动负债:				
短期借款	25 587 986 199.99	16 726 440 287.46	8 861 545 912.53	52.98
向中央银行借款 *				
拆入资金 *	49 742 870 582.98	51 770 000 000.00	-2 027 129 417.02	-3.92
交易性金融负债	1 211 285 653.79	—	—	—
以公允价值计量且其变动计入当期损益的金融负债	—	977 399 765.77	—	—
衍生性金融负债				
应付票据	32 961 523 274.74	29 561 215 637.83	3 400 307 636.91	11.50
应付账款	137 086 140 309.74	125 265 496 964.04	11 820 643 345.70	9.44
预收款项	11 873 058 903.09	15 354 857 292.90	-3 481 798 389.81	-22.68
合同负债				
卖出回购金融资产款 *	506 133 790.80	470 099 390.00	36 034 400.80	7.67
吸收存款及同业存款 *	79 251 489 643.61	71 888 866 760.03	7 362 622 883.58	10.24
代理买卖证券款 *				
代理承销证券款 *				
应付职工薪酬	10 379 170 737.45	9 421 027 458.19	958 143 279.26	10.17
应交税费	10 094 429 795.94	10 574 884 976.00	-480 455 180.06	-4.54
其他应付款	77 082 601 425.77	67 550 463 107.22	9 532 138 318.55	14.11
其中：应付利息	104 301 970.97	962 428 254.89	-858 126 283.92	-89.16
应付股利	764 365 300.59	647 498 222.92	116 867 077.67	18.05
应付手续费及佣金 *				
应付分保账款 *				
持有待售负债				
一年内到期的非流动负债	26 838 165 703.07	14 613 907 051.50	12 224 258 651.57	83.65
其他流动负债	188 420 686.01	148 482 040.29	39 938 645.72	26.90
流动负债合计	462 803 276 706.98	414 323 140 731.23	48 480 135 975.75	11.70
非流动负债:				
保险合同准备金 *				
长期借款	19 136 965 849.72	19 157 930 619.58	-20 964 769.86	-0.11
应付债券	16 161 761 950.51	13 374 792 430.97	2 786 969 519.54	20.84
其中：优先股				
永续债				
租赁负债				
长期应付款	1 566 933 667.08	1 197 541 788.28	369 391 878.80	30.85

表4-2(续)

项目	2×19 年 12 月 31 日	2×18 年 12 月 31 日	增减变动额	增减变动率/%
长期应付职工薪酬	5 604 308 153.21	5 853 234 035.63	-248 925 882.42	-4.25
预计负债	13 997 027 058.90	15 265 687 656.41	-1 268 660 597.51	-8.31
递延收益	26 111 589 446.55	26 610 620 988.75	-499 031 542.20	-1.88
递延所得税负债	3 111 792 424.53	2 266 676 112.19	845 116 312.34	37.28
其他非流动负债				
非流动负债合计	85 690 378 550.50	83 726 483 631.81	1 963 894 918.69	2.35
负债合计	548 493 655 257.48	498 049 624 363.04	50 444 030 894.44	10.13
所有者权益（或股东权益）：				
实收资本（或股本）	11 683 461 365.00	11 683 461 365.00	0.00	0.00
其他权益工具				
其中：优先股				
永续债				
资本公积	55 566 657 996.87	55 322 945 530.44	243 712 466.43	0.44
减：库存股				
其他综合收益	12 504 734 839.32	8 014 045 544.15	4 490 689 295.17	56.04
专项储备	620 295 956.53	509 046 814.71	111 249 141.82	21.85
盈余公积	40 843 171 648.51	40 843 171 648.51	0.00	0.00
一般风险准备 *	3 202 907 349.43	2 898 526 086.15	304 381 263.28	10.50
未分配利润	125 280 780 539.08	115 097 364 967.32	10 183 415 571.76	8.85
归属于母公司所有者权益（或股东权益）合计	249 702 009 694.74	234 368 561 956.28	15 333 447 738.46	6.54
少数股东权益	51 137 614 646.97	50 351 663 521.69	785 951 125.28	1.56
所有者权益（或股东权益）合计	300 839 624 341.71	284 720 225 477.97	16 119 398 863.74	5.66
负债及所有者权益（或股东权益）总计	849 333 279 599.19	782 769 849 841.01	66 563 429 758.18	8.50

（一）总体性分析

比较 2×18 年年末资产总额，2×19 年年末 A 公司资产总额增加了 66 563 429 758.18元，增长率为 8.5%；负债总额增加了 50 444 030 894.44 元，增长率为 10.13%；所有者权益总额增加了 16 119 398 863.74 元，增长率为 5.66%。

上述数据变化说明 2×19 年 A 公司采取了稳步扩张投资策略，带来资产小幅增长；同时，A 公司的投资行为会影响筹资行为，其采取扩张型投资策略，导致当期资金需求量增加，而当期负债的增加额及增长率大于所有者权益的增加额及增长率，说明 A 公司采取了较激进的筹资策略。

（二）资产分析

A 公司资产总额增加了 66 563 429 758.18 元，增长率为 8.5%。资产总额增加主要是流动资产增加导致的。

流动资产当期增加了 57 781 783 399.28 元，增长率为 12.74%。流动资产项目中变化比较大的主要是买入返售金融资产、应收票据和预付款项，它们的增加额分别是 12 878 099 306.24 元、-14 715 344 866.60 元和 10 245 350 063.56 元，增长率分别为 1 938.68%、-70.21%和 54.81%。根据 A 公司 2×19 年年报等相关资料，买入返售金融资产较上期期末增长 1 938.68%，主要原因为子公司（某汽车集团财务有限责任公司）根据流动性需要，增加回购业务的资产配置；应收票据较上期期末下降 70.21%，主要原因为 A 公司执行新金融工具相关会计准则，将应收票据重新分类；预付款项较上期期末增长 54.81%，主要原因为合营整车制造企业的完工交付进度放缓。

非流动资产当期增加了 8 781 646 358.90 元，增长率为 2.67%。非流动资产项目中变化比较大的主要是开发支出和长期应收款，它们的增加额分别是 1 108 052 531.47 元和 4 307 010 841.64 元，增长率分别为 205.71%和 62.99%。根据 A 公司 2×19 年年报等相关资料，开发支出较上期期末增长 205.71%，主要原因为资本化的研发投入增加；长期应收款较上期期末增长 62.99%，主要原因为子公司（某租赁有限公司）扩张业务规模，使应收融资租赁款增加。

（三）负债分析

A 公司负债总额增加了 50 444 030 894.44 元，增长率为 10.13%，增加数额及增长幅度均大于所有者权益（或股东权益）的增加数额及增长幅度。负债总额增加主要是流动负债增加导致的。

流动负债当期增加了 48 480 135 975.75 元，增长率为 11.7%。流动负债项目中变化比较大的主要是一年内到期的非流动负债和短期借款，它们的增加额分别为 12 224 258 651.57元和 8 861 545 912.53 元，增长率分别为 83.65%和 52.98%。根据 A 公司 2×19 年年报等相关资料，一年内到期的非流动负债较上期期末增长 83.65%，主要原因为子公司（某汽车集团财务有限责任公司）一年内到期的应付债券增加；短期借款较上期期末增长 52.98%，主要原因为 A 公司因业务发展需要而新增借款。

非流动负债当期增加了 1 963 894 918.69 元，增长率为 2.35%。非流动负债项目中变化比较大的主要是递延所得税负债。递延所得税负债增加 845 116 312.34 元，增长率为 37.28%。递延所得税负债是由应纳税暂时性差异产生的，对应影响利润的暂时性差异，因此在确认递延所得税负债的同时，应该调整所得税费用。

（四）所有者权益分析

A 公司所有者权益（或股东权益）总额增加了 16 119 398 863.74 元，增长率为 5.66%。其中，归属于母公司所有者权益（或股东权益）和少数股东权益的增加额分别为15 333 447 738.46元和 785 951 125.28 元，增长率分别为 6.54%和 1.56%。所有者权益（或股东权益）总额增加主要是其他综合收益增加导致的，其他综合收益当期增加了 4 490 689 295.17 元，增长率为 56.04%。根据 A 公司 2×19 年年报等相关资料，其他综合收益较上期期末增长 56.04%，主要原因为 A 公司持有的以公允价值计量且其变动计入其他综合收益的金融产品的公允价值上升。说明 A 公司当期经营状况较好，产生了较多盈利。

（五）小结

总体而言，2×19 年 A 公司资产总额、负债总额、所有者权益（或股东权益）总额较 2×18 年都有较大幅度增长，说明 A 公司具有较强的生产能力和较好的财务状况，其通过资源有效配置，在专注以汽车发展为主业的同时采取多元化投资策略，积极融资，不断调整资产结构和资本结构。但我们还需要结合利润表和现金流量表等进行深入分析。

四、资产负债表水平分析应注意的问题

（一）多角度分析各资产、负债和所有者权益项目的变化

分析评价各资产、负债和所有者权益项目，不仅应关注相关财务数据的具体金额变化及增减幅度变化，还应关注方向变化及性质变化。

（二）分析资产变动的合理性和效率性

资产变动是否合理，直接关系到资产生产能力能否形成，并通过资产利用效率的高低体现出来。因此，在分析资产变动的合理性和效率性时，可借助企业产值、销售收入、利润、经营活动和现金净流量等指标的变动进行评价。

在增产、增收、增利或增加经营活动现金净流量时，如果资产规模维持不变或增资规模较小或资产相对减少，则说明资产利用效率提高，形成资金相对节约。

在增产、增收、增利或增加经营活动现金净流量时，如果资产规模大幅提升且超过前者的增幅，则说明资产利用效率有所降低。

在减产、减收、减利或减少经营活动现金净流量时，如果资产规模大幅提升，则说明资产利用效率低下，资产调整不合理，生产能力未被充分利用。

（三）分析会计政策或会计估计变更的影响

资产负债表各项目的变化既可能是由企业经营活动造成的，也可能是企业会计政策或会计估计变更影响的，还可能是其他非正常因素导致的。因此，需要结合各项目的具体变化情况才能揭示各项目变动的真正原因。如有必要，分析应连续进行，即通过长期趋势分析进一步推断各项目数据变动的合理性。

第三节　资产负债表结构分析

一、资产负债表结构分析的目的

资产负债表结构反映资产负债表中各项目的相互关系和比重。资产负债表结构分析的目的就是通过计算资产负债表各项目占总资产或权益总额的比重，分析评价企业资产结构和资本结构的变动情况和合理程度。

资产负债表结构分析主要包括两方面的内容：企业资产结构的变动及合理性分析；企业资本结构的变动及合理性分析。

进行资产负债表结构分析，应关注本期结构比和结构比的变动值。一般而言，结构比的变动情况往往由本期结构比与上期结构比的纵向比较得到。

二、资产负债表结构分析的步骤及要点

进行资产负债表结构分析应遵循“总-分-总”的模式。分析步骤及要点如下：

（一）总体结构分析

通过数据分析，分别描述企业资产结构、资本结构的结构比及结构比的变动值，分析资产结构与资本结构之间的依存关系。企业资产结构受制于行业性质，不同行业性质也会影响企业筹资方式。资本结构受制于资产结构，但资本结构也会影响资产结构。分析评价不同结构可能产生的财务结果，以及对企业未来财务和经营状况可能产生的影响，从而总体评价企业资产负债的整体结构。资产负债主要有以下四种结构类型：

1. 保守型

保守型的特征在于企业没有流动负债，资金需求全部通过非流动负债和所有者权益来满足。在这种结构下，企业风险极低，资金成本最高，筹资结构弹性小，如表 4-3 所示。

表 4-3　保守型的资产负债结构

<table>
<tr><td rowspan="2">流动资产</td><td>临时性占用流动资产</td><td rowspan="3">非流动负债
所有者权益</td></tr>
<tr><td>永久性占用流动资产</td></tr>
<tr><td colspan="2">非流动资产</td></tr>
</table>

2. 稳健型

稳健型的特征在于企业流动资产的一部分资金需求（主要是临时性占用流动资产）通过流动负债来满足，其他资金需求则通过非流动负债和所有者权益来满足。在这种结构下，企业风险较小，资金成本较低，筹资结构具有一定弹性，如表 4-4 所示。

表 4-4　稳健型的资产负债结构

<table>
<tr><td rowspan="2">流动资产</td><td>临时性占用流动资产</td><td>流动负债</td></tr>
<tr><td>永久性占用流动资产</td><td rowspan="2">非流动负债
所有者权益</td></tr>
<tr><td colspan="2">非流动资产</td></tr>
</table>

3. 平衡型

平衡型的特征在于企业流动资产资金的需求全部通过流动负债来满足，非流动资产的资金需求则通过非流动负债和所有者权益满足。在这种结构下，企业风险较均衡，资金成本中等，如表 4-5 所示。

表 4-5　平衡型的资产负债结构

<table>
<tr><td>流动资产</td><td>流动负债</td></tr>
<tr><td>非流动资产</td><td>非流动负债
所有者权益</td></tr>
</table>

4. 风险型

风险型的特征在于企业流动负债不仅用于满足流动资产的资金需求，还用于满足部分非流动资产的资金需求。在这种结构下，企业风险较大，负债成本最低，企业资金较紧张，如表 4-6 所示。

表 4-6　风险型的资产负债结构

<table>
<tr><td>流动资产</td><td rowspan="2">流动负债</td></tr>
<tr><td rowspan="2">非流动资产</td></tr>
<tr><td>非流动负债
所有者权益</td></tr>
</table>

（二）企业资产结构分析

通过数据分析，分别描述企业资产中本期结构比较高的项目，以及与上期结构比相比较，结构比变动较大的项目。结合企业实际及行业特点，分析资产结构比变动的原因及合理性。

1. 流动资产结构分析

流动资产结构分析主要分析流动资产占总资产的比重及其当期结构比变动，重点分析流动资产中货币资金、存货、应收账款的结构比及其变动。

流动资产结构是否合理并无一个绝对标准，我们应考虑企业实际和行业特点，同时结合生产经营变化而进行分析。在其他资产比重保持不变的情况下，流动资产比重提高使生产经营额大幅增长，说明流动资产在总资产中所占比重较合理。但如果流动资产比重增长率大幅高于生产增长率，则可能说明企业资金的利用效率较低，此时流动资产结构比有待调整。

2. 固流结构分析

固流结构即固定资产与流动资产之间的比例关系，企业应合理配置资产，如果固定资产比重过高，企业可能存在闲置资产、虚增资产或固定资产使用效率低等问题。合理的固流结构有助于企业保持高效的生产。固流结构主要有三种类型，如表 4-7 所示。

表 4-7　固流结构类型

类型	特点	流动性	盈利能力	风险状况
适中型	比例较均衡	一般	一般	一般
保守型	流动资产比例较高	较强	较弱	较小
冒险型	固定资产比例较高	较弱	较强	较大

固流结构是否合理并无一个绝对标准，如工业企业往往采取冒险型固流结构，其固定资产在总资产中所占比重较高；商业企业往往采取保守型固流结构，其流动资产在总资产中所占比重较高。因此，对于固流结构分析，我们还应根据实际情况，充分考虑企业的行业特点。

（三）企业资本结构分析

通过数据分析，分别描述企业负债中本期结构比较高的项目，以及与上期结构比相比较，结构比变动较大的项目；分别描述企业所有者权益中本期结构比较高的项目，以及与上期结构比相比较，结构比变动较大的项目。结合企业实际及行业特点，分析负债结构比、所有者权益结构比变动的原因及合理性。

1. 负债结构分析

负债结构是企业负债筹资的结果，与负债规模、负债成本、债务偿还期限、财务风险、筹资政策、经济环境等因素有关。负债结构可从以下几个方面进行分析：

（1）负债期限结构分析。计算流动负债比率和长期负债比率，如表 4-8 所示。

表 4-8　负债期限结构分析

项目	比例	财务风险	资金压力	资本成本
长期负债	大	较小	较小	较高
流动负债	大	较大	大	低

（2）负债方式结构分析。负债方式可分为银行信用、商业信用、应交款项、内部结算款项、外部结算款项、债券、应付股利和其他负债等。计算各负债方式对应的负债在负债总额中的比重。

（3）负债成本结构分析。不同负债的成本不同：应付账款等商业信用筹资基本属于无成本负债，短期借款一般属于低成本负债，长期借款、应付债券等则属于高成本负债。根据对各种负债成本的划分，进行归类整理，形成负债成本结构。

2. 所有者权益结构分析

所有者权益结构是企业所有者权益筹资的结果，与所有者权益规模、企业利润分配政策、企业控制权、股东权益资金成本、经济环境等因素有关。

所有者权益结构分析中应关注结构比较高的项目及当期结构比变动较大的项目。例如，企业净利润增加导致所有者权益规模变化，往往被视为企业盈利前景好；而股本增加导致所有者权益规模变化，往往被视为企业实力增强或企业筹资策略有调整。所有者权益结构变动可从以下方面进行分析：

（1）所有者权益总额变动，其内部结构变动。例如，净利润导致所有者权益总额增加，其内部结构也随之改变。

（2）所有者权益总额不变，其内部结构变动。例如，资本公积转增股本，所有者权益总额不变，但其内部结构改变。

（3）所有者权益总额变动，其内部结构不变。当所有者权益内部项目按相同比例以相同方式变动时，会出现这种内部结构不变的情况，但一般此种情况较少见。

（四）小结

分析并总结企业资产结构与资本结构，注意两者之间的依存关系。不同行业的资产结构与资本结构会有所差异，资产结构与资本结构相互影响。

三、资产负债表结构分析实例

以 A 公司资产负债表为分析依据，编制资产负债表结构分析表，如表 4-9 所示。

表 4-9　A 公司资产负债表结构分析表

项目	金额/元		结构比/%		差异/%
	2×19 年	2×18 年	2×19 年	2×18 年	
流动资产：					
货币资金	127 826 836 682. 25	123 771 376 378. 50	15. 05	15. 81	-0. 76
结算备付金 *					
拆出资金 *					
交易性金融资产	49 796 599 024. 47	—	5. 86	—	—
以公允价值计量且其变动计入当期损益的金融资产	—	26 561 958 372. 83	—	3. 39	—
衍生金融资产					
应收票据	6 245 092 532. 74	20 960 437 399. 34	0. 74	2. 68	-1. 94
应收账款	41 340 635 443. 91	40 129 806 051. 07	4. 87	5. 13	-0. 26
应收款项融资	11 401 837 512. 65	—	1. 34	—	—
预付款项	28 939 123 052. 21	18 693 772 988. 65	3. 41	2. 39	1. 02
应收保费 *					
应收分保账款 *					
应收分保合同准备金 *					
其他应收款	14 602 620 859. 24	16 098 675 531. 76	1. 72	2. 06	-0. 34
其中：应收利息	323 603 469. 30	845 875 895. 56	0. 04	0. 11	-0. 07
应收股利	1 066 824 275. 97	1 684 077 535. 91	0. 13	0. 22	-0. 09
买入返售金融资产 *	13 542 369 331. 38	664 270 025. 14	1. 59	0. 08	1. 51
存货	54 398 633 356. 34	58 942 623 891. 76	6. 40	7. 53	-1. 13
合同资产					
持有待售资产	83 313 948. 40	80 713 400. 00	0. 01	0. 01	0. 00
一年内到期的非流动资产	53 192 243 425. 13	68 482 616 753. 87	6. 26	8. 75	-2. 49
其他流动资产	109 788 322 384. 77	78 989 593 361. 29	12. 93	10. 09	2. 84
流动资产合计	511 157 627 553. 49	453 375 844 154. 21	60. 18	57. 92	2. 26
非流动资产：					
发放贷款和垫款 *	81 827 057 625. 85	83 622 585 035. 57	9. 63	10. 68	-1. 05
债权投资	391 919 940. 49	—	0. 05	—	—
可供出售金融资产	—	23 930 347 255. 24	—	3. 06	—
其他债权投资	610 824 643. 23	—	0. 07	—	—
长期应收款	11 144 424 111. 43	6 837 413 269. 79	1. 31	0. 87	0. 44
长期股权投资	64 617 007 133. 41	70 930 412 035. 35	7. 61	9. 06	-1. 45
其他权益工具投资	18 281 876 133. 32	—	2. 15	—	—
其他非流动金融资产	2 094 472 035. 47	—	0. 25	—	—

表4-9(续)

项目	金额/元		结构比/%		差异/%
	2×19 年	2×18 年	2×19 年	2×18 年	
投资性房地产	3 252 061 451.33	3 189 719 135.21	0.38	0.41	-0.02
固定资产	83 056 007 151.50	69 187 280 487.53	9.78	8.84	0.94
在建工程	16 187 540 866.58	20 849 258 157.42	1.91	2.66	-0.76
生产性生物资产					
油气资产					
使用权资产					
无形资产	15 281 159 697.99	14 008 333 485.71	1.80	1.79	0.01
开发支出	1 646 702 512.60	538 649 981.13	0.19	0.07	0.13
商誉	1 480 799 484.53	1 481 372 227.53	0.17	0.19	-0.01
长期待摊费用	2 471 107 186.38	2 046 972 887.33	0.29	0.26	0.03
递延所得税资产	29 815 148 154.50	27 929 663 770.25	3.51	3.57	-0.06
其他非流动资产	6 017 543 917.09	4 841 997 958.74	0.71	0.62	0.09
非流动资产合计	338 175 652 045.70	329 394 005 686.80	39.82	42.08	-2.26
资产总计	849 333 279 599.19	782 769 849 841.01	100.00	100.00	0.00
流动负债:					
短期借款	25 587 986 199.99	16 726 440 287.46	3.01	2.14	0.88
向中央银行借款*			0.00	0.00	0.00
拆入资金*	49 742 870 582.98	51 770 000 000.00	5.86	6.61	-0.76
交易性金融负债	1 211 285 653.79	—	0.14	—	—
以公允价值计量且其变动计入当期损益的金融负债	—	977 399 765.77	—	0.12	—
衍生性金融负债					
应付票据	32 961 523 274.74	29 561 215 637.83	3.88	3.78	0.10
应付账款	137 086 140 309.74	125 265 496 964.04	16.14	16.00	0.14
预收款项	11 873 058 903.09	15 354 857 292.90	1.40	1.96	-0.56
合同负债					
卖出回购金融资产款*	506 133 790.80	470 099 390.00	0.06	0.06	0.00
吸收存款及同业存款*	79 251 489 643.61	71 888 866 760.03	9.33	9.18	0.15
代理买卖证券款*					
代理承销证券款*					
应付职工薪酬	10 379 170 737.45	9 421 027 458.19	1.22	1.20	0.02
应交税费	10 094 429 795.94	10 574 884 976.00	1.19	1.35	-0.16
其他应付款	77 082 601 425.77	67 550 463 107.22	9.08	8.63	0.45
其中:应付利息	104 301 970.97	962 428 254.89	0.01	0.12	-0.11
应付股利	764 365 300.59	647 498 222.92	0.09	0.08	0.01

表4-9(续)

项目	金额/元		结构比/%		差异/%
	2×19 年	2×18 年	2×19 年	2×18 年	
应付手续费及佣金 *					
应付分保账款 *					
持有待售负债					
一年内到期的非流动负债	26 838 165 703.07	14 613 907 051.50	3.16	1.87	1.29
其他流动负债	188 420 686.01	148 482 040.29	0.02	0.02	0.00
流动负债合计	462 803 276 706.98	414 323 140 731.23	54.49	52.93	1.56
非流动负债:					
保险合同准备金 *					
长期借款	19 136 965 849.72	19 157 930 619.58	2.25	2.45	-0.19
应付债券	16 161 761 950.51	13 374 792 430.97	1.90	1.71	0.19
其中：优先股					
永续债					
租赁负债					
长期应付款	1 566 933 667.08	1 197 541 788.28	0.18	0.15	0.03
长期应付职工薪酬	5 604 308 153.21	5 853 234 035.63	0.66	0.75	-0.09
预计负债	13 997 027 058.90	15 265 687 656.41	1.65	1.95	-0.30
递延收益	26 111 589 446.55	26 610 620 988.75	3.07	3.40	-0.33
递延所得税负债	3 111 792 424.53	2 266 676 112.19	0.37	0.29	0.08
其他非流动负债					
非流动负债合计	85 690 378 550.50	83 726 483 631.81	10.09	10.70	-0.61
负债合计	548 493 655 257.48	498 049 624 363.04	64.58	63.63	0.95
所有者权益（或股东权益）:					
实收资本（或股本）	11 683 461 365.00	11 683 461 365.00	1.38	1.49	-0.12
其他权益工具					
其中：优先股					
永续债					
资本公积	55 566 657 996.87	55 322 945 530.44	6.54	7.07	-0.53
减：库存股					
其他综合收益	12 504 734 839.32	8 014 045 544.15	1.47	1.02	0.45
专项储备	620 295 956.53	509 046 814.71	0.07	0.07	0.01
盈余公积	40 843 171 648.51	40 843 171 648.51	4.81	5.22	-0.41
一般风险准备 *	3 202 907 349.43	2 898 526 086.15	0.38	0.37	0.01
未分配利润	125 280 780 539.08	115 097 364 967.32	14.75	14.70	0.05

表4-9(续)

项目	金额/元		结构比/%		差异/%
	2×19 年	2×18 年	2×19 年	2×18 年	
归属于母公司所有者权益（或股东权益）合计	249 702 009 694. 74	234 368 561 956. 28	29. 40	29. 94	-0. 54
少数股东权益	51 137 614 646. 97	50 351 663 521. 69	6. 02	6. 43	-0. 41
所有者权益（或股东权益）合计	300 839 624 341. 71	284 720 225 477. 97	35. 42	36. 37	-0. 95
负债及所有者权益（或股东权益）总计	849 333 279 599. 19	782 769 849 841. 01	100. 00	100. 00	0. 00

（一）总体性结构分析

资产结构中，2×19 年 A 公司流动资产比重为 60. 18%，非流动资产比重为 39. 82%，这说明 A 公司流动资产较多，保持了一定的资产流动性。此外，流动资产比重较 2×18 年上升了 2. 26%，而非流动资产比重较 2×18 年下降了 2. 26%。资产结构变动幅度均不大，说明企业的资产结构相对稳定。

资本结构中，2×19 年 A 公司负债比重为 64. 58%，所有者权益比重为 35. 42%，这说明 A 公司资产负债率较高，我们需结合企业盈利能力进一步分析配置是否合理。此外，负债比重较 2×18 年上升了 0. 95%，而所有者权益比重较 2×18 年降低了 0. 95%。资本结构变动幅度均不大，说明 A 公司的资本结构相对稳定。

从资产负债结构而言，2×19 年 A 公司流动资产比重为 60. 18%，流动负债比重为 54. 49%，流动资产比重略高于流动负债比重，资产负债结构属于稳健型；而 2×18 年A 公司流动资产比重为 57. 92%，流动负债比重为 52. 93%，流动资产比重也高于流动负债比重，资产负债结构属于稳健型。

因此，相对于 2×18 年，虽然 2×19 年 A 公司资产结构和资本结构都有所改变，但该公司资产结构与资本结构相适应的性质并未改变。

（二）企业资产结构分析

2×19 年 A 公司流动资产比重为 60. 18%，较 2×18 年提高了 2. 26%。导致流动资产结构变动的主要因素是其他流动资产、买入返售金融资产和预付款项。其中，其他流动资产比重提高了 2. 84%，买入返售金融资产比重提高了 1. 51%，预付款项比重提高了 1. 02%。由此可见，其他流动资产比重上升是流动资产结构变动的最主要原因，说明 A 公司拥有的除货币资金、交易性金融资产、应收票据、应收账款、存货等流动资产以外的其他流动资产较多。

2×19 年 A 公司非流动资产比重为 39. 82%，较 2×18 年下降了 2. 26%。导致非流动资产结构变动的主要因素是长期股权投资、发放贷款和垫款的减少，其中长期股权投资比重下降了 1. 45%，发放贷款和垫款下降了 1. 05%，由于下降比重都不高，说明 A 公司调整了长期资产配置，但调整效果有待观察。

2×19 年 A 公司流动资产比重为 60. 18%，固定资产比重为 9. 78%，固流结构比例约为 1 : 6。2×19 年 A 公司流动资产比重为 57. 92%，固定资产比重为 8. 84%，固流结构比例约为 1 : 6. 5。结合实际情况和行业特点，A 公司 2×19 年和 2×18 年的固流结构均属于保守型固流结构，固流结构比例变化不大。

（三）企业资本结构分析

1. 负债结构分析

根据表 4-2 所列资料，编制 A 公司负债期限结构分析表，如表 4-10 所示。

表 4-10　A 公司负债期限结构分析表

项目	金额/元		结构比/%		
	2×19 年	2×18 年	2×19 年	2×18 年	差异
流动负债	462 803 276 706. 98	414 323 140 731. 23	84. 38	83. 19	1. 19
非流动负债	85 690 378 550. 50	83 726 483 631. 81	15. 62	16. 81	-1. 19
负债合计	548 493 655 257. 48	498 049 624 363. 04	100. 00	100. 00	0. 00

从表 4-10 可以看出，负债期限结构中，A 公司 2×19 年流动负债结构比较高，为 84. 38%，比 2×18 年提高了 1. 19%；非流动负债结构比为 15. 62%，比 2×18 年下降了 1. 19%。这表明该公司在使用负债筹资时，以短期资金为主。由于流动负债对企业资产流动性要求较高，因此企业将承担较大财务风险，短期偿债压力也会随之增加，但企业负债成本相对较低。

2. 所有者权益结构分析

根据表 4-2 所列资料，编制 A 公司所有者权益结构分析表，如表 4-11 所示。

从表 4-11 可以看出，A 公司 2×19 年归属于母公司所有者权益（或股东权益）占所有者权益（或股东权益）的比重最高，达到 83%，未分配利润所占的比重远远超过了实收资本（或股本）所占的比重，分别为 41. 64% 和 3. 88%，这说明大股东在所有者权益中具有绝对优势，A 公司盈利能力较强，股东投资回报较丰厚，这样的所有者权益分配结构较正常。虽然，资本公积、盈余公积、少数股东权益和实收资本（或股本）较 2×18 年均有所下降，但是变动幅度较小，对 A 公司没有持续性影响。

表 4-11　A 公司所有者权益结构分析表

项目	金额/元		结构比/%		
	2×19 年	2×18 年	2×19 年	2×18 年	差异
实收资本（或股本）	11 683 461 365. 00	11 683 461 365. 00	3. 88	4. 10	-0. 22
其他权益工具					
其中：优先股					
永续债					
资本公积	55 566 657 996. 87	55 322 945 530. 44	18. 47	19. 43	-0. 96
减：库存股					
其他综合收益	12 504 734 839. 32	8 014 045 544. 15	4. 16	2. 81	1. 34
专项储备	620 295 956. 53	509 046 814. 71	0. 21	0. 18	0. 03
盈余公积	40 843 171 648. 51	40 843 171 648. 51	13. 58	14. 35	-0. 77

表4-11(续)

项目	金额/元		结构比/%		
	2×19 年	2×18 年	2×19 年	2×18 年	差异
一般风险准备 *	3 202 907 349.43	2 898 526 086.15	1.06	1.02	0.05
未分配利润	125 280 780 539.08	115 097 364 967.32	41.64	40.42	1.22
归属于母公司所有者权益（或股东权益）合计	249 702 009 694.74	234 368 561 956.28	83.00	82.32	0.69
少数股东权益	51 137 614 646.97	50 351 663 521.69	17.00	17.68	-0.69
所有者权益（或股东权益）合计	300 839 624 341.71	284 720 225 477.97	100.00	100.00	0.00

（四）小结

总体而言，2×19 年 A 公司资产结构和资本结构均保持相对稳定。从整体资产负债表来看，A 公司仍然采用稳健型的资产负债结构。就资产结构而言，流动资产所占的比重为 60.18%，这是导致资产结构变动的主要原因，虽然长期股权投资、发放贷款和垫款的减少导致非流动资产结构变动，但销售总体趋势仍被看好，企业固流结构为保守型，固流结构比例变动不大。就负债结构而言，A 公司以流动负债为主，虽然负债成本相对较低，但存在一定财务风险。就所有者权益结构而言，A 公司以归属于母公司所有者权益（或股东权益）为主，未分配利润占较高比重，说明股权较为集中，盈利前景较好。

四、资产负债表结构分析应注意的问题

（一）资产负债表结构分析应结合企业实际和行业特点进行

不同企业的经营特点会影响资产结构。一般而言，流动资产占资产总额的比重越高，企业日常生产经营活动越重要。例如，在企业产品市场需求旺盛时期，流动资产比重相对较高；在企业高速发展或规模扩张时期，固定资产比重相对较高。

无形资产和固定资产折旧也可以反映企业的新产品开发能力和技术装备水平。无形资产多的企业，开发创新能力强；固定资产折旧比例较高的企业，技术更新快。此外，不同行业特点也会影响企业资产结构，如商业企业的流动资产往往多于非流动资产，而工业企业的情况却恰恰相反。

不同企业的风险偏好会影响资本结构。一般而言，传统企业的经营风格较保守，负债比率较低；高新企业的经营风格较激进，负债比率偏高。此外，不同行业特点也会影响企业资本结构，如房地产企业的资产负债率往往较高，而粮食类企业的资产负债率往往偏低。

（二）资产负债表结构分析应动静结合

资产负债表结构分析应区分资产结构和资本结构，对它们进行分项分析。对资产结构和资本结构既需要进行静态分析（分析本期结构比），也需要进行动态分析（分析结构比的变动），结合本期结构比及其相关变动情况，推测结构的稳定性和合理性。同时，既需要关注资产负债表中结构比较高的项目，也需要关注结构比变动较大的项目。

第四节　资产负债表项目分析

资产负债表项目可以分成资产、负债、所有者权益三大类，这些项目受到企业投资活动和筹资活动的影响。投资活动解决企业资金的流向问题，主要影响资产项目；筹资活动解决企业资金的来源问题，主要影响负债项目和所有者权益项目。在各类项目变化的同时，投资活动和筹资活动可能还对其他相关类别项目产生影响。对资产负债表具体项目进行分析，可以了解企业投资活动和筹资活动的变化，分析不同影响。本节结合案例分析，重点对资产、负债和所有者权益的主要项目进行分析。

一、主要资产项目分析

（一）“货币资金”项目分析

货币资金包括库存现金、银行存款和其他货币资金。货币资金是企业资产中的一项特殊资产，其特殊性在于流动性最强，但盈利能力最弱，或者说几乎不产生收益。企业持有的现金量较多时，流动性好，但盈利能力弱；企业持有的现金量较少时，盈利能力得到改善，但流动性被削弱。因此，企业持有的现金量过多或过少，都会对企业生产经营产生不利影响。“货币资金”项目分析应关注以下方面的内容：

1. 分析货币资金规模及相关变动，推测变动原因，判断其合理性

（1）分析货币资金规模及增减额、增减率。

（2）推测货币资金规模变动的原因，判断其合理性。一般而言，货币资金规模变动可能基于以下原因：

第一，销售规模变动。企业销售商品或提供劳务是取得货币资金的重要途径，当销售规模变动时，货币资金规模必然会发生相应变动，两者具有一定相关性。

第二，信用政策变动。销售的增长往往伴随货币资金的增加。但如果企业改变信用政策，货币资金规模也会受此影响。如果采取宽松的信用政策，扩大赊销规模，则货币资金规模会缩小；如果采取严格的信用政策，提高现销比例，则货币资金规模会扩大。

第三，为大笔现金支出做准备。如果准备派发现金股利、偿还即将到期的巨额负债或集中购货，企业为此必须提前准备，积累资金以备开支。

第四，其他原因。例如，企业有资金调度的需要或企业筹集的资金尚未及时使用。

2. 分析货币资金结构及相关变动，推测变动原因，判断其合理性

（1）分析货币资金结构、比重变动。

（2）推测货币资金比重变动的原因，判断其合理性。

货币资金存量过低，可能影响企业正常经营；货币资金存量过高，可能影响资产利用效率，降低资产收益水平。因此，货币资金比重变动应结合以下因素进行分析：

第一，企业资产规模与业务量。一般而言，企业资产规模越大，业务量越大，持有的货币资金越多。

第二，企业筹资能力。如果企业信用良好，筹资渠道通畅，随时在市场可以筹资，没有必要持有大量现金，那么货币资金存量及比重相对可以降低。

第三，企业货币资金运营能力。如果企业运营货币资金的能力较强，企业可以灵活调度资金，那么货币资金存量及比重相对可以降低。

第四，行业特点。不同行业对货币资金的需求不同，货币资金持有量也会受到行业性质的影响。例如，零售业企业的货币资金持有量相对较大。

3. 分析企业是否存在歪曲现金余额的现象

一些企业为修饰其资产负债表，常在会计期末将会计期间终了后所收到的收入，列入本期的现金内，借以修饰现金余额，提高流动比率和速动比率。

此外，我们还需要结合利润表、现金流量表等相关资料，关注企业的货币资金规模与销售规模是否匹配。如果企业销售增长，应收账款未变，货币资金未增长或反向变化，则销售增长为异常增长，企业可能存在虚增收入的嫌疑。

【案例分析】

根据表 4-2 和表 4-9 可以看出：

（1）就货币资金规模及变动而言，A 公司 2×19 年货币资金比 2×18 年增加了 4 055 460 303. 75元，增长率为 3. 28%，但 2×19 年的营业收入减少 6. 88%，应收账款增长 3. 02%，可见 A 公司销售情况不稳定。此外，根据现金流量表相关资料，经营活动现金净流入额增加了 37 296 198 135. 09 元，增长率为 415. 53%，主要原因为 A 公司的子公司（某汽车集团财务有限责任公司）发放的客户贷款及垫款较去年同期减少。经营活动现金净流入额的大幅增长，也进一步说明销售业绩良好，A 公司具有较强的市场竞争力。

（2）就货币资金结构及变动而言，A 公司期末货币资金所占比重为 15. 05%，期初货币资金所占比重为 15. 81%，降低了 0. 76%，与货币资金规模变动的趋势相反，但在流动资产中，货币资金所占比重约为 1/4，这说明 A 公司资金较为充裕。

（3）当期经营活动现金净流入额增加，应收账款增加，营业收入略下降，货币资金规模略提升，但结构比仍较高，据此判断，货币资金数据较真实。

（二）“应收账款”项目分析

对于企业而言，应收账款是由于企业提供商业信用而产生的，是他人对企业资金的一项占用，但采取赊销往往有助于企业扩大销售规模、减少存货，所以应收账款对企业也是有必要的。对“应收账款”项目进行分析，应从以下几个方面进行：

（1）分析企业应收账款的规模及变动。一般而言，企业应收账款的规模往往与销售规模正相关，当销售增加的时候，应收账款也会增加。如果企业应收账款的增长率超过销售收入增长率，可能说明应收账款存在不合理增长。此时，应进一步分析应收账款的变动原因。从经营角度看，应收账款往往受到以下因素影响：

第一，销售规模。销售规模越大，应收账款的规模越大。

第二，信用政策。信用政策越宽松，应收账款的规模越大。

第三，收账力度。收账政策执行越有力，收账力度越大，应收账款的规模越小。

第四，应收账款质量等。应收账款账龄越长，不确定性因素越多，收回可能性越小。

此外，还应特别关注企业应收账款的巨额增加或冲销行为。例如，企业季末或年末应收账款的突然增加，此种变化应被视为应收账款的异常变化，可能是企业虚增收入或提前确认收入导致的；而企业巨额冲销应收账款，特别是关联方应收账款，也应被视为应收账款的异常变化，企业可能还旧账，也可能存在借此操纵利润的现象。

（2）分析企业应收账款的结构及变动。对于企业应收账款的结构分析，一般从账龄结构及交易方结构入手，主要考虑以下几方面的问题：

第一，分析应收账款的账龄结构，判断其分布是否合理。应收账款为流动资产，一般而言，应收账款的回款应在一年之内。如果在企业应收账款账龄结构中，超过一年的应收账款比重较大，则说明企业应收账款的账龄结构不合理，信用政策有待改进，收账力度有待加大。对长期挂账的应收账款（特别是三年以上的应收账款），应予以特别关注。如果此类应收账款的比重较大，未能得到及时处理（确认坏账或催收），则说明企业可能存在虚增利润或虚增应收账款的现象。

第二，分析应收账款的交易方来源比重，判断其分布是否合理。例如，应收账款的交易方中关联方比重较大，则此分布不合理，可能被视为企业利用关联交易进行利润调节的信号。此时，我们应进一步关注关联方应收账款的数额及比例的变动是否异常。

（3）分析会计政策变更和会计估计变更的影响。企业采取不同的会计政策或会计估计，也会影响应收账款的确认。例如，企业将应收账款入账金额的确认由总价法改为净价法，会造成应收账款余额减少，但这并不是应收账款本身减少形成的。此外，资产负债表中反映的应收账款是净额，是根据“应收账款”科目期末借方余额合计数减去“坏账准备”科目期末余额后的金额填列。因此，坏账准备计提受到会计政策变更或会计估计变更的影响时，也会影响应收账款。

【案例分析】

（1）从企业应收账款的规模及变动看，根据A公司提供的会计报表及会计报表附注可知，该公司当期应收账款为41 340 635 443.91元，上期应收账款为40 129 806 051.07元，当期应收账款较上期增加了1 210 829 392.84元，增长率为3.02%，但值得注意的是，当期应收账款增长率为3.02%，大于营业收入增长率的-6.88%（会计报表及会计报表附注），呈反方向变化。这说明应收账款的变动具有一定的不合理性，可能是受当期信用政策宽松的影响，具体原因有待进一步分析。

（2）从应收账款的结构及其变动而言，期末应收账款比重为4.87%，期初应收账款比重为5.13%，当期应收账款比重变动不大，说明该公司应收账款比重相对稳定。此外，根据表4-12可以看出，在2×19年A公司应收账款结构比中，1年以内的应收账款比重为92.31%。这说明该公司应收账款的流动性较强，账龄结构分布较合理，企业收账政策较稳定。应收票据的分析方法及分析要点与应收账款基本相同，限于篇幅不再赘述。

表 4-12　2×19 年 A 公司应收账款结构比

账龄	应收账款期末余额/元	结构比/%	坏账准备/元	计提比例/%
1 年以内	39 820 704 846. 06	92. 31	449 076 603. 85	1. 13
1 至 2 年（不含 2 年）	2 136 087 158. 36	4. 95	447 960 454. 50	20. 97
2 至 3 年	495 193 739. 92	1. 15	271 768 184. 07	54. 88
3 年以上	685 015 920. 37	1. 59	627 560 978. 38	91. 61
合计	43 137 001 664. 71	100. 00	1 796 366 220. 80	4. 16

坏账准备是应收账款的备抵项目。在实务中，坏账准备有三种提取方法：应收账款余额百分比法、账龄分析法和销售百分比法。对其分析一般从以下几个方面入手：

（1）分析坏账准备的提取方法、提取比例的合理性，是坏账准备项目分析的关键。由于企业可以自行确定计提坏账准备的方法，因此在实务中，有些企业往往出于某种动机，随意选择坏账准备的提取方法、提取比例，造成少提或不提坏账准备，虚增企业应收账款净额，同时虚增企业利润。

（2）分析企业前后会计期间坏账准备的提取方法、提取比例的一致性。企业坏账准备的提取方法、提取比例一经确定，就不能随意变更。如果企业随意变更，则往往另有所图，对于此种情况，应先查明企业在财务报表附注中是否对坏账准备的提取方法、提取比例变更进行了披露，并分析上述变更的合理性，是正常变更还是企业为了调节利润而进行的变更。

（三）"其他应收款"项目分析

其他应收款是企业间或企业内部由非购销活动所产生的应收债权，包括企业拨出的备用金，应收的各种赔款、罚款，应向职工收取的各种垫付款项等。

其他应收款仅仅是垫付款，期限一般较短。在实务中，企业有时会将其他应收款作为调整成本费用和利润的手段，对其他应收款的长期挂账或巨额变动等应予以充分关注。对其分析一般从以下几个方面入手：

（1）分析其他应收款的规模及变动。一般而言，其他应收款的规模应小于应收账款的规模，如果其他应收款余额大幅高于应收账款余额，或者其增长率大幅超过应收账款增长率，这些变动均属于异常变动。此时，应进一步分析数据来源，判断企业是否有利用其他应收款操纵利润的嫌疑。此外，应特别关注其他应收款的具体内容，如是否将应计入当期成本费用的支出计入其他应收款；是否将应计入其他项目的内容计入其他应收款；是否存在违规拆借资金，如上市公司以委托理财等名义借助其他应收款违规拆借资金。

（2）分析其他应收款的结构及变动。

第一，分析其他应收款的账龄结构，判断其分布是否合理。例如，长期挂账的其他应收款比重较大，则说明企业可能存在虚增利润的嫌疑。

第二，分析关联方其他应收款余额及比重，判断其分布是否合理。例如，其他应收款中关联方比重较大，则此分布不合理，可能被视为关联方长期、大量占用上市公司资金。

【案例分析】

（1）从其他应收款的规模及变动看，如表 4-2 和表 4-9 所示，A 公司 2×19 年其他应收款为 14 602 620 859.24 元，较 2×18 年减少了 1 496 054 672.52 元，减少率为 9.29%。其他应收款的降低主要受应收利息和应收股利大幅降低的影响，减少率分别为 61.74%和 36.65%。根据 A 公司提供的财务报表及财务报表附注，应收利息减少的主要原因是 2×19 年 A 公司减少了债券投资：2×19 年年末债券投资金额为 0，而 2×18 年年末债券投资金额为 28 080 754.00 元。对于应收股利而言，应收合营企业股利由 1 439 206 472.20 元降低到 824 196 255.34 元，从而对应收股利产生影响。综上所述，其他应收款项目变动的合理性有待进一步观察。

（2）从其他应收款的结构及变动看，期末其他应收款比重为 1.72%，期初其他应收款比重为 2.06%，这说明当期结构比变动不大。

（四）“存货”项目分析

存货是指企业在日常经营活动中持有的以备出售的产成品或商品、处在生产过程中的在产品、在生产过程中或提供劳务过程中耗用的材料或物料等，包括各类材料、在产品、半成品、产成品或库存商品及包装物、低值易耗品、委托加工物资等。存货是企业最重要的流动资产之一，对存货核算的准确性既会影响资产负债表，也会影响利润表。存货分析非常重要，一般包括存货构成分析和存货计价分析。值得注意的是，分析存货变动原因的时候，应结合利润表、资产负债表、现金流量表中相关数据，如收入变动、应收账款变动及经营现金流入和流出情况等。

1. 存货构成分析

存货主要由材料存货、在产品存货和产成品存货构成。存货构成分析包括存货规模与变动分析和存货结构与变动分析。

（1）存货规模与变动分析。存货规模与变动分析主要分析各类存货的增减变动情况与增减变动趋势，推测各类存货变动原因。值得注意的是，存货规模也会受到行业因素的影响，不同行业的存货规模有显著差异。

【案例分析】

根据 A 公司财务报表附注资料，编制存货规模变动情况分析表，如表 4-13 所示。

表 4-13　存货规模变动情况分析表

项目	金额/元		增减额/元	增减率/%
	2×19 年	2×18 年		
原材料	8 468 883 256.21	8 716 052 322.66	−247 169 066.45	−2.84
在产品	1 966 535 631.17	1 676 554 269.87	289 981 361.30	17.30
库存商品	43 963 214 468.96	48 550 017 299.23	−4 586 802 830.27	−9.45
合计	54 398 633 356.34	58 942 623 891.76	−4 543 990 535.42	−7.71

根据表 4-13 可知，A 公司 2×19 年存货总体规模减少了 4 543 990 535.42 元，

减少率为 7.71%，这表明当期存货规模减小。导致当期存货规模减小的主要原因是库存商品的减少，库存商品的减少额为 4 586 802 830.27 元，减少率为 9.45%。说明 A 公司产品在市场上比较畅销，具备较强竞争力，具体情况还应结合利润表进行分析。同时，A 公司原材料当期减少了 2.84%，在产品当期增长了 17.3%，在产品增长率大于原材料增长率，单从存货规模来看，这说明 A 公司正在积极进行囤货准备，同时说明 A 公司采取的是稳步扩张生产的策略，并未积极增加原材料的采购投入。

（2）存货结构与变动分析。存货结构指各类存货在存货总额中所占的比重。各类存货在企业再生产过程中的作用是不同的。其中，材料存货是维持再生产活动的必要物质基础，属于生产的潜在因素；产成品存货是存在于流通领域的存货，并非保证再生产持续进行的必要条件，如果产成品存货过多，则意味着企业销售不畅，存货资金占用量较大，因此，产成品存货需要压缩到最低限度；在产品存货是尚处于生产环节的存货，一般受到企业生产规模、生产周期、生产效率等的影响。

一般情况下，存货结构应保持相对稳定。在进行分析时，应重点关注比重较大的项目和比重变动较大的项目。存货比重大幅变动，可被视为企业生产经营的一个异常信号。此时，我们应深入分析其原因，推测判断存货结构变动的原因及影响。值得注意的是，存货结构也会受到行业因素的影响，不同行业的存货结构有显著差异。

【案例分析】

根据 A 公司财务报表附注资料，编制存货结构变动情况分析表，如表 4-14 所示。

表 4-14　存货结构变动情况分析表

项目	金额/元		结构比/%		
	2×19 年	2×18 年	2×19 年	2×18 年	差异
原材料	8 468 883 256.21	8 716 052 322.66	15.57	14.79	0.78
在产品	1 966 535 631.17	1 676 554 269.87	3.62	2.84	0.77
库存商品	43 963 214 468.96	48 550 017 299.23	80.81	82.37	-1.55
合计	54 398 633 356.34	58 942 623 891.76	100.00	100.00	0.00

根据表 4-14 可以看出，A 公司存货主要包括原材料、在产品和库存商品，存货结构中所占比重较大的是库存商品和原材料，2×19 年库存商品占存货的比重为 80.81%，原材料占存货的比重为 15.57%，两者合计为 96.38%，这说明 A 公司存货管理的核心为原材料管理和库存商品管理。此外，2×19 年库存商品比重较上期下降了 1.55%，而原材料比重较上期提高了 0.78%，这说明 A 公司产品适销对路，产品销售不断增加，企业未来发展前景看好。

2. 存货计价分析

存货价值的确定不仅会影响存货本身，还会影响当期销售成本及利润，甚至会影响企业税负和现金流量。在财务分析中应重视存货计价分析，关注存货计价方法、存货数量、存货跌价准备对存货价值的影响。一般从以下几个方面进行存货计价分析：

第一，分析存货计价方法的合理性。根据我国企业会计准则的规定，企业可以根据实际情况，选择使用先进先出法、加权平均法或个别计价法确定发出存货的实际成本。采用不同存货计价方法，得出的发出存货的实际成本不同，对企业的财务状况和经营成果产生一定影响。正是由于采用不同存货计价方法，将产生不同财务处理结果，因此有些企业可能利用存货计价方法操纵利润。对于这种情况，应予以重点关注。对三种不同的存货计价方法进行比较，如表4-15所示。

表4-15　存货计价方法比较

存货计价方法	期末存货价值	发出存货价值	对利润的影响
先进先出法	较符合实际	销售成本低估	利润高估
加权平均法	较符合实际	销售成本较符合实际	利润较符合实际
个别计价法	符合实际	销售成本符合实际	利润符合实际

第二，分析存货盘存制度的合理性。存货盘存可以采取永续盘存制和定期盘存制。采用不同的存货盘存制度，带来的财务影响也有所差异，这种差异不是存货数量本身变动引起的，而是存货数量的会计确认方法不同造成的。现将两种存货盘存制度列表比较，如表4-16所示。

表4-16　存货盘存制度比较

存货盘存制度	期末存货价值	优点	缺点
永续盘存制	反映存货账面数	随时反映存货收、发、存	工作量较大
定期盘存制	反映存货实有数	期末倒算，工作量较小	不利于存货管理

第三，分析存货跌价准备计提的正确性和合理性。存货跌价准备的计提不仅会影响存货账面价值，还会影响当期利润。因此，应关注企业在会计期末是否按照成本与可变现净值孰低法提取存货跌价准备，分析其正确性和合理性。如果企业少提或不提存货跌价准备，则会导致存货账面价值高估，虚增当期利润。

（五）“固定资产”项目分析

固定资产占用大量企业资金和较长投资时间，是企业资产管理的重点，对企业发展能力及盈利能力有重大影响。固定资产分析主要包括固定资产规模与变动分析、固定资产结构与变动分析、固定资产会计政策选择的合理性分析。

1. 固定资产规模与变动分析

分析固定资产规模与变动可以从固定资产原值变动分析、固定资产净值变动分析、固定资产账面价值变动分析等方面入手。

（1）固定资产原值变动分析。固定资产原值是固定资产取得时的实际成本支出，反映企业在固定资产上的投资和企业的生产规模。固定资产原值的增减变化反映企业当期固定资产规模变化。一般而言，固定资产增加的主要原因有投资转入、自行购入、自建或自制、融资租赁租入、接受捐赠、固定资产盘盈及其他。固定资产减少的主要原因有出售转让、对外投资、报废清理、固定资产盘亏、非常损失及其他。企业可根据财务报表附注及相关资料分析固定资产增减变动原因及其合理性。

（2）固定资产净值变动分析。固定资产净值也称折余价值，是指固定资产原值减去已计提折旧后的净额，反映企业实际占用固定资产的金额和固定资产的新旧程度。因此，固定资产净值变动主要取决于两个因素：固定资产原值变动与累计折旧变动。

累计折旧的计提取决于企业折旧政策的选择，主要有四种计提方法：直线法、工作量法、双倍余额递减法、年数总和法。选择不同的折旧政策时，当期计提的折旧也将有所差异，从而影响企业的成本费用和当期利润。一般而言，企业的折旧政策应保持相对稳定，不能随意变更。例如，企业在以前年度均采用直线法计提折旧，当期突然改用双倍余额递减法或年数总和法计提折旧，则企业存在通过累计折旧操纵成本费用，进行盈余管理的嫌疑。

（3）固定资产账面价值变动分析。固定资产账面价值是指固定资产净值减去相关备抵项目后的净额，其变动主要取决于两个因素：固定资产净值变动与固定资产减值准备变动。

固定资产减值准备的计提在会计期末按固定资产账面价值与其可收回金额孰低的原则来计量，如果会计期末固定资产的可收回金额低于其账面价值，应当按可收回金额低于其账面价值的差额计提减值准备，并计入当期损益。合理计提固定资产减值准备有利于避免企业虚增资产或虚增利润，保证企业财务资料的真实性。如果固定资产实际上已发生减值，但企业不提或少提固定资产减值准备，会造成企业资产虚增，虚夸企业生产能力，同时会虚增企业利润。

【案例分析】

以 A 公司 2×19 年相关报表数据为例，对其固定资产规模与变动进行分析，见表 4-17。

从表 4-17 可以看出，A 公司当期固定资产账面价值增加了 13 868 726 663.97 元，增长率为 20.05%。对于这一数据变化，可以从以下角度进行分析：

（1）增长原因。当期固定资产原值增加的主要原因是在建工程项目完工转入，在建工程转入增加了 24 545 729 938.47 元。

（2）增长类别。当期固定资产账面价值增加的主要是运输设备和模具，运输设备账面价值增加了 3 065 034 998.80 元，增长了 81.89%，模具账面价值增加了 865 261 591.76，增长了 24.64%。房屋及建筑物账面价值和机器设备账面价值也有一定的增加，这属于生产用固定资产的增加，有利于提升企业的生产能力和竞争实力。

表 4-17 A 公司 2×19 年固定资产规模变动分析表

金额单位：元

项目	房屋及建筑物	机器设备	电子设备、器具及家具	运输设备	模具	合计
一、账面原值						
1. 年初余额	32 873 960 503.05	69 987 150 084.98	7 539 326 635.01	5 813 541 399.80	9 703 130 943.14	125 917 109 565.98
2. 本期增加额	5 020 474 987.06	14 652 052 410.41	1 430 019 420.81	5 489 695 605.76	1 756 168 593.38	28 348 411 017.42
（1）购置	128 246 282.08	111 225 699.69	237 212 412.42	564 298 346.02	10 497 813.98	1 051 480 554.19
（2）在建工程转入	4 565 095 613.92	13 957 295 593.33	1 084 381 156.13	3 245 045 134.10	1 693 912 440.99	24 545 729 938.47
（3）企业合并增加	146 312 556.51	252 286 165.77	105 516 721.41	1 674 478 957.10	—	2 178 594 400.79
（4）投资性房地产转入	24 428 988.54	—	—	—	—	24 428 988.54
（5）因汇率变动而增加	156 490 546.01	331 244 951.62	2 909 130.85	5 873 168.54	51 758 338.41	548 276 135.43
3. 本期减少额	224 774 914.33	1 713 659 832.90	940 985 401.84	1 213 777 821.87	343 137 231.93	4 436 335 202.87
（1）处置或报废	98 339 396.35	1 697 954 084.87	624 364 272.89	1 213 777 821.87	343 137 231.93	3 977 572 807.91
（2）转出至在建工程	—	15 705 748.03	—	—	—	15 705 748.03
（3）转出至投资性房地产	126 435 517.98	—	—	—	—	126 435 517.98
（4）转出至长期待摊费用	—	—	316 621 128.95	—	—	316 621 128.95
4. 期末余额	37 669 660 575.78	82 925 542 662.49	8 028 360 653.98	10 089 459 183.69	11 116 162 304.59	149 829 185 380.53

表4-17（续）

项目	房屋及建筑物	机器设备	电子设备、器具及家具	运输设备	模具	合计
二、累计折旧						
1. 年初余额	8 625 312 835. 82	31 541 153 002. 25	4 534 145 544. 47	2 033 200 340. 73	3 373 554 557. 65	50 107 366 280. 92
2. 本期增加额	1 468 539 796. 99	7 480 925 619. 33	1 033 888 555. 80	1 865 939 099. 32	571 494 981. 03	12 420 788 052. 47
（1）计提	1 440 367 956. 05	7 211 217 649. 30	969 287 181. 42	1 279 706 593. 06	555 957 197. 38	11 456 536 577. 21
（2）投资性房地产转入	13 779 412. 68	—	—	—	—	13 779 412. 68
（3）企业合并增加	4 711 290. 23	224 355 462. 20	63 218 589. 67	584 951 168. 18	—	877 236 510. 28
（4）因汇率变动而增加	9 681 138. 03	45 352 507. 83	1 382 784. 71	1 281 338. 08	15 537 783. 65	73 235 552. 30
3. 本期减少额	79 766 716. 76	1 180 579 490. 36	499 679 565. 58	662 597 914. 17	49 268 851. 33	2 471 892 538. 20
（1）处置或报废	43 127 089. 46	1 168 755 097. 47	305 987 495. 65	662 597 914. 17	49 268 851. 33	2 229 736 448. 08
（2）转出至在建工程	—	11 824 392. 89	—	—	—	11 824 392. 89
（3）转出至投资性房地产	36 639 627. 30	—	—	—	—	36 639 627. 30
（4）转出至长期待摊费用	—	—	193 692 069. 93	—	—	193 692 069. 93
4. 期末余额	10 014 085 916. 05	37 841 499 131. 22	5 068 354 534. 69	3 236 541 525. 88	3 895 780 687. 35	60 056 261 795. 19
三、减值准备						
1. 年初余额	129 394 628. 17	3 577 519 473. 80	60 612 863. 62	37 468 526. 38	2 817 467 305. 56	6 622 462 797. 53

表4-17（续）

项目	房屋及建筑物	机器设备	电子设备、器具及家具	运输设备	模具	合计
2. 本期增加额	272 967.12	77 602 273.29	72 472 041.84	68 566 441.58	25 716 932.29	244 630 656.12
（1）计提	272 967.12	70 174 089.72	72 472 041.84	22 696 426.05	25 716 932.29	191 332 457.02
（2）企业合并增加	—	7 415 612.73	—	45 870 015.53	—	53 285 628.26
（3）因汇率变动而增加	—	12 570.84	—	—	—	12 570.84
3. 本期减少额	453 286.99	85 236 765.60	3 288 833.28	61 024 841.64	173 292.30	150 177 019.81
处置或报废	453 286.99	85 236 765.60	3 288 833.28	61 024 841.64	173 292.30	150 177 019.81
4. 期末余额	129 214 308.30	3 569 884 981.49	129 796 072.18	45 010 126.32	2 843 010 945.55	6 716 916 433.84
四、账面价值						
1. 期末账面价值	27 526 360 351.43	41 514 158 549.78	2 830 210 047.11	6 807 907 531.49	4 377 370 671.69	83 056 007 151.50
2. 期初账面价值	24 119 253 039.06	34 868 477 608.93	2 944 568 226.92	3 742 872 532.69	3 512 109 079.93	69 187 280 487.53
增减额	3 407 107 312.37	6 645 680 940.85	−114 358 179.81	3 065 034 998.80	865 261 591.76	13 868 726 663.97
增减率	14.13%	19.06%	−3.88%	81.89%	24.64%	20.05%

2. 固定资产结构与变动分析

固定资产结构与变动分析主要是指分析各类固定资产在固定资产总额中的比重及其变动。此项分析应重点关注在固定资产总额中比重较大的固定资产及比重变动较大的固定资产。固定资产按使用情况和经济用途可以分为生产用固定资产、非生产用固定资产、租出固定资产、未使用和不需用固定资产、融资租入固定资产。固定资产结构可以反映固定资产的配置情况，合理配置固定资产，可以在不增加企业资金占用量的同时提升企业生产能力，使企业资源得到充分利用。

一般而言，生产用固定资产在固定资产结构比重中所占比例较大。如果其他固定资产所占比重较大，或者其增长率超过生产用固定资产增长率，则说明企业可能存在资源利用不合理的情况。特别是未使用或不需用固定资产在固定资产中所占比例较大时，往往被视为企业资产利用效率低下的信号，说明存在固定资产资金占用但资源闲置的情况，企业应及时查明原因，采取措施，予以分类处理。

现行会计制度并不需要企业对外披露固定资产的使用情况，外部财务分析人员难以获取相关信息。但固定资产结构与变动分析非常重要，内部财务分析人员应予以重点关注，主要从以下三方面进行深入分析：

（1）生产用固定资产在固定资产总额中的比重及其变化。

（2）未使用或不需用固定资产在固定资产总额中的比重及其变化。

（3）生产用固定资产内部结构的合理性。

3. 固定资产会计政策选择的合理性分析

固定资产会计政策选择的合理性分析主要是指分析累计折旧计提的合理性和固定资产减值准备计提的合理性。

累计折旧计提的合理性分析主要包括：

（1）分析折旧方法是否前后期一致，如果不一致，是否有说明，说明是否合理。

（2）分析固定资产预计使用年限及预计净残值估计是否符合国家有关规定，是否符合企业实际。

固定资产减值准备计提的合理性主要包括：

（1）分析固定资产可收回金额的确定是否合理。

（2）分析当期固定资产减值准备计提数是否准确。

（3）分析固定资产减值准备对固定资产及企业生产经营的影响。如果企业不提或少提固定资产减值准备，不仅会虚增固定资产价值，也会虚增利润，虚夸生产能力。

【案例分析】

根据 2×19 年 A 公司提供的财务报表及财务报表附注，A 公司不同类别固定资产的折旧方法、折旧年限、净残值率和年折旧率如表 4-18 所示。

表 4-18　固定资产折旧分析表

类别	折旧方法	残值率/%	折旧年限/年		年折旧率/%	
			2×19 年	2×18 年	2×19 年	2×18 年
房屋及建筑物	年限平均法	0~10	8~50	8~50	1.8~12.5	1.8~12.5
机器设备	年限平均法	0~10	3~20	5~20	4.5~33.33	4.5~20
电子设备、器具及家具	年限平均法	0~10	2~20	2~20	4.5~48	4.5~50
运输设备	年限平均法	0~10	3~15	3~12	6~33.33	7.5~33.33
模具	工作量法	0~5	不适用	不适用	不适用	不适用

根据表 4-18 可以看出，A 公司采用年限平均法或工作量法在固定资产使用寿命内计提折旧，折旧年限、净残值率都符合会计制度规定。对照 2×18 年财务报表附注，A 公司当期的固定资产折旧方法和残值率均保持不变，折旧年限和年折旧率变化也不大，由此可以判断该公司固定资产折旧较可靠。

二、主要负债项目分析

（一）主动筹资性负债项目分析

1. “短期借款”项目分析

短期借款是指企业向银行等金融机构借入，还款期限在一年以下（含一年）的各种借款，主要包括经营周转借款、临时借款、结算借款、票据贴现借款、卖方信贷、预构定金借款和专项储备借款等。

短期借款一般用于满足经营性资金需求，利率较低，偿还周期较短，对资金流动性要求较高。如果短期借款数额过大，超过企业实际需要，不仅会影响企业资金使用效果，还可能给企业带来较大财务风险。

对于“短期借款”项目分析，应结合企业流动资产、当期收益、流动负债、现金流量等因素进行，重点关注以下方面：

（1）与流动资产规模适应。短期借款筹资灵活，弹性较大，但应与当期流动资产，特别是货币资金项目相适应。一般而言，短期借款规模应不超过当期货币资金规模。如果企业当期短期借款规模超过当期货币资金规模，则企业资金较紧张，财务风险加大。

（2）与投资收益率适应。当企业投资收益率大于短期借款利率，则举债对企业有利，可以产生财务杠杆作用，并降低企业资本成本；但如果企业经营效益不理想，投资收益率低于短期借款利率，则会加重企业财务负担。

（3）与现金流量适应。短期借款偿还周期较短，企业应关注当期现金流量的存量及变化，保证有较充裕的现金以清偿当期债务。

【案例分析】

2×19 年 A 公司期末短期借款为 25 587 986 199.99 元，主要由质押借款、抵押借款、保证借款和信用借款构成，如表 4-19 所示。

表 4-19 短期借款变动分析表

项目	金额/元		增减额/元	增减率/%
	2×19 年	2×18 年		
质押借款	633 905 049. 00	314 000 000. 00	319 905 049. 00	101. 88
抵押借款	46 000 000. 00	—	—	—
保证借款	255 740 000. 00	20 000 000. 00	235 740 000. 00	1 178. 70
信用借款	24 652 341 150. 99	16 392 440 287. 46	8 259 900 863. 53	50. 39
合计	25 587 986 199. 99	16 726 440 287. 46	8 861 545 912. 53	52. 98

根据短期借款变动分析表，2×19 年 A 公司流动负债较 2×18 年增加了 8 861 545 912. 53元，增长率为 52. 98%，主要原因为 A 公司因业务发展需要而新增了短期借款，主要通过保证借款和质押借款筹集资金，增长率分别为 1 178. 7%和 101. 88%。A 公司当期应注意控制财务风险。

2. “长期借款”项目分析

长期借款是指企业向银行或其他金融机构等借入的、还款期限在一年以上的各种借款。长期借款是较典型的企业长期筹资形式，偿还周期较长。配置适当的长期借款可以合理调整企业资本结构，降低企业资本成本，发挥财务杠杆作用。

对于“长期借款”项目分析，应重点关注当期长期借款规模及变化情况、企业现金流量状况、企业投资收益率状况。一般而言，长期借款主要用于满足企业资本性资金需求，短期借款则用于满足经营性资金需求，因此长期借款规模往往大于短期借款规模。如果企业当期长期借款规模大幅度减小，短期借款规模大幅度增加，出现“短债长用”的情况，则会加剧企业财务风险，影响企业偿债能力。

【案例分析】

2×19 年 A 公司期末长期借款为 19 136 965 849. 72 元，主要由质押借款、抵押借款、保证借款和信用借款构成，应扣除一年内到期的长期借款，如表 4-20 所示。

表 4-20 长期借款变动分析表

项目	金额/元		增减额/元	增减率/%
	2×19 年	2×18 年		
质押借款	1 190 669 524. 13	1 644 731 955. 88	-454 062 431. 75	-27. 61
抵押借款	3 961 876 825. 99	2 457 839 217. 59	—	—
保证借款	1 477 853 360. 00	1 454 820 800. 00	23 032 560. 00	1. 58
信用借款	17 842 937 213. 17	19 243 854 684. 50	-1 400 917 471. 33	-7. 28
减：一年内到期的长期借款	-5 336 371 073. 57	-5 643 316 038. 39	306 944 964. 82	-5. 44
合计	19 136 965 849. 72	19 157 930 619. 58	-1 525 002 378. 26	-38. 74

2×19 年 A 公司期末短期借款为 25 587 986 199. 99 元，较上期较上期增加了 8 861 545 912. 53元，增长率为52. 98%；长期借款为 19 136 965 849. 72 元，较2×18 年减少了 1 525 002 378. 26 元，下降了 38. 74%。长期借款的规模小于短期借款的规模，且两者呈相反方向变动，长期借款的减少额小于短期借款的增加额，说明企业当期改变了筹资策略。

（二）经营性负债项目分析

1. “应付账款”项目分析

应付账款是企业因购买材料、商品或接受劳务供应等经营活动而应支付的款项，是买卖双方在购销活动中由于购买材料、商品或接受劳务而与支付款项在时间上不一致而产生的负债。“应付账款”项目分析应重点关注以下几个方面：

（1）企业销售变动。一般而言，企业销售增加时，原材料采购增加，应付账款随之增加；反之，则降低。

（2）资金成本。应付账款是较典型的商业信用筹资，没有资金成本或资金成本较低。企业可以合理配置适当的应付账款，以节约利息支出。

（3）企业现金流量状况。企业资金较充裕时，应付账款规模相对较小；企业资金较紧张时，应付账款规模相对较大。

应付账款筹资属于商业信用筹资，无资金成本或资金成本较低，但应付账款长期拖欠，可能影响企业商业信用。此外，应付账款也反映了企业在生产经营中的地位，即企业大量占用供应商的资金进行经营，在市场中具有强势地位。

【案例分析】

根据表 4-2 可以看出，2×19 年 A 公司期末应付账款为 137 086 140 309. 74 元，较 2×18 年增加了 11 820 643 345. 70 元，增长率为 9. 44%，应付账款主要为应付材料款及设备款等，这说明 A 公司积极利用商业信用进行自然性筹资。商业信用筹资可被认为是一种无成本或低成本的筹资方式，有利于企业降低资金成本。

2. “预收款项”项目分析

预收款项是指企业按照合同规定或双方约定，向购买单位或接受劳务单位在未发出商品或提供劳务时预收的款项。由于企业在收到这笔钱时，商品或劳务的销售合同尚未履行，因而不能将其作为收入入账，只能确认为一项负债。

预收款项虽为流动负债，但不会给企业带来财务风险，反而在未来会转化为企业的收入。因此，在“预收款项”项目分析时，应重点关注预收款项的规模及其变动情况。预收款项规模增大，往往预示企业未来的收入增加，说明企业盈利前景好。一般而言，预收款项增长率不应高于销售收入增长率，如果预收款项增长率当期大幅提升，而销售收入增长率大幅降低，则企业存在未及时确认收入、隐瞒利润的可能性。

【案例分析】

如表 4-2 所示，2×19 年 A 公司期末预收款项为 11 873 058 903. 09 元，较 2×18 年减少了3 481 798 389. 81元，下降了 22. 68%，预收款项主要包括预收整车款、材料款和配件款等，结合 A 公司的实际情况，可以将预收款项转为企业收入。根据 2×19年 A 公司财务报表及财务报表附注，当期营业收入减少了 61 096 204 320. 54

元，下降了6.88%。这说明预收款项减小了营业收入减少的影响，同时也说明销售能力减弱，A公司在未来存在一定的财务风险。

3. “其他应付款”项目分析

其他应付款是指企业在商品交易业务以外发生的应付和暂收款项。对于“其他应付款”项目的分析，应重点关注：（1）其他应付款的规模及变动情况；（2）是否存在企业长期占用关联方资金的现象。

【案例分析】

如表4-2所示，2×19年A公司其他应付款为77 082 601 425.77元，增加了9 532 138 318.55元，增长率为14.11%，其他应付款为销售佣金、折扣、经销商保证金及各种押金等，还包含应付利息104 301 970.97元和应付股利764 365 300.59元，因此，其他应付款当期的变动幅度不大。其他应付款也可以被认为是一种商业信用筹资，有利于降低企业的资本成本。

（三）“应交税费”项目分析

应交税费是指企业根据在一定时期内取得的营业收入、实现的利润等，按照现行税法规定，采用一定的计税方法计提的应缴纳的各种税费，包括速转税、所得税和各种附加费。对于“应交税费”项目分析，应重点关注应交税费与企业营业收入、利润的变动是否一致。一般而言，企业营业收入或利润增加时，应交税费也会随之增加。如果企业营业收入或利润增加，但应交税费不变或减少，则企业存在逃税的嫌疑，或者企业虚增营业收入或利润。

【案例分析】

根据表4-2，2×19年A公司应交税费为10 094 429 795.94元，较2×18年减少了480 455 180.06元，下降了4.54%。根据2×19年A公司财务报表及财务报表附注，当期营业收入及利润均减少，应交税费的变动趋势与营业收入、利润的变动趋势保持一致，企业纳税正常。这从侧面反映了2×19年的销售情况并不乐观，A公司面临市场竞争的巨大威胁。

三、所有者权益项目分析

1. “实收资本（或股本）”项目分析

实收资本是指股份有限公司以外的企业投资者实缴的并经注册的出资额，也称资本金。对股份有限公司而言，实收资本即股本，表现为已投入企业的资本中相当于股票面值或设定价值的部分。投资者的资本金往往被允许分次缴付，因此我们在核算时就有必要设置“实收资本（或股本）”科目来反映实际收到的资本金。投资者在缴清资本金后，企业的实收资本应与注册资本一致。股本的变动一般由以下原因引起：

（1）公司增发新股或配股。从本质上说，这是由于投资者追加投资而引起股本增加；如果投资者减少投资，则情况相反。

（2）资本公积或盈余公积转增股本。这虽然会引起股本发生变化，但所有者权益总额并不发生变化。

（3）通过送股进行利润分配。这会引起股本增加和未分配利润减少，但所有者权益总额不变。

2. “资本公积”项目分析

资本公积在会计核算中被分为两大类：一是资本（股本）溢价，二是其他资本公积。投资者直接投入企业的资金包括两部分：第一部分就是实收资本（或股本）；第二部分就是企业收到的投资者出资中超出其在注册资本或股本中所占份额的部分，即所谓的资本溢价或股本溢价，在会计上通过“资本公积”项目进行核算。资本公积除了包括资本溢价外，还包括其他资本公积，主要是指直接计入所有者权益的利得和损失。

3. “其他综合收益”项目分析

依据《企业会计准则第 30 号——财务报表列报》的相关规定，在资产负债表中的“资本公积”项目后增加了“其他综合收益”项目，将“其他综合收益”从“资本公积”项目中分离出来单独列示。这一方面使报表使用者能直接从资产负债表中获取其他综合收益的相关信息，改变其他综合收益与资本公积混合列示的状况；另一方面更加清晰地表明了资产负债、利润表及所有者权益变动表中的“其他综合收益”项目之间的钩稽关系，方便财务报表的编制和解读，也为报表使用者提供了可靠、清晰、可比的信息资源。分析时，我们应关注其他综合收益的增减变动，对引起其他综合收益变动的原因，应结合利润表及其附注做进一步分析。

4. “盈余公积”项目分析

盈余公积和未分配利润合称留存利润或留存收益，它们都表示企业在经营活动中的积累，两者并没有本质区别。一般教科书把盈余公积定义为具有特定用途的留存收益，这里所谓的特定用途其实是一个误解。盈余公积作为资金来源，并没有什么特定用途。如果说它有特定用途，就是指盈余公积对利润分配的限定。换而言之，只要盈余公积不被当作红利分给股东，那么这部分资金用于内部经营活动的什么方面，就不受限制。除了法定盈余公积之外，企业还可以根据股东大会或类似权力机构的批准，按规定提取一定比例的盈余公积，以进一步增加资本积累。

盈余公积是一种已拨定的留存收益，是指累积的税后利润中已指定用途、不可随便分配给所有者的部分。盈余公积按其提取的法定性和用途的不同，可分为法定盈余公积和任意盈余公积。盈余公积的主要用途如下：

（1）弥补亏损。企业弥补亏损的方法大体上有三个：一是用税前利润弥补，二是用税后利润弥补，三是用盈余公积弥补。

（2）增加资本或股本。经股东会议决议，企业可将盈余公积转增为资本，但此时应注意以下三点：一是要先办理增资手续；二是要按股东原有股份比例结转，股份有限公司可采用发放新股或增加每股面值的方法增加股本；三是法定盈余公积转增股本时，在转增后留存的此项公积应不少于注册资本的 25%。

5. “未分配利润”项目分析

未分配利润是指利润具体分配后的剩余，确切地说，就是企业期初的累积未分配利润，加上本期实现的净利润，减去提取的盈余公积、向投资者分配的利润等之后的余额。未分配利润是企业可自由支配资金的来源，可以留待以后年度进行分配，可以用来以丰补歉，对于稳定或调整企业的利润分配有一定意义。引起“未分配利润”项目发生变化的原因有以下两点：

（1）企业生产经营活动的业绩。这包括本年度的经营活动和以前年度的经营活动，因为未分配利润是以前年度生产经营业绩积累的结果。

（2）企业的利润分配政策。企业采取高股利分配政策，就会减少未分配利润；企业采取低股利分配政策，就会增加未分配利润。

【案例分析】

根据表 4-2 可以看出，A 公司 2×19 年年末和 2×18 年年末实收资本（或股本）和盈余公积未发生任何变化，分别为 11 683 461 365.00 元和 40 843 171 648.51 元；资本公积为 55 566 657 996.87 元，增加了 243 712 466.43 元，增长率为 0.44%；其他综合收益为 12 504 734 839.32 元，增加了 4 490 689 295.17 元，增长率为 56.04%；未分配利润为125 280 780 539.08元，增加了 10 183 415 571.76 元，增长率为 8.85%。以上所有者权益各项目的变化，说明了 A 公司资本结构稳定。近年来，A 公司在稳步发展的基础上增强了盈利能力。

本章小结

通过资产负债表分析，可以了解企业的经济资源及其分布、资金来源和构成情况，还可以了解企业的财务实力、变现能力、支付能力及未来发展趋势。资产负债表分析一般包括资产负债表水平分析、资产负债表结构分析和资产负债表项目分析。

资产负债表水平分析是指将资产负债表的实际数与选定的标准进行比较，编制出资产负债表水平分析表，以此进行分析评价，分析时应遵循“总-分-总”的模式，多角度分析各资产、负债和所有者权益项目的变化，分析资产变动的合理性，分析会计政策或会计估计变更的影响。

资产负债表结构分析是指通过计算资产负债表各项目占总资产或权益总额的比重，分析评价企业资产结构和资本结构的变动及合理程度，主要包括两方面的内容：企业资产结构的变动及合理性分析；企业资本结构的变动及合理性分析。分析时应遵循“总-分-总”的模式，并考虑企业实际和行业特点。

资产负债表项目分析介绍了主要资产项目，如“货币资金”“应收账款”“其他应收款”“存货”“固定资产”等项目的分析要点，同时介绍了主动筹资性负债项目、经营性负债项目和“应交税费”项目的分析要点。其中，筹资性负债项目包括“短期借款”“长期借款”项目等，经营性负债项目包括“应付账款”“预收款项”“其他应付款”项目。最后还介绍了主要的所有者权益项目，如“实收资本（或股本）”“资本公积”“其他综合收益”“盈余公积”和“未分配利润”项目。我们不仅应关注它们的变动数额、变动比率、变动原因及变动方向，而且应注意会计政策变更对其产生的影响。

课后习题

一、单项选择题

1. 在通货膨胀条件下，存货采用先进先出法对利润表的影响是（　　）。
   A. 利润被低估　　B. 利润被高估
   C. 基本反映当前利润水平　　D. 利润既可能被低估也可能被高估
2. 企业资产利用效率提高，形成资金绝对节约是指（　　）。
   A. 增产增收时不增资　　B. 减产减收时增资
   C. 增产增收时增资　　D. 产值、收入持平，资产减少
3. 资产负债表中，企业没有流动负债的结构被称为（　　）。
   A. 保守型结构　　B. 稳健型结构
   C. 平衡型结构　　D. 风险型结构

二、多项选择题

1. 资产负债表分析的目的有（　　）。
   A. 了解企业财务状况的变动情况
   B. 评价企业会计对企业经营状况的反映程度
   C. 修正资产负债表的数据
   D. 评价企业的会计政策
2. 采取保守型的固流结构可能出现的财务结果有（　　）。
   A. 资产流动性提高　　B. 资产风险降低
   C. 资产风险提高　　D. 盈利水平下降

三、判断题

1. 资产负债表结构变动通常采用水平分析法。（　　）
2. 企业的应收账款增长率超过销售收入增长率是正常现象。（　　）
3. 企业不提或少提固定资产减值准备，会造成虚增资产和利润，虚夸企业生产能力。（　　）

四、简答题

1. 资产负债表分析的目的有哪些？
2. 如何进行资产负债表水平分析？
3. 如何进行资产负债表结构分析？
4. 简述在分析资产负债表时，应重点分析哪些项目？如何分析这些项目？

五、案例分析题

W 公司是国内领先的房地产公司，目前主营业务包括房地产开发等。W 公司 2×19 年及 2×18 年资产负债表如表 4-21 所示，要求根据上述资料，完成以下分析：

1. 对W公司资产负债表进行水平分析。

2. 对W公司资产负债表进行结构分析。

3. 你认为导致W公司资产结构和资本结构变化的主要原因是什么？这些变化会带来怎样的财务影响？如果你是该公司会计部门负责人，打算采取什么措施以改善财务状况？

表4-21 W公司2×19年及2×18年资产负债表 单位：元

资产	2×19年12月31日	2×18年12月31日	负债及股东权益	2×19年12月31日	2×18年12月31日
流动资产：			流动负债：		
货币资金	166 194 595 726.42	188 417 446 836.14	短期借款	15 365 231 785.08	10 111 677 982.38
交易性金融资产	11 735 265 424.66	11 900 806 302.82	衍生金融负债	—	631 226 970.86
衍生金融资产	332 257 520.78	10 782 930.40	应付票据	941 279 690.68	1 651 453 937.28
应收票据	28 970 047.83	2 558 430.72	应付账款	267 280 865 500.05	227 945 928 165.35
应收账款	1 988 075 737.67	1 586 180 764.10	预收款项	770 781 495.16	253 965 141.13
预付款项	97 795 831 444.26	75 950 895 073.34	合同负债	577 047 227 178.73	504 711 414 422.66
其他应收款	235 465 007 349.80	244 324 142 938.75	应付职工薪酬	6 896 261 420.24	5 770 851 836.95
存货	897 019 035 609.52	750 302 627 438.80	应交税费	25 109 731 106.59	18 730 860 802.20
合同资产	3 444 938 025.74	1 364 126 797.84	其他应付款	250 698 460 720.96	226 075 622 240.18
持有待售资产	4 252 754 905.02	6 624 631 369.45	一年内到期的非流动负债	80 646 217 975.53	70 438 245 498.20
其他流动资产	20 732 622 761.28	14 587 657 410.01	其他流动负债	47 854 227 137.67	55 592 689 788.42
流动资产合计	1 438 989 354 552.98	1 295 071 856 292.37	流动负债合计	1 272 610 284 010.69	1 121 913 936 785.61
非流动资产：			非流动负债：		
其他权益工具投资	2 249 953 722.90	1 636 583 744.09	长期借款	114 319 778 454.74	120 929 055 439.40
其他非流动金融资产	673 982 298.05	1 052 331 100.20	应付债券	49 645 512 945.07	47 095 145 785.83
长期股权投资	130 475 768 323.53	129 527 655 772.47	租赁负债	21 277 365 792.32	—
投资性房地产	73 564 678 069.11	54 055 784 751.50	预计负债	149 629 291.04	143 527 842.81
固定资产	12 399 838 267.28	11 533 798 650.31	其他非流动负债	1 065 436 144.05	2 338 048 204.19
在建工程	4 179 839 536.92	1 913 007 479.18	递延所得税负债	282 328 350.36	538 912 419.39
使用权资产	22 135 359 592.40	—	非流动负债合计	186 740 050 977.58	171 044 689 691.62
无形资产	5 269 647 193.30	4 952 584 999.04	负债合计	1 459 350 334 988.27	1 292 958 626 477.23
商誉	220 920 784.68	217 109 245.26	股东权益：		
长期待摊费用	7 235 202 389.07	5 044 308 633.85	股本	11 302 143 001.00	11 039 152 001.00
递延所得税资产	23 427 586 089.92	15 749 204 673.50	资本公积	12 384 484 513.99	8 005 627 653.57
其他非流动资产	9 107 319 581.09	7 825 131 133.04	其他综合收益	−1 806 426 631.62	−2 398 744 899.34

表4-21(续)

资产	2×19 年 12 月 31 日	2×18 年 12 月 31 日	负债及股东权益	2×19 年 12 月 31 日	2×18 年 12 月 31 日
非流动资产合计	290 940 095 848. 25	233 507 500 182. 44	盈余公积	70 826 254 100. 68	47 393 246 041. 44
			未分配利润	95 352 036 928. 77	91 724 850 747. 76
			归属于母公司股东权益合计	188 058 491 912. 82	155 764 131 544. 43
			少数股东权益	82 520 623 500. 14	79 856 598 453. 15
			股东权益合计	270 579 115 412. 96	235 620 729 997. 58
资产总计	1 729 929 450 401. 23	1 528 579 356 474. 81	负债和股东权益总计	1 729 929 450 401. 23	1 528 579 356 474. 81

第五章
利润表分析

学习目标

1. 明确利润表分析的目的与作用；理解利润表的内涵与所提供的信息；熟悉利润表水平分析、结构分析及项目分析的基本方法、评价思路与原理。

2. 重点掌握利润表综合分析的基本方法，包括利润表水平分析表与垂直分析表的编制方法；一般掌握营业利润分析、企业分部报告分析、产品销售利润因素分析、利润表分项分析的内容与方法。

3. 能够运用利润分析方法对企业利润的形成进行总体分析和评价；能够运用利润分析方法对各项利润完成情况进行分析和评价；能够通过分析企业分部报告信息，更好地理解企业各经营分部和报告分部的经营业绩，从而把握企业整体的经营状况；能够运用财务分析基本方法对影响利润形成的主要项目进行分析和评价。

课堂导入

根据万得（Wind）数据，截至2011年3月21日，共有643家上市公司公布了2010年年报，有618家公司实现盈利，占比96.11%；有526家公司实现净利润同比增长，占比81.80%。由此可见，已公布年报的上市公司的业绩普遍较好，但细看其年报数据便可发现，有559家公司的营业外收支净额为正，贡献了部分业绩，占比86.94%；更有68家公司的营业外收支净额占其利润总额的比例超过了50%，也就是说，其利润总额主要来自营业外收支净额。作为非经常性损益的一部分，营业外收入和营业外支出发生的偶然性比较强，如果利润过多地依赖于此，其经营业绩的构成和质量就值得关注。而从行业来看，上述643家上市公司所属的23个行业中，有12个行业2010年的营业外收支净额占利润总额的比例都超过了10%，其中，农林牧渔和家用电器行业的这一比例都在40%以上。

此外，559家公司的营业外收支净额为正，比较典型的公司是美的集团股份有限公司，其年报显示，2010年全年实现营业利润25.57亿元，同比增长1.47%；实现营业外收入25.70亿元，发生营业外支出1.64亿元，两者差额高达24.06亿元，位列上述公司中的第一位。

上述559家营业外收支净额为正的公司中，有103家公司的营业外收支净额占利润总额的比例超过了30%，非经常性损益大幅提升了利润总额；有68家公司的营业外收支净额占利润总额的比例超过了50%，营业外收支净额成为利润的主要来源，非经常性损益成为2010年利润总额的支柱；另有37家公司的营业外收支净额占利润总额的比例超过了100%，其营业利润已经出现亏损，利润总额在营业外收支净额中和后才为正值。因此对于上述企业的总体分析就不能局限在资产负债表，而要通过对利润表的详细分析找到营业外利润占比过大的原因，因为利润总额中营业外收入占比过大对企业的盈利质量会造成一定影响。

下面我们以珠海格力电器股份有限公司为例，跟踪分析该公司的营业外收支情况，尝试找到深层原因。

珠海格力电器股份有限公司（以下称格力电器），成立于1991年，是一家集研发、生产、销售、服务于一体的国际化家电企业，拥有格力、TOSOT、晶弘三大品牌，主营家用空调、中央空调、空气能热水器、手机、冰箱等产品。为充分利用品牌、资金、技术和人才上的优势，格力电器不断开展资本经营和对外投资。1996年5月，格力电器兼并了江苏丹阳黄河纽士威空调器厂。1996年11月，格力电器在深圳证券交易所成功上市，迎来了一个大发展时期。1998年，格力集团在重庆万县建立重庆格力新元电子有限公司。2001年，格力电器（重庆）有限公司成立，一期工程于2002年5月竣工投产，二期工程于2004年4月建成，年产空调300万台（套）的生产能力形成了。2001年6月格力电器投资2 000万美元在巴西建设的空调器生产基地正式投产。2002年5月，格力电器漆包线（马鞍山）生产基地建成投产。2002年10月，格力电器入股香港环球动力控股有限公司。一系列重大投资项目的顺利推进，为格力电器持续注入新的活力。

跟踪格力电器2011—2015年有关利润各环节和营业外收支净额状况，希望从较长时间的趋势分析中得出营业外收支净额与盈利质量的关系。相关数据如表5-1所示。

表5-1 2011—2015年格力电器有关利润各环节和营业外收支净额信息表

单位：亿元

项目	2011年	2012年	2013年	2014年	2015年
营业利润	14.09	48.38	67.95	81.97	62.13
营业外收入	17.05	5.26	0.61	0.63	1.37
营业外收支净额	16.90	5.13	0.50	0.61	1.36
利润总额	30.99	53.51	68.45	82.58	63.49
净利润	26.51	45.70	59.87	70.80	54.16

从表5-1中可以看出，格力电器营业外收支净额占利润总额的比例除了在2011年超过25%以外，其余年度的比例均低于10%，这表明格力电器在最近几年中，主业突出，营业利润是利润总额的主要来源，格力电器的盈利类型是经营活动主导型。需要注意的是，格力电器在2015年的营业外收支净额占利润总额的比重比2014年有所提高，营业外收入所占的比重有所增大，但不影响利润的整体质量。

由此可见，有些上市企业会以营业外收支净额作为盈利的主要支柱，有些企业尽管存在营业外收支，但营业外收支并不是影响盈利的关键因素。那么，如何通过利润表来分析企业的经营成果？如何判断企业的盈利质量？企业为什么会没有盈利？是什么影响了企业的盈利？

本章主要介绍利润表分析的内容，通过利润表分析识别利润表中的信息质量，进而判断企业的经营成果，并结合现金流量表判断企业盈利的质量，为决策者提供有用的相关信息。

第一节　利润表分析的目的与内容

一、利润表分析的目的

利润通常是指企业在一定会计期间的收入减去费用后的净额及直接计入当期损益的利得和损失等，也称为企业一定时期内的财务成果或经营成果，具体包括营业利润、利润总额和净利润等。在商品经济条件下，企业追求的根本目标是企业价值最大化或股东权益最大化。而无论是企业价值最大化，还是股东权益最大化，其基础都是企业利润，利润已成为现代企业经营与发展的直接目标。企业生产经营过程中的各项工作，最终都聚焦在所创造利润的多少这一结果上。

在开始研究利润表分析的意义及作用之前，我们首先要搞清楚利润本身的意义与作用。利润的意义与作用主要表现在以下几个方面：

第一，利润是企业和社会积累与扩大再生产的重要源泉。企业实现的利润，从分配渠道看，一是分给企业所有者；二是留在企业内部形成留存收益。然而，无论利润分配到何处，其用途主要都是两个，即积累和消费。究其原因，可以说没有积累，就没有扩大再生产，也就是说没有利润就没有扩大再生产的资本。用企业内部留存收益直接进行扩大再生产是这样，采用筹资方式扩大再生产也是这样。因为企业筹资的一部分可能来自内部资金的积累，筹资本金或利息及股息的偿还和支付也离不开利润。

第二，利润可谓是反映企业经营业绩最重要的指标，也是反映企业经营成果最综合的指标。企业生产经营各步骤、各因素的变动都会对利润产生影响。供、产、销各环节，人、财、物各要素等的变动都会反映在利润的增减变动中。企业各环节和各要素的表现良好，利润就高；反之，如果某一环节或要素出现问题，就会影响利润的增长，甚至会导致利润的下降。因此，利润对于评价企业经营者经营业绩的重要性不言而喻。

第三，利润是企业进行投资与经营决策的重要依据。在现代企业制度下，政企职责分离，所有权与经营权分离，企业的经营自主权扩大。在这样的背景下，决策问题就成为企业经营管理中的核心问题，也是企业外部投资者、债权人尤为关心的问题。但是，无论企业做出何种投资与经营决策，都离不开利润这一关键的依据及标准。只有最终有利于利润增长的方案才是经济上可行、决策上可执行的方案。

研究利润本身的作用，为明确利润表分析或利润分析的作用打好了基础。利润分析正是实现上述利润作用的方式或途径。利润分析的作用具体表现在以下三个方面：

第一，通过利润分析可正确评价企业各方面的经营业绩。由于利润受企业生产经营过程中各环节、各步骤的影响，因此对不同环节进行利润分析，可准确评价各环节的业绩。例如，产品销售利润分析不仅可以说明产品销售利润受哪些因素的影响及各因素的影响程度，还可以说明造成影响的是主观因素还是客观因素，是有利影响还是不利影响等，这满足了准确评价各部门和各环节业绩的要求。

第二，利润分析可及时准确地发现企业经营管理中存在的问题。正因为利润分析不仅能评价业绩，还能发现问题，因此借助利润分析，企业在各环节中存在的问题或缺陷都会一目了然，这为企业进一步改进经营管理工作指明了可行的方向。这有利于企业开阔眼界，全面改善经营管理，从而促使利润持续增长。

第三，利润分析为投资者、债权者进行投资与信贷决策提供可靠信息。这是利润分析的一项重要作用。前面提及，由于企业经营权自主化及管理体制的改变，人们愈发关心企业的利润。企业经营者关心利润，投资者、债权者也是如此，他们通过对利润做出分析，预测企业的经营潜力及发展前景，进一步做出切合实际的投资与信贷决策。另外，国家宏观管理者在研究企业对国家的贡献时也会用到利润分析这一重要手段。

二、上市公司利润表造假的动机及危害

1. 利润表造假的动机

（1）业绩考核动机。对企业经营业绩的考核主要根据企业的一些财务指标，如营业收入、营业成本、销售增长率、资产周转率、资本积累率、资本收益率、资产负债率、净资产收益率等。然而要考察这些财务指标，就需要收集财务报表数据并进行计算。企业经营业绩的考核不仅涉及对企业总体经营情况的评价，还涉及对企业管理者经营管理业绩的评定，如计划增长率的完成情况。在内部考核的同时，企业还会进行外部考核，企业经营业绩同企业管理者的工作业绩相挂钩，因此为了获得更多的奖金，得到晋升的机会，企业管理者就可能在达不到预期目标的情况下对财务报表进行粉饰。从这种情况考虑，企业管理者就有充分的动机粉饰财务报表。

（2）获取信贷资金动机。在我国，企业普遍面临资金紧缺局面，因此信贷资金对我国企业的整体运作和持续经营有至关重要的影响，所以企业要想在激烈的市场竞争中取胜，就必须要有充足的信贷资金。但是在我国企业在向金融机构贷款的时候，金融机构一般要考察企业的财务状况、经营业绩、现金流量、商业信用等，在综合考虑各种因素的基础上才决定是否贷款给该企业。然而这些财务信息主要是通过对报表的分析而得出的。因此，为获得金融机构的信贷资金或其他供应商的商业信用，经营业绩欠佳、财务状况不好的企业，不可避免地就会对财务报表进行粉饰。

（3）规避所得税动机。企业所得税是企业的一项重要成本，它直接关系到财务会计上的利润，因此企业可以在不违反有关法律法规的基础上进行税收筹划以减轻企业的负担。但是，有些企业为了偷税、逃税，就会采取利润表造假的手段以达到自己的目的。也有一些企业为了掩盖自己经营不善的状况，维护自己的社会形象，获得良好的声誉，会篡改利润表以增加利润，从而多缴企业所得税，成为当地纳税大户，消除税务机关的怀疑从而逃避监管。

（4）降低政治成本的动机。会计政策的制定实质上是一项由多方利益集团参与的政治活动，需要以充分程序来体现其制定过程的决策民主性，政治活动会产生政

治成本，主要包括寻租成本、税费管制成本和社会契约成本等。例如，一个企业如果在一个行业里获得超额利润，那么它将面临更加严格的价格管制和政府监管、更多的税收、更严厉的反垄断指控等。中国人的传统思想是枪打出头鸟，因此为了规避这些风险，企业会采取一些手段来减少财务报表中的利润，从而降低这些潜在的政治成本。

2. 利润表造假的危害

会计利润是会计信息的重要组成部分，会计利润失真，对广大的投资者、社会、政府及金融部门和企业，都具有极大的危害。利润表造假的危害归纳起来有以下几个方面：

（1）损害投资者特别是中小投资者的利益。虚假利润表使得会计信息失真，造成信息不对称，会计信息的使用者无法真实了解企业的生产经营状况，以至于不能及时准确地做出判断和决策。

（2）影响证券市场的稳定性。上市企业对外披露经过粉饰的财务报告，必然会引发投资者疯抢企业在二级市场上的股票，造成虚假繁荣，提高人们的期望值。造假一旦败露，必然会引起投资者疯狂抛售该企业的股票，使股价大幅下跌，造成证券市场的动荡，影响市场的稳定性。

（3）造成国家税收流失。企业偷逃税款、化公为私，造成大量的税收流失，必然会使国家的可支配财力不足和国有资产减少。

（4）增大金融机构和投资部门的风险。金融机构和投资部门依据企业的盈利状况向企业提供贷款和向企业投资。企业虚盈实亏，增大了金融机构和投资部门的风险。

（5）影响社会对会计行业的信任。企业财务人员及出具审计报告的会计师事务所一旦被查出有利润表造假的行为，有可能引发整个社会对会计行业的信任危机。

（6）损害国家利益和法律的威严。国家宏观经济政策在一定程度上依赖于有关会计信息。虚假会计信息必然会影响宏观经济信息的及时性、准确性和有效性，导致国民经济管理和决策的失误。利润表造假和国家法律法规对立，是对国家法律法规的藐视，为法律不容。

三、利润表分析的内容

在明确利润分析的作用之后，进行利润分析时，应凭借利润表及相关信息展开。利润表是反映企业在一定会计期间（如月度、季度、半年度或年度）的生产经营成果的会计报表。企业在一定会计期间的生产经营成果既可能表现为盈利，也可能表现为亏损，因此利润表也被称为损益表。它全面揭示了企业在某一特定时期实现的各种收入，发生的各种费用、成本或支出，以及实现的利润或发生的亏损。

利润表是根据“收入-费用=利润”的基本关系来编制的，其具体内容取决于收入、费用、利润等会计要素及其内容，利润表项目是收入、费用和利润要素内容的具体体现。从反映企业经营资金运动的角度看，它是一种反映企业经营资金动态表现的报表，主要提供有关企业经营成果方面的信息，属于动态会计报表。

利润表正表的格式一般有两种：单步式和多步式。单步式利润表将当期所有的收入列在一起，将所有的费用也列在一起，然后两者相减得出当期净损益。多步式利润表对当期的收入、费用、支出项目按性质加以归类，按利润形成的主要环节列示一些中间性利润指标，如营业利润、利润总额、净利润，供企业分步计算当期净损益。

我国企业会计准则规定，企业采用多步式利润表，每个项目通常又分为“本月数”和“本年累计数”两栏分别填列。“本月数”栏反映各项目的本月实际发生数；在编报中期财务会计报告时，填列上年同期累计实际发生数；在编报年度财务会计报告时，填列上年全年累计实际发生数。如果上年度利润表与本年度利润表的项目名称和内容不一致，则按编报当年的口径对上年度利润表项目的名称和数字进行调整，并填入“上年数”栏。在编报中期财务会计报告和年度财务会计报告时，将“本月数”栏改成“上年数”栏。“本年累计数”栏反映各项目自年初起至报告期末止的累计实际发生数。

多步式利润表主要分四步计算企业的利润（或亏损）：第一步，以主营业务收入为基础，减去主营业务成本和主营业务税金及附加，计算主营业务利润；第二步，以主营业务利润为基础，加上其他业务利润，减去销售费用、管理费用、财务费用，计算出营业利润；第三步，以营业利润为基础，加上投资净收益、补贴收入、营业外收入，减去营业外支出，计算出利润总额；第四步，以利润总额为基础，减去所得税，计算净利润（或净亏损）。

本章的利润表分析主要由以下内容构成：

（一）利润表水平分析

利润表水平分析主要对利润表主表各项利润额的增减变动进行分析。利润表水平分析结合利润形成过程中相关的影响因素，反映利润额的变动情况，评价企业在利润形成过程中取得的各方面业绩并揭露存在的问题。

（二）利润表结构分析

利润表结构变动分析主要是在对利润表进行垂直分析的基础上，计算各项利润及成本费用相对于收入的占比，反映企业各环节的利润构成、利润率及成本费用水平。

（三）利润表项目分析

利润表项目分析主要结合利润表附注所提供的详细信息，对企业利润表中重要项目的变动情况进行分析说明，深入揭示利润形成的主观及客观原因。利润表项目分析具体包括企业收入分析、成本费用分析、资产减值损失分析、投资收益分析等。

（1）企业收入分析。收入是影响利润的重要因素。企业收入分析的具体内容包括收入的确认与计量分析、影响收入的价格因素与销售量因素分析、企业收入的构成分析等。

（2）成本费用分析。成本费用分析主要包括产品销售成本分析和期间费用分析两部分。产品销售成本分析包括销售总成本分析和单位销售成本分析；期间费用分析包括销售费用分析、财务费用分析和管理费用分析。

（3）资产减值损失分析。资产减值损失是指企业在资产负债表日，经过对资产的测试，判断资产的可收回金额低于其账面价值而计提资产减值损失准备所确认的相应损失。在所有资产发生减值时，原则上企业都应当对所发生的减值损失及时加以确认和计量，因此资产减值包括所有资产的减值。资产减值损失分析包括资产减值损失的构成分析及资产减值损失变动原因分析。

（4）投资收益分析。投资收益是指企业或个人对外投资所得的收入（发生的损失为负数），如企业对外投资取得的股利收入、债券利息收入及与其他单位联营所分得的利润等，是对外投资所取得的利润、股利收入和债券利息收入等减去投资损失后的净收益。投资收益分析包括投资收益的构成分析及投资收益变动原因分析。

（5）营业利润分析。这一分析反映企业营业利润的增减变动，揭示影响营业利润的主要因素。

（6）产品销售利润分析。在进行这项分析前，首先要明确影响产品销售利润的因素，然后采用因素分析方法，通过实际的案例分析进一步揭示各因素变动对产品营业利润的影响，从而弄清生产经营中的绩效与不足。

（7）营业外收支变动分析。营业外收支是指与企业的业务经营无直接关系的收益和支出，又称营业外损益，是企业经营成果的组成部分。营业外收入主要包括非流动资产损毁报废利得、债务重组利得、盘盈利得、捐赠利得等；营业外支出主要包括非流动资产损毁报废损失、债务重组损失、公益性捐赠支出、非常损失等。通过对该部分的分析，我们可以对企业经营成果进行更加全面的补充分析。

（8）分部报告分析。分部报告分析能展示企业各经营分部的经营状况和成果，有助于改善企业内部组织结构、满足管理要求、优化产业结构、强化内部报告制度，也为企业分部进行战略调整指明方向。

（9）对外交易分析。当下多数企业的生产经营事项不仅包括国内项目，还包括大量对外交易，因此对外交易分析可以作为利润表分析的补充项目。

此外，我们还可以根据企业利润表附注及财务情况说明书等相关详细信息，分析说明企业利润表及其附注中的重要项目的变动情况，深入揭示利润形成及分配变动的主观原因与客观原因。

第二节　利润表水平分析

一、分析资料与方法选择

利润表水平分析又名利润增减变动分析，分析方法为水平分析法。

水平分析法是指将反映企业报告期财务状况的信息（会计报表信息资料）与反映企业前期或历史某一时期财务状况的信息进行对比，研究企业各项经营业绩或财务状况的发展变动情况的一种财务分析方法。水平分析法具体有两种方法：比较分析法和指数趋势分析法。

1. 比较分析法

比较分析法是指将上市企业两年的财务报表进行比较分析，旨在找出单个项目在各年之间的不同，以便发现某种趋势。在进行比较分析时，除了可以针对单个项目研究其趋势，还可以针对特定项目之间的关系进行分析，以揭示隐藏的问题。比如，发现销售收入增长10%时，销售成本增长了14%，也就是说销售成本比销售收入增加得更多，这与我们通常的假设是相悖的。我们通常假设，在产品和原材料价格不变时，销售收入和销售成本同比例增长。出现这种差异，一般有三种可能：一是产品价格下降，二是原材料价格上升，三是生产效率降低。要确定具体的原因，就需要借助其他方法和资料做进一步的分析。

2. 指数趋势分析法

当需要比较三年以上的财务报表时，比较分析法就变得很麻烦，于是指数趋势分析法就产生了。指数趋势分析法是指在分析连续几年的财务报表时，以其中一年的数据为基期数据（通常是以最早的年份为基期），将基期的数据值定为100，将其他各年的数据转换为基期数据的百分数，然后比较分析相对数的大小，得出有关项目的趋势。

二、编制利润水平分析表

利用水平分析法，编制利润水平分析表。利润额增减变动情况可以通过增减变动额和增减变动率两个指标来反映，主要的分析目的在于找出净利润增减变动的原因。根据表5-2的合并利润表资料，编制ZXT公司利润水平分析表，如表5-3所示。

表5-2　ZXT公司2×16年合并利润表　　单位：千元

项目	本期金额	上期金额
一、营业收入	44 293 427	34 777 181
减：营业成本	29 492 530	23 004 541
税金及附加	415 854	280 266
销售费用	5 312 516	4 395 125
管理费用	2 099 715	1 777 554
研发费用	3 994 145	3 210 433
财务费用	1 308 254	494 371
资产减值损失	419 358	789 140
加：公允价值变动收益	-128 328	115 566
投资收益	122 666	59 437
其中：对联营企业和合营企业的投资收益	19 877	24 267
二、营业利润	1 245 393	1 000 754
加：营业外收入	1 098 296	906 133
减：营业外支出	81 146	179 153
其中：非流动资产处置损失	37 154	23 927
三、利润总额	2 262 543	1 727 734
减：所得税费用	350 608	276 283

表5-2(续)

项目	本期金额	上期金额
四、净利润	1 911 935	1 451 451
其中：被合并方在合并前实现的净利润		
归属于母公司股东的净利润	1 660 199	1 252 158
少数股东损益	251 736	199 293
五、其他综合收益的税后净额	403 473	-36 329
六、综合收益总额	2 315 408	1 415 122
归属于母公司所有者的综合收益	2 062 588	1 219 476
归属于少数股东的综合收益	252 820	195 646

表 5-3　ZXT 公司利润水平分析表　　　　金额单位：千元

项目	2×16 年	2×15 年	增减变动额	增减变动率/%
一、营业收入	44 293 427	34 777 181	9 516 246	27.36
减：营业成本	29 492 530	23 004 541	6 487 989	28.20
税金及附加	415 854	280 266	135 588	48.38
销售费用	5 312 516	4 395 125	917 391	20.87
管理费用	2 099 715	1 777 554	322 161	18.12
研发费用	3 994 145	3 210 433	783 712	24.41
财务费用	1 308 254	494 371	813 883	164.63
资产减值损失	419 358	789 140	-369 782	-46.86
加：公允价值变动收益	-128 328	115 566	-243 894	-211.04
投资收益	122 666	59 437	63 229	106.38
其中：对联营企业和合营企业的投资收益	19 877	24 267	-4 390	-18.09
二、营业利润	1 245 393	1 000 754	244 639	24.45
加：营业外收入	1 098 296	906 133	192 163	21.21
减：营业外支出	81 146	179 153	-98 007	-54.71
其中：非流动资产处置损失	37 154	23 927	13 227	55.28
三、利润总额	2 262 543	1 727 734	534 809	30.95
减：所得税费用	350 608	276 283	74 325	26.90
四、净利润	1 911 935	1 451 451	460 484	31.73
归属于母公司股东的净利润	1 660 199	1 252 158	408 041	32.59
少数股东损益	251 736	199 293	52 443	26.31

表5-3(续)

项目	2×16 年	2×15 年	增减变动额	增减变动率/%
五、其他综合收益的税后净额	403 473	-36 329	439 802	1 210. 61
六、综合收益总额	2 315 408	1 415 122	900 286	63. 62
归属于母公司所有者的综合收益	2 062 588	1 219 476	843 112	69. 14
归属于少数股东的综合收益	252 820	195 646	57 174	29. 22
七、每股收益				
（一）基本每股收益	1. 24 元	0. 93 元	0. 31 元	33. 33
（二）稀释每股收益	1. 20 元	0. 92 元	0. 28 元	30. 43

三、利润增减变动分析

企业的利润取决于收入、费用、直接计入当期利润的利得和损失金额的计量。从总体来看，相比 2×15 年，ZXT 公司 2×16 年的营业利润、利润总额和净利润均有大幅增长。利润增减变动分析应抓住几个关键利润指标的变动情况，分析其变动原因。

1. 净利润或税后利润分析

净利润是指企业所有者最终取得的财务成果，或者可供企业所有者分配或使用的财务成果。如表 5-2 和表 5-3 所示，ZXT 公司 2×16 年实现净利润 1 911 935 000 元，比 2×15 年增加了 460 484 000 元，增长率为 31. 73%，增长幅度较大。其中，归属于母公司股东的净利润比 2×15 年增加了 408 041 000 元，增长率为 32. 59%；少数股东损益比 2×15 年增加了 52 443 000 元，增长率为 26. 31%。ZXT 公司的净利润增加主要是利润总额比 2×15 年增加了 534 809 000 元引起的，由于所得税费用比 2×15 年增加了 74 325 000 元，是不利于净利润增加的抵减项，因此最终在两者作用下，2×16 年的净利润增加了 460 484 000 元。

2. 利润总额分析

利润总额是反映企业全部财务成果的指标，不仅反映企业的营业利润，而且可以反映企业的营业外收支情况。如表 5-2 和表 5-3 所示，ZXT 公司 2×16 年的利润总额增加 534 809 000 元，究其原因是公司营业外支出减少，当年减少 98 007 000 元，下降了 54. 71%；同时，营业利润增加也是影响利润总额增加的有利因素，2×16年，ZXT 公司的营业利润比 2×15 年增加了 244 639 000 元，增长率为 24. 45%。同时，营业外收入的增加使利润总额增加了 192 163 000 元。最终在综合作用的影响下，2×16 年的利润总额增加了534 809 000元。

3. 营业利润分析

营业利润是企业计算利润的第一步，通常也是一定时期内企业盈利最主要、最稳定的关键来源，具体是指企业营业收入与营业成本、税金及附加、期间费用、资产减值损失、资产变动净收益之间的差额。它既包括企业在销售商品、提供劳务等日常活动中所产生的营业毛利，又包括企业公允价值变动净收益和对外投资净收益，营业利润反映了企业自身生产经营业务的财务成果。

ZXT 公司营业利润增加主要是营业收入和投资收益增加所致。营业收入比 2×15 年增加 9 516 246 000 元，增长率为 27. 36%。根据 ZXT 公司的年报，其营业收入大幅增长，主要原因在于集团在继续开拓发展中国家市场的同时，稳步提高了欧美地区销售收入在公司收入中所占的比重，使其逐步成为集团收入的重要来源；投资收益的增加，导致营业利润增加了 63 229 000 元；资产减值损失的减少，是影响营业利润增加的有利因素，2×16 年 ZXT 公司资产减值损失减少 369 782 000 元，下降了 46. 86% 。但由于营业成本、税金及附加、销售费用、管理费用、研发费用、财务费用的增加，以及公允价值变动损益的大幅下降等不利影响，因此增减相抵后的营业利润增加244 639 000元，增长 24. 45%。

除上述利润表三个关键指标以外，ZXT 公司基本每股收益和稀释每股收益相比 2×15 年也有较大幅度增长，其中基本每股收益增加了 0. 31 元，增长率为 33. 33%；稀释每股收益增加了 0. 28 元，增长率为 30. 43%。综合收益总额等于企业净利润加上其他综合收益。“其他综合收益” 项目反映根据企业会计准则规定未在损益中确认的各项利得和损失扣除所得税影响后的净额。ZXT 公司不仅 2×16 年净利润有较好表现，而且其他综合收益比 2×15 年增加了 439 802 000 元，增长率为 1 210. 61%。两者共同作用，使得综合收益总额比 2×15 年增加了 900 286 000 元，增长率为 63. 62%，其中归属于母公司所有者的综合收益增加了 843 112 000 元，增长率为 69. 14%；归属于少数股东的综合收益增加了 57 174 000 元，增长率为 29. 22%。

第三节　利润表结构分析

一、分析资料与方法选择

对于利润表结构分析，可采用垂直分析法。垂直分析法又称共同比分析法，与水平分析法相对应。水平分析法注重关键项目不同年份的比较，垂直分析法更注重报表内部各项目的内在结构分析。垂直分析法只对当期利润表或资产负债表等做纵向分析：计算利润表中的所有项目占营业收入的比重，以及资产负债表中的所有项目占资产总额的比重。垂直分析法的分析步骤如下：

第一，确定相关财务报表中各项目占项目总额的比重，其计算公式是

某项目所占的比重=该项目金额÷项目总金额×100%

在同比资产负债表中，项目总金额指的是资产总额；在同比利润表中，项目总金额一般指营业收入。

第二，通过计算各项目所占的比重，分析各项目在企业经营中的重要性。一般来说，项目所占的比重越大，则该项目的重要程度越高，对总体的影响也越大。

第三，与水平分析法相结合，将分析期各项目的比重与前期同项目的比重进行对比，研究各项目的比重变动情况，为进一步的优化组合提供思路。我们也可将企业报告期项目的比重与同类企业可比项目的比重进行对比，研究该企业与同类企业相比存在哪些优势或不足，据以考察其在同行业中的业绩水平和地位。

二、编制利润垂直分析表

利用垂直分析法，编制利润垂直分析表，计算各项目占营业收入的比重，分析利润表各项目的构成情况。根据表 5-2 的利润表资料，编制 ZXT 公司利润垂直分析表，如表 5-4 所示。

表 5-4　ZXT 公司利润垂直分析表　　单位:%

项目	2×16 年	2×15 年
一、营业收入	100	100
减：营业成本	66.58	66.15
税金及附加	0.94	0.81
销售费用	11.99	12.64
管理费用	4.74	5.11
研发费用	9.02	9.23
财务费用	2.95	1.42
资产减值损失	0.95	2.27
加：公允价值变动收益	-0.29	0.33
投资收益	0.28	0.17
其中：对联营企业和合营企业的投资收益	0.04	0.07
二、营业利润	2.82	2.87
加：营业外收入	2.48	2.61
减：营业外支出	0.18	0.52
其中：非流动资产处置损失	0.08	0.07
三、利润总额	5.12	4.96
减：所得税费用	0.79	0.79
四、净利润	4.33	4.17

三、利润结构变动分析

从表 5-4 可以看出 ZXT 公司 2×16 年各项经营成果的财务构成情况。其中，营业利润占营业收入的比重为 2.82%，比 2×15 年的 2.87%下降了 0.05%；利润总额占营业收入的比重为 5.12%，比 2×15 年的 4.96%增长了 0.16%；净利润占营业收入的比重为 4.33%，比 2×15 年的 4.17%增长了 0.16%。

可见，从利润的构成情况看，ZXT 公司 2×16 年的盈利能力比 2×15 年略有增强。进一步分析 ZXT 公司利润结构变动的原因，营业利润比重下降主要是营业成本比重、税金及附加比重、财务费用比重上升所致。但是利润总额比重上升的主要原因还在于营业外支出比重的大幅下降。另外，投资收益比重上升，管理费用比重、销售费用比重和研发费用比重下降，给营业利润比重、利润总额比重和净利润比重都带来一定的有利影响。

对于利润结构变动分析，我们还可以针对综合收益总额进行垂直分析，分别考察净利润、其他综合收益比重及其变动情况，归属于母公司所有者的综合收益及归属于少数股东的综合收益比重及其变动情况，进一步分析综合收益总额比重及其变动情况。

第四节　利润表项目分析

企业的利润取决于收入、费用、直接计入当期利润的利得和损失金额的计量。利润表项目分析即对利润结果的合规性、真实性、效益性及公允性进行分析。高质量的企业利润，应当表现为资产运行状况良好，企业所开展的业务具有较好的市场发展前景，企业有较强的购买能力、偿债能力、缴纳税金和支付股利的能力及获取现金的能力。高质量的企业利润能够为企业未来的发展奠定良好的资产基础。反之，低质量的企业利润则表现为资产运行不畅，企业支付能力、偿债能力减弱，企业的生存能力甚至受影响。利润表分项分析主要是根据利润表附注所提供的详细信息，进一步分析说明企业利润表中重要项目的增减变动情况，深入揭示利润形成的主观原因与客观原因，具体包括企业收入分析、成本费用分析、资产减值损失分析、投资收益分析、营业利润分析、营业外收支变动分析、产品销售利润因素分析、分部报告分析、对外交易分析。

根据表 5-3，从总体上看，ZXT 公司 2×16 年的净利润和利润总额都有较大幅度的增长，营业利润也有所增加。增利的主要原因如下：一是营业收入大幅增长，增利 9 516 246 000 元；二是资产减值损失大幅下降，增利 369 782 000 元；三是营业外收入大幅增加，增利 192 163 000 元；四是营业外支出大幅减少，增利 98 007 000 元；五是投资收益大幅增长，增利 63 229 000 元。主要的减利因素如下：一是所得税费用增加，减利 74 325 000 元；二是营业成本、税金及附加、销售费用、管理费用、研发费用、财务费用不同程度增长，以及公允价值变动收益大幅下降。因此，我们应根据利润表附注所提供的资料进一步对影响利润的各项因素进行分析。

一、企业收入分析

（一）企业收入确认分析与确认原则

1. 企业收入确认分析

我国《企业会计准则——基本准则》对收入的定义是：收入是指企业在日常活动中形成的、会导致所有者权益增加的、与所有者投入资本无关的经济利益的总流入。其中日常活动是指企业为完成其经营目标所从事的经常性活动及与之相关的活动。收入具体包括销售商品收入、提供劳务收入和让渡资产使用权收入。工业企业制造并销售产品、商品流通企业销售商品、保险公司签发保单、咨询公司提供咨询服务、软件企业为客户开发软件、安装公司提供安装服务、商业银行对外贷款、租赁公司出租资产等，都属于企业为完成其经营目标所从事的经常性活动，由此产生的经济利益的总流入构成收入。工业企业转让无形资产使用权、出售原材料等，属于与经常性活动不相关的活动，由此产生的经济利益的总流入也构成收入。企业代第三方收取的款项，应当作为负债处理，不应当确认为收入。

对于企业收入的确认，应在明确收入内涵的基础上，着重进行以下几个方面的分析：

（1）收入确认时间合法性分析，即分析本期收入与前期收入或后期收入的界线是否分清。

（2）在特殊情况下，如商品需要安装或检验时收入的确认、买主有退货权时的收入的确认、建造合同收入的确认等与一般性收入确认不同。

（3）收入确认方法合理性分析，如对采用完工百分比法的条件与估计方法是否合理等的分析。

2. 企业收入确认原则

（1）销售商品。当商品所有权的主要风险和报酬转移给购货方，且企业不再对该商品行使继续管理权和实际有效控制权时，相关收入的收款凭证已经收到或取得，且与销售该商品相关的已发生或将发生的成本能够可靠计量时，确认销售收入的实现。

（2）提供劳务。企业在资产负债表日提供劳务交易的结果能够可靠估计时，应按完工百分比法确认收入的实现；当交易的结果不能可靠估计时，按预计能够获得补偿的劳务成本金额确认收入，并将已经发生的成本计入当期损益。

（3）让渡资产使用权。企业因让渡资产使用权而发生的利息收入、使用费收入和现金股利收入按有关合同或协议规定的收费时间和方法确认，并同时满足相关的经济利益很可能流入企业及收入的金额能够可靠计量时才予以确认收入这两个条件。

（二）企业收入计量分析

企业收入计量分析主要是指营业收入计量分析。企业的营业收入是指全部营业收入减去销售退回、折扣与折让后的余额。因此，营业收入计量分析的关键在于确认销售退回、折扣与折让的计量是否准确。根据企业会计准则的规定，销售退回与折让的计量比较简单，而折扣问题相对较复杂，应作为分析重点。分析时，我们应根据商业折扣与现金折扣的特点，分别分析折扣的合理性与准确性及其对企业收入的影响。

无论是企业收入确认分析，还是企业收入计量分析，关键都在于明确分析的目的是保证确认收入的正确，而保证其正确的关键在于分析时选择的会计政策、会计方法的准确性与合理性。

（三）销售数量与销售价格分析

企业营业收入的多少主要受销售数量和销售价格的影响。因此，对于营业收入分析，应在分析营业收入变动的基础上，进一步确认销售数量和销售价格对其影响的程度。分析的步骤如下：

第一，计算营业收入增加额和增长率。

$$营业收入增加额=本期实际营业收入-基期营业收入$$

营业收入增长率=（营业收入增加额/基期营业收入）×100%

第二，计算销售数量变动对营业收入的影响。

销售数量变动对营业收入的影响=基期营业收入×销售量增长率

销售量增长率=（产品实际销售数量÷产品基期销售数量）×100%

第三，计算销售价格变动对营业收入的影响。

销售价格变动对营业收入的影响=营业收入增加额-销售数量变动对营业收入的影响

分析销售数量与销售价格对营业收入的影响，不仅可以明确企业销售数量及销售价格对营业收入的影响程度，而且可了解企业的竞争战略选择及其效果。

（四）企业收入构成分析

企业收入分析不仅要研究其总量，而且应分析其结构及其变动情况，以了解企业的经营方向和会计政策选择。企业收入构成分析可主要从主营业务收入与其他业务收入分析、现销收入与赊销收入分析等方面进行。

1. 主营业务收入与其他业务收入分析

企业收入包括主营业务收入和其他业务收入。通过对主营业务收入与其他业务收入的构成情况进行分析，可以了解与判断企业的经营方针、方向及效果，进而分析、预测企业的可持续发展能力。如果一个企业的主营业务收入比重较低或不断下降，其发展潜力和前景显然是值得怀疑的。

WK 股份公司 2×15—2×16 年收入构成分析表如表 5-5 所示。

表 5-5　WK 股份公司 2×15—2×16 年收入构成分析表

项目	金额/万元	比重/%	金额/万元	比重/%
	2×16 年		2×15 年	
主营业务收入	13 425 889. 45	99. 14	10 243 903. 98	99. 34
其他业务收入	115 989. 66	0. 86	67 720. 53	0. 66
营业收入	13 541 879. 11	100	10 311 624. 51	100

由表 5-5 可知，WK 股份公司 2×16 年营业收入总额较 2×15 年有所增加，主要原因在于主营业务收入增加。在这两年的营业收入中，超过 99%的部分均来自主营业务收入，只有不到 1%的部分来源于其他业务收入，说明 WK 股份公司主营业务突出，收入来源稳定，主营业务收入和营业收入均处于增长态势，经营战略和经营方式没有较大改变，营业收入具有一定的增长潜力。

2. 现销收入与赊销收入分析

企业收入中的现销收入与赊销收入受企业的产品适销程度、企业竞争战略、会计政策选择等多个因素的影响。通过对两者比重及其变动情况进行分析，可了解与掌握企业产品销售情况及其战略选择情况，分析判断其合理性。当然，在市场经济条件下，赊销作为商业秘密并不要求企业披露其赊销收入情况，所以这种分析方法更适用于企业内部分析。

（五）上市公司操纵收入确认的手法

稳定增长的营业收入是上市公司经营良好的象征，也是股价攀升的有力依托，许多上市公司在粉饰财务报表时，几乎都进行收入确认操纵，以此获得投资者的青睐。常见的操纵收入确认的手法主要包括以下几种：

（1）以假乱真，虚增收入。这是上市公司操纵收入确认的手法中最常见的一种。具体做法有：白条出库，做销售入账；对开发票，确认收入；虚开发票，确认收入。这些手法从形式上看是合法的，但其实质却是违法的。比如，上市公司利用子公司按市场价格将产品销售给第三方，并确认为该子公司的销售收入，再由另一家公司从第三方手中购回，这样的做法避免了集团内部交易必须抵消的约束，确保了在合并报表中确认收入和利润，达到了操纵收入的目的。此外，一些上市公司会利用阴阳合同虚构收入，如公开合同上注明货款为 1 亿元，但秘密合同上约定实际货款为 5 000 万元，另外 5 000 万元为虚挂，这样就虚增了 5 000 万元的收入。

（2）寅吃卯粮，透支未来收入。提前确认收入是把本应该属于以后年度确认的收入通过各种手段提前予以确认。它操纵的只是收入确认的时间，而没有改变收入的总量。这一收入确认操纵手法固然可以在短期内使销售收入大幅提升，但其实质是透支未来会计期间的收入，很容易产生两个负效应：以牺牲销售毛利为代价和不顾公司的持续发展。这样的操纵手法在房地产企业尤为常见，房地产企业将预收账款作为销售收入，滥用完工百分比法。以工程收入为例，按规定，工程收入应按工程进度确认收入，提前确认工程进度就会导致多确认利润收入。

（3）以丰补歉，储备当期收入。这一操纵收入确认的手法与寅吃卯粮的手法完全相反。这种手法往往以稳健主义为幌子，通过递延收入或指使被收购企业在收购日之前推迟确认收入等方式，将本应在当期确认的收入推迟至以后期间确认，并将当期储备的收入在经营陷入困境的年份予以释放，达到以丰补歉，平滑收入和利润的目的。

（4）鱼目混珠，伪装收入性质。投资收益、补贴收入和营业外收入等收益项目虽然也与主营业务收入一样能够增加上市公司的利润，但由于这些项目属于非经营性收益，且难以预测，因此上市公司在评价经营业绩时，一般将它们剔除。尽管这种操纵收入确认的手法并不会改变收入与利润总额，但它扭曲了收入与利润的结构，虚夸了企业创造营业收入和经营性现金流量的能力，特别容易误导投资者对上市公司盈利质量和现金流量的判断。

（5）转移费用。上市公司为了虚增利润，不入账有些费用，或者使其由母公司承担。一些企业往往通过计提折旧、存货计价、待处理挂账等跨期摊配项目来调节利润。例如，少提或不提固定资产折旧、将应列入成本或费用的项目挂列递延资产或待摊费用；将应该反映在当期报表上的费用挂在“待摊费用”“递延资产”等跨期摊销账户中，以调节利润。目前通常的做法是，当上市公司经营不理想时，母公司或者调低上市公司应缴纳的费用标准，或者承担上市公司的相关费用，甚至将上市公司在以前年度已缴纳的费用退回，从而达到转移费用、增加利润的目的。

（6）费用资本化、递延费用及推迟确认费用。费用资本化主要是指借款费用及研发费用的资本化，而递延费用非常多，如广告费等。例如，将研究发展支出列为递延资产或将一般性广告费、修缮维护费用或试车失败损失等递延。又如，在新建工厂实际已投入运营时仍按未完工投入使用状态进行会计核算以调增利润，而根据现行会计政策，在完工投入使用前的新建工厂工人工资等各项费用、贷款利息均计入固定资产价值而非当期损益。再如，费用不及时报账列支而虚挂往来，按正常程序，发生的加工费、差旅费等费用应由职工先借出，在支付并取得发票后再报账冲减往来费用。在年末，若职工借款较多，应关注是否存在类似情况。

（7）多提或少提资产减值准备以调控利润。《企业会计制度》要求自 2001 年 1 月 1 日起，上市公司要计提八项资产减值准备。在企业法人治理结构和内部控制不健全的状况下，计提资产减值准备有较大的利润调节空间。资产减值会计内涵的复杂性，决定了同样一项资产有不确定的价值，因为资产减值实际上是企业管理当局主观估计的一种市场模拟价格，资产减值的不确定性给企业管理当局操纵利润留下了极大的空间。目前，上市公司利用资产减值准备玩会计数字游戏，主要游戏规则是利用资产减值准备推迟或提前计量损失，典型表现为某个年度出现巨额亏损。

（8）资产重组创造利润。企业为实现优化资本结构、调整产业结构、完成战略转移等目的而实施的资产置换和股权置换便是资产重组。然而，近年来的资产重组经常使人联想到做假账。许多上市公司扭亏为盈的秘诀便在于资产重组。通过不等价的资产置换，为上市公司输送利润，目前仍然是利润操纵的主要手法之一，虽然因“非公允的关联交易差价不能计入利润”的规定而受限制，但上市公司仍可以通过非关联交易的资产重组方式为上市公司输送利润。

二、成本费用分析

成本费用是指销售成本、销售费用、管理费用及财务费用的统称。从对各项财务数据的分析中可以看出，成本费用对财务成果有较大的影响，降低成本费用是增加财务成果的关键或重要途径。因此，以下将从销售成本分析和销售费用分析两方面对成本费用分析进行详细介绍。

（一）销售成本分析

进行财务成果分析，应在揭示财务成果取得的基础上，进一步对影响财务成果的基本要素——成本费用进行分析，以找出影响成本升降的原因，为降低成本费用、促进财务成果的增加指明方向。销售成本分析包括全部销售成本分析和单位销售成本分析两部分。

1. 全部销售成本分析

全部销售成本分析是指根据产品生产、销售成本表的资料，将企业全部销售成本的本年实际情况与上年实际情况进行对比分析，从产品类别角度找出各类产品或各主要产品销售成本的升降幅度，以及对全部销售成本的影响程度。全部销售成本分析的一般步骤如下：

第一，将本年实际销售总成本与按本年实际销售量计算的上年实际销售总成本进行对比，求出销售成本增减额和增减率。计算公式是

全部销售成本增减额＝本年实际销售总成本－按本年实际销售量计算的上年实际销售总成本

全部销售成本增减率＝全部销售成本增减额÷按本年实际销售量计算的上年实际销售总成本×100%

第二，计算主要产品和非主要产品销售成本增减额和增减率，以及它们对全部销售成本增减率的影响。主要产品和非主要产品销售成本增减额和增减率的计算可依据上式进行，只是产品的范围不同。它们对全部销售成本增减率的影响公式是

$$\frac{\text{主要产品销售成本增减额对}}{\text{全部销售成本增减率的影响}}=\frac{\text{主要产品销售}}{\text{成本增减额}}\div\frac{\text{按本年实际销售量计算的}}{\text{上年实际销售总成本}}$$

$$\frac{\text{非主要产品销售成本增减额对}}{\text{全部销售成本增减率的影响}}=\frac{\text{非主要产品}}{\text{销售成本增减额}}\div\frac{\text{按本年实际销售量计算的}}{\text{上年实际销售总成本}}$$

第三，计算各主要产品销售成本增减额和增减率，以及它们对全部销售成本增减率的影响。计算方法可采用上述全部销售成本增减额和增减率的计算公式，以及主要产品和非主要产品销售成本增减额对全部销售成本增减率的影响公式。只是产品的口径和范围不同。

企业管理者通过以上三个步骤，不仅分析了全部销售成本的情况，而且从产品类别上找出了销售总成本增减变动的原因，为加强成本管理指明了方向。

根据 ZXT 公司某子公司 2×15 年和 2×16 年的生产、销售成本表，按照分析的目的和要求整理出所需资料，如表 5-6 所示。

表 5-6　产品销售成本资料表　　　　金额单位：千元

产品名称	实际销售量/件	实际单位销售成本		实际销售总成本	
		2×15 年	2×16 年	2×15 年	2×16 年
主要产品				179 000	177 700
其中：甲	250	42	40	10 500	10 000
乙	450	190	186	85 500	83 700
丙	100	830	840	83 000	84 000
非主要产品				17 050	18 080
其中：丁	100	80	82	8 000	8 200
全部产品				196 050	195 780

根据表 5-6 的数据，按照全部销售成本分析的步骤，可对 ZXT 公司全部销售成本分析如下：

第一步，计算全部销售成本增减额和增减率：

全部销售成本增减额＝195 780－196 050＝－270（千元）

全部销售成本增减率＝－270÷196 050×100%＝－0. 14%

可见，2×16 年 ZXT 公司全部销售成本比 2×15 年有所下降，降低额为 270 元，降低率为 0. 14%。

第二步，确定主要产品和非主要产品销售成本增减额和增减率及其对全部销售成本增减率的影响：

主要产品销售成本增减额＝177 700－179 000＝－1 300（千元）

主要产品销售成本增减率＝－1 3 00÷179 000×100%＝－0. 73%

主要产品销售成本增减额对全部销售成本增减率的影响＝－1 300÷196 050×

100% = -0.67%

非主要产品销售成本增减额 = 18 080-17 050 = 1 030（千元）

非主要产品销售成本增减率 = 1 030÷17 050×100% = 6.04%

非主要产品销售成本增减额对全部销售成本增减率的影响 = 1 030÷196 050×100% = 0.53%

从第二步可看出，全部销售成本之所以比上年有所下降，主要是由主要产品销售成本下降引起的。主要产品销售成本比上年下降了 0.73%，使全部销售成本下降了 0.67%；而非主要产品销售成本却比上年提高了，成本超支率为 6.04%，使全部销售成本上升了 0.53%。

第三步，分析各主要产品销售成本增减额和增减率及其对全部销售成本增减率的影响：

甲产品销售成本增减额 = 10 000-10 500 = -500（千元）

甲产品销售成本增减率 = -500÷10 500×100% = -4.76%

对全部销售成本增减率的影响 = -500÷196 050×100% = -0.26%

乙产品销售成本增减额 = 83 700-85 500 = -1 800（千元）

乙产品销售成本增减率 = -1 800÷85 500×100% = -2.11%

对全部销售成本增减率的影响 = -1 800÷196 050×100% = -0.92%

丙产品销售成本增减额 = 84 000-83 000 = 1 000（千元）

丙产品销售成本增减率 = 1 000÷83 000×100% = 1.20%

对全部销售成本增减率的影响 = 1 000÷196 050×100% = 0.51%

可见，ZXT 公司全部销售成本比上年下降主要是因为主营产品销售成本下降，而非主要产品销售成本上升。在主要产品销售成本中，甲产品和乙产品销售成本有所下降，而丙产品销售成本却有所上升。我们应抓住关键产品对其销售成本的升降情况做进一步的分析。

2. 单位销售成本分析

从上述产品销售成本分析中可以看出，无论是对全部销售成本分析来讲，还是对百元销售成本分析来讲，单位销售成本都是影响和决定它们的重要因素，因此深入对单位销售成本进行分析是十分必要的。进行单位销售成本分析，首先应明确单位销售成本与单位生产成本的关系。它们之间的关系可通过以下关系式反映出来：

单位销售成本 = 销售总成本÷销售量

销售总成本 = 生产总成本+期初结存成本-期末结存成本

单位生产成本 = 生产总成本÷生产量

可见，当期单位销售成本与单位生产成本的差异主要是期初结存成本和期末结存成本变动造成的，如果企业当期生产的产品在当期全部销售出去，则当期单位销售成本与当期单位生产成本可能是相同的，或差异较小。在这种情况下，对单位销售成本的分析与对单位生产成本的分析是一致的，可利用主要产品单位成本表的资料进行分析。

假设 ZXT 公司某子公司的丙产品期初无库存，且当期生产的产品在当期全部销售出去。丙产品单位销售成本简表如表 5-7 所示。

表 5-7　丙产品单位销售成本简表　　　　金额单位：千元

成本项目	2×15 年实际成本		2×16 年实际成本	
直接材料	516		594	
直接人工	120		162	
制造费用	194		84	
单位销售成本	830		840	
补充明细项目	单位用量/千克	金额	单位用量/千克	金额
直接材料：A	72	216	66	264
B	60	300	60	270
直接人工工时/小时	120		108	
产品产销量/件	80		100	

根据表 5-7 的资料，运用水平分析法对丙产品单位销售成本进行分析，如表 5-8所示。

表 5-8　丙产品单位销售成本分析表　　　　金额单位：千元

成本项目	2×15 年实际成本	2×16 年实际成本	增减变动情况		项目变动对单位成本的影响/%
			增减额	增减率/%	
直接材料	516	594	78	15. 12	9. 40
直接人工	120	162	42	35. 00	5. 06
制造费用	194	84	110	-56. 70	-13. 24
合计	830	840	10	1. 20	1. 20

从对表 5-8 的分析中可以看出，2×16 年丙产品单位销售成本比 2×15 年增加了 10 000 元，增长率为 1. 20%，主要原因是直接人工和直接材料上涨，它们使丙产品单位销售成本增加了 120 000 元，但制造费用的下降，使丙产品单位销售成本又降低了 110 000 元。因此，综合来看，丙产品单位销售成本增加 10 000 元，增长率为 1. 20%。至于直接材料和直接人工上涨的原因，以及制造费用下降的原因，我们还应进一步结合该公司的各项消耗和价格变动进行分析，以找出丙产品单位销售成本升降的根本原因。

（二）销售费用分析

从 ZXT 公司某子公司的实际情况看，销售费用在各项费用总额中的比重最高，下面就通过对 ZXT 公司某子公司销售费用的分析，说明销售费用分析方法。该公司 2×15 年和 2×16 年销售费用明细如表 5-9 所示。

表 5-9 销售费用明细表 单位：千元

项目	2×15 年实际销售费用	2×16 年实际销售费用
工资	4 200	5 000
职工福利费	588	700
业务费	1 350	1 200
运输费	4 800	2 480
装卸费	300	320
包装费		
保险费		
展览费		
广告费	6 200	8 200
差旅费	3 862	3 150
租赁费		
低值易耗品摊销		
物料消耗		
其他		
销售费用合计	21 300	21 050

根据表 5-9 的资料，运用水平分析法分析销售费用，如表 5-10 所示。

表 5-10 销售费用分析表 金额单位：千元

项目	2×15 年	2×16 年	增减额	增减率/%
工资	4 200	5 000	800	19.05
职工福利费	588	700	112	19.05
业务费	1 350	1 200	-150	-11.11
运输费	4 800	2 480	-2 320	-48.33
装卸费	300	320	20	6.67
广告费	6 200	8 200	2 000	32.26
差旅费	3 862	3 150	-712	-18.44
销售费用合计	21 300	21 050	-250	-1.17

从表 5-10 可以看出，2×16 年该公司销售费用合计比 2×15 年降低了250 000元，下降了 1.17%。销售费用变动的主要原因如下：一是广告费用有较大幅度增长，比 2×15 年增长了 32.26%；二是工资及职工福利费比 2×15 年增长了 19.05%。但应当看到，该公司在运输费、差旅费和业务费等方面的开支却大幅下降。

为了深入说明销售费用变动情况及其合理性，我们还应进一步从销售费用构成、百元销售收入销售费用方面进行分析。销售费用结构分析表如表 5-11 所示。

表 5-11　销售费用结构分析表

项目	销售费用构成/%			百元销售收入销售费用/元		
	2×15 年	2×16 年	差异	2×15 年	2×16 年	差异
工资	19.72	23.75	4.03	2.46	2.77	0.31
职工福利费	2.76	3.33	0.57	0.34	0.39	0.05
业务费	6.34	5.70	-0.64	0.79	0.66	-0.13
运输费	22.54	11.78	-10.76	2.82	1.37	-1.45
装卸费	1.41	1.52	0.11	0.18	0.18	0.00
广告费	29.10	38.95	9.84	3.64	4.53	0.89
差旅费	18.13	14.97	-3.16	2.26	1.74	-0.52
销售费用合计	100	100	0.00	12.49	11.64	-0.85

从表 5-11 可以看出，2×16 年销售费用构成中广告费及工资所占的比重最大，两者之和超过销售费用合计的 60%。另外，差旅费和运输费也占较大比重。从动态上看，2×16 年广告费比重上升较快，增长了 9.84%，而运输费、差旅费和业务费比重则有所下降。从百元销售收入销售费用看，2×16 年销售费用合计比 2×15 年降低了 0.85 元，其中降低最多的是运输费，降低了 1.45 元；其次是差旅费，降低了 0.52 元；而广告费和工资却有所增加，前者增加 0.89 元，后者增加 0.31 元。至于各项销售费用增减变动的具体原因，我们应结合实际做进一步分析。

对管理费用进行分析可采用相同的分析方法。

三、资产减值损失分析

利润表中资产减值损失项目的构成及增减变动情况通常在财务报表附注中以编制资产减值准备明细表的形式加以说明。资产减值损失具体包括坏账准备、存货跌价准备、可供出售金融资产减值、持有至到期投资减值准备、长期股权投资减值准备、固定资产减值准备、在建工程（工程物资）减值准备、无形资产减值准备、商誉减值准备等。

根据 ZXT 公司会计报表附注中有关资产减值损失的资料，可编制资产减值损失分析表，如表 5-12 所示。

表 5-12　ZXT 公司资产减值损失分析表　　单位：千元

项目	2×16 年	2×15 年	增减额
坏账损失	472 954	714 042	-241 088
存货跌价损失（转回）	-53 596	75 098	-128 694
合计	419 358	789 140	-369 782

从表 5-12 可以看出，2×16 年 ZXT 公司资产减值损失减少，主要是 2×16 年资产减值损失各项目都减少所致。其中，2×16 年的坏账损失 472 954 000 元与2×15 年

的 714 042 000 元相比，减少 241 088 000 元；同时，存货跌价损失（转回）较 2×15 年减少 128 694 000 元。两者综合作用，导致资产减值损失共减少369 782 000元。

我们在对资产减值损失进行分析时还应注意减值准备是否可以转回的问题：

（1）存货减值可以转回。如果已经计提减值的产品已经销售，要同时结转已计提的减值。

（2）固定资产不可以转回。

（3）无形资产不可以转回。

（4）对于投资性房地产，以成本法计量的不可以转回，以公允价值模式计量的不计提减值。

（5）对于金融资产，交易性金融资产不计提减值，应收账款和贷款可以转回。

（6）长期股权投资不可以转回。

（7）递延所得税资产可以转回（要符合一定的条件）。

四、投资收益分析

利润表中的投资收益是指企业在一定会计期间对外投资所取得的回报。投资收益包括对外投资分得的股利和收到的债券利息，投资到期收回或在到期前转让债权所得款项高于账面价值的差额，以及按权益法核算的股权投资在被投资单位增加的净资产中所拥有的数额等。投资也可能遭受损失，投资收益减去投资损失则为投资净收益。利润表中反映的就是投资净收益，是企业营业利润的重要组成部分。

根据 ZXT 公司会计报表附注中有关投资收益的资料，可编制投资净收益分析表，如表 5-13 所示。

表 5-13　ZXT 公司投资净收益分析表　　单位：千元

项目	2×16 年	2×15 年	增减额
按权益法核算的长期股权投资收益	19 877	25 444	-5 567
收到的股利	3 257	4 944	-1 687
交易性金融资产投资收益	73 232	23 529	49 703
处置权益投资的收益	26 300	5 520	20 780
合计	122 666	59 437	63 229

从表 5-13 可以看出，2×16 年 ZXT 公司投资净收益比 2×15 年大幅增长，主要是交易性金融资产投资收益增加所引起的。2×16 年的交易性金融资产投资收益 73 232 000与 2×15 年的 23 529 000 元相比，增加 49 703 000 元；同时，处置权益投资的收益较 2×15 年增加 20 780 000 元。这两项是导致投资净收益增加的有利因素。相反，2×16 年的按权益法核算的长期股权投资收益 19 877 000 元与 2×15 年的 25 444 000元相比，减少 5 567 000 元；同时，收到的股利也较 2×15 年减少 1 687 000元。各项目综合作用，导致投资净收益增加 63 229 000 元。

五、营业利润分析

（一）营业利润

营业利润是企业盈利最主要、最稳定的关键来源，是指营业收入、营业毛利、公允价值变动收益（损失）、投资收益（损失）等扣除期间费用和资产减值损失后的余额。根据表 5-2 的资料，编制营业利润水平分析表，如表 5-14 所示。

表 5-14　ZXT 公司营业利润水平分析表　　金额单位：千元

项目	2×16 年	2×15 年	增减额	增减率/%
一、营业收入	44 293 427	34 777 181	9 516 246	27.36
减：营业成本	29 492 530	23 004 541	6 487 989	28.20
二、营业毛利	14 800 897	11 772 640	3 028 257	25.72
减：税金及附加	415 854	280 266	135 588	48.38
销售费用	5 312 516	4 395 125	917 391	20.87
管理费用	2 099 715	1 777 554	322 161	18.12
研发费用	3 994 145	3 210 433	783 712	24.41
财务费用	1 308 254	494 371	813 883	164.63
资产减值损失	419 358	789 140	-369 782	-46.86
加：公允价值变动收益	-128 328	115 566	-243 894	-211.04
投资收益	122 666	59 437	63 229	106.38
三、营业利润	1 245 393	1 000 754	244 639	24.45

（二）营业利润水平分析

营业利润水平分析应包括以下几个方面：

1. 营业利润分析

营业利润是指企业在生产经营业务中所取得的财务成果。表 5-14 中，2×16 年 ZXT 公司实现营业利润 1 245 393 000 元，比 2×15 年增加了 244 639 000 元，增长率为 24.45%，增长幅度较大。从营业利润水平分析表上看，营业利润增加主要是营业毛利比 2×15 年增加 3 028 257 000 元引起的。同时投资收益比 2×15 年增加 63 229 000元，资产减值损失比 2×15 年减少 369 782 000 元，这两者也是导致营业利润增加的有利因素。销售费用比 2×15 年增加 917 391 000 元，管理费用比 2×15 年增加 322 161 000 元，财务费用比 2×15 年增加 813 883 000 元，公允价值变动收益比2×15 年减少 243 894 000 元，这些都是导致营业利润下降的不利因素。增减因素共同作用，导致营业利润增加了 244 639 000 元。

2. 营业毛利分析

营业毛利是指企业营业收入与营业成本之间的差额。表 5-14 中，2×16 年 ZXT 公司营业毛利比 2×15 年增加 3 028 257 000 元，增长率为 25.72%。导致营业毛利增加的最关键的因素是营业收入大幅增长，2×16 年 ZXT 公司营业收入增加

9 516 246 000元，增长率为 27.36%，但营业成本增加 6 487 989 000 元，对营业毛利造成不利影响，增减相抵，导致营业毛利增加 3 028 257 000 元。

六、营业外收支变动分析

营业外收支是指企业发生的与其生产经营活动无直接关系的各项收入和各项支出，又称营业外损益，是企业财务成果的组成部分。

我国企业的营业外收支项目和范围由国家统一规定。营业外收入的项目主要有非流动资产毁损报废利得、债务重组利得、与企业日常经营无关的政府补助、盘盈利得、捐赠利得等。营业外支出的项目主要有非流动资产毁损报废损失、债务重组损失、公益性捐赠支出、非常损失、盘亏损失等。

根据 ZXT 公司的会计报表附注中的有关资料，对营业外收支进行分析。

（一）营业外收入分析

从对利润表主表的分析可以看出，2×16 年 ZXT 公司营业外收入变动较大，从会计报表附注中可以找到营业外收入变动的资料，据此编制营业外收入变动分析表，如表 5-15所示。

表 5-15　ZXT 公司营业外收入变动分析表　　单位：千元

项目	2×16 年	2×15 年	增减额
软件产品增值税退税	841 632	714 796	126 836
政府补助	131 037	70 963	60 074
财政补助	107 471	55 611	51 860
其他	18 156	64 763	-46 607
合计	1 098 296	906 133	192 163

从表 5-15 可以看出，2×16 年 ZXT 公司营业外收入增加，主要是营业外收入下各项目增加引起的，其中软件产品增值税退税增加 126 836 000 元，政府补助增加 60 074 000 元，财政补助增加 51 860 000 元。同时，其他项目减少 46 607 000 元，这是影响营业外收入增加的不利因素。各项目综合作用，导致营业外收入共增加 192 163 000元。

（二）营业外支出分析

从对利润表主表的分析可以看出，2×16 年 ZXT 公司营业外支出变动较大，从会计报表附注中可以找到营业外支出变动的资料，据此编制营业外支出变动分析表，如表 5-16所示。

表 5-16　ZXT 公司营业外支出变动分析表　　单位：千元

项目	2×16 年	2×15 年	增减额
赔款支出	47 149	103 440	-56 291
其他	33 997	75 713	-41 716
合计	81 146	179 153	-98 007

从表 5-16 可以看出，2×16 年 ZXT 公司营业外支出减少，主要是营业外支出下各项目都有所减少引起的，其中赔款支出减少 56 291 000 元，其他支出减少 41 716 000元。两者综合作用，导致营业外支出共减少 98 007 000 元。

【例 5-1】2×15 年 GTZ 公司实现营业收入 1 001. 86 亿元，但是营业利润最终只剩 3. 20 亿元，即便营业利润十分薄弱，但 GTZ 公司依然实现盈利 37. 40 亿元，净利润增长率达到了 37. 12%。这种情况在之前几年也有出现，营业利润很低，甚至为负，但反映在净利润里，营业利润的影响被减弱。例如，在 2×13 年，GTZ 公司净利润达 14. 34 亿元，增长率为 155. 04%，而营业利润只有-14. 93 亿元。虽然 GTZ 公司 2×14 年、2×15 年营业利润有所增加，摆脱了为负的状态，但和净利润相比较，营业利润在其中的作用依然不够显著。我们不得不开始思考这样的一个问题，使 GTZ 公司净利润为正的真正原因是什么呢？为此下面具体分析 GTZ 公司营业外收支状况，从而发现营业外收支在利润中所起的作用。GTZ 公司 2×11—2×15 年营业外收支情况如表 5-17 所示，营业外收支变动趋势如图 5-1 和图 5-2 所示。

表 5-17　GTZ 公司 2×11—2×15 年营业外收支情况　　单位：千元

项目	2×11 年	2×12 年	2×13 年	2×14 年	2×15 年
营业外收入	2 368 710	3 081 253	3 465 428	3 787 643	4 442 945
营业外支出	163 084	62 291	144 491	309 749	459 884

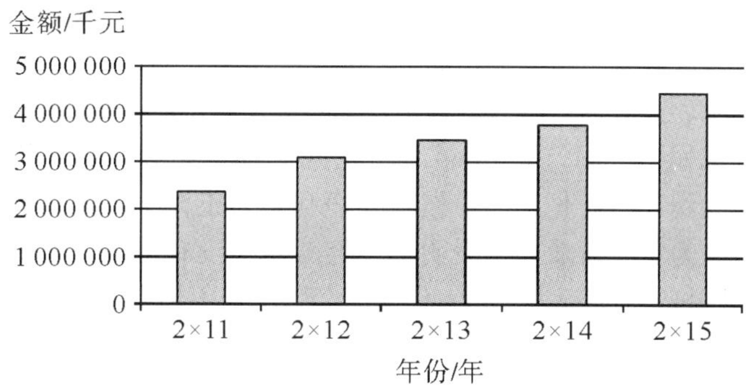

图 5-1　GTZ 公司 2×11—2×15 年营业外收入变动趋势

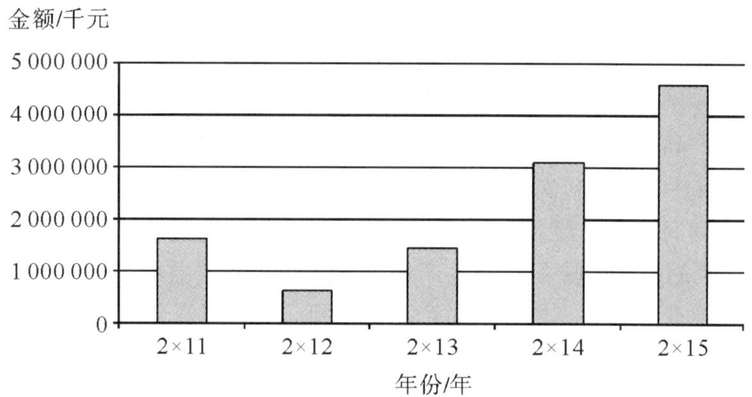

图 5-2　GTZ 公司 2×11—2×15 年营业外支出变动趋势

可以看出，GTZ 公司营业外收入呈逐年稳定增长的趋势。2×15 年 GTZ 公司营业外收入增加了 6.55 亿元，该增加额的 90%以上是多个其他营业外项目带来的，其中包括政府补助、合同罚款收益及其他各类收益，其他营业外项目合计增加了 6.09 亿元。通过对 2×11—2×15 年的营业外收入进行水平分析，发现 2×12 年的营业外收入年增长率为 30.08%，增长幅度较为明显，而其余的几年，如 2×11 年、2×13 年、2×14 年、2×15 年的营业外收入年增长率分别为 18.31%、12.47%、9.30% 和 17.30%，各年都维持着不低的增长率。

营业外收入在 2×13—2×15 年增加的金额分别为 3.84 亿元、3.22 亿元和 6.55 亿元，无论是相对指标的增长还是绝对金额的变动，都较为明显，这一数据在 2×15 年尤为突出。总之，高额的营业外收入虽然为高额利润的形成做出了贡献，但主营业务不突出绝对是 GTZ 公司在经营过程中不容忽视的问题，所以营业外收入逐年递增和其对净利润产生不小影响这两大问题，应该得到 GTZ 公司管理当局的重视，如果放任不管，只顾利润总额有一个较好的表现，最终这些问题会影响 GTZ 公司的盈利质量，拖慢 GTZ 公司的发展脚步，甚至使 GTZ 公司走上错误的发展方向。

还可以看出，2×11—2×15 年 GTZ 公司营业外支出变动幅度也较大，自 2×12 年起连年攀升，于 2×15 年达到这 5 年来的最高水平，为 4.60 亿元，而 2×12 年仅有 0.62 亿元，4 年的时间里增长了近 6.4 倍。营业外支出这一项目对净利润的影响不容小觑。

通过对 GTZ 公司近几年的年报分析可以看出，营业外收入对 GTZ 公司净利润的影响逐年增大，甚至起到了扭亏为盈、“化腐朽为神奇”的作用，如在 2×13 年，营业收入虽然较 2×12 年减少了 88.85 亿元，下降幅度为 10.56%，营业利润甚至在该年亏损了 14.93 亿元，然而，2×13 年 GTZ 公司利润总额和净利润均为正，归属于母公司的净利润达到 13.58 亿元。虽然最终净利润为正，GTZ 公司看似有不错的经营成果，但是始终为负的营业利润表明生产经营状况没有得到很好的改善。继续来看 2×13 年，营业外收支净额为 33.21 亿元，GTZ 公司不但弥补了营业亏损，还实现了 14.34 亿元的净利润。这更加直观地表明，GTZ 公司实现扭亏为盈的重要项目就是营业外收支。

七、产品销售利润因素分析

通常，在企业中，产品销售利润是影响营业利润最重要的因素，而产品销售利润的变化可能受销售量、品种构成、价格、质量、成本等诸多因素的影响。因此，我们还应针对产品销售利润做进一步分析。这是企业内部财务分析的重要内容。

（一）影响产品销售利润的因素

产品销售利润亦称主营业务利润，是综合反映企业主营业务最终财务成果的指标。产品销售利润直接反映了企业生产经营状况和经济效益状况。企业盈利状况最终还取决于主营业务利润。因此，对产品销售利润进行因素分析是十分必要的。

进行产品销售利润因素分析，首先应找出影响产品销售利润的因素；其次确定各因素变动对产品销售利润的影响程度；最后对产品销售利润完成情况进行分析评价。由于利润是反映企业经营状况的综合指标，因此，从不同角度看，影响产品销售利润的因素有许多，且影响程度各不相同。例如，从人的因素看，它受职工人数和人均创利影响；从资金的因素看，它受资金占用额和资金利润率的影响；等等。但是，影响产品销售利润最基本的因素，可从它的计算公式中找出，即

产品销售利润=产品销售量×（产品单价-产品单位销售成本）

从上式可看出，影响产品销售利润的基本因素是产品销售量、产品单价和产品单位销售成本。在生产多种产品的企业，产品销售利润还受产品销售品种构成的影响；在生产等级品的企业，由于优质优价，因此产品销售利润又受产品等级的影响。

（二）产品销售利润因素分析方法

1. 产品销售量变动对利润的影响分析

产品销售量是影响利润的一个重要因素。在产品单位利润一定的情况下，产品销售量的增减速度直接决定利润的增减速度。产品销售量变动对利润的影响，可用下式计算：

产品销售量变动对利润的影响=产品销售利润基期数×（产品销售量完成率-1）

其中，产品销售量完成率的计算公式是

$$\text{产品销售量完成率}=\frac{\text{产品本期销售量}\times\text{基期单价（或单位成本）}}{\text{产品基期销售量}\times\text{基期单价（或单位成本）}}\times 100\%$$

产品销售量完成率主要考察销售量的完成情况，因此，企业在生产一种产品时，可直接用实物量进行计算，但在生产多种产品时，不能将实物量直接相加，通常可以价格或成本为参数，以便汇总。计算产品销售量完成率所用的单价或单位成本，都应使用基期数。至于用单价还是用单位成本，理论与实践中有不同做法，一般来说，用单价计算的较多，但在各种产品比价不合理时，用单位成本来计算可能更好。

2. 品种构成变动对利润的影响分析

企业在生产多种产品时，必然面临品种构成问题。所谓品种构成，是指某种产品的产量或销售量在全部产品的产量或销售量中所占的比重。研究品种构成变动对利润的影响是利润分析中的一个难点问题。

为什么品种构成变动会引起利润额变动呢？主要是因为各种产品的利润率不同。企业多生产利润率高的产品，少生产利润率低的产品，必然引起综合利润率或企业平均利润率的提高，使利润额增加；反之，则会使利润额减少。

3. 价格变动对利润的影响分析

价格与利润成正比，即在其他条件不变的情况下，价格越高，利润越高。随着价格体制改革的推进，政府定价范围逐渐缩小，市场调节价范围不断扩大。价格成为影响利润的重要因素。价格变动对利润的影响一般可用下式计算：

价格变动对利润的影响=产品本期销售量×（本期销售单价-基期销售单价）

实践中，价格变动的原因是多种多样的，如政府调整价格、地区差价、批零差价、质量差价等。因此，分析价格变动对利润的影响可分不同情况加以计算与评价。但是，概括来说，价格变动无非是质量差价和非质量差价两种情况。有关质量差价对利润的影响，这里不做过多介绍，非质量差价通常可按上式计算。但是，如果属于等级品的价格变动，则应按下式进行计算：

等级品的价格变动对销售利润的影响=等级品销售数量×（实际等级的实际平均单价-实际等级的基期平均单价）

实际等级的实际平均单价=（各等级本期销售量×该等级本期单价）÷各等级本期销售量之和

实际等级的基期平均单价=（各等级本期销售量×该等级基期单价）÷各等级本期销售量之和

4. 销售成本变动对利润的影响分析

销售成本变动对利润有直接影响，在其他因素不变的情况下，销售成本降低多少，利润就会增加多少，即销售成本与利润成反比。因此，计算成本变动对利润的影响的公式是

成本变动对利润的影响=产品本期销售量×（单位产品基期成本-单位产品本期成本）

需要说明的是，在现行税收体制下，企业缴纳的税金主要有增值税、消费税等。由于产品销售价格中不含产品销项税，产品成本中也不含进项税，因此增值税对产品销售利润没有直接影响。因此上述产品销售利润因素分析中都没有考虑税率的变化问题。应当注意，由于企业缴纳的城市维护建设税及教育费附加等的计税依据与增值税有关，因此，增值税变动可通过城市维护建设税及教育费附加间接影响产品销售利润。但是，因为其金额较小，且与销售量关系复杂，分析时通常将其作为期间成本处理，将其增减变动额单独作为对分析对象的影响额。

如果企业生产并销售烟、酒、高档化妆品、贵重首饰、鞭炮、汽油、柴油、摩托车、小汽车等应缴纳消费税的产品，消费税税率或单位税金变动将影响产品销售利润。消费税税率变动对利润的影响计算公式是

消费税税率变动对利润的影响=产品本期销售收入×（基期消费税税率-本期消费税税率）

这一公式主要适用于企业用从价定率法计算消费税的情况。

【例 5-2】下面以 ZXT 公司某子公司 2×16 年和 2×15 年主要产品销售利润明细资料为例进行分析。2×16 年和 2×15 年主要产品销售利润明细如表 5-18 和表 5-19 所示。

表 5-18　2×16 年主要产品销售利润明细　　单位：千元

产品名称	销售数量	单位产品销售价格	单位产品销售成本	单位产品销售利润	产品销售利润
甲	250	50	40	10	2 500
乙	450	248	186	62	27 900
丙	100	1 200	840	360	36 000
合计					66 400

表 5-19　2×15 年主要产品销售利润明细　　单位：千元

产品名称	销售数量	单位产品销售价格	单位产品销售成本	单位产品销售利润	产品销售利润
甲	200	50	42	8	1 600
乙	500	240	190	50	25 000
丙	80	1 200	830	370	29 600
合计					56 200

根据表 5-18 和表 5-19 的资料对 ZXT 公司某子公司产品销售利润进行因素分析。

首先，确定分析对象：66 400-56 200=10 200（千元）。

其次，进行因素分析：

（1）计算销售量变动对利润的影响。

产品销售完成率=（250×50+450×240+100×1 200）÷（200×50+500×240+80×1 200）×100%
=240 500÷226 000×100%
≈106. 42%

销售量变动对利润的影响=56 200×106. 42%-56 200
=59 808. 04-56 200
=3 608. 04（千元）

（2）计算单位价格变动对利润的影响。

单位价格变动对利润的影响=450×（248-240）= 3 600（千元）

最后，计算销售成本变动对利润的影响：250×（42-40）+450×（190-186）+100×（830-840）= 1 300（千元）。

可见，2×16 年 ZXT 公司某子公司主要产品销售利润比 2×15 年增加10 200 000元，是各因素共同作用的结果，其中销售数量增加、单位产品销售成本降低是主要产品销售利润增加的主要原因。

（三）产品销售利润分析评价

对于产品销售利润分析评价，应在确定各因素对利润影响程度的基础上从以下几个方面进行：

第一，分清影响产品销售利润的有利因素与不利因素。一般来说，凡是使产品销售利润增加的因素都被看作有利因素，凡是使产品销售利润减少的因素都被看作不利因素。从【例 5-2】的计算结果可看出，影响产品销售利润的各种因素都是有利因素。

第二，分清影响产品销售利润的主观因素与客观因素。通常，把销售量、成本、质量因素等看成主观因素，如果企业自行安排产品品种生产，那么品种构成因素也属于主观因素。价格因素要具体分析，除国家政策调价等客观原因外，在市场经济条件下，价格因素也可被看成主观因素，税率因素属于客观因素。当然，对具体情况要具体分析。评价中，应排除客观因素，抓住主观因素。【例5-2】中，产品销售利润增加主要受主观因素的影响。

第三，分清生产经营中的成绩与问题。一般来说，企业的成绩与问题都应从主观因素来看。凡是经过主观努力产生的对产品销售利润有利的影响，属于企业的成绩；凡是经过主观不努力产生的对产品销售利润不利的影响，属于企业的问题。【例 5-2】中，销售数量增加、单位产品销售成本下降、单位产品销售价格提高等使产品销售利润增加，应被看成企业的成绩。对于品种构成，要具体情况具体分析：一要考虑国家计划与合同的完成情况，二要将品种构成与其相应的资产投入结合起来。因为在一些情况下，品种构成变动使产品销售利润增加，但可能使总资产报酬率下降。

八、分部报告分析

《企业会计准则第 35 号——分部报告》和《企业会计准则解释第 3 号》主要规范了企业分部报告的编制方法和应披露的信息，有助于充分披露会计信息，满足会计信息使用者的决策需要。企业提供分部信息，能够帮助会计信息使用者更好地理解企业以往的经营业绩，更好地评估企业的风险和报酬，更好地把握企业整体的经营情况，对未来的发展趋势做出合理的预期。随着企业跨行业和跨地区经营的出现，许多企业生产和销售各种各样的产品和提供多种劳务，只有分析每种产品（或所提供劳务）和不同经营地区的经营业绩，才能更好地把握企业整体的经营业绩。因此，企业（或企业集团）存在多种经营或跨地区经营的，应当披露分部信息，且区分经营分部和报告分部。

企业应当以内部组织结构、管理要求、内部报告制度为依据确定经营分部。经济特征不相似的经营分部，应当分别确定为不同的经营分部。在实务中，并非所有的经营分部均作为独立的经营分部来考虑。在某些情况下，两个或两个以上的经营分部如果具有相似的经济特征，那么这些经营分部经常会表现出相似的长期财务业绩，如长期平均毛利率、资金回报率、未来现金流量等。此时，将其合并披露可能更为恰当。

报告分部是指符合经营分部定义，按规定应予披露的经营分部。报告分部的确定应当以经营分部为基础，而经营分部的划分通常以不同的风险和报酬为基础，而不论其是否重要。存在多种经营或跨地区经营的企业可能会拥有大量规模较小、不是很重要的经营分部，而单独披露数量如此之多的但规模较小的经营分部信息不仅会给财务报表使用者带来困惑，也会给财务报表编制者带来不必要的披露成本。因此，报告分部的确定应当考虑重要性原则，在通常情况下，符合重要性标准的经营分部才能确定为报告分部。

根据 ZXT 公司 2×15 年年报，目前出于管理目的，对产品和服务划分业务单元，形成三个报告分部，即

一是运营商网络（通信系统），包括无线通信、有线交换及接入和光通信及数据通信。

二是终端产品，包括公司生产和销售的手机和数据卡产品。

三是电信软件系统与服务及其他产品分类，负责提供运营支撑系统等电信软件

系统及收费服务。

管理层出于配置资源和评价业绩的决策目的，对各业务单元的经营成果分开进行管理。分部业绩以报告的分部利润为基础进行评价。分部资产不包括递延所得税资产、货币资金、长期股权投资、其他应收款和其他未分配的总部资产，原因在于这些资产均由集团统一管理。分部负债不包括衍生工具、借款、其他应付款、应付债券、应交税费、递延所得税负债及其他未分配的总部负债，原因在于这些负债均由集团统一管理。经营分部间的转移定价，参照与第三方进行交易所采用的公允价格制定。

根据《企业会计准则第 35 号——分部报告》和《企业会计准则解释第 3 号》的要求，分部报告分析包括报告分部增减变动分析和报告分部结构变动分析。

（一）报告分部增减变动分析

对于报告分部增减变动分析，可运用水平分析法。我们选取了 ZXT 公司运营商网络和终端产品两个报告分部作为分析对象，编制报告分部水平分析表，如表 5-20 所示。

表 5-20 报告分部水平分析表 单位：千元

项目	运营商网络			终端产品			2×16 年		
	2×16 年	2×15 年	差额	2×16 年	2×15 年	差额	运营商网络	终端产品	差额
一、分部收入	35 911 511	28 703 803	7 207 708	10 710 102	8 322 697	2 387 405	35 911 511	10 710 102	25 201 409
其中：对外交易收入	28 963 799	22 567 491	6 396 308	9 692 563	7 645 126	2 047 437	28 963 799	9 692 563	19 271 236
分部间交易收入	6 947 712	6 136 312	811 400	1 017 539	677 571	339 968	6 947 712	1 017 539	5 930 173
二、分部费用	18 315 300	13 397 200	4 918 100	7 393 000	5 939 800	1 453 200	18 315 300	7 393 000	10 922 300
三、分部利润	17 596 211	15 306 603	2 289 608	3 317 102	2 382 897	934 205	17 596 211	3 317 102	14 279 109
四、分部资产	22 468 395	16 994 523	5 473 872	4 931 776	3 965 018	966 758	22 468 395	4 931 776	17 536 619
五、分部负债	3 399 777	2 319 950	1 079 827	149 854	183 649	-33 795	3 399 777	149 854	3 249 923
六、补充信息	1 852 809	1 588 136	264 673	430 254	352 743	77 511	1 852 809	430 254	1 422 555
1. 折旧和摊销费用	499 501	403 983	95 518	116 044	89 729	26 315	499 501	116 044	383 457
2. 资本性支出	1 353 308	1 184 153	169 155	314 210	263 014	51 196	1 353 308	314 210	1 039 098

根据表 5-20 进行分析，步骤如下：

（1）2×16 年运营商网络实现的分部利润为 17 596 211 000 元，比 2×15 年增加 2 289 608 000元，从报告分部水平分析表看，分部利润增长主要是由分部收入增加引起的。由于 2×16 年运营商网络的分部收入为 35 911 511 000 元，比 2×15 年增加 7 207 708 000元，而 2×16 年运营商网络分部费用的增加是影响分部利润的不利因素，分部费用为 18 315 300 000 元，比 2×15 年增加 4 918 100 000 元，两者相抵，使 2×16 年分部利润净增了 2 289 608 000 元。从分部资产、分部负债来看，2×16 年与 2×15 年都有所增加，分部资产增加 5 473 872 000 元，分部负债增加 1 079 827 000元。

（2）2×16 年终端产品实现的分部利润为 3 317 102 000 元，比 2×15 年增加 934 205 000元，通过报告分部水平分析表可以看出，其增长的原因在于分部收入的增加，而 2×16 年终端产品分部费用的增加是影响分部利润的不利因素，分部费用为7 393 000 000元，比 2×15 年增加了 1 453 200 000 元，增长幅度小于分部收入，这是2×16年分部利润增长的原因之一。从分部资产来看，2×16年终端产品较2×15年增加966 758 000元；从分部负债来看，2×16年终端产品比2×15年减少33 795 000元。因此，2×16年终端产品分部负债减少是分部资产增加不多的主要原因。

2×16年运营商网络分部利润为17 596 211 000元，比终端产品多14 279 109 000元；从分部资产和分部负债来看，运营商网络比终端产品都要高，可见运营商网络的经营规模较大，其创造收入的能力也较强。从补充信息来看，由于运营商网络分部资产高于终端产品，因此，其折旧和摊销费用、资本性支出也都高于终端产品。至于各分部资产的盈利能力、资产的利用效果，还有待进一步分析。

（二）报告分部结构变动分析

对于报告分部结构变动分析，可运用垂直分析法进行。我们选取了ZXT公司运营商网络和终端产品两个报告分部作为分析对象，编制报告分部垂直分析表，如表5-21所示。

表5-21　报告分部垂直分析表　　单位：%

项目	运营商网络		终端产品	
	2×16年	2×15年	2×16年	2×15年
一、分部收入	100	100	100	100
其中：对外交易收入	80.65	78.62	88.74	90.50
分部间交易收入	19.35	21.38	11.26	9.50
二、分部费用	51.00	46.67	68.23	69.03
三、分部利润	49.00	53.33	31.77	30.97
四、分部资产	100	100	100	100
五、分部负债	15.13	13.65	3.04	4.63
六、补充信息				
1. 折旧和摊销费用				
2. 资本性支出				

从表5-21可以看出，2×16年运营商网络分部利润占分部收入的比重为49.00%，比2×15年的53.33%降低了4.33%；2×16年终端产品分部利润占分部收入的比重为31.77%，比2×15年的30.97%增长了0.80%。可见，2×16年运营商网络和终端产品的盈利能力比2×15年有所变化，但是变化幅度不大，变化原因各不相同。从分部利润的结构变化来看，2×16年运营商网络分部费用占分部收入的比重为51.00%，比2×15年的46.67%上升了4.33%；而2×16年终端产品分部费用占分部收入的比重为68.23%，与2×15年的69.03%相比，下降了0.80%。这说明成本费用的变化是导致2×16年运营商网络和终端产品营业利润变化的主要原因。

从分部负债来看，2×16年运营商网络分部负债所占比重比2×15年增长1.65%；而终端产品分部负债所占比重为3.04%，比2×15年的4.63%下降了1.59%。

2×16年终端产品分部利润比重提高的主要原因在于分部费用比重的下降，至于分部费用中哪一部分费用的下降对该年分部利润的提高起主导作用，还有待进一步分析。另外，无论是2×16年还是2×15年，运营商网络分部利润占分部收入的比重都比终端产品要高，可见运营商网络的盈利能力要强于终端产品。

九、对外交易分析

ZXT公司除已经在报告分部信息中披露的收入外，还有从其他国家或地区取得的对外交易收入。对其对外交易情况进行分析，具体如下：

（一）对外交易增减变动分析

ZXT公司对外交易的地区包括中国地区、亚洲（不包括中国）地区、非洲地区和其他地区。我们同样运用水平分析法对对外交易增减变动进行分析。在ZXT公司对外交易的主要地区中，我们选取了中国地区和亚洲（不包括中国）地区作为分析对象，编制对外交易水平分析表，如表5-22所示。

表5-22　对外交易水平分析表　　单位：千元

项目	中国地区（地区1）			亚洲（不包括中国）地区（地区2）			2×16年		
	2×16年	2×15年	差额	2×16年	2×15年	差额	地区1	地区2	差额
一、对外交易收入	17 466 429	14 686 596	2 779 833	10 432 933	9 679 371	753 562	17 466 429	10 432 933	7 033 496
二、对外交易费用	11 181 300	9 987 800	1 193 500	7 848 500	6 907 100	941 400	11 181 300	7 848 500	3 332 800
三、对外交易利润	6 285 129	4 698 796	1 586 333	2 584 433	2 772 271	-187 838	6 285 129	2 584 433	3 700 696
四、对外交易资产	29 947 902	27 077 530	2 870 372	9 779 680	9 653 953	125 727	29 947 902	9 779 680	20 168 222

由表5-22的分析可知：（1）2×16年，ZXT公司在中国地区实现的对外交易利润为6 285 129 000元，比2×15年增加1 586 333 000元，主要原因是业务量扩大导致对外交易收入增加。尽管对外交易费用也有所增加，但没有对外交易收入增长的幅度大。2×16年，ZXT公司在中国地区的对外交易收入为17 466 429 000元，比2×15年增加2 779 833 000元，对外交易费用为11 181 300 000元，比2×15年增加1 193 500 000元，两者相抵，使2×16年对外交易利润增加了1 586 333 000元。

（2）2×16年，ZXT公司在亚洲（不包括中国）地区实现的对外交易利润为2 584 433 000元，比2×15年下降187 838 000元，下降的原因一方面是对外交易收入增长幅度小，另一方面是对外交易费用上升幅度大。2×16年，ZXT公司在亚洲（不包括中国）地区的对外交易费用为7 848 500 000元，比2×15年增加了941 400 000元，增长幅度较大，使亚洲（不包括中国）地区2×16年的营业利润低于2×15年。至于对外交易费用中哪一部分费用的大幅度上升对对外交易利润的下降起主导作用，还有待进一步分析。

（3）2×16年，ZXT公司在中国地区的对外交易利润为6 285 129 000元，比亚洲（不包括中国）地区多3 700 696 000元。从对外交易资产来看，2×16年，ZXT公司在中国地区的对外交易资产比在亚洲（不包括中国）地区多20 168 222 000元，可见中国地区的经营规模较大，创造收入的能力较强，所以ZXT公司在中国地区的利润远高于亚洲（不包括中国）地区。

（二）对外交易结构变动分析

对于对外交易结构变动分析，可运用垂直分析法。以ZXT公司对外交易地区中的中国地区和亚洲（不包括中国）地区为例，编制对外交易垂直分析表，如表5-23所示。

表 5-23 对外交易垂直分析表 单位:%

项目	中国地区		亚洲（不包括中国）地区	
	2×16 年	2×15 年	2×16 年	2×15 年
一、对外交易收入	100	100	100	100
二、对外交易费用	64.02	68.01	75.23	71.36
三、对外交易利润	35.98	31.99	24.77	28.64

通过对表 5-23 的分析可知，2×16 年，ZXT 公司在中国地区的对外交易利润占对外交易收入的比重为 35.98%，比 2×15 年的 31.99%增长了 3.99%，增长的原因主要是对外交易费用占对外交易收入的比重略有下降，由 2×15 年的 68.01%降为 2×16 年的 64.02%，下降了 3.99%。2×16 年，ZXT 公司在亚洲（不包括中国）地区的对外交易利润占对外交易收入的比重为 24.77%，比 2×15 年的 28.64%下降了 3.87%，究其原因主要是 2×16 年对外交易费用占对外交易收入的比重比 2×15 年提高了 3.87%。从两个地区的比较来看，无论是 2×16 年还是 2×15 年，ZXT 公司在中国地区的对外交易利润占对外交易收入的比重都比亚洲（不包括中国）地区要高，可见 ZXT 公司在中国地区的盈利能力要强于亚洲（不包括中国）地区。

本章小结

企业利润通常是指企业在一定会计期间收入减去费用后的净额及直接计入当期的利得和损失等，亦称财务成果或经营成果。在商品经济条件下，企业追求的根本目标是企业价值最大化或股东权益最大化。而无论是企业价值最大化，还是股东权益最大化，其基础都是企业利润，利润已成为现代企业经营与发展的直接目标。企业的各项工作，最终都与利润的多少相关。利润分析可正确评价企业各方面的经营业绩，及时准确地发现企业在经营管理中存在的问题，为投资者、债权者的投资与信贷决策提供正确信息。利润表分析主要包括利润表水平分析、利润表结构分析及利润表项目分析。

（一）利润表水平分析

利润表水平分析主要对利润表主表各项利润额的增减变动进行分析。利润表水平分析结合利润形成过程中相关的影响因素，反映利润额的变动情况，评价企业在利润形成过程中取得的业绩并揭露存在的问题。

（二）利润表结构分析

利润表结构变动分析主要在对利润表进行垂直分析的基础上，计算各项利润及成本费用相对于收入的占比，反映企业各环节的利润构成、利润率及成本费用水平。

（三）利润表项目分析

利润表项目分析主要结合利润表附注所提供的详细信息，对企业利润表中重要项目的变动情况进行分析说明，深入揭示利润形成的主观及客观原因。利润表项目分析具体包括企业收入分析、成本费用分析、资产减值损失分析、投资收益分析等。

课后习题

一、单项选择题

1. 反映企业全部财务成果的指标是（　　）

A. 主营业务利润　　B. 营业利润

C. 利润总额　　D. 净利润

2. 企业商品经营盈利状况最终取决于（　　）

A. 主营业务利润　　B. 营业利润

C. 利润总额　　D. 投资收益

3. 企业提取法定盈余公积是在（　　）

A. 提取法定公益金之后

B. 弥补企业以前年度亏损之后

C. 支付各项税收的滞纳金和罚款之后

D. 支付普通股股利之前

4. 企业用盈余公积分配股利后，法定盈余公积不得低于注册资本的（　　）

A. 10%　　B. 20%

C. 25%　　D. 50%

5. 产生销售折让的原因是（　　）

A. 激励购买方多购商品　　B. 促使购买方及时付款

C. 进行产品宣传　　D. 产品质量有问题

6. 产品等级构成变动引起产品销售利润变动，原因是（　　）

A. 等级构成变动必然引起等级品平均成本的变动

B. 等级构成变动必然引起等级品平均价格的变动

C. 等级构成变动必然引起等级品平均销售量的变动

D. 等级构成变动必然引起等级品平均利润的变动

7. 如果企业本年营业收入的增长快于营业成本的增长，那么企业本年营业利润（　　）

A. 一定大于零　　B. 一定大于上年营业利润

C. 一定大于上年利润总额　　D. 不一定大于上年营业利润

8. 在各种产品的利润率不变的情况下，提高利润率低的产品在全部产品中所占的比重，则全部产品的平均利润率（　　）

A. 提高　　B. 降低

C. 不变　　D. 无法确定

二、判断题

1. 营业利润是企业营业收入与营业成本费用及税金之间的差额。它既包括产品销售利润，又包括其他业务利润，并在两者之和的基础上减去管理费用与财务费用。（　　）

2. 息税前利润是指没有扣除利息和所得税的利润，即等于利润总额与利息支出之和。（　　）

3. 利润表附表反映了会计政策变动对利润的影响。（　　）

4. 如果企业以业务分部为基础确定报告分部，则风险和报酬主要受企业产品和劳务差异的影响，披露分部信息的主要形式是地区分部。（　　）

5. 销售成本变动对利润有直接影响，销售成本降低多少，利润就会增加多少。（　　）

6. 税率的变动对产品销售利润没有影响。（　　）

7. 价格变动对营业收入的影响额与对利润的影响额不一定总是相同的。（　　）

8. 价格变动的原因是多种多样的，但是，概括来说，价格变动无非是质量差价和供求差价两种。（　　）

9. 价格因素是影响产品销售利润的主观因素。（　　）

10. 按我国现行会计制度规定，企业当期实现的净利润即为企业当期可供分配利润。（　　）

11. 企业成本总额的增加不一定意味着利润的下降和企业管理水平的下降。（　　）

12. 当期单位产品销售成本与单位生产成本的差异主要受期初和期末成本变动的影响。（　　）

13. 直接材料成本不只受材料的单位耗用量和单价两个因素影响。（　　）

14. 全部销售成本分析是从产品类别角度找出各类产品或主要产品销售成本的构成内容及结构比重。（　　）

15. 运用水平分析法可以更深入地说明销售费用的变动情况及其合理性。（　　）

三、简答题

1. 简述利润表分析的作用。
2. 简述利润表分析的内容。

第六章
现金流量表分析

学习目标

1. 了解现金流量表分析的步骤及其内容，熟悉现金流量表的结构。
2. 了解现金流量表分析的目的，明确现金流量表与净利润的关系。
3. 掌握现金流量表项目分析方法及现金流量与利润综合分析方法。
4. 能够运用财务分析方法对现金流量表进行分析；将现金流量信息与利润表和资产负债表信息相结合，对企业的财务状况进行分析与评价。

课堂导入

2×17 年 Z 公司（公司代码：60×××）以连续多个跌停板吸引了众多关注，其重组失败、债台高筑、诉讼缠身，众多股东损失惨重。其财务状况恶化的迹象在现金流量表中已早有体现。

根据 Z 公司提供的信息可以看出，其虽然在 2×13—2×16 年连续盈利，但是经营活动现金流量却持续为负。现金流量表是以收付实现制为基础编制的，常常被比作“利润的测谎仪”。净利润持续高于经营活动产生的现金流量净额可能来自以下原因：其一，利润是真实的，但没有收回现金，存在现金回收风险；其二，利润是虚构的。对于投资者来说，不管哪种情况都存在巨大的投资风险。经营活动在流失现金，Z 公司只能严重依赖外部筹资补充现金，导致负债过高，财务危机一触即发。

只有现金循环周转顺畅，企业才会持续经营。如果企业无法持续产生充足的经营现金流量，就需要不断筹资以填补资金缺口，否则会遭遇资金链断裂的厄运。因此，现金流量表分析的作用不容忽视。

第一节　现金流量表分析的目的与内容

一、现金与现金流量表

现金流量表以收付实现制为基础，是用来反映企业在一定会计期间内发生的现金及现金等价物流入和流出信息的动态报表，其基本结构包括经营活动、投资活动、筹资活动产生的现金流量。现金是指公司库存现金，可以随时用于支付的银行存款及其他货币资金。现金等价物是指公司持有的流动性强、期限短、易于转换为金额现金、价值变动风险很小的投资，其主要包括从购进到出售不超过 3 个月持有期的债券投资。其中，流动性强、期限短强调了变现能力；而易于转换为金额现金和价值变动风险小强调了支付能力。但是，不能随时进行支取的存款不属于现金的范畴。

现金流量根据企业经济活动的性质通常包括经营活动现金流量、投资活动现金流量及筹资活动现金流量。

经营活动现金流量指企业投资活动和筹资活动以外的所有交易事项产生的现金流量，包括销售商品、提供劳务收到的现金，收到的与其他经营活动有关的现金，购买商品、接受劳务收到的现金，支付给职工及为职工支付的现金等。

投资活动现金流量指企业在进行有关对外投资，购建或处置固定资产、无形资产及其他长期资产等活动中所涉及的现金流量，包括购建固定资产、长期投资现金流量和处置长期资产现金流量。

筹资活动现金流量指企业参与筹资相关活动所涉及的现金流量，包括筹资活动的现金流入和归还筹资的现金流出。

现金流量根据现金的流程，又可分为现金流入量、现金流出量及净现金流量。现金流量表分为主表和附表。在我国，现金流量表主表的编制方式为按经营活动、投资活动和筹资活动产生的现金流量分别归集其流入量、流出量和净流量，最后得出企业净现金流量。分析现金流量及其结构，可以了解企业现金的来龙去脉和现金收支构成，评价企业经营状况、创现能力和筹资能力。附表的编制格式是以净利润为起算点，把权责发生制下的净利润调整为收付实现制下的经营活动产生的现金流量净额。例如，折旧费和坏账准备会影响企业利润，但不会影响现金流量。

二、现金流量表分析的目的

现金流量表分析是指对现金流量表中的有关数据进行比较和分析，从而了解企业的财务状况，发现企业存在的问题，预测企业未来的财务趋势，为报表使用者提供科学的决策依据。现金流量表分析的主要目的如下：

（1）按照一定会计期间内现金和现金等价物流入和流出的动态信息进行分析，以便财务报表使用者了解、分析企业现金变动情况及原因。资产负债表中的货币资金项目反映了企业在一定时期内现金变动的结果，表现的是静态上的现金存量；但是企业现金的来源、去向及变动原因，只有通过现金流量表的分析，才能在动态上予以说明。

（2）对企业现金和现金等价物的支付能力和周转能力等进行分析，从而判断企业获取现金的能力。现金余额是企业现金流动的结果，并不说明现金流量的大小。通过对现金流量的分析，可以对企业产生现金的能力做出判断。

（3）分析企业收益质量及影响现金净流量的因素，掌握企业经营活动、投资活动和筹资活动的现金流量情况。从现金流量的角度了解企业净利润的质量，为分析企业财务前景提供信息，为预测企业未来净现金流、现金流状况及企业盈利质量提供重要的参考依据。利润是根据权责发生制而计算的，用来反映当期的财务成果，并不表示真正实现的收益。此外，账面上的利润满足不了企业的资金需求，所以盈利企业仍可能发生财务危机。因此，高质量的盈利必须有相应的现金流入作保证。

在当代市场经济条件下，现金流量的重要性已经超过会计上的利润。主要原因是收益的不确定性程度、收益性和流动性的背离程度已经越来越高了。在收益性和流动性产生背离的情况下，对企业生存和发展具有决定性意义的不再是利润，而是现金及现金流量。

三、现金流量表分析的内容

现金流量表分析的内容（见图6-1）主要包括现金流量与利润综合分析、现金流量表结构分析、现金流量表水平分析和现金流量表主要项目分析。

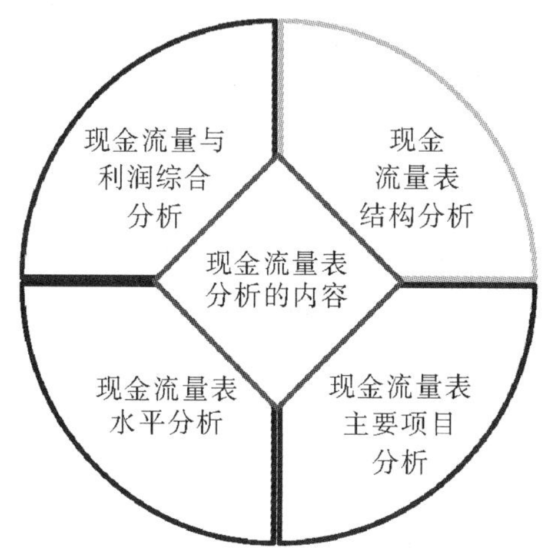

图6-1 现金流量表分析的内容

（1）现金流量与利润综合分析主要包括经营活动现金净流量和净利润关系分析及现金流量表附表主要项目分析。

（2）现金流量表结构分析是指通过计算企业各项现金流入量占现金总流入量的比重及各项现金流出量占现金总流出量的比重，从而表现企业经营活动、投资活动和筹资活动的有关特点及其对现金净流量的影响程度。

（3）现金流量表水平分析主要是指通过对不同会计期间各项现金流量的变动情况进行比较，进而表明企业当期现金流量水平和变动情况、企业现金流量管理水平。

（4）现金流量表主要项目分析主要对经营活动现金流量项目、投资活动现金流量项目及筹资活动现金流量项目进行分析。

现金流量表提供了有关现金流量的数据资料，其是债权人用来判断企业偿债能力的重要依据，但这些数据还不能直接用来对企业偿债能力做出评价，因此债权人也不能据此做出决策。报表使用者应根据自己的需要，运用各种专门的方法对财务报表提供的数据资料进行加工、整理和分析，得出有用的信息，从而为决策找到正确的依据。

第二节　现金流量表项目分析

现金流量表项目分析一般分为经营活动现金流量项目分析、投资活动现金流量项目分析和筹资活动现金流量项目分析等。

一、经营活动现金流量项目分析

经营活动现金流量表的编制方法通常为直接法和间接法。直接法是指按照现金收入和现金支出的主要类别，直接反映企业在经营活动产生的现金流量；而间接法是以本期净利润为起算点，调整不涉及现金的收入、费用、营业外收支等有关项目的增减变动，从而计算出经营活动中产生的现金流量。在我国，现金流量表通常是以直接法编制的，但在现金流量表的附注补充资料中，我们还要用间接法来反映经营活动现金流量的状况。经营活动现金流量项目如表 6-1 所示。

表 6-1　经营活动现金流量项目

经营活动现金流入量	经营活动现金流出量
（1）销售商品、提供劳务收到的现金； （2）收到的税费返还； （3）收到其他与经营活动有关的现金	（1）购买商品、接受劳务支付的现金； （2）支付给职工及为职工支付的现金； （3）支付的各项税费； （4）支付其他与经营活动有关的现金

（一）销售商品、提供劳务收到的现金

该项目反映企业本期销售商品、提供劳务收到的现金，以及前期销售商品、提供劳务而在本期收到的现金①和本期预收的账款，扣除前期销售本期退回的商品所支付的现金和本期销售本期退回的商品所支付的现金。此项目是企业现金流入的主要来源，通常具有数额大、占比高等特点。将其与利润表中的营业收入项目进行对比，可以推断企业销售收现的情况。应该注意的是，销售商品、提供劳务收到的现金包括了向购买者收取的销项税额，而营业收入不包括销项税额，所以建议按相关税率进行调整。通常，较高的收现率说明企业产品的市场定位正确，且企业已形成良好的经营环境。当然也有例外的情况，如某上市公司曾将证券买卖收益的现金流入量归入销售商品、提供劳务收到的现金，以此来美化现金流量表，这给投资者的决策带来了一定的误导。

通常，我们可以将利润表中的“营业收入”作为基础来调整确认该项目的金额。首先，该项目由于包括向购买者收取的销项税额，因此需要在营业收入的基础上加本期的销项税额。其次，由于企业销售产品和供应劳务并不都采取现金交易，因此需要加应收账款与应收票据的减少数额，而应收账款与应收票据的增加数额需要减掉。再次，若企业有预收货款业务，还应加预收账款增加数额，或减预收账款

① 其包括销售收入和应向购买者收取的增值税销项税额。

减少数额。但是，若企业采用备抵法核算坏账并且本期发生了坏账或有坏账收回，还应减去本期确认的坏账，因为发生坏账影响了应收账款余额，且没有实际的现金流入；或者加本期坏账收回，因为坏账收回存在现金流入，但不影响应收账款余额，且与营业收入无直接关系。最后，若企业本期有应收票据贴现且发生了贴现息，则要减去应收票据贴现息，因为贴现息代表了应收票据的减少数额，且没有相应的现金流入。如果企业发生视同销售的业务，如将商品用于工程项目，则应减去相应的增值税销项税额，因为这部分销项税额与应收账款或应收票据无关，且没有相应的现金流入。综上所述，即可得出如下公式：

$$\text{销售商品、提供劳务收到的现金}=\text{营业收入}+\text{销项税额}-\left(\text{经营性应收项目期末余额}-\text{经营性应收项目期初余额}\right)+\left(\text{预收账款期末余额}-\text{预收账款期初余额}\right)-\text{本期计提的坏账准备}-\text{应收票据贴现息}-\text{视同销售的销项税额}$$

（二）收到的税费返还

该项目反映企业收到返还的各种税费，如收到的增值税、消费税返还款等。通常，确定了该项目的金额后，还应对“应交税费”科目下各明细科目的贷方发生额进行分析。

（三）收到其他与经营活动有关的现金

该项目反映企业除上述各项目外，收到的其他与经营活动有关的现金，如银行存款利息收入、罚款收入、捐赠收入、流动资产损失中由个人赔偿的现金收入、除税收返还外的其他政府补助收入等，价值较高的应当单独列示。此项目包括的内容较为复杂，我们可结合利润表中的“营业外收入”“财务费用”等项目的相关信息进行分析。此外，该项目具有不稳定性，不过企业有关此类现金流入的经济业务一般不多。

（四）购买商品、接受劳务支付的现金

该项目反映企业本期购买商品、接受劳务实际支付的现金①，以及本期支付前期购买商品、接受劳务的未付款项和本期预付款项，其中本期发生的因购货退回而收到的现金须从本项目内扣除。该项目通常具有数额较大、占比较高的特点，是企业现金流出的主要方向之一。将其和资产负债表中的“应付账款”“应付票据”及“预付账款”等项目的变化情况相对比，可以推断出企业购买商品的付现率情况，进而了解企业的商业信用状况和企业的资金利用情况，借此明确认识企业当前所面临的财务状况。

通常，我们可以将利润表中的“营业成本”作为基础来调整确认该项目的金额。首先，该项目由于包括支付的进项税额，因此需要在营业成本的基础上加本期进项税额。其次，就商品流通而言，由于营业成本和购买商品没有直接联系，因此营业成本减去存货减少数额或加存货增加数额，即可大致确定本期购进商品的成本。再次，本期购进商品的成本并不完全等同于本期购进商品支付的现金数额，这是因为可能存在预付货款或赊购商品的情况，因此需要减应付账款和应付票据的增加数额，或者加应付账款和应付票据的减少数额；应减预付账款的减少数额，或者加预

① 其也包括增值税进项税额。

付账款的增加数额。最后，对于工业企业而言，存货的增加并不都和购进商品、材料有关，这是因为存货通常包括原材料、在产品和产成品等，因此本期发生应计入产品成本的工资费用及折旧费用等也将造成存货增加，但是由于这些和商品购进无关，故应减去计入本期生产成本的非材料费用。此外，还需要调整其他与商品购进和销售无关的存货增减变动，如用存货对外投资或接受存货投资，存货的盘盈与盘亏等。综上所述，即可得出如下公式：

$$\begin{aligned}\text{购买商品、接受劳务支付的现金}&=\text{营业成本}+\text{进项税额}-\left(\text{存货期初余额}-\text{存货期末余额}\right)+\text{本期计提的存货跌价准备}+\\&\left(\text{经营性应付项目期初余额}-\text{经营性应付项目期末余额}\right)+\\&\left(\text{预付账款增加数}-\text{预付账款减少数}\right)+\left(\text{存货盘亏}-\text{存货盘盈}\right)+\\&\left(\text{用于投资的存货成本}-\text{接受投资增加的存货}\right)-\text{计入本期生产成本的非材料费用}\end{aligned}$$

（五）支付给职工及为职工支付的现金

该项目反映企业本期实际支付给职工的各种形式的报酬，如工资、奖金、补贴和津贴等，以及为职工支付的其他费用，但是不包括支付给在建工程人员的工资和离退休人员的职工薪酬。两者分别在“购建固定资产、无形资产和其他长期资产支付的现金”项目与“支付其他与经营活动有关的现金”项目中反映。此外该项目可以反映企业的人力成本水平。

（六）支付的各项税费

该项目反映企业当期实际上缴的各种税金和支付的教育费附加等。该项目的金额可根据“应交税费”下各明细科目借方发生额计算得到。

（七）支付其他与经营活动有关的现金

该项目反映企业除上述各项目外，支付的其他与经营活动有关的现金，如支付的差旅费、保险费、罚款支出、业务招待费等，价值较高的应当单独列示。对于该项目，我们可结合相关信息进行分析，主要在利润表中的“销售费用”和“管理费用”的基础上进行分析调整，减去折旧费用、无形资产摊销等没有相应现金流出的项目。

二、投资活动现金流量项目分析

投资活动现金流量项目如表 6-2 所示。

表 6-2　投资活动现金流量项目

投资活动现金流入量	投资活动现金流出量
（1）收回投资所收到的现金； （2）取得投资收益收到的现金； （3）处置固定资产、无形资产和其他长期资产收回的现金净额； （4）收到其他与投资活动有关的现金	（1）购建固定资产、无形资产和其他长期资产支付的现金； （2）投资支付的现金； （3）支付其他与投资活动有关的现金

（一）收回投资所收到的现金

该项目反映企业出售、转让或到期收回除现金等价物以外的交易性金融资产、长期股权投资而收到的现金，以及收回长期债权投资本金而收到的现金，但不包括长期债权投资收回的利息。对于该项目，我们可以根据资产负债表中对外投资项目的减少额和利润表中的“投资收益”项目进行分析。若企业因为出售投资性资产而造成现金流入量增加，则表明企业的前期投资活动获得了收益；若企业大量出售投资性资产或缩小投资规模，则意味着企业可能存在投资风险、资金紧张或改变投资战略等问题。

（二）取得投资收益收到的现金

该项目是指对外投资获取的收益，通常来自企业因债权性投资而取得的利息收入和因股权性投资而分得的现金股利等，但股票股利除外。如果存在发生额，表明企业进入投资回收期。将该项目金额与利润表中的投资收益进行对比，可以分析投资收益的现金回收状况；将该项目金额与资产负债表中的投资资产金额进行对比，可以分析投资资产的现金回收情况。

（三）处置固定资产、无形资产和其他长期资产收回的现金净额

该项目反映了企业出售、报废固定资产、无形资产和其他长期资产所得的现金，扣除为处置这些资产而支付的相关费用后的净额，但现金净额为负数的除外，通常包括因自然灾害造成资产毁损而收到的保险赔偿。该项目一般金额不大。若数额较大，则说明企业的产业、产品结构将会有所调整，或者说明企业未来的生产能力减弱，企业已经陷入债务危机之中，不得不通过出售设备来维持经营或增加利润。

（四）收到其他与投资活动有关的现金

该项目反映企业除了上述各项之外，收到的其他与投资活动有关的现金。金额较大的需要单独列示。

（五）购建固定资产、无形资产和其他长期资产支付的现金

该项目反映企业购买、建造固定资产、取得无形资产和其他长期资产所支付的现金及增值税税款，以及支付的应由在建工程和无形资产负担的职工薪酬，其中不包括购建固定资产而发生的借款利息资本化部分和融资租入固定资产所支付的租赁费用。支付的借款利息和融资租入固定资产的租赁费应在筹资活动产生的现金流量部分单独列示。该项目可以说明企业扩大再生产的能力，反映企业未来的经营方向与获利能力，进一步揭示企业未来经营战略的发展变化。

（六）投资支付的现金

该项目反映企业进行权益性投资和债权性投资所支付的现金，包括企业为长期股权投资、债券投资所支付的现金，以及支付的佣金、手续费等交易费用。该项目可以说明企业参与资本市场运作、实施股权投资及债权投资的能力，以及可以反映投资方向与企业的战略目标是否一致。

（七）支付其他与投资活动有关的现金

该项目反映了企业除了上述各项以外，支付的其他与投资活动有关的现金。金额较大的需要单独列示。

三、筹资活动现金流量项目分析

筹资活动现金流量项目如表6-3所示。

表6-3　筹资活动现金流量项目

筹资活动现金流入量	筹资活动现金流出量
（1）吸收投资收到的现金； （2）取得借款收到的现金； （3）收到其他与筹资活动有关的现金	（1）偿还债务支付的现金； （2）分配股利、利润或偿付利息支付的现金； （3）支付其他与筹资活动有关的现金

（一）吸收投资收到的现金

该项目反映企业通过发行股票、债券等方式筹集资金所收到的实际款项，扣除直接支付给金融企业的佣金、手续费、咨询费、宣传费和印刷费等发行费用后的净额，其说明了企业通过资本市场筹集资金的能力。

（二）取得借款收到的现金

该项目反映了企业通过举借各种短期或长期借款而收到的现金。该项目金额的大小可以说明企业通过银行筹集资金能力的强弱，其在一定程度上反映了企业商业信用的高低。

（三）收到其他与筹资活动有关的现金

该项目反映了企业除上述各项之外，收到的其他与筹资活动有关的现金，如接受现金捐赠等。金额较大的需要单独列示。该项目可根据有关科目的记录分析填列。

（四）偿还债务支付的现金

该项目反映了企业以现金偿还金融企业的借款本金、债券本金等债务所导致的现金流出。其中，企业偿还的借款利息和债券利息需在“分配股利、利润或偿付利息支付的现金”项目中列示，而不在本项目中列示。该项目可结合“短期借款”“应付债券”“长期借款”“银行存款”和“库存现金”等科目的减少额分析填列，能反映企业的资金周转是否进入良性循环状态。

（五）分配股利、利润或偿付利息支付的现金

该项目反映企业实际支付的现金股利、分配给其他投资单位的利润，以及支付的借款利息、债券利息。其中，利润的分配情况可以说明企业的现金充裕程度。

（六）支付其他与筹资活动有关的现金

该项目反映了企业除上述各项外，支付的其他与筹资活动有关的现金，如捐赠现金支出等。金额较大的需要单独列示。该项目可根据有关科目的记录分析填列。

四、汇率变动对现金的影响分析

汇率变动对现金的影响表现在如下项目的差额中：

（1）当企业把境外子公司的现金流量、外币现金流量折算为记账本位币时，其应采用现金流量发生日的即期汇率或采用按照系统合理方法确定的、与现金流量发生日即期汇率近似的汇率折算金额。

（2）“现金及现金等价物净增加额”中，外币现金净增加额应按照期末汇率折

算金额。若该项目的金额较大，则需借助会计报表附注的有关内容分析其原因及合理性。

第三节　现金流量与利润综合分析

一、经营活动现金流量净额与净利润关系分析

现金流量表按照收付实现制来记录企业收入与支出的发生，而利润表按照权责发生制来记录企业收入与支出的发生。它们反映的经济活动是一样的，只是体现的角度不同。但在某个会计期间内，经营活动产生的现金流量净额与净利润通常不同。经营活动现金流量净额和净利润之间的关系通常可以用如下公式表示：

$$\text{经营活动现金流量净额}=\text{净利润}-\text{非付现经营性收入}+\text{非付现经营性费用}-\text{非经营性收入}+\text{非经营性费用}-\text{非现金流动资产净变化额}+\text{非现金流动负债净变化额}$$

该公式揭示出从净利润到经营活动现金流量净额的变化过程，进一步反映出净利润和经营活动现金流量净额的区别与联系。此外，现金流量表补充资料是根据该公式编制的，反映了将净利润调节为经营活动现金流量净额的过程，如表 6-4 所示。

表 6-4　将净利润调节为经营活动现金流量净额　　单位：元

项目	金额
1. 将净利润调节为经营活动现金流量	
净利润	144 020
加：资产减值准备	37 930
固定资产折旧、油气资产折耗、生产性生物资产折旧	120 000
无形资产摊销	80 000
长期待摊费用摊销	—
处置固定资产、无形资产和其他长期资产的损失（收益以“—”号填列）	70 000
固定资产报废损失（收益以“—”号填列）	—
公允价值变动损失（收益以“—”号填列）	-2 000
财务费用（收益以“—”号填列）	56 500
投资损失（收益以“—”号填列）	-40 000
递延所得税资产减少（增加以“—”号填列）	—
递延所得税负债增加（减少以“—”号填列）	9 900
存货的减少（增加以“—”号填列）	-181 700

表6-4(续)

项目	金额
经营性应收项目的减少（增加以“—”号填列）	29 000
经营性应付项目的增加（减少以“—”号填列）	-293 377
其他	—
经营活动产生的现金流量净额	30 273
2. 不涉及现金收支的投资和筹资	
债务转为资本	—
一年内到期的可转换公司债券	—
融资租入固定资产	—
3. 现金及现金等价物净增加情况	
现金的期末金额	1 361 673
减：现金的期初余额	2 079 100
加：现金等价物的期末余额	—
减：现金等价物的期初余额	—
现金及现金等价物净增加额	-717 427

二、现金流量表附表主要项目分析

现金流量表补充资料的编制是指依据间接法披露的经营活动现金流量，在企业当期净利润的基础上对某些项目进行调整，进而得到经营活动现金流量净额。通常，将净利润调节为经营活动现金流量净额需要调整如下项目：

（一）资产减值准备

该项目反映企业本期计提的坏账准备、长期股权投资减值准备、投资性房地产减值准备、固定资产减值准备、无形资产减值准备、生产性生物资产减值准备、存货跌价准备、商誉减值准备、油气资产减值准备等资产减值损失。在本期计提资产减值准备时，虽然减值损失已经纳入本期利润表中的相关损益项目，但其实际上与经营活动现金流量净额无关。因此，当在净利润的基础上进行调整时，需要将其加回净利润中。

（二）固定资产折旧、油气资产折耗、生产性生物资产折旧

该项目分别反映企业本期所计提的折旧、折耗等。因为资产折旧、折耗等对经营活动现金流量不产生影响，所以当在净利润的基础上进行调整时，需要将其全部加回净利润中。

（三）无形资产摊销、长期待摊费用摊销

该项目分别反映企业本期计提的无形资产摊销与长期待摊费用摊销。由于无形资产和长期待摊费用的摊销增加了成本费用，但没有发生现金流出，且已经在计算净利润时被扣除，因此在将净利润调节为经营活动现金流量净额时需要将其加回。

（四）处置固定资产、无形资产和其他长期资产的损失和固定资产报废损失

该项目分别反映企业本期处置固定资产、无形资产和其他长期资产所发生的净损失，以及报废固定资产的净损失。由于其属于投资活动产生的损益，因此在将净利润调节为经营活动现金流量净额时需要对其进行调整。

（五）公允价值变动损失

该项目反映企业持有的金融资产、金融负债和采用公允价值计量模式的投资性房地产的公允价值变动损益。由于其属于投资活动损益，因此我们需要在净利润的基础上对其进行调整。

（六）财务费用

该项目反映企业本期发生的分别归属于经营活动、投资活动和筹资活动的财务费用。对经营活动产生的财务费用，如果既影响净利润又影响经营活动现金流量，则不需要进行调整，如到期支付的应付票据利息；对投资活动和筹资活动产生的财务费用，如果影响净利润，但不影响经营活动现金流量，那么就需要在净利润的基础上给予调整，如长期借款利息。

（七）投资损益

该项目是由投资活动引起的，与经营活动无关。因此，无论是否产生经营活动现金流量，该项目都需要在净利润的基础上进行全额调节。

（八）递延所得税资产减少和递延所得税负债增加

该项目分别反映企业资产负债表中的“递延所得税资产”和“递延所得税负债”项目的期初余额和期末余额的差额。递延所得税在计提与缴纳时间上的不一致造成了其对利润和经营活动现金流量影响时间的不一致，因此需要在净利润的基础上对其进行调节。如果递延所得税资产的期末数小于期初数的差额，以及递延所得税负债的期末数大于期初数的差额，以正数填列；反之，以“—”号填列。

（九）存货的减少、经营性应收项目的减少和经营性应付项目的增加

该项目分别反映了企业资产负债表中“存货”项目的期初余额与期末余额的差额，以及企业本期经营性应收项目①的减少和企业本期经营性应付项目②的增加。如果存货增加，则表明经营性应付项目增加或现金减少；如果存货减少，则表明非付现销售成本增加。因此应在净利润的基础上进行调整。若经营性应收项目增加，则表明企业增加收入，但无经营活动现金流量产生；若经营性应收项目减少，则表明应收款项收回，且经营活动现金流量增加，但利润不受影响。所以应在净利润的基础上进行调整。但经营性应付项目的情况与此相反。

---

① 其通常包括应收账款、应收票据、预付账款和其他应收款中与经营活动有关的部分及应收的增值税销项税额等。

② 其包括应付账款、应付票据、预收账款、应付职工薪酬、应交税费和其他应付款中与经营活动有关的部分及应付的增值税进项税额等。

本章小结

现金流量表以收付实现制为基础，是用来反映企业在一定会计期间内发生的现金及现金等价物流入和流出信息的动态报表，其基本结构包括经营活动、投资活动、筹资活动产生的现金流量。

现金流量表反映了企业在一定时期内创造的现金数额，揭示了在一定时期内现金流动的状况。通过现金流量表分析，我们可以达到以下目的：从动态上了解企业现金变动情况和变动原因，判断企业获取现金的能力，评价企业盈利的质量。

现金流量表分析包括现金流量与利润综合分析、现金流量表结构分析、现金流量表水平分析、现金流量表主要项目分析。

（1）现金流量与利润综合分析主要包括经营活动现金净流量和净利润关系分析及现金流量表附表主要项目分析。

（2）现金流量表结构分析是指通过计算企业各项现金流入量占现金总流入量的比重及各项现金流出量占现金总流出量的比重，从而表现企业经营活动、投资活动和筹资活动的有关特点及其对现金净流量的影响程度。

（3）现金流量表水平分析主要是指通过对不同会计期间各项现金流量的变动情况进行比较，进而表明企业当期现金流量水平和变动情况、企业现金流量管理水平。

（4）现金流量表主要项目分析主要对经营活动现金流量项目、投资活动现金流量项目及筹资活动现金流量项目进行分析。

课后习题

简答题

1. 现金流量表分析的目的是什么？
2. 现金流量表附表的主要项目有哪些？
3. 净利润与经营活动现金流量有何区别？

第七章
所有者权益变动表分析

学习目标

1. 了解所有者权益变动表的内涵、编制目的与意义。
2. 理解所有者权益变动表的水平分析、垂直分析及主要项目分析的内容。
3. 深入理解各种股利政策对所有者权益变动的影响，能够通过所有者权益变动表进行必要的报表分析，进而对当期所有者权益变动的主要原因予以披露与揭示。

课堂导入

根据F公司（公司代码：600YYY）披露的年报，该公司2×18年实现营业收入172.86亿元，同比增长23.96%；实现净利润29.27亿元，同比增长15.26%；实现基本每股收益2.08元。公司拟对每10股派发现金红利17元，共计派发现金红利24.65亿元。而有报告称，该公司没有直接将年终奖打入职工工资卡内，而是发了奖。其中，对符合条件的员工每人派发6万元，对符合条件的退休员工每人发放5 000元。同时，该公司将2×18年盈利的84%作为股息派发给股东。此外，根据以前一个交易日的收盘价12.46元计算，其股息收益率（每股股息与股价的比率）高达13.64%。

从该案例中发现，该公司的绩效直接影响所有者权益，并且与所有者权益项目有密切的联系，股利决策直接影响公司的净资产规模，也影响公司未来的价值创造。

第一节　所有者权益变动表分析概述

一、所有者权益变动表的内容

所有者权益是指企业资产减去负债后由股东享有的剩余权益，也称股东权益或净资产。它是股东投资资本和在经营过程中形成的留存收益的集合，也是股东投资和企业发展实力的资本体现。

所有者权益变动表是用于反映企业本期（年度或中期）内截至期末的所有者权益增减变动情况的报表。所有者权益变动表是根据所有者权益变动的性质，分别按照当期综合收益总额、所有者投入资本和向所有者分配利润及提取盈余公积等情况分析填列的。一般需要单独列示以下项目：①会计政策变更与会计差错更正的累积影响金额；②综合收益总额；③所有者投入资本和向所有者分配利润等；④按照规定提取的盈余公积；⑤实收资本、资本公积、盈余公积、未分配利润的期初和期末余额及其调整情况。

资产负债表披露的是某一时点的价值存量，而利润表、现金流量表和所有者权益变动表反映的是两个时点之间的存量变化。此外，利润表反映了部分所有者权益变动的情况，同时解释了所有者权益变动表中净利润是如何得来的；现金流量表则解释了资产负债表中现金的变化过程；所有者权益变动表体现了资产负债表中所有者权益具体项目的变化过程，对部分绕过利润表而直接计入所有者权益的利得和损失项目进行披露，以便信息使用者全面了解企业的收益。以上四张财务报表用会计语言反映了企业在会计期间内的总体财务状况和经营业绩。

所有者权益变动表如表 7-1 所示。

表 7-1　所有者权益变动表　　单位：元

项目	本年金额							
	实收资本（或股本）	其他权益工具	资本公积	减：库存股	其他综合收益	盈余公积	未分配利润	所有者权益合计
一、上年年末余额	1 000 000	0	3 428 800	0	4 500	150 000	90 000	4 673 300
加：会计政策变更								
前期差错更正								
其他								
二、本年年初余额	1 000 000	0	3 428 800	0	4 500	150 000	90 000	4 673 300
三、本年增减变动金额（减少以“—”号填列）					7 500	21 567	41 308	70 375
（一）综合收益总额					7 500		144 020	151 520
（二）所有者投入和减少资本								
1. 所有者投入的普通股								
2. 其他权益工具持有者投入资本								
3. 股份支付计入所有者权益的金额								
4. 其他								
（三）利润分配						21 567	-102 712	-81 145
1. 提取盈余公积						21 567	-21 567	0
2. 对所有者（或股东）的分配							-81 145	-81 145
3. 其他								
（四）所有者权益内部结转								
1. 资本公积转增资本（或股本）								

表7-1(续)

项目	本年金额							
	实收资本（或股本）	其他权益工具	资本公积	减：库存股	其他综合收益	盈余公积	未分配利润	所有者权益合计
2. 盈余公积转增资本（或股本）								
3. 盈余公积弥补亏损								
4. 其他								
四、本年年末余额	1 000 000	0	3 428 800	0	12 000	171 567	131 308	4 743 675

二、所有者权益变动表编制的意义

通常，编制所有者权益变动表的意义主要有如下几个方面：

（一）符合全面收益改革的国际趋势

1997年国际会计准则委员会（IASC）公布了修订后的国际会计准则第1号（IAS1），要求财务报表中必须有一个独立的组成部分，用于突出显示企业的全部利得与损失。从财务业绩报告的改革过程来看，国外会计准则制定机构关于改革业绩报告的目标基本一致。其都要求报告提供更全面与有用的财务信息，以便帮助使用者获取与投资、信贷和其他决策相关的全面收益信息。我国在2014年后适用的《企业会计准则——基本准则》中对所有者权益要素做出以下规定："所有者权益的来源包括所有者投入的资本、直接计入所有者权益的利得和损失、留存收益等。"其中直接计入所有者权益的利得和损失是指不应计入当期损益、与所有者投入资本或利润分配活动无关，但会引起所有者权益发生增减变动的利得或损失。

（二）将更好地为利润表和资产负债表提供辅助信息

所有者权益变动表中的"利润分配"反映了当年按规定提取的盈余公积及对所有者分配的利润，据此可分析企业的利润分配政策、利润分配项目和利润分配趋势等内容。而利润表中的"综合收益总额"反映出综合收益总额的构成部分，同时帮助会计报告的使用者更好地理解综合收益总额各组成部分对所有者权益变动的影响。此外，所有者权益变动表中呈现的所有者结构变动信息与资产负债表中的所有者权益部分相辅相成，反映了所有者权益具体项目的变动过程及其原因。

（三）体现了公司对所有者权益和受托责任的重视程度

所有者权益变动表能够体现股东所拥有的权益，我们可以据此推断资产或资本对企业负债的保障程度及资本保值与增值的情况。该表能够在年度内全面反映企业所有者权益的变化情况，便于会计信息使用者了解企业所有者权益的增减变动，从而正确判断企业资本保值与增值的情况，为决策提供有用的信息。此外，投资人可以通过所有者权益变动表来分析被投资方的投资价值及股利发放、员工红利等权益变动因素，进而预测投资效益。同时该表既对投资者负责，也对股东和企业自身负责。

（四）能更清晰地体现会计政策变更和前期差错更正对所有者权益的影响

对于会计政策变更与前期差错更正，《企业会计准则第28号——会计政策、会计估计变更和差错更正》要求除了在附注中披露与其相关的信息外，还应在所有者权益变动表中直接列示其对所有者权益的影响，以便使其得到更清晰的体现。

三、所有者权益变动表分析的目的

所有者权益变动表分析是指对所有者权益的来源及变化情况进行分析，进一步了解会计期间内影响所有者权益增减变动的具体原因，从而推断构成所有者权益各项目变动的合理性、合法性等，进而为报表使用者提供较为真实的所有者权益总额及其变动信息。该分析的主要目的如下：①从全面收益角度披露更有用的财务业绩信息，帮助会计信息使用者做出经济决策；②体现会计期间构成所有者权益各项目的变动规模及变动趋势，反映企业净资产状况，同时也可以提供资本保值与增值的重要信息；③反映股票回购、股利分配等财务政策对所有者权益的影响；④进一步体现会计政策变更的合理性、会计差错更正的幅度，从而详细报告会计政策变更与会计差错更正对所有者权益的影响。

第二节　所有者权益变动表的一般分析

所有者权益变动表的一般分析通常分为所有者权益变动表的水平分析、所有者权益变动表的垂直分析及所有者权益变动表的主要项目分析。

一、所有者权益变动表的水平分析

所有者权益变动表的水平分析是指将所有者权益各项目的本期数与基准数进行对比（可以是上期数等），揭示企业当期所有者权益各项目的水平及其变动情况，从而说明企业净资产的变动原因，进而进行相关分析与决策。

所有者权益变动表的水平分析思路是通过对所有者权益的来源及其变化情况进行分析，进一步了解会计期间内影响所有者权益增减变动的具体原因，从而推断构成所有者权益各项目变动的合理性、合法性等，进而为报表使用者提供较为真实的所有者权益总额及其变动信息。所有者权益变动表包括的财务质量信息，主要体现以下内容：企业股权结构的变化、企业股利分配方式、所有者权益内部项目互相结转的财务效应、会计核算因素的影响等。此外，还应当对构成所有者权益各项目的变动情况进一步分析。

（一）实收资本变动情况分析

实收资本或股本的增加通常包括利润分配转入、盈余公积转入、资本公积转入及发行新股等方式。其中，除发行新股以外的其他方式都会稀释股票价格。发行新股不仅能够增加企业的现金资产，而且可以增加注册资本及股东的权益，通常，该方式是对企业发展最有利的增股途径。

（二）资本公积变动情况分析

资本公积是指投资者投入企业、所有权归属于投资者且投入金额超过法定资本部分的资本金额。资本公积的增加通常包括接受捐赠、资本溢价及法定财产重估增值等。接受捐赠是指企业因接受其他单位或个人的捐赠而增加的资本公积，如捐赠的现金或实物等。资本溢价是指投资人缴付的出资额超过其认缴资本的差额，如可转换债券转换为股本的溢价净收入和股份有限公司发行股票的溢价净收入等。法定财产重估增值是指企业在合并、变更、分立与投资时，资产评估或合同、协议约定的资产价值与原账面净值的差额。

（三）盈余公积变动情况分析

盈余公积是指企业从税后净利润中提取的企业收益积累。盈余公积可按照法定程序转增资本，也可按规定用于弥补亏损。通常，法定公积的提取率为10%，且盈余公积的增减变动情况能够直接反映企业创利及积累的情况。

（四）未分配利润分析

未分配利润是指企业净利润分配后尚未指定用途、归所有者享有的剩余部分。它是企业留待以后年度分配的结存利润。企业对这部分利润的使用具有较大的自主权，如分红等。通常，未分配的利润有如下两层含义：留待以后年度分配的利润和未指明特定用途的利润。

二、所有者权益变动表的垂直分析

所有者权益变动表的垂直分析是指对所有者权益中各项目变动占所有者权益变动的比重予以计算并进行分析评价，揭示企业当期所有者权益各项目的比重及其变动情况，从而说明企业所有者权益各项目的变动原因，借以进行相关分析与决策。

实收资本是指企业实际收到的投资人投入的资本。其是企业注册登记的法定资本总额的来源，同时表明所有者对企业的基本产权关系。实收资本的构成比例是企业据以向投资者进行利润或股利分配的主要依据，也是确定所有者参与企业财务经营决策的基础，同时还是公司清算时确定所有者对净资产要求权的依据。资本公积是指投资者出资额中超过其在注册资本中所占份额的部分和直接计入所有者权益的利得和损失，并不直接体现所有者与企业的基本产权关系。从资本公积的形成来看，它不是由企业实现的利润转化而来的；从本质上看，其属于投入型资本的范畴。尽管资本公积属于投入型资本范畴，但其又和实收资本有所不同。这是因为实收资本属于法定资本，其在金额上通常有比较严格的限制；然而资本公积通常在来源上相对灵活，在金额上没有严格的限制，其可以来源于投资者的额外投入，也可以来源于其他企业或个人捐赠的资产等。

留存收益是指企业从往年所实现的利润中提取或形成的留存于企业的内部积累，包括盈余公积和未分配利润，其中盈余公积是指有特定用途的累积盈余，而未分配利润则是指没有特定用途的累积盈余。由于留存收益是由公司实现的利润转化而来的，因此它和资本公积存在根本性的区别。留存收益的直接效果是在利润分配前提取盈余公积，从而限制向投资者分配利润。通常，在利润分配中，不完全分配是便于以后年度分配，其目的在于：

（1）均衡各期利润分配。由于企业各年实现的利润不完全相等，为了展示良好的投资形象，显示企业稳定的经营状况，因此企业可采用留存收益的方式，使投资者在每年都能得到大体相当的投资回报。

（2）降低企业财务风险。如果企业要发展和扩大经营规模，就必须拥有一定的流动资本，从而确保能够按期偿还债务，不断更新固定资产或解决经营中可能出现的意外问题。

（3）为增强企业实力追加投资。企业为了增强抗风险能力，通常需要扩大企业规模，而在无外界追加投资的状况下，可以通过盈余公积转增资本的方式来补充资本，从而有效解决原始投入不足的问题。

三、所有者权益变动表的主要项目分析

所有者权益变动表的主要项目分析是指对构成所有者权益的主要项目进行具体剖析，进而了解其变动成因及变动的合理性、合法性等。其可以用如下公式表示：

本期所有者权益变动额=净利润+其他综合收益税后净额+会计政策变更和前期差错更正的累积影响+所有者或股东投入的资本-向所有者或股东分配的利润

所有者权益变动表的主要项目分析包括其他综合收益的分析、会计政策变更的分析、前期差错更正的分析。

（一）其他综合收益的分析

其他综合收益是指企业根据企业会计准则规定，未在当期损益中确认的各项利得和损失。其他综合收益中的利得和损失是指不应计入当期损益，与所有者投入的资本、向所有者分配的利润无关，但会导致所有者权益发生增减变动的利得或损失。其中，利得是指企业非日常活动形成的、与所有者投入的资本无关、会导致所有者权益增加的经济利益流入。损失是指企业非日常活动发生的、与向所有者分配的利润无关、会导致所有者权益减少的经济利益流出。

在所有者权益变动表中，其他综合收益的分类包括：①以后会计期间不能重分类进损益的其他综合收益项目；②以后会计期间在满足规定条件时将重分类进损益的其他综合收益项目。2014 年，《企业会计准则第 30 号——财务报表列报》修订后，利润表中新增了“其他综合收益税后净额”项目与“综合收益总额”项目。因此其他综合收益的两类需要在利润表中进行列示。

（二）会计政策变更的分析

1. 会计政策与会计政策变更

会计政策是指会计主体在会计核算过程中所采用的原则、基础及会计处理方法。其中原则通常包括会计的基本假设、一般原则与具体原则，以及非会计假设等。会计政策变更是指在某些特定的情况下，企业可以对相同的交易或事项将原来采用的会计政策改为另一会计政策。常见的会计政策变更有外币折算在现行汇率法和时态法之间的变更、坏账损失的核算在直接转销法和备抵法之间的变更等。通常，企业应在每个会计期间采用相同的会计政策，不能随意变更。否则，这将严重削弱会计信息的可比性，影响报表使用者对企业经营业绩的对比。但如果满足下列条件之一，就可以变更会计政策。

（1）法律、行政法规或国家统一的会计制度等要求变更。例如，国家发布统一的关于增值税会计处理的核算办法后，企业应及时按照新的核算办法处理有关增值

税的事项。

（2）会计政策的变更能够提供更可靠、更相关的会计信息。例如，对于存货计价，企业原来采用先进先出法，由于通货膨胀加重，因此可将会计政策改为更能真实反映存货当前价值的后进先出法。

（3）企业因满足上述条件（2）而变更会计政策，必须有充分、合法的证据表明其变更的合理性，并说明在变更会计政策后，能够提供企业财务状况、经营成果和现金流量等的更可靠、更相关的会计信息的理由。

（4）如果没有充分、合法的证据表明会计政策变更的合理性，未经股东大会等类似机构批准而擅自变更会计政策或连续、反复自行变更会计政策，将被视为滥用会计政策。

2. 会计政策变更在表中的列示与分析

会计政策变更主要采用追溯调整法进行处理，根据会计政策变更累积影响数调整列报前期最早期初留存收益。其中，追溯调整法是指对某项交易或事项变更会计政策，视该项交易或事项在初次发生时即采用变更后的会计政策，并以此对财务报表相关项目进行调整的方法。会计政策变更的累积影响数是指按照变更后的会计政策，对以前各期追溯计算的列报前期最早期初留存收益应有金额与现有金额之间的差额。会计政策变更的累积影响数需要在所有者权益变动表中单独列示。

分析会计政策变更累积影响数的主要目的在于合理区分业务或事项是否符合会计政策变更要求。通常，不属于会计政策变更的业务或事项如下：

（1）本期发生的交易或事项和以前相比具有本质差别而采用新的会计政策。

（2）对初次发生的或不重要的交易或事项采用新的会计政策。

（三）前期差错更正的分析

1. 前期差错与前期差错更正

前期差错是指由于没有运用或错误运用以下两种信息，而对前期财务报表造成遗漏或误报。

（1）编报前期财务报表时预计能够合理取得并应当加以考虑的可靠信息。

（2）前期财务报表批准报出时能够取得的可靠信息。前期差错通常包括应用会计政策错误、计算错误、曲解或疏忽事实、舞弊产生的影响和固定资产、存货盘盈等。前期差错更正是指企业发现重要前期差错后在财务报表中调整前期的相关数据。其主要采用追溯重述法，该方法是指在发现前期差错时，视同该项前期差错从未发生，从而对财务报表相关项目进行更正的方法。

2. 前期差错更正在表中的列示与分析

如果本期发现与前期相关的重大会计差错影响损益，应按照其对损益的影响数来调整本期的期初留存收益，同时会计报表其他相关项目的期初数也应一并调整；如果不影响损益，则要调整会计报表相关项目的期初数。对前期差错更正累积影响数分析的主要目的在于及时发现和更正前期差错，合理区分相关业务是属于会计差错更正还是属于会计政策变更，以达到信息的准确性。通常，发生会计差错有如下原因：

（1）会计估计上的差错。由于经济业务活动中不确定的因素影响，企业在会计估计过程中出现差错。例如，企业有可能在期末少计提或多计提坏账准备，从而影响企业损益的计算。

（2）会计政策使用上的差错。例如，企业为购建固定资产而发生的借款费用，在固定资产达到预定可使用状态后的发生额应计入当期损益，若继续予以资本化，则属于采用了法律、行政法规或企业会计准则等所不允许的会计政策。

（3）其他差错。在会计核算中，企业有可能发生除上述两种差错以外的其他差错。例如，漏记交易或事项、错记账户或错记借贷方向等。

会计差错按照影响程度的不同可分为重大会计差错和非重大会计差错。其中，重大会计差错是指影响会计报表可靠性的会计差错，其特点是差错的金额比较大。通常某项差错金额占该类交易或事项金额的10%及以上，足以影响会计报表使用者对企业的财务状况与经营成果做出正确判断，这类差错则被认为是重大会计差错。非重大会计差错是指不足以影响会计报表使用者对企业财务状况与经营成果做出正确判断的会计差错。无论是否为重大会计差错，都应在发现前期差错的当期进行前期差错更正，同时应该在所有者权益变动表中适时披露。

第三节　股利政策对所有者权益变动影响分析

我国上市公司发放股利的主要形式是派现和送股。通常，它们对企业财务状况的影响是不同的。其中派现会使企业的资产与所有者权益同时减少，而使股东手中的现金增加；送股会使流通在外的股份数和股本增加，企业账面的未分配利润减少，也会使每股账面价值和每股收益稀释。股利政策对所有者权益变动影响分析主要包括：第一，派现对企业所有者权益影响；第二，送股对企业所有者权益影响；第三，股票分割对企业所有者权益影响；第四，库存股对企业所有者权益影响。

一、派现对企业所有者权益影响

派现即派发的现金股利，是指企业用现金向股东支付股利的形式，也是企业中最常见、最易被投资者接受的股利支付方式。企业支付现金股利取决于除了应有足额可供分配利润外的投资需要、现金流量与股东意愿等因素。

派现对所有者权益的影响如下：派现通常会使企业资产与所有者权益规模减小、企业内部筹资的总量降低，也会造成企业的现金流出。其既影响了所有者权益的内部结构，也会影响企业的整体资本结构。因此，管理层在决定派现时，应当权衡各方面的因素。企业派现的动机有传递优势信息、消除不确定性、返回现金、减少代理成本。

（一）传递优势信息

在非完善资本市场中，管理者通常用派现方式传递企业未来前景的信息。当管理者对企业未来发展前景看好时，就会通过派现向市场传递企业的绩优信息，从而提高企业的股票价格。

（二）消除不确定性

现金股利是投资者能够在本期取得的收益，企业可以通过派现消除投资者期望收益的不确定性，从而树立良好的市场投资形象。

（三）返还现金

当企业处于成熟期时，其很难有项目的投资收益率超过投资者要求的必要收益率。这时企业就应该考虑向投资者派现，以稳定投资者的情绪。

（四）减少代理成本

企业把剩余的现金流量以派现的形式发放给股东，这样可以减弱经营者控制企业资源的能力，进而减少因经营者与所有者之间的冲突而产生的代理成本。

二、送股对企业所有者权益影响

送股即派送股票股利，是指企业向投资者以股票形式无偿派发股利的行为。送股仅仅是稀释股本、降低股价，可以单纯地被看作降低股价以便于买卖，没有其他实质的意义。其具体做法是在企业注册资本尚未足额时，可以把股东认购的股票作为股利支付，也可以通过发行新股支付股利。通常，企业送股的动机如下：

（1）从市场评价来看，送股对于投资者具有很强的吸引力。通常，大量股票被派送后，每股收益将被稀释，为了填补每股盈利的缺口，企业对经营提出了更高的要求。此外，结合企业当前的股本总额和未来盈利前景，送股可以向股东传递企业预期继续增加盈利的信息，并活跃股份交易。

（2）送股尽管不会增加股票的内在价值，但就股东而言，把收益作为本金留存于企业是一种再投资行为。因此，只要企业具有很好的经营前景，股票红利就具有很强的吸引力。

（3）企业选择送股，最直接的动机是筹集更多的资金。此外，送股还具有降低交易成本等优点。

送股对所有者权益的影响如下：送股通常不会直接增加股东的财富，不会导致资产流出或负债增加，同时也不会对企业的资产、负债及所有者权益总额产生影响，然而会影响所有者权益内部有关项目的变化。它是一种比较特殊的股利形式。

送股对每股收益和每股市价的影响如下：如果盈利总额不变，派送股票会使普通股股数增加，从而引起每股市价与每股收益下降，但因为股东所持股份的比例不变，所以每位股东所持股票的市场价值总额仍保持不变。发放股票股利对每股收益与每股市价的影响可以通过对原每股收益、原每股市价的调整直接算出。该计算公式可表示为

$$\text{发放股票股利后的每股收益} = E_0/(1 + D_s)$$

其中，E_0 表示发放股票股利前的每股收益，D_s 表示股票股利发放率。

$$\text{发放股票股利后的每股市价} = M/(1 + D_s)$$

其中，M 表示除权日的每股市价。

【例 7-1】假定 Y 企业的本年净利为 560 000 000 元，股利分配时的股票市价为 30 元/股，发行在外的流通股股数为 20 000 000 股，股利分配政策为买 10 股送 0.5 股，则发放股利对每股收益和每股市价的影响为

发放股利后的每股收益=（560 000 000÷ 20 000 000）÷（1+5%）= 26.67（元）

发放股利后的每股市价=30 ÷（1+5%）= 28.57（元）

此外，转增股本是指企业将资本公积转为股本，这并没有改变股东的权益，但却增加了股本的规模，因而客观结果与送股相似。

三、股票分割对企业所有者权益影响

股票分割是指在保持原有股本总额不变的前提下，将每股股份分割为若干股，使股票面值降低而股票数量增加的行为。

股票分割对所有者权益的影响如下：股票分割不属于股利分配，虽然其也不直接增加股东的财富，不会影响企业的资产、负债和所有者权益总额。与送股不同的是，股票分割不会改变企业的所有者权益结构。

股票分割对每股收益和每股市价的影响如下：虽然股票分割不属于某种股利，但与股票股利一样的是，在其他条件不变的情况下，进行股票分割会使企业的每股收益与每股市价下降。

股票分割的作用，具体可归纳如下：

（1）股票分割实际上是向投资者传递企业发展前景良好的信息，这有利于增强投资者对企业的信心。

（2）股票分割可使企业股票的每股市价降低。由于交易该股票所需的资金量减少，因此股票易于在市场上流通，这将进一步促使拥有更多资金的潜力股东变成持股股东。因此，股票分割可以促进股票的交易和流通。

（3）如果股票分割后的每股现金股利比股票分割前的高，股东可获得较多的利益，从而对企业的发展充满信心，并不会随便出售手中持有的股票。这无疑有利于稳定企业的股票价格。

四、库存股对企业所有者权益影响

库存股是指由企业购回而没有注销，并由该企业持有的已发行股份，即企业将已经发行出去的股票，从市场中买回后存放起来，而尚未再出售或注销。它同时包含如下特征：库存股是本企业的股票，是已发行的股票，是收回后尚未注销的股票，是可以再次出售的股票。此外，本企业股东捐赠本企业的股票和股东以股票抵偿企业债务等行为都会形成库存股。库存股对企业所有者权益的影响如下：

（1）库存股是所有者权益的减项，属于权益类科目，而不是企业的一项资产。主要原因为：①股票是股东对企业净资产要求权的证明，而库存股不能使企业成为该类股票的股东及享有企业股东的权利，否则将会损害其他股东的权益。②资产不可以注销，而库存股可以注销。在企业清算时，可将资产变现后分给股东，但库存股并无价值。③留存收益中把相当于库存股的那部分股本单独列示，是为了限制其分配股利，以免侵蚀法定资本的完整。而这种限制只有在注销库存股或再次发行库存股时方可取消。

（2）库存股的变动只会影响权益，不会影响损益。由于库存股不是企业的一项资产，因此再次发行库存股时，其所产生的收入与取得时的账面价值之间的差额不会引起企业损益的变化，只会引起企业所有者权益的变化。

（3）库存股的权利受限。由于库存股没有具体股东，因此库存股的权利会受到一定的限制。例如，它不具有股利表决权、分派权、优先认购权等。

本章小结

所有者权益是指企业资产减去负债后由股东享有的剩余权益，也称为股东权益或净资产。它是股东投资资本和在经营过程中形成的留存收益的集合，也是股东投资和企业发展实力的资本体现。

所有者权益变动表是用于反映企业本期（年度或中期）内截至期末的所有者权益增减变动情况的报表。所有者权益变动表是根据所有者权益变动的性质，分别按照当期综合收益总额、所有者投入资本和向所有者分配利润及提取盈余公积等情况分析填列的。

所有者权益变动表的一般分析通常分为：所有者权益变动表的水平分析，所有者权益变动表的垂直分析，所有者权益变动表的主要项目分析。

所有者权益变动表的水平分析是指将所有者权益各项目的本期数与基准数进行对比（可以是上期数等），揭示企业当期所有者权益各项目的水平及其变动情况，从而说明企业净资产的变动原因，进而进行相关分析与决策。所有者权益变动表的垂直分析是指对所有者权益中各项目变动占所有者权益变动的比重予以计算并进行分析评价，揭示企业当期所有者权益各项目的比重及其变动情况，从而说明构成企业所有者权益各项目的变动原因，借以进行相关分析与决策。所有者权益变动表的主要项目分析是指对构成所有者权益的主要项目进行具体剖析，进而了解其变动成因及变动的合理性、合法性等。

分析股利政策对所有者权益变动的影响主要是指根据影响所有者权益变化的重要财务决策行为进行财务结果分析。这些行为具体包括派现、送股、股票分割和形成库存股等。

课后习题

简答题

1. 资产负债表、利润表、所有者权益变动表和现金流量表之间有什么联系？
2. 所有者权益变动表分析的目的是什么？

第八章
会计信息质量与会计环境分析

学习目标

1. 掌握会计信息质量的含义及特征，了解会计信息质量存在的普遍问题及解决对策，理解会计环境的内涵、会计环境对会计发展及会计信息质量的重要影响。

2. 能够结合会计信息质量存在的普遍问题及解决对策对很多财务行为做出分析，能够明白会计环境对会计发展及会计信息质量的重要性，能够借助理论解决复杂的现实问题。

课堂导入

保险行业信息披露

从披露主体看，我国保险业面向社会公众的信息披露分为保险监管部门的信息披露、保险行业协会的信息披露及保险公司的信息披露等三个层次。其中，原中国保险监督管理委员会（简称原保监会）根据《中国保险监督管理委员会政府信息公开办法》，在网站发布政务工作等14个方面的内容。此外原保监会还通过受理政府信息公开申请、召开新闻发布会和新闻通气会、编印中国保险年鉴和中国保险市场年报等多种方式公开保险业财务、业务等信息。

中国保险行业协会目前披露的内容包括《保险从业人员行为准则实施细则》，保险公司交强险专题审计报告和交强险精算报告，车险自律倡议书及中国寿险理财规划师、中国员工福利规划师、中国寿险管理师的资格认证情况等。保险公司的信息披露包括：一是根据《人身保险新型产品信息披露管理办法》，人身保险公司及其代理人应向投保人、被保险人、受益人及社会公众描述新型产品的特性，演示保单利益测算及经营成果等信息。二是披露理赔（给付）服务流程。按照《关于公布保险理赔（给付）程序 进一步做好理赔服务工作的通知》（保监发〔2008〕100号）要求，各保险公司应在公司网站上公布理赔（给付）服务的具体流程、所需材料清单、联系电话和投诉电话，方便客户索赔和申请保险金，着力解决理赔（给付）服务中存在的问题，切实维护保险消费者的合法权益。三是披露财产保险承保理赔信息，财产保险公司应逐步将承保信息、缴费信息、批改信息、理赔信息、手续费信息、投保渠道信息进行披露，最终实现客户均可自主查询所有险种的承保理赔信息，推动财产保险公司提升精细化管理的能力和客户服务品质，促进财产保险行业规范经营，切实保护被保险人的合法权益。

第一节　会计信息质量分析

一、会计信息质量概述

何谓会计信息质量？从不同的角度考察，可以得出不同的定义。根据世界著名的质量管理专家朱兰从用户使用角度的定义，会计信息质量是指其满足需求者的程度。根据另一位质量管理专家克劳斯比从生产者角度的定义，会计信息质量应是会计信息产品符合会计准则要求的程度，这里的会计准则即会计信息生产的模板。根据国际标准化组织 1994 年颁布的《质量管理和质量保证 术语》中有关质量的定义，会计信息质量是会计信息满足明确和隐含需要能力的特征总和，这一定义较为宽泛，包括了会计信息实用性和符合性的全部内涵，那么会计信息质量的高低就可以根据会计信息所具备的质量特征能否满足人们的需要及满足程度的高低来衡量。最早研究会计信息质量特征的文献可追溯至 1970 年美国会计原则委员会（APB）发布的第 4 号报告。该报告提出了相关性、易懂性、可验证性等，但忽略了一个最主要的质量特征，即可靠性。1980 年 5 月，美国财务会计准则委员会（FASB）发布的第 2 号公告第一次将会计信息质量作为一个专门的研究项目。之后，许多国家和组织都着手研究会计信息质量问题。加拿大特许会计师协会提出了四项主要质量：可理解性、相关性、可靠性和可比性。英国会计准则委员会将会计信息质量分成三部分：第一部分是与报表内容有关的质量，包括了相关性和可靠性；第二部分是与报表表述有关的质量，包括了可比性和可理解性；第三部分是对信息质量的约束，包括了及时性及效益大于成本等。目前，美国学术界又转而研究会计信息的另一个重要质量特征，即透明度。

二、会计信息质量特征

会计信息质量特征是选择或评价可供取舍会计准则、程序和方法的标准，是财务目标的具体化。其主要功能是辨别什么样的会计信息有用或有助于决策。

1. 会计信息的相关性

所谓会计信息的相关性是指会计信息应当符合国家宏观经济管理的要求，即企业在收集、加工、处理、传递会计信息的过程中，要考虑使用者对会计信息要求的不同特点，以满足企业内外有关各方面对会计信息的相关需要，按投资者、经营者、政府部门对会计信息的要求，形成会计信息流。由此可以看出，相关性有两个基本标志，即预测价值和反馈价值。所谓预测价值，是指会计信息能够帮助使用者评价过去、现在和未来事项并预测其发展趋势，从而影响基于这种评价和预测所做出的决策。所谓反馈价值，则指会计信息能对信息使用者以前的评价和预测结果予以证实或纠正，从而促使信息使用者维持或改变以前的决策。而会计信息要实现预测价值和反馈价值，及时性就是相当重要的质量特征，即会计信息能在其使用者做出决策之前提供。

2. 会计信息的可靠性

会计信息的可靠性是指会计信息必须真实可靠。即对会计要素的确认和计量遵循会计要素的定义，使会计报表上所反映的各项会计要素均符合质量特征，不能错误引导用户的判断，不能进行虚假的误导性的陈述，也不得有重大遗漏。财务报表应当全面反映企业的财务状况和经营成果，对于重要的经济业务应当单独反映；会计核算应当以实际发生的经济业务为依据，如实可靠反映财务状况和经营成果是会计的本质属性，是会计信息的灵魂。未来公允价值的应用会越来越广，但公允价值不可能完全取代历史成本，而且公允价值的计量也要力求可靠，充分而公允地反映企业的真相。未来的会计报告改革都不应偏离基本方向。

3. 会计信息的真实性

会计信息的真实性是指会计信息准确揭示各项经济活动所包含的经济内容。真实性是会计信息的生命，没有真实性，会计信息的相关性就会被削弱，严重的还会贻害社会和广大公众，损害广大利益相关者的利益。会计信息的真实性是相对的，主要是因为会计信息是对经济的会计反映，会计信息的反映既与会计人员的素质、能力、经验、品德等有关，又与企业会计准则、制度、程序、方法等紧密相连。从会计人员的角度分析，不同的会计人员有不同的道德水准和技术水平，这就决定其对会计信息真实性愿意做出和可能做出的承诺和保证的程度不同，根据客观经济活动加工处理形成的会计信息的真实性程度也就有所差别。就所运用的程序与方法而言，会计信息的加工过程也会影响会计信息与客观经济活动的结合程度。

4. 会计信息的及时性

会计信息的及时性是指会计报表的编制、报送要及时，即在会计年度终了的较短时间内报送会计报表。会计信息的及时性是信息质量的重要要求，随着经济的发展，信息使用者对信息的及时性要求越来越高，尤其是高新技术产业企业的管理迫切要求及时得到实时信息，而会计报告每年报送一次并且在年度终了的一段时间后才报出的传递方式，已经不能适应时代的要求。反映经济业务的会计信息是经常变化的，这要求企业在发展过程的一定阶段披露会计信息，因为人们及时认识的经济业务在该阶段的特征才是有效的，过时的信息是无效的。

5. 会计信息的可比性

会计信息的可比性是指同一会计主体前后期的会计信息保持可比，或者两个不同的会计主体在同一时期的会计信息保持可比。鉴于我国会计信息使用者受教育程度不同及理解力的差异，强调会计信息的可比性更有利于他们理解和使用可靠和相关的会计信息，加之我国企业存在所有制形式多元化的特点，这决定了会计信息还具有利益协调和参与分配的作用。强调会计信息的可比性，更有利于我国政府加强宏观调控及协调各方面的利益。

6. 会计信息的有用性

会计信息的有用性是指决策有用性。美国财务会计准则委员会（FASB）在发布的财务会计概念公告中构建的会计概念体系就是以决策有用性为核心的，将相关性、可靠性等会计质量特性连成一体。决策有用性是会计信息最基本的质量特征，会计信息质量直接关系到决策者的决策及其后果。会计信息的真实性和可靠性是保证信息使用者做出正确决策的基本前提和条件。

三、会计信息质量存在的问题

会计信息质量对国家和企业的重要性不言而喻，因为它直接关系到一个国家资本市场的发展及经济运行的稳定，对企业的发展也起到举足轻重的作用。但与此同时，会计信息质量也存在许多问题，如图 8-1 所示。

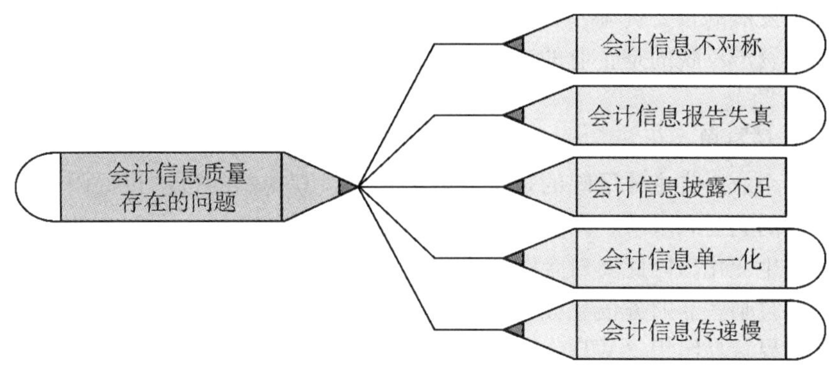

图 8-1 会计信息质量存在的问题

1. 会计信息不对称

企业是狭义会计信息的唯一供给者。需求者是指企业的外部信息需求者，主要是企业的利益相关者，包括投资者、债权人、国家、企业管理当局、其他信息使用者。会计信息不对称的表现：一是不同的会计信息使用者之间的会计信息不对称。这是指企业由于选择了特定的会计方法而造成会计报表的信息披露偏向于某个特定的信息使用者，因此造成一部分人得到更多的所需信息，另一部分人却与此相反，从而引起投资成本上升，股票在市场上的流动性减弱。二是信息提供者与使用者之间的会计信息不对称。企业管理当局作为会计信息的提供者，同时又是信息的内部使用者，相对于外部使用者而言更具有信息优势。企业管理人员利用这种优势，对会计报表粉饰和美化，不断地进行收益和盈余调节。

2. 会计信息报告失真

会计信息报告失真主要体现在为追求经济指标或任务指标的完成，在未达到预定目标的情况下依靠调整报告蒙混过关：只用对政绩有用的统计数字，改造对政绩不利的数字；内部自我约束不足；在会计、统计管理上，随意性较强；在有重大政策出台时，钻政策的空子，采取上有政策、下有对策的方法，对会计统计采取不负责任的态度，进行随意改动；对统计数字没有必要的监督和检查手段，即使是审计部门，也只能对一个部门或单位进行数据检查，而对合并统计数字无法进行全面的检查。

3. 会计信息披露不充分

以企业年度定期报告为例，多数存在母公司对子公司及关联企业的列报存在疏漏，对或有事项及其他重大事项未做说明，对利润总额主要由非主营业务利润构成不详细披露，对主营业务收入、净利润等主要财务指标的重大变化未做必要的分析说明等现象。有的虽已严格按照规定内容做出披露，但未能依据环境变化或企业面临的特殊情况自愿增加对外披露内容，披露的充分性不足。例如，近几年来物价变动幅度较大，但在各企业的会计信息披露中很难见到物价变动对其财务状况及经营成果可能造成影响的说明。有的企业存在大量资产未能得到确认的情况，更谈不上计量和报告，现有财务报告模式仅把重点放在实物资产上，而对无形资产，如知识产权和人力资源等知识资产却没能反映，恰恰这些无形资产才是企业利润增值最重要的因素，这些因素在知识经济时代决定着企业的价值。在知识经济时代，知识资产成为经济发展的首要资源，若按历史成本计量，则许多知识资产的价值无法得以体现。知识资产反映的是企业的未来价值，而以历史成本反映的则是企业过去的财务状况。

4. 会计信息单一化

现有的企业报告主要反映的是企业财务信息，其揭示的范围也局限于财务会计确认与计量的交易和事项，而非财务信息的重要性被忽略了。由于企业环境及企业自身还在发生变化，因此要对企业的未来发展做出预测，仅依靠过去的财务数据是不够的。而且某些非财务信息往往比财务数据更能提示企业未来的发展趋势。随着我国加入世界贸易组织（WTO），跨国的贸易往来增多，这些非财务信息有助于提高贸易往来的频率。现有的企业对外提供的报告主要反映企业的自身业绩，而忽略其他许多方面的信息，如企业对社会的贡献、企业对环境的影响等。这些是由工业经济时代的特点决定的，但在知识经济时代，人们对企业的评价将不会局限于企业经济效益方面，会计信息使用者利用现有的会计报告，难以对企业做出全面的评价。

5. 会计信息传递慢

在会计信息质量特征中，及时性是与相关性密切相关的。从临时报告和非上市公司的披露情况看，现在会计系统是不定期提供会计信息的，而且企业年度报告要在财政年度后的数月才公布，企业管理机构往往由于了解信息的不及时而难以确定一些重大事件将于何时发生，致使监管的有效性不足。另外，有些企业往往根据自身利益需要而决定何时披露重大事件，甚至与不法投机商进行勾结，配合其操纵市场、择机披露，从而削弱相关会计信息及其他信息的及时性。会计信息的滞后，将大大影响信息使用者对信息的使用，也影响众多投资者的决策和切身利益。

【知识拓展】

美国做空机构如何调查上市公司

2011 年 6 月，在美国上市的中国概念股公司遭遇了美国独立调查机构的大举做空。很多公司的股价因此大幅下跌，甚至有公司被强制退市。美国独立调查机构在对中国概念股公司做空的过程中，并不是仅依靠财务信息而是大量获取其他非财务信息并将其作为分析资料。在调查中国高速频道时，美国独立调查机构实地察看了 50 多辆公交车上终端的广告播放情况，发现司机都喜欢播放自带的数字激光视盘（DVD），中国高速频道对终端的控制力较弱。而中国高速频道声称自己拥有独有的硬件驱动系统，但是其供应商在阿里巴巴网站公开销售同样的产品，任何人都能轻易购得。这些非财务信息对于形成最后的结论产生了巨大的作用。

值得注意的是，各种不同的财务分析信息在分类标准上存在交叉。某一特定的财务分析信息，参照不同的划分标准，可能归属于不同的类别。比如，企业的预算信息，既属于内部信息和标准信息，也属于财务信息。

四、会计信息质量问题的解决对策

1. 建立健全法制

为了更好地发挥《中华人民共和国会计法》的强大作用，政府部门要出台配套的法规，相应修订《中华人民共和国刑法》《中华人民共和国公司法》和《中华人民共和国证券法》，特别是要对上市公司加大监管力度，发现造假要采取果断的惩罚措施；优化会计职业道德环境，制定和完善会计职业道德法规及加强会计职业道德教育，加快会计法制建设，为会计监督创造良好的社会环境；在完善《中华人民共和国会计法》和相关法律条文的同时，应该注意既规范外部监督，如国家、社会和公众的监督，又完善内部控制机制和奖惩机制，改善会计监督内部环境。内部控制机制是一种约束机制，它是对权利和责任的约束。企业会计准则作为会计管制的一部分正是为了均衡信息使用者和提供者的利益而产生的。由于企业会计准则会产生经济后果，因此企业会计准则的制定过程实际上就是一个利益协调的过程。企业会计准则的制定机构在对会计信息的处理与披露做出规范时，应保持中立、客观、公正的立场，合理要求企业披露足够的相关信息，减少信息的不对称，以均衡、协调企业管理当局与会计信息使用者双方的利益及会计信息使用者之间的不同利益，从而使有关各方的正当利益都得到维护。

2. 培育会计信息主体和信息需求市场

当前我国的会计改革在完善会计信息供给机制的同时，应大力培育我国的会计信息需求市场；应尽快建立健全各项法律法规，对会计信息披露进行管束，压缩盈余管理空间，减少法律法规中的模糊条款，保证信息披露质量；应不断拓展财务信息披露，丰富会计信息形式与内容，揭示更多的分析性信息，更加充分客观地反映由于不确定性引起的信息混淆；更好地满足更多信息使用者日益多元化的需求。会计信息披露应更加灵活，不仅披露财务信息，还要披露非财务信息；不仅披露定量信息，还要披露定性信息；不仅披露确定性信息，还要披露有关的风险信息。企业在信息披露过程中只有做到有章可循而且方法一致才能保证信息的可比性，从而保证信息的有效性。要加强对会计信息中介机构的管理和建设。

3. 改变现有会计信息系统的计量属性

现有会计系统之所以没能对无形资产进行充分反映，是因为其计量对象只有历史成本，而历史成本并不能反映这些无形资产的真正价值。随着报价机构的增多，资产的现行价值、公允价值可以随时准确获得，并且随着信息技术的不断发展，烦琐的计算可以由计算机完成，企业报告的编制成本也会大大降低。从长远看，提供这种信息的成本将越来越低于披露信息产生的收益，所以，在未来的企业报告中，计量对象将趋于多元化，而不只是历史成本。

4. 建立网络化的会计信息系统

我们应该广泛推行会计电算化。电子货币、日新月异的核算技术及先进的审核软件的出现，使会计核算更加明晰快捷，更具有透明度，也使会计监督更加直观；要充分利用现代网络技术并将其应用在会计信息系统中，获取安全、快捷的网络数据传输渠道，使会计信息的有用性在经济领域发挥真正的指导作用。

5. 强化会计人员的职业道德教育

我们应注重对会计人员的继续教育工作，提高会计人员的专业技能水平和道德水平，构建终身学习机制。对于培养会计人才的高校，要把会计道德教育贯彻到会计专业课堂教学中。对于会计人员自身来说，其应当热爱本职工作，努力钻研业务，注重加强自我学习、自我教育，要具备多元化的知识结构，注重加强职业道德修养。会计人员使自己的知识和技能适应所从事工作的要求。会计从业者是《中华人民共和国会计法》的具体执行者，有依法进行会计核算、监督的义务。然而对于目前会计信息的失真，很多会计人员成了事实上的造假者或执行者。因此对会计人员进行经常性的诚信教育是当务之急，要使每一位从业者懂得，一流的专业技术不是走向成功的唯一条件，坚守道德底线才是合格从业格应具备的基本要素。道德教育应从学生抓起，在学历教育阶段，就应健全教育机制，加强职业道德修养教育，塑造职业品质，陶冶职业情操。在会计人员后续教育阶段，应将会计职业道德教育作为岗前培训教育的核心内容，使每个会计人员遵守会计职业道德规范，并将其作为各种经济组织考核、续聘、晋升和奖励会计人员的重要指标。

第二节　会计环境分析

一、会计环境概述

任何一门学科的产生和发展，都是一定环境作用的结果。会计这门学科也不例外。在会计的产生和发展过程中，会计环境起着影响、制约和促进的作用。对于环境概念的一致理解是“某一事物周围的境况”。具体到会计环境，则是指会计所处的历史条件和客观状况，即与会计产生和发展相关，影响并决定会计思想、会计目的、会计任务、会计制度、会计组织、会计工作、会计理论和会计实务及其发展趋势的历史条件和客观状况。进一步地，会计环境主要包括三个要素：经济因素、社会因素、自然因素。它们之间是相互联系、相互依存的，会计理论的发展变化是会计环境三要素综合作用的结果。

会计环境是会计基础理论的重要组成部分。FASB 在提出的财务会计概念框架中说道：本框架论述的目的受到美国经济、法律、政治和社会环境的影响。事实上，会计环境对会计其他基础理论，如会计目标、会计假设、会计概念、会计原则等，都有极大的影响。美国会计学家亨德里克森在其所著的《会计理论》一书中曾谈道：会计环境对会计的目标及根据逻辑导出的各种会计原则和规则有直接的影响。从会计的发展历史不难看出，任何一个阶段的会计理论研究都是以其所处的会计环境为背景而展开的。每个国家的会计理论与会计实务各不相同。美国会计学家米勒等曾说过：没有任何两个国家的财务会计实务是相同的。每个国家都按照其社会发展状况和具体的经济环境制定适合自己国家的会计准则和会计制度。应该说，会计环境差异是形成会计的国家差异的根本原因。由此可见，会计环境在会计理论结构体系中处于十分重要的地位。

一方面，会计环境不仅制约、影响着会计的发展，而且是正确衡量和评价会计理论和会计实务的客观标准。会计理论和会计实务的发展不可能超越其所处的历史环境。超前的会计理论和会计实务不但不能适应其所处的会计环境的需要，而且会造成会计工作秩序的混乱；反之亦然，落后的会计理论和会计实务对经济的发展也会产生破坏作用。因此，会计理论和会计实务必须与会计环境相适应。另一方面，会计并不是消极地适应会计环境，而是通过自身的活动和发展变化反作用于会计环境。会计水平直接影响企业的管理、社会资源的配置及社会经济的运行和发展。对不利于会计理论与会计实务发展的会计环境，会计通过自身的积极运行和操作，促进会计环境的改善，形成一个良好健康的客观环境。

二、会计环境的发展及演变

会计学是一门科学。会计所处的外在环境，如社会环境、经济环境、自然环境、历史环境、军事环境等，都对会计制度的制定、完善产生不同程度的影响。会计理论和会计实务的建立与完善要以其所处的客观环境为依据。对会计学科的形成、发展起限制作用的各种因素，统称会计环境。从纵向看，会计的产生、发展和进步离不开会计环境的变迁。从横向看，会计环境差异是形成会计的国家差异的根本原因。综观世界各国会计，差异是客观、普遍存在的。每个国家的会计准则和会计制度，都是结合各国自身的社会发展情况和具体的经济环境制定的，无一不体现其国家特色。应该说，美国财务会计准则委员会于发表的财务会计概念框架中对此做了很精辟的论述：各国财务报表实际上是有差别的，这大概是各国社会、经济和法律环境的不同及不同的国家在制定国家级标准时考虑到财务报表不同使用者的需要引起的。这些不同的环境，产生了财务报表要素的各种定义，导致使用不同的标准确认财务报表中的项目，导致对不同计量基础的取舍。财务报表的范围和财务报表中的列报内容，也受其影响。

具体来说，不同国家的政治和法律制度、经济模式、经济发展水平、经济增长速度、教育文化水平、商业法规、企业规模、社会风气和习惯，甚至不同国家的自然环境和地理条件，都会对会计制度的制定产生不同的影响，这些因素中，有些对会计起到直接的关键性的重要影响，如经济、法律、政治、文化、教育因素，而有些只间接对会计发生影响，如地理位置、资源禀赋等自然条件，它们对会计制度的制定只起到相对次要的非决定性的作用。

三、会计环境对会计发展的影响

会计环境主要由经济环境、社会环境、自然环境构成，三者共同作用，影响会计的发展，如图 8-2 所示。

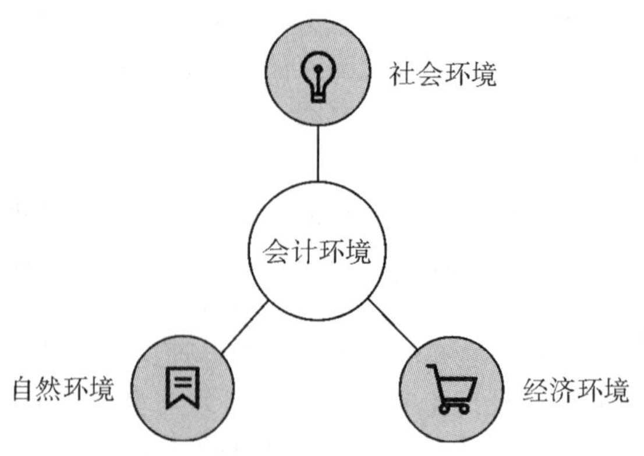

图 8-2　会计环境

1. 经济环境对会计发展的影响

在所有的会计环境中，经济环境对会计的影响最大。它不但直接对会计产生重要的甚至是决定性的影响，而且通过影响政治、法律、文化教育等间接地对会计产生影响。经济环境包括国家的经济特点、经济发展程度、经济制度的基本方向、国家的货币财政政策、经营资金的供应渠道、参与国际经济活动的程度、通货膨胀的趋势、一国与其他国家的经济关系、经济联系和经济来往等经济因素。在所有的经济因素中，与会计联系最密切的有国家的经济体制，经济发展水平，经济结构即经济布局状况，经济主体内部因素，如所有制成分、经营形式、资本市场的组织方式，国家通货膨胀率及国家对外贸易工作开展情况等。

国家的经济体制对会计的影响最大。国家的经济体制包括财政体制、税收体制等方面。财政是在社会生产力发展到出现剩余产品时才开始萌芽的，财政分配的形式和数量及其在社会经济中的作用和地位与剩余产品在社会再生产中的作用和地位息息相关。可以说，利润是商品经济追求剩余产品价值的价格表现，而财政是在价格表现上分配剩余产品价值的经济形式。在所有社会中，财政分配是由社会生产引起的一种社会职能，财政分配原则上以社会共同需要、财富共有为前提，国家凭借权力参与社会剩余产品分配以满足社会共同需要。经济制度的基本方向表明了该国对经济部门的参与和控制意向，主要是通过财政体制和税收体制来体现的。强化了中央计划和控制机制的国家，为了强化政府的计划和控制职能，其会计制度的制定必然反映出高度标准化和高度统一的特征。采用不同货币政策的国家，必然要伴以专门的会计政策和方法。在经济发展水平较低的国家，其会计管理体制不会十分完善。

相比之下，在美国等经济发展水平较高的国家，其会计理论和会计实务的发展水平也必然较高。比如，会计准则都是在这些国家先出现的。经济结构是指企业所在地区的生产力布局情况，往往影响一国内部各地区、各行业的会计理论及会计实务水平。如果一国内部各地区、各行业的经济结构不合理，也就是地区之间或行业之间在经济发展速度、经济发展水平、经济资源占有量等方面差异较大，那么地区和行业之间会计信息的可比性就受到一定的影响，从而造成各地区之间、各行业之间在会计水平、会计思想方面的差异，甚至影响宏观经济管理。

2. 社会环境对会计发展的影响

社会环境包括政治、文化、法律、教育、科学和技术等因素。除了经济环境的各因素对会计产生重要的直接影响外，社会环境的各因素也会对会计产生直接影响。一国的经济体制和法律框架共同决定了该国会计模式的基本特征。国家政局直接影响该国会计工作的秩序和会计信息的真实水平。文化教育是会计的基础，它包括基础知识普及和专业会计教育两部分。科学和技术的进步能够为会计理论和会计实务的发展起到巨大的推动作用。具体来说，社会环境对会计发展的影响可分为以下几个方面：

（1）法律因素对会计发展的影响。法律因素对会计的影响历来很大。一个国家的经济活动必然受到法律的约束，会计作为经济活动的一个重要组成部分也不例外。从某种角度来说，法律因素对会计的影响甚至超过经济环境。世界上大多数国家往往通过立法指定应采用的会计方法，进而影响该国的会计实务，不少国家的会计准则和会计制度采用法律条文的形式。法律手段在经济调控中的作用越大，会计管理体制越具有立法管理的特征。比如日本，涉及公认会计士行业的法律、法规共有三个层次：第一个层次是国会通过的法律，如商法等；第二个层次是政府主要部门制定的政策，如公认会计士法；第三个层次是公认会计士学会出台的解释性规则。这些完善的法律、法规体系发挥着对会计管理的优越性作用。在大陆法系的国家里，其会计准则一般是作为一项独立的法律予以颁布的，而商法、证券交易法、税法中的会计规则自然也是十分直接、具体的。这些国家出于税收的目的，通过税法规定了会计方法和会计实务，由政府制定会计规则进行会计处理，在税法中还详细说明了税务范围内可采用的会计方法。因此，在这些国家里，税务会计和财务会计是很难分开的。法律制定者往往只注重增加国家的财政收入而忽视了会计理论和会计实务内在的基本规律，因而使得该国的财务会计不可避免地背离了真实公允及可靠性原则，盲目顺应税收要求。

（2）文化教育因素对会计发展的影响。任何一个国家的教育特点、文化水平都直接对会计政策和会计方法产生重要影响。教育特点包括人民接受教育的程度、教育制度的基本方向、职业教育的状况及教育适应和满足国家经济建设和社会需要的程度。

（3）科技因素对会计发展的影响。科学是会计理论研究的土壤。科学的发展不仅给会计理论提供了更为严密的指导理论，也提供了会计从业人员必须掌握的相关学科知识。会计理论研究是一个由演绎法、归纳法、伦理法、社会学法、经济学法、实证法、事项法、系统法等多种方法组成的集合体。要想多角度、多侧面研究会计理论，必须掌握上述科学的研究理论和方法，以有关财务报告目标、假设或其他概念为前提，应用演绎法，推导出能指导会计实务的原则、准则及相应的会计核算公式；应用归纳法，从对大量会计实务的观察、计量、分类中概括出一般性关系或结论，并通过验证，推导出对会计实务具有指导作用的一般概念或准则；社会学法是将企业个体与社会联系起来，将企业对社会承担的责任、企业经营活动对社会的影响及会计技术和会计方法的社会效益作为研究对象；实证研究方法从20世纪60年代起被引入会计学领域，用于研究财务报告与资本市场的关系，从而为会计行为的选择提供可靠的依据。可见，现代会计理论的形成和发展离不开科学的认识论和研究方法。在这些方法的共同作用下，会计理论研究才能永远建立在科学性、规范性和有效性的基础上，这些方法的发展和进步无疑会推动会计理论的发展。

3. 自然环境对会计发展的影响

与经济环境、社会环境相比，自然环境对会计的影响是间接的、次要的。自然环境包括国家的地理位置、气候物产、自然资源和人们对生态环境的态度等因素，它对会计理论与会计实务的影响相对要小一些，主要体现在以下几个方面：

（1）一个国家的自然环境、气候物产决定了该国生产经营活动的内容，进而决定了会计核算的内容。比如，澳大利亚以采矿业、畜牧业为主，中东以石油开发为主，马来西亚以种植热带植物为主等，不同的会计核算内容必然要求不同国家在制定会计准则时针对本国的特殊性进行考虑。

（2）自然资源的有限性和紧缺性，促进了物流会计、成本会计、资源会计的研究及其理论与实务的发展。近几十年来，科学技术飞速发展，世界人口迅速增加，社会需求日益旺盛，促使世界各国通过对自然资源的过度开采来发展本国经济，造成了自然资源日趋耗竭、自然灾害频繁发生、环境污染日渐严重、能源供应日益紧张的状况，这不仅动摇了有关国家发展经济的自然物资基础，制约了经济发展，而且使人类与自然、经济与生态出现了紧张局面。为了遏制生态经济环境的恶化，世界各国投入了大量的人力、物力、财力，改善生态环境，使之与经济协调发展。为了保护生态环境而研究生态环境的成本和价值，提供生态环境变化信息的绿色会计的发展和应用便显得极为重要。绿色会计是以自然资源耗费应如何补偿为中心而开展的会计。绿色会计通过其特有的方法，正确计量、报告和控制企业给社会资源造成的损失，对保护生态资源、控制环境污染、恰当协调企业与环境的关系具有十分重大的意义。

第三节　会计环境对会计信息质量的影响分析

无论是在制度、规则方面，还是在对相关从业人员审核专业素质方面，会计环境都有深刻的影响。会计环境是影响企业会计信息质量的主导因素，会计信息质量依存的环境包括外部环境和内部环境，外部环境主要是指法律、经济、政治和社会环境等，内部环境主要是指企业文化、企业会计人员的职业道德等。如果企业在优质的会计环境下进行会计核算，反映出来的会计信息就有质量保证，对企业的投资决策具有较高的参考价值。如果会计环境不好，会导致会计信息质量下降，影响投资决策的科学性，进而扰乱市场经济秩序。

一、会计外部环境对会计信息质量的影响

1. 经济环境

经济环境对会计信息质量的影响可以在我国改革开放以来的市场变化中找到答案。在我国的经济发展过程中，国有投资或控股企业逐步市场化是有目共睹的，背

后的经济体制也在不断变化，会计信息在这种变革中因需求者的变化及经济结构的变化而时刻发生着改变。目前我国正处于经济发展的阶段性回落期，将夯实未来发展的经济基础，对改革开放以来的经济发展做一个梳理。在此背景下，我国政府不断强调各企业要将短期经济发展需要与长期可持续发展需求相结合，以谋求长期可持续的发展。会计工作无论是在基础核算上还是在管理层次上，都要对短期利益与长期发展进行协调，由此产生的矛盾必然会影响近期的会计信息质量。

2. 法律环境

我国会计信息质量以会计法、税法、商法等为依托。企业财务报告等会计方面的规定，往往直接被列为商法或公司法的组成部分。市场经济的快速发展需要良好的法律环境，企业会计准则和会计相关法律法规的调整是适应市场经济发展的手段，是政府加强监督管理的有力武器。投资者、债权人及利益相关方通常依据会计信息了解企业发展状况，决定投资方向，因此其利益由会计信息质量决定。只有优化法律环境，并建立有效的监督和管理机制，才能使会计信息的真实性得到有效保证。

二、会计内部环境对会计信息质量的影响

1. 会计职能

在现阶段，会计的职能已经由记录基础的经济活动（记账会计）向企业管理（管理会计）转变。记账会计更关心的是基础经济信息质量，以保证核算信息的准确性，进一步保障自身利益不受损害。一般来说，会计信息准确，但是缺乏管理角度的分析，而管理会计则是在企业发展的角度进行会计核算，并以此进行职业的会计分析。两种会计职能的差异必然会引起会计信息的差异。

2. 会计素质与职业道德

会计信息是指会计人员对会计主体在一段时间内发生的经济活动进行核算汇总与分析，从而得到的信息化财务数据。因为会计人员是整个财务核算过程中最主要的工作者，财务信息受其主观能动性的影响较大，所以会计人员的专业素质与职业道德成为整体核算工作中影响较大的因素。专业素质不达标会影响会计主体对财务管理职能的履行，降低会计主体的财务管理水平，会计信息质量自然随之降低。而道德素养缺失极易导致公款侵占、挪用等行为，造成会计主体的资产流失，相关会计人员为掩盖不法行为必然会伪造财务基础资料，进一步影响企业最终形成的会计信息与财务资料。

本章小结

本章主要介绍了会计信息质量分析和会计环境分析。在会计信息质量分析中，本章首先对会计信息质量的含义及主要特征进行了介绍，然后对会计信息质量存在的问题及解决对策进行了总结。在会计环境分析中，本章首先介绍了会计环境的含义、发展及演变，其次就会计环境对会计发展的影响进行了总结，最后就会计内外部环境对会计信息质量的影响进行了分析总结。

课后习题

一、简答题

1. 什么是会计信息质量？会计信息质量的主要特征有哪些？

2. 会计信息质量现存的主要问题有哪些？对现存的问题有什么方案建议？简要说明即可。

3. 会计环境是什么？会计环境对会计发展的影响有哪些？简要分析即可。

4. 会计环境对会计信息质量的影响可以从哪些方面进行分析？

5. 如果你是某公司的高管，你会从哪些方面提高公司的会计信息质量？

二、案例分析题

华能国际（股票代码600011）成立于1994年6月30日，同年10月，在全球首次公开发行12.5亿股境外上市外资股，并以3 125万股美国存托股份形式在纽约证券交易所上市。1998年1月，该公司的外资股在香港上市。2001年11月，该公司在国内发行3.5亿股A股，其中流通股为2.5亿股，目前总股本为152亿股。在过去的几年中，华能国际通过项目开发和资产收购不断扩大经营规模，保持盈利稳定增长。截至2015年年底，可控发电装机容量达到82 331兆瓦，全年的发电量为3 205.29亿千瓦小时，在国内行业可比公司中居第一。

华能国际在中国境内的运营电厂主要分布在22个省、区、市，主要位于沿海沿江地区、煤炭资源丰富地区或电力负荷中心区域。此外，华能国际在新加坡全资拥有一家营运电力公司，已成为中国最大的独立发电公司之一。该公司2015年的营业收入为12 890 487.25万元，净利润为1 754 967.1万元，净利润增长率为14.26%，净资产收益率为19.29%，行业平均值为9.76%，总资产为29 972 972.27万元，总资产收益率为6.14%，每股收益为0.95元。无论是从企业规模看，还是从营业收入、净利润及企业竞争力方面看，该公司一直保持行业领先水平。

任何一个企业的经营状况和经济效益，从根本上讲，都取决于营运资产的利用效率。华能国际为何可以在行业中处于领先地位？分析其资产利用效率，可以得出答案。该公司应收账款周转率为9.05次，而行业均值仅为2.49次；其存货周转率为15.09次，而行业均值为3.86次。这些指标都远远高于行业的平均水平，表明该公司具有较高的资产利用效率。

阅读以上信息，你认为资料中提供的华能国际的会计信息质量如何？是否足够全面？如果不够全面，还有哪些信息应该补充？

第九章
企业偿债能力分析

学习目标

1. 学会分析企业偿债能力；能熟练运用各种企业偿债能力分析方法，综合考虑多种因素，对企业偿债能力做出较为准确的判断。

2. 应重点掌握企业短期偿债能力和企业长期偿债能力的概念、常用指标及方法，熟练运用常用指标对企业偿债能力进行计算和分析。

课堂导入

IPO 的目的是什么？

2018 年 5 月，某公司首次公开募股（IPO）申请经中国证券监督管理委员会批准通过，确定的发行股价为 16 元/股，很多分析者认为该公司上市不是为了企业发展，而是为了摆脱即将面临的偿债危机。该公司的相关资料显示，近 70%的固定资产都已用于银行借款的抵押。

请问：如果我们想进一步了解该公司的偿债能力，还应该从哪些方面进行分析？

第一节　企业偿债能力分析的目的与内容

一、企业偿债能力分析的概念

负债是指企业所承担的能以货币计量并将以资产或劳务偿付的债务。它是企业资金来源的重要组成部分。负债具有三个基本特点：第一，它是由企业过去的交易或事项形成的，并且能以货币形式确切计量或合理估计；第二，它是企业承担的现时义务；第三，它在未来的清偿预期会导致企业经济资源或经济利益流出。企业偿债能力是指企业用资产偿还自身负债的能力。静态的企业偿债能力是指企业用资产清偿企业长、短期负债的能力；而动态的企业偿债能力是指企业用资产和经营收益偿还长、短期负债的能力。

企业偿还各种到期债务的能力强弱是决定企业财务状况优劣的基本要素之一。企业偿债能力反映了企业财务状况的稳定性与企业生产经营的发展趋势，是反映企业财务状况和经营能力的重要标志。对企业偿债能力科学、合理的评价，既关系到企业财务风险乃至经营风险的有效控制，又涉及对与企业有利害关系的投资者、债权人及社会公众的经济利益的维护。

企业偿债能力是反映企业财务状况的重要标志。企业偿债能力是企业偿还到期债务的承受能力或保证程度，包括偿还短期债务和长期债务的能力。企业有无支付现金的能力和偿还债务的能力，是企业能否生存和健康发展的关键。

企业偿债能力，从静态上讲，就是用企业资产清偿企业债务的能力；从动态上讲，就是用企业资产和经营过程中创造的收益偿还债务的能力。企业偿债能力分析是企业财务分析的重要组成部分。企业偿债能力分析是指分析企业偿还本身所欠债务的能力。

二、企业偿债能力分析的特点

由于企业偿债能力与企业破产风险的相关性，不同性质的会计报表使用者对企业偿债能力分析有不同的目的。对于银行，企业偿债能力直接影响银行的信贷决策。在西方国家，对于偿债能力弱的企业，银行要么不予贷款，要么附加一些贷款条件（如抵押或提高贷款利率）。我国的银行也规定，对于一些资产负债率高达75%以上的企业不予贷款。对于证券投资人而言，如果企业发行债券或股票，那么企业偿债能力将直接影响其债权或股票的价格波动。对于供货商而言，被供货企业偿债能力将决定其对供货政策的选择。对于偿债能力强的企业，供货商可以采取延期付款的优惠供货政策；反之，则可能选择款到发货的供货政策。

（一）企业偿债能力分析是建立在企业持续经营基础上的

如果企业偿债能力分析是建立在对企业现有资产进行清盘变卖的基础上的，那么企业的债务应该由企业的资产作保障。这种分析看起来似乎很有道理，但是并不符合企业将来的实际运行状况。企业要生存下去就不可能将所有流动资产变现以偿还流动负债，也不可能将所有资产变现以偿还所有债务。因此，只能以持续经营为基础而非以清算为基础来判断企业偿债能力，否则评价的对象只能是企业清算偿债能力。正常持续经营的企业在偿还债务时要依赖企业稳定的现金流入，所以企业偿债能力分析如果不包括对企业现金流量的分析就有失偏颇。

（二）偿还债务的资金来源渠道多元化

偿还债务的资金来源于多种渠道，可以是资产变现，可以是经营中产生的现金，还可以是新的短期融资资金。而后两种是企业在正常经营情况下常常采用的。如果企业偿债能力分析以资产变现为主要资金来源渠道，显然不能正确衡量企业偿还债务的能力。这样评价企业偿债能力必然会使企业视野狭窄，影响决策的准确性。因此，企业偿还债务的资金来源渠道应该是多元化的。

（三）企业偿债能力分析是动态性的

只重视静态效果而不重视企业在生产经营过程中的偿债能力，或者只重视某一时点的企业偿债能力而不重视这一时点之前的积累过程的企业偿债能力，都是不合理的。

（四）企业偿债能力分析应将利息的支付与本金的偿还放在同等重要的位置

对于长期性的债务，本金数额巨大，到期一次还本，企业必须有一个利润或现金流入的积累过程，否则必然会感到巨大的财务压力。这样一个积累过程如果没有在财务分析中充分反映，必然导致企业产生错误的想法。

三、企业偿债能力分析的目的

企业偿债能力是会计报表使用者普遍关心的一个问题，分析的目的在于了解企业短期偿债能力和企业长期偿债能力，即企业将资产转换成货币资金以清偿到期债务或满足突发性货币资金需求的能力。对于企业而言，企业偿债能力与破产风险紧密相关。即使一个盈利企业，有时也会由于资金调度失灵、偿还不了短期债务而破产。而当企业资不抵债、无力清偿到期债务时，债权人就可以通过法律途径要求企业破产，以便其用资金清偿所欠债务。就企业内部经营管理而言，分析自身的偿债能力尤为重要。因为企业管理人员根据企业偿债能力指标的数值情况，就可以判断企业偿债能力的强弱，从而及时调整经营管理策略，使企业立于不败之地。概括而言，进行企业偿债能力分析的目的有以下几点：

（一）企业偿债能力分析有助于债权人做出正确的借贷决策

企业偿债能力的强弱直接决定了债权人的信贷资金及利息能否及时收回。任何一个债权人都不愿意将本金借给偿债能力很弱的企业。债权人在进行借贷决策时，首先必须深入细致地分析借款企业的偿债能力状况，否则很可能会做出错误决策。由此可见，企业偿债能力分析对债权人的意义重大。

（二）企业偿债能力分析有助于投资者做出正确的投资决策

投资者进行投资的目的是资本的保值和增值，也就是要安全收回投资并获取收益或分得红利。如果企业短期偿债能力弱，即使投资者可获得的股息收益率较高，但由于企业支付能力不强或资金流动性较差，投资者也无法获得应得的股利；如果企业长期偿债能力弱，投资者的资本可能无法收回。因此，对投资者而言，分析企业偿债能力有助于投入资本的保值和增值，有助于其做出科学、合理、安全的投资决策。

（三）企业偿债能力分析有助于经营者做出正确的经营决策

企业经营者要保证企业经营目标的实现，首要任务就是保证企业生产经营各环节的有序进行，而各环节的有序进行，关键在于企业有较快的资金循环速度与周转速度。企业偿债能力不仅能直接反映企业的资金循环状况，同时影响企业在生产经营各环节中的资金循环与周转。由此可见，企业经营者要能及时发现企业在经营过程中存在的问题，做出正确决策，对症下药，采取相应措施并予以解决，就需要准确判断和分析企业偿债能力，这样，企业生产经营的顺利进行才能得到有力保障。

（四）企业偿债能力分析有助于其他利益相关者做出正确评价

企业财务状况、企业偿债能力状况是对企业经营状况和财务状况的综合反映。通过分析企业偿债能力，可以说明企业财务状况及其变动，这有利于企业的广大利益相关者正确评价企业财务状况，找出企业财务状况变动的原因，分析其中存在的问题并及时制定应对措施。

四、企业偿债能力分析的内容

企业的负债按时间长短可分为短期债务和长期债务。企业偿债能力分析主要包括以下两方面的内容：

（一）企业短期偿债能力分析

企业短期偿债能力是指企业短期债务到期以前用现金或可以变现为现金的流动资产偿还流动负债的能力。企业短期偿债能力是财务报表使用者尤其是债权人关注的重点。对于短期债权人来说，关心的是企业是否有足够的资金（含银行存款）或其他能在短期内变为现金的资产，以偿还各种即将到期的债务。由于权责发生制基础下计算出的利润与企业实际持有的现金之间有一定的差距，因此短期债权人很少关心企业盈利能力，而把注意力更多地放在对资产负债表和现金流量表的分析上，关心流动资产各项目的变现能力。企业短期偿债能力分析指标主要有营运资金、流动比率、速动比率、现金比率等。

（二）企业长期偿债能力分析

企业长期偿债能力是指企业所具有的偿还长期（一般为一年以上或一个营业周期以上）债务的能力。企业长期偿债能力分析指标主要有资产负债率、产权比率、利息保障倍数、有形净值债务比率、所有者权益比率等。

长期负债的偿还有以下几个特点：

（1）保证长期负债得以偿还的基本前提是企业短期偿债能力较强，企业不至于破产清算。所以，企业短期偿债能力是企业长期偿债能力的基础。

（2）长期负债因为数额较大，其本金的偿还必须有一个积累过程。从长期来看，所有真实的报告收益应最终反映为企业的现金净流入，所以企业长期偿债能力与企业获利能力是密切相关的。

（3）企业长期负债数额关系到企业资本结构的合理性，所以对长期债务不仅要从偿债的角度考虑，还要从保持资本结构合理性的角度考虑。保持合理的资本结构能增强企业偿债能力。

第二节　企业短期偿债能力分析

企业短期偿债能力主要表现在企业到期债务与可支配流动资产的关系上，主要的衡量指标有营运资金、流动比率、速动比率、现金比率等。

一、企业短期偿债能力分析的概念及目的

企业短期偿债能力是指企业用流动资产偿还流动负债的现金保障程度。企业短期偿债能力取决于两方面：一是流动资产的数量和质量，二是流动负债的数量和质量。

流动资产的概念在前面已经提过，而与之相对应的流动负债是指企业将在一年（含一年）或一个营业周期（超过一年）内偿还的债务，包括短期借款、应付票据、应付账款、预收账款、应付职工薪酬、应交税金、其他暂收应付款项和一年内到期的长期借款等。那么，何为流动资产和流动负债的质量呢？具体来说，流动资产的质量指的是其流动性，也称变现力，即在无须大幅让价的情况下，资产产生或转换为现金的能力。

流动资产的质量反映了其在短期内变现时间及变现价格的确定性，特别是反映了流动资产转换为现金的速度及这种转换给资产本身带来的价值缩水程度。流动资产的质量好坏直接决定了企业短期偿债能力的高低，如果企业没有足够的可以迅速变现的流动资产用以偿还流动负债，那么毫无疑问，这样的企业短期偿债能力值得怀疑，满足不了短期债权人的需要，我们甚至可以推断其在偿还长期债务方面同样存在问题。流动负债的质量指的是其强制性和紧迫性。尽管原则上，企业的所有债务（无论期限长短）都应在到期时立即偿还，但实际情况并非如此。例如，应交税费这样的流动负债，到期就必须无条件立即偿还，如果企业不予执行，政府部门可以利用征税权力对企业重重惩罚，这种就属于质量很高的流动负债；而对一些与企业建立了长期合作的供应商来说，当企业发生财务困难，确实无法在短期内偿还债务时，他们往往会基于业务上的依赖关系和长期利益考量，对企业的还款期限作适当推迟或重新协商，这种就属于质量不高的流动负债。企业多数流动负债的质量是介于这两个极端之间的。

基于上述分析，我们可以得出，企业短期偿债能力其实就是企业流动资产的数量和质量超过流动负债的程度，或者也可以被理解为企业以充足的现金流入满足现金流出的能力，其中包括了对因意外事件而导致的流入减少或流出增加的考虑。从长远看，未来的现金流入在很大程度上能够反映企业财务的稳健性，但其本身受制于企业的盈利能力，并与企业的营运水平和管理效率紧密相关，因此，分析企业短期偿债能力，无论是对企业的债权人、投资者还是对经营管理者来说，都具有极其重要的意义，也是企业财务分析的重要组成部分。

二、影响企业短期偿债能力的因素

企业短期偿债能力是指企业用其流动资产偿付流动负债的能力，一般又称支付能力。企业短期偿债能力是企业和债权人十分关心的问题。一旦企业短期偿债能力不足，轻则企业被迫出售长期资产以偿还债务，直接影响正常生产经营活动；重则企业出现资不抵债的情况，从而因不能按期偿债而黑字破产。从企业短期偿债能力对企业的影响可以看出，我们必须十分重视对企业短期偿债能力的分析和研究，了解影响企业短期偿债能力的因素。

影响企业短期偿债能力的因素总体来说可分为内部因素和外部因素。内部因素是指企业自身的经营业绩、资产结构、流动负债结构、融资能力等，外部因素是指与企业所处经济环境相关的因素，如宏观经济形势、证券市场的发育与完善程度、银行信贷政策等。下面，我们来分别加以说明。

（一）影响企业短期偿债能力的内部因素

1. 经营业绩

经营业绩是影响企业短期偿债能力的最根本原因。企业的偿债方式可分为两种：一种是以本身拥有的资产偿还；另一种是以借新债还旧债的方式偿还，但最终也要以企业的资产偿还。短期负债通常以流动资产去偿还，主要是现金。现金的取得则主要依赖于企业的经营业绩，企业的经营业绩好，利润必然相当可观，企业就会有持续和稳定的现金收入，从根本上保障了债权人的利益。可见，进行企业短期偿债能力分析要结合企业的盈利能力。

2. 资产结构

在企业的资产结构中，如果流动资产所占的比重较大，则企业短期偿债能力相对较强。因为流动负债一般要用流动资产来偿还。但是，如果流动资产内部结构不合理，那么企业短期偿债能力也会受到影响。若存货资产占较大比重，因为存货资产的变现速度通常慢于货币资金和债权资产，所以企业短期偿债能力是要打折扣的。从这个意义上讲，流动资产中应收账款、存货资产的周转速度也是反映企业短期偿债能力的辅助性指标。

3. 流动负债的结构

企业的流动负债中，有些必须以现金偿付，如应付账款，有些则用商品和劳务偿还，如预收货款。需要用现金偿付的流动负债对资产的流动性要求较高，企业必须有足够的现金才能保证偿债能力。此外，流动负债中各种负债的偿还期限的集中程度，也会对企业短期偿债能力产生影响。

4. 融资能力

单凭各种企业短期偿债能力指标还不足以判断企业的实际偿债能力。有些企业虽然在各项短期偿债能力指标上表现不好，但它们与银行等金融机构保持良好的合作关系，有较强的融资能力，随时能够筹集到资金。可见，企业融资能力也是影响企业短期偿债能力的一个重要因素。

5. 其他因素

影响企业短期偿债能力的其他因素主要包括：

（1）尚未使用的银行贷款指标。已取得银行同意，企业尚未办理贷款手续的贷款限额可以随时增加企业现金。它一般被列示在财务报表附注中，或者被放在财务状况说明书中予以说明。

（2）准备很快变现的长期资产。由于某些原因，企业可能有一些长期资产将出售并转变为现金。这将增强企业资产的流动性，但报表使用者对这种情况要慎重分析：一方面企业出售长期资产，必须要根据近期利益和远期利益的辩证关系慎重决定；另一方面闲置资产可能不易在短期变现。所以报表使用者应具体问题具体分析，以正确评估企业短期偿债能力。

（3）企业偿债能力声誉。具有良好偿债能力声誉的企业，在出现短期偿债困难时，通常有能力筹得资金，从而可以在适当期限内大大缓解资金困难。

（4）未做记录的或有负债。这个因素是个减弱企业短期偿债能力的因素。按我国企业会计准则的要求，或有负债不作为企业负债入账，也不在财务报表中反映，只有已办理贴现的商业承兑汇票，才作为附注列示在资产负债表下。企业可能有未做记录的大额其他或有负债，这些负债大都没有在财务报表中反映，而其一旦成为事实上的负债，将增加企业偿债负担。因此，未记录于财务报表上的或有负债应在财务报表附注中尽量加以揭示，外部报表使用者也应加以注意。

（5）担保责任引起的负债。这也是一个减弱企业短期偿债能力的因素。企业可能以自己的部分资产为他人的借款或他人履行的有关经济责任等提供担保，这种担保在被担保人未能按约履行义务时，有可能成为担保企业的负债。通常这些情况应在财务报表附注中加以揭示。

（二）影响企业短期偿债能力的外部因素

1. 宏观经济形势

宏观经济形势是影响企业短期偿债能力的重要外部因素。当经济持续稳定增长时，社会需求也随之增加，产品畅销。由于市场条件好，因此企业的产品较容易通过销售转化为货币资金，从而提升企业短期偿债能力。如果国民经济进入迟滞阶段，国民购买力不足，就会使企业产品积压，资金周转不灵，企业间相互拖欠货款，形成“三角债”，企业短期偿债能力就会受到影响。

2. 证券市场的发育与完善程度

企业的流动资产，常常也包括一定比例的有价证券，在分析企业短期偿债能力时，是把有价证券视为现金的，事实上这样计算的企业短期偿债能力与实际的企业短期偿债能力是有区别的。这是因为，有价证券按其历史成本被列示在资产负债表中，与转让价格必然有一定的差异，且转让有价证券要支付一定的转让费用。证券市场的发育和完善程度对企业短期偿债能力的影响还表现在：如果证券市场发达，企业随时可将手中持有的有价证券转换为现金，如果证券市场不发达，企业转让有价证券就很困难，或者不得已以低价出售。这些都会对企业短期偿债能力产生影响，特别是在企业把投资有价证券进行短期投资作为资金调度手段时，证券市场的发育和完善程度对企业短期偿债能力的影响更大。

3. 银行信贷政策

国家为保证整个国民经济的健康发展，必然要采用宏观调控的方法，利用金融、税收等宏观经济政策，调整国家的产业结构和经济发展速度。一个企业，如果其产品是国民经济急需，发展方向属于国家政策鼓励的，就会较容易地取得银行借款，其短期偿债能力就强。此外，当国家采取较宽松的信贷政策时，所有企业都会在需要资金时较容易地取得银行信贷资金，其短期偿债能力就强。

除以上主要因素外，还有一些因素，如企业的财务管理水平、母公司与子公司之间的资金调拨等，也会影响企业短期偿债能力。有些因素对企业短期偿债能力的影响往往很难通过数据指标来体现，分析时，我们必须结合有关因素做出综合判断。

三、企业短期偿债能力分析指标

企业短期偿债能力分析的主要根据是企业财务报表，尤其是资产负债表。同时，我们结合其他一些资料，将企业的短期债务与可获得的用于偿还这些债务的短期资金进行比较，通过计算一些指标来判断企业当前的偿付能力及在陷入财务困境时能够保持一定偿付能力的能力。常用的几种企业短期偿债能力分析指标如下：

（一）营运资金

营运资金是指流动资产超过流动负债的部分。公式为

$$营运资金=流动资产-流动负债$$

若营运资金为负，则说明非流动资产以流动负债作为资金来源。营运资金是绝对值，不便于在不同企业之间比较。

（二）流动比率

流动比率是企业一定时期流动资产与流动负债的比值，它是衡量企业短期偿债

能力强弱的一项重要指标，表明企业每单位的流动负债有多少能作为支付保障的流动资产与之相对应，反映了企业在短期债务到期时用流动资产变现来偿还流动负债的能力。其计算公式为

流动比率=流动资产÷流动负债

其中，流动资产和流动负债分别对应企业资产负债表中年末流动资产和流动负债项目的金额。通常认为最低流动比率为2。一般情况下，流动比率越高，反映企业短期偿债能力越强。但该比率不能过高，过高则表明企业流动资产占用较多，会影响资金使用效率和企业获利能力；流动比率过高还可能是存货积压、应收账款过多且收账期延长所致，而真正可用来偿债的资金和存款却严重短缺。一般情况下，营业周期、应收账款和存货的周转速度是影响流动比率的主要因素。在运用流动比率分析企业短期偿债能力时，需要注意以下几点：

1. 站在不同主体的视角看待流动比率结果，可能会有不同的结论

如果债权人分析流动比率，他们会认为该指标越高越好，因为流动比率越高，就说明债务人拥有足够的流动资产来应付资金流动不平衡等紧急情况并偿还短期债务乃至部分长期债务，债务人到期偿还本息的可能性也就越大，因而债权人借出的资金越安全，债权人获得保障的程度越高；而如果企业经营管理者分析流动比率，他们未必希望流动比率越高越好，因为过高的流动比率很可能是企业流动资产未能得到充分利用的标志之一，特别是现金和银行存款，它们在流动资产里变现能力最强，但盈利能力最弱，它们的比重一旦上升，就意味着企业获利能力在减弱。事实上，从经营者和所有者的角度看，现代企业最科学的经营策略不是闲置大量流动资产不用，仅仅为了将来可能用以偿还流动负债而持有，而应该是在偿债能力允许的条件下，根据实际经营需要进行适当的负债经营，过高的流动比率恰恰应当引发企业经营者关于进一步改进经营管理、提高资产利用和配置效率、合理举债等的思考。

2. 不能机械、孤立地看待流动比率

尽管流动比率为2这个“经验值”是目前普遍认同的在具体分析流动比率时可参考的标准，但它并未经过理论的科学证明，只是人们在长期实践中形成的一种经验认识，不能被作为统一且唯一的一个判断标准，即我们不能认为凡是流动比率低于2的企业就一定都是短期偿债能力弱的企业。在判断该指标时，应将计算结果与同行业的平均流动比率进行横向比较，与该企业不同历史时期的流动比率进行纵向比较，这样才能更恰当地确定流动比率的高低，更好地评价企业短期偿债能力。另外，要找出流动比率高或低的深层次原因，仅仅进行横向和纵向比较还远远不够，我们必须结合企业流动资产和流动负债包括的具体内容及企业在经营上的各种实际因素进行分析，如企业经营特点、所在行业的特性等，这样才能对企业做出更加客观、全面的评价。

3. 流动比率无法从动态上反映企业短期偿债能力

流动比率的各项计算要素都来源于资产负债表的时点指标。由于该指标仅考虑了企业某一时点上的存量数据，没有考虑以后各期的资金流入量和流出量，因此其可以反映企业偿债的可能性和现实性，却无法反映企业偿债支付的时效性，即在某一时点立即偿付债务的能力，而且流动比率反映的应当是企业一定时期的偿债能力，

但其依靠时点指标来衡量，片面性在所难免。

4. 流动比率会受到人为因素的影响

计算流动比率的基础资料来自资产负债表。流动比率体现的支付能力是通过账面上的结果反映的，而账是人做的，在实际操作中，人为因素的大量存在严重影响了流动比率的客观性。当会计人员技术水平较低时，数据中可能存在过失性差错，从而使流动比率的结果也不真实；当会计人员技术水平较高时，他们可能会在企业经营管理者的授意下，为了达成某些目的而运用各种会计政策和方式对财务报表项目进行调整，造成故意性错误。例如，对存货这类最终流入企业的经济价值不确定的资产，企业在进行会计处理时可能会将其计价方式由先进先出法不恰当地改为后进先出法，从而影响存货期末的计价结果；又如，企业为了调低期末流动负债金额以呈现出更高的流动比率，会使用本期期末先还掉借款、下期期初再立即举债的方式。总之，通过流动比率操纵或报表粉饰等行为，企业流动比率的结果所表现的企业短期偿债能力可能和实际的企业短期偿债能力有不小的差异，这样传递出来的企业财务状况和经营状况良好的信号只是企业人为掩盖真实状况的“海市蜃楼”，无助于判断企业短期偿债能力的强弱，甚至还会误导信息使用者，如市场上的投资者。

下面以 ABC 公司为例，根据 2×17 年、2×18 年的资产负债表数据计算其流动比率，如表 9-1 所示：

表 9-1 ABC 公司流动比率计算分析表

项目	2×17 年	2×18 年
流动资产/千元	3 614 833	3 152 643
流动负债/千元	2 323 367	1 632 951
流动比率	1.56	1.93

从表 9-1 中可以看到，2×17 年年末，ABC 公司的流动比率为 1.56，说明 ABC 公司每 1 元的流动负债仅有 1.56 元的流动资产用以偿还，短期偿债压力较大。这种现象到了 2×18 年年末得到一定缓解，流动比率为 1.93，比 2×17 年增加了 0.37，企业短期偿债能力趋于增强。当然，如果按照经验来判断，ABC 公司 2×17 年、2×18 年的流动比率均低于 2，企业偿债能力仍偏弱。但正如上文所述，我们不能把流动比率是否达到 2 作为判断企业偿债能力高低的绝对、唯一标准，还需要结合 ABC 公司的生产经营规模、流动资产结构、行业整体情况及其他各种主、客观因素进行深入考察和合理评价，才能更加准确地判断 ABC 公司的偿债水平。

如果进一步分析 ABC 公司流动比率变动的原因，就会发现，ABC 公司 2×18 年的流动资产和流动负债较 2×17 年均有所减少，其中，流动资产减少了 12.8%，流动负债更是出现了 29.7%的降幅。2×18 年流动资产的减少使流动比率下降 0.2（1.56−3 152 643 000÷2 323 367 000），2×18 年流动负债的减少使流动比率增加 0.57（1.93−3 152 643 000÷2 323 367 000），两者综合作用，导致 2×18 年年末流动比率的上升，可见，流动负债的大幅减少是引起 ABC 公司流动比率上升的主要原因。

（三）速动比率

速动比率也称酸性测试比率，是企业一定时期速动资产与流动负债的比值。较之流动比率，它在一定程度上有效弥补了流动比率在核算流动资产价值上存在的缺陷，能更严格地对企业短期的流动性和企业短期偿债能力做出检验，表明企业每单位的流动负债有多少可作为偿还保证的速动资产与之相对应，反映了企业在短期债务到期时用速动资产（能立即变现的流动资产）偿还流动负债的能力。其计算公式为

速动比率=速动资产÷流动负债

其中，速动资产是指能够迅速变现为货币资金的流动资产，包括现金、有价证券、短期投资、应收票据、应收账款及其他应收款等项目，即从企业资产负债表中年末的流动资产金额里扣除存货等变现能力差的项目后的结果，流动负债对应企业资产负债表中年末流动负债项目的金额。

从速动比率的定义和计算公式中可以看出，速动比率和流动比率的一个很大区别就体现在分子上。速动比率的分子是从流动资产里扣除存货后的部分，之所以计算速动比率要把存货扣除，原因有下面几点：一是在流动资产中存货往往是流动性较差、变现较慢的部分，它需要经过产品的出售和账款的收回两个阶段才能转换为现金；二是部分存货可能因为某些原因已经损失报废但却未进行会计处理；三是部分存货可能已经抵押给债权人；四是较其他流动资产项目而言，存货更容易被人为操纵；五是存货估价还存在成本和合理市价相差悬殊等问题。这样，我们就得到了速动资产的一般计算方法，即

速动资产=流动资产-存货

还有一些项目，如预付款项等，它们在本质上是费用，但又具有资产的性质，不能产生或转换为现金，因而也不应计入速动资产。为了结果更准确，在计算速动资产时，有时会采用另一种计算方法，直接将变现能力较强的货币资金、短期投资、应收票据、应收款项等加总，得到速动资产，即

速动资产=货币资金+交易性金融资产+应收账款+应收票据

一般而言，速动比率越高，说明流动性越好，企业的现时偿债能力越强，债权人的利益越有保障。速动比率可被视为流动比率的一种延伸和补充，两者在分析企业资产流动性和企业短期偿债能力方面有异曲同工之处。而且有时企业虽然拥有较高的流动比率，但可能是因为流动资产中存货占的比重较大，而真正能立即变现并用于偿付债务的部分实际上很少，这样企业的速动比率就会较低，因此企业短期偿债能力依然较弱。所以相对而言，速动比率更能准确反映企业短期的流动性、变现能力和偿债能力。一般认为，速动比率为 1 时比较适宜，说明企业拥有稳固的财务基础和较强的短期偿债能力。如果速动比率低于 1，则说明企业偿债能力存在问题。在运用速动比率分析企业短期偿债能力时，需要注意以下几点：

一是与流动比率相似，在对速动比率进行分析时，站在不同角度也会有不同结果。从债权人角度看，速动比率越高越好，因为这说明企业偿还流动负债的能力强；而从企业经营管理者的角度看，不仅要考虑速动资产的偿债能力，也要考虑速动资产的获利能力，过高的速动比率说明企业在日常经营中还没有充分利用好速动资产，速动资产的盈利作用尚未得到有效发挥，因此速动比率并非越高越好。

二是与流动比率相似，在分析具体企业的速动比率时，也不能机械、孤立地看待。速动比率为 1 是一个比较适宜的值，这只是来源于实际经验的一般看法，并不是一个标准统一的比率值。在实际分析时，不可一概而论，不应仅仅因为计算出企业的速动比率小于 1，就认为企业短期偿债能力不强，而应根据企业性质、行业特征、所处发展阶段等各种因素进行综合判断。例如，采用大量现金销售的商品零售业就几乎没有应收账款，速动比率远远低于 1 是很正常的事，而应收账款很多的企业，其速动比率往往可能大于 1。

三是与流动比率相似，速动比率也没有反映出企业未来的现金流入量和流出量，而只反映了企业在报表结算日时的财务状况，在计算时依靠的仍然是时点指标。作为反映企业一定时期偿债能力的指标，流动比率还存在很大的片面性和缺乏足够的说服力。

四是速动资产的计算方法不同，可能造成结果的不一致，也影响了指标的可比性。例如，有人用流动资产总额减去存货得到速动资产，这种计算方法确实比直接将变现能力较强的货币资金、短期投资、应收票据、应收款项等加总并得到速动资产要简单、快捷，但忽略了预付费用、预付账款等同样不能计入速动资产的部分，因而又出现了改进的速动资产计算公式：

速动资产=流动资产-存货-预付账款-一年内到期的非流动资产-其他流动资产

在实际分析中，可以根据企业实际情况选择最能够体现该企业资产结构的计算公式，以便准确地反映该企业的流动资产状况。然而，速动比率的计算口径没有得到统一，在比较分析不同企业之间的状况时，会对结果的准确性产生一定影响。

五是由于速动资产中的应收票据和应收账款并不能保证一定能按期收回，有些应收账款的回收期可能超过一年，甚至达到几年，应收票据即使可随时贴现，但如果对方到期不承付，实际上反而相当于增加了负债，因此将全部应收票据和应收账款都作为速动资产并计算速动比率不合适，这不能反映企业的真实水平，我们需要收集更多关于企业的详细资料以进一步分析判断。

下面以 ABC 公司为例，根据 2×17 年、2×18 年的资产负债表数据计算其速动比率，如表 9-2 所示：

表 9-2　ABC 公司速动比率计算分析表

项目	2×17 年	2×18 年
流动资产/千元	3 614 833	152 643
存货/千元	866 076	1 057 873
预付款项/千元	55 169	145 683
速动资产（流动资产-存货-预付款项）/千元	2 693 588	1 949 087
流动负债/千元	2 323 367	1 632 951
速动比率	1. 16	1. 19

从表 9-2 中可以看到，2×17 年年末，ABC 公司的速动比率为 1. 16，而 2×18 年年末的速动比率上升至 1. 19，说明短期偿债能力有所增强。同时，ABC 公司这两年的速动比率均大于 1，说明短期偿债能力非但不像流动比率所显示的那样弱，相反

还较强并且颇为稳定。这是因为在 ABC 公司的流动资产中，速动资产占有较大比重，2×17 年和 2×18 年的速动资产所占比例均大于流动资产，因而这两年每 1 元的流动负债都有足够的、几乎可以立即变现的资产来偿付。当然，若想对 ABC 公司的速动比率做出更准确的分析，还应进一步对应收账款的收账期加以考虑。

（四）现金比率

现金比率是指企业一定时期的现金类资产与流动负债的比值。它表明每 1 单位的流动负债有多少现金可以用来偿还，反映了企业的立即偿债能力，因而特别适用于分析那些债务即将到期或即将破产的企业，通常也是极短期债权人最关心的指标之一。在进行财务分析时，可将这一指标看作是流动比率和速动比率的补充与延伸。它唯一关注的是流动性最好、变现能力最强的现金和现金等价物。现金比率能对企业短期的流动性、变现能力和偿债能力进行更可靠和严格的计量，因而也比前两种指标更加直接和严格。其计算公式为

现金比率=现金类资产÷流动负债

其中，现金类资产包括企业拥有的货币资金和持有的有价证券，也可以被看作速动资产扣除应收账款后的余额，流动负债对应企业资产负债表中年末流动负债项目的金额。在运用现金比率分析企业短期偿债能力时，需要注意以下几点：

一是现金比率并非越高越好。尽管从定义上看，现金比率越高说明企业可用于偿还流动负债的现金越多，可变现损失越小，变现时间越短，但由于现金的盈利能力最差，如果现金比率过高，就说明企业通过流动负债所筹集的资金没有得到合理运用，企业经常以盈利性差的现金类资产保持着，企业的资产利用效率会下降。所以，如果企业现金比率过高，就应当考虑合理调整资产结构，提高资金使用的效率。在美国，一般认为企业现金比率维持在 20%左右比较好。

二是由于现金可用于即时支付，因此现金比率实际上是将某一时点可直接支付的资金与该时点的流动负债进行对比，其不一定能准确反映企业某一时期的短期偿债能力。

三是由于现金比率在测算方面更为严格，并且包含的资产项目非常有限和单一，因此其在实际财务分析中的作用还不够显著。

另外，需要特别注意的是，有价证券也属于现金类资产，但在金融市场不发达或金融市场发达但有价证券的市价波动较大的情况下，作为现金等价物和替代品的有价证券往往难以转换为已知金额的现金或存在较大的价值变动风险，因此我们不能简单地把现金资产等同于直接支付能力，否则就有可能夸大企业的短期流动性、变现能力及偿债能力。在衡量企业短期偿债能力时，最好将现金比率和流动比率两个指标相结合，这样才能发挥现金比率在分析企业短期偿债能力方面的作用。

下面以 ABC 公司为例，根据 2×17 年、2×18 年的资产负债表数据计算其现金比率，如表 9-3 所示：

表 9-3　ABC 公司现金比率计算分析表

项目	2×17 年	2×18 年
速动资产/千元	2 693 589	1 949 087

表9-3(续)

项目	2×17 年	2×18 年
应收账款/千元	259 323	167 236
现金类资产（速动资产-应收账款）/千元	2 434 266	1 781 851
流动负债/千元	2 323 367	632 951
现金比率	1.05	1.09

从表 9-3 中可以看到，ABC 公司 2×17 年、2×18 年的现金比率都大于 1。现金比率过高，说明 ABC 公司有充足的现金用以偿付流动负债，但 ABC 公司通过流动负债筹集的资金没有得到充分、合理利用，资金利用效率太低，对资产利用容易产生副作用。ABC 公司应当考虑对资产结构进行调整，以提升资金的使用效果。

（五）现金流量比率

现金流量比率是企业一定时期的经营现金净流量与流动负债的比值。它以收付实现制为基础，充分体现了企业经营活动所产生的现金流对偿还当期流动负债的保证程度，直观地反映了企业偿还流动负债的实际能力。它是一个最谨慎、最能说明企业短期有无“支付不能”情况的指标，也最能真实反映企业当前财务基础的稳固程度和未来的短期财务弹性。与前面几个比率指标相比，它在反映企业短期的流动性、变现能力、偿债能力及财务弹性等方面都会更加接近经济现实。其计算公式为

$$现金流量比率=经营现金净流量÷流动负债$$

其中，企业经营现金净流量可从当期的现金流量表中获得，是企业经营活动所产生的现金及其等价物的流入量与流出量的差额。流动负债对应企业资产负债表中年末流动负债项目的金额。在运用现金流量比率分析企业短期偿债能力时，需要注意以下几点：

（1）现金流量比率越大，说明企业经营活动产生的现金净流入越多，能够为企业按时偿还到期债务提供保障，但该指标不是越大越好，如果太大，就表明该企业对流动资金的利用还不够充分，收益能力不强。

（2）进行具体财务分析时，还要注意某些限制条件可能会导致的影响。例如，若存在借款加速条款，则企业假如不能偿还当期应付的分期付款部分，就会导致债务全部到期，从而使计算结果出现偏差。

下面以 ABC 公司为例，根据 2×17 年、2×18 年的资产负债表和现金流量表数据计算其现金流量比率，如表 9-4 所示：

表 9-4 ABC 公司现金流量比率计算分析表

项目	2×17 年	2×18 年
经营现金净流量/千元	842 642	182 078
流动负债/千元	2 323 367	1 632 951
现金流量比率	0.36	0.11

从表 9-4 中可以看到，ABC 公司 2×18 年的现金流量比率仅为 0.11，较 2×17 年

减少了0.25，这种情况在很大程度上是经营现金净流量大幅度减少所致。可见，ABC公司的经营活动资金较紧张，偿还债务且不影响正常经营活动的概率较小，依靠生产经营活动产生的现金已不能满足偿债需要，ABC公司必须以其他方式取得现金才能保证债务得到及时清偿。

在分析企业短期偿债能力时，可以看到，无论上述各指标分子如何变化，流动负债都是计算这些指标的基础。流动负债的结构和规模不同，对企业流动资产的需求程度的影响也不一致。例如，当预收贷款比重较大时，相对就要求高一些的流动比率；当短期借款和应付账款比重较大时，相对就要求高一些的速动比率和现金比率。所以，在评价企业短期偿债能力时，还要结合流动负债的规模和结构做进一步分析。此外，一些必要的定性分析也不可或缺。例如，分析企业财务弹性时，应对增加权益资本的能力、出售和重新配置资产的能力、根据环境变化适时做出调整的能力等都做一个比较详细的分析。这些都有助于财务分析者更多地了解和考察企业的财务状况，从而合理地分析和评价企业的短期流动性、变现能力与偿债能力。

四、影响企业短期偿债能力的表外因素

在进行企业短期偿债能力分析时，除了从财务报表中获取指标计算所需资料外，还需要对财务报表中没有反映出来的因素进行分析，以做出更准确的判断。

（一）增强变现能力的因素

1. 可动用的银行贷款指标

银行已同意、企业未办理贷款手续的银行贷款限额可以随时增加企业的现金，提升企业的支付能力。这一数据不反映在财务报表中，必要时应在财务报表附注中予以说明。

2. 准备很快变现的长期资产

由于某种原因，企业可能将一些长期资产很快出售以变现，增强短期偿债能力。企业出售长期资产，一般情况下都是要综合短期利益和长期利益的关系并加以慎重考虑的。

3. 偿债能力的声誉

如果企业偿债能力一贯很强，企业树立了一定的声誉，那么企业在短期偿债方面遇到困难时，就可以很快通过发行债券等方式解决资金短缺问题，提升短期偿债能力。

这些能增强变现能力的因素取决于企业自身的信誉和当时的筹资环境。

（二）减弱变现能力的因素

1. 未做记录的或有负债

对有可能发生的、不符合确认条件的义务，企业并不将其作为负债登记入账，也不在报表中反映。例如，售出产品可能发生的质量事故赔偿、经济纠纷案败诉后可能支付的赔偿、尚未解决的争议可能出现的不利后果等都属于或有负债。或有负债一旦成为事实上的负债，企业的短期偿债负担就将加重。

2. 为其他单位提供债务担保而形成的或有负债

企业有可能以自己的流动资产为他人提供担保。例如，为他人向金融机构借款

提供担保、为他人购货提供担保或为他人履行有关经济责任提供担保等，这些担保可能加重企业的短期偿债负担。此外，还有其他表外项目，如经营租赁、重大投资及资本性支出、重大改组、并购和资产出售、重大败诉和仲裁、特殊项目等，这些都可能减弱企业的变现能力，增加短期偿债负担。

五、评价企业短期偿债能力应注意的问题

1. 选择评价指标必须考虑企业的生命周期

由于资产流动性一般与获利能力存在反向关系，企业不可能一味地为了追求资产的流动性而保留大量的速动资产甚至现金，去牺牲可能的更好的获利机会，因此，在利用流动比率、速动比率和现金比率进行企业短期偿债能力分析和评价时，必须恰当地从流动比率、速动比率和现金比率中选择主要评价指标，并结合其他指标综合考虑。主要评价指标的选择，既不能过于保守而牺牲企业可能的更好的获利机会，也不能过于宽松而高估企业短期偿债能力。当企业处于成长期，企业产品销售状况良好，企业存货流动性较强，如果用速动比率和现金比率评价企业短期偿债能力就显得保守，应以流动比率为主要评价指标；反之，如果企业处于衰退期，则应选择速动比率或现金比率作为主要评价指标。

2. 使用偿债能力评价指标必须考虑行业间的差别

处于不同行业的企业，受不可比因素的影响，短期偿债能力指标值具有较大差异，不具有横向可比性。一行业的企业短期偿债能力指标值比另一行业的企业短期偿债能力指标值高，并不代表该行业的企业短期偿债能力就强。因此，比较不同行业的企业短期偿债能力，必须剔除企业短期偿债能力评价指标的行业差异。通常可对企业短期偿债能力指标值剔除所在行业的企业短期偿债能力指标平均值，然后就可以进行行业间的企业短期偿债能力的比较了。

3. 要充分利用现金流量表所揭示的信息

企业的现金流量，特别是经营活动现金流量，是偿还企业短期债务最直接的保证。如果经营活动现金流量超过流动负债，表明企业即使不动用其他的资产，仅以当期产生的现金流量也能够满足偿债的需要。因此，我们就可以利用现金比率反映企业短期偿债能力。但现金比率是经营活动现金流量与流动负债的比率，它是比较保守的分析指标。因此，在对具体企业进行分析时，我们要根据它们的实际情况选择适当的指标。

第三节 企业长期偿债能力分析

企业长期偿债能力是企业财务状况评价的重点。它是一个增量概念，是指企业在未来一个较长的时期内偿还到期借款的能力。进行企业长期偿债能力分析，对企业进行长期投资决策、确定合理的借款额度有十分重要的作用。

一、企业长期偿债能力分析的概念及目的

企业长期偿债能力是企业偿还长期债务的现金保障程度。所谓长期债务，一般

是指偿还期在一年或超过一年的一个营业周期以上的负债。它是指除企业投资者投入的企业资本以外，企业向债权人筹集的、可供企业长期使用的资金，包括长期借款、应付债券、长期应付款等。与流动负债相比，长期负债具有数额较大、偿还期限较长、利息负担较重等特点。企业对一笔债务总会负有两个责任：一是偿还债务本金的责任，二是支付债务利息的责任。所以，对企业长期偿债能力进行分析的主要目的是确定该企业偿还债务本金和利息的能力。企业长期偿债能力的强弱主要取决于两个方面：一是长期资产和长期负债的规模与结构，也就是企业的资本结构；二是企业的获利能力。企业之所以要举借一定的长期负债，一是为了用来购置固定资产，以扩大企业生产经营规模；二是发挥财务杠杆的作用，为企业所有者带来利益，因为当企业投资报酬率高于企业长期负债利息率时，借入的资金越多，企业所有者就能获得更多利益。当然，尽管长期负债的筹资成本较低，弹性较大，也是企业灵活调节资金余缺的重要手段，但由于负债利息是固定的，因此无论企业是否盈利，都必须按约定的利率和借款数额来计算和支付利息，而借款越多，要支付的固定利息越多，净利润的稳定性越差，可以用于归还债务本金的现金流入越不稳定，偿债能力变弱。因此企业不能盲目大量举债，还必须考虑与长期负债相对应的长期资产规模和结构。所谓长期资产，简单地说，就是除了流动资产之外企业拥有的其他资产，包括固定资产、长期投资、无形资产、递延资产等。从长期看，企业资产是企业偿还负债的重要保证，尤其对长期负债而言，长期资产的规模和结构对企业的长期偿债能力具有非常重要的影响。一方面，多数长期负债在形成时，就会用长期资产作为抵押，抵押资产的规模决定了企业偿还长期负债的能力；另一方面，当负债到期，企业却没有足够的盈利用于偿还债务时，企业的所有资产（包括流动资产和长期资产）都可以用于偿还长期负债。因而，一般来说，在企业长期负债一定的情况下，企业拥在越多资产，偿债能力就越强，债权人的安全性也更有保障。

企业长期偿债能力也与企业获利能力密切相关。一个正常经营的企业，偿还长期负债主要应该依靠企业获得的利润，也就是通常意义上所说的经营现金流入。如果主要依靠资产来偿还长期负债，那就必定导致企业生产经营规模缩小，有违举借长期负债的初衷。企业能否有充足的现金流入来偿还长期负债，在很大程度上是由企业的获利能力决定的。如果企业长期亏损，连保全权益资本都很难，就更无法保持正常的长期偿债能力了。企业的盈利能力是偿还长期负债的根本保证，当企业盈利能力较强且资产报酬率高于长期借款利息率时，负债经营将带给投资者更多利润，同时较强的盈利能力也是保证债权人及时足额地收回本金和利息的关键，企业经营者必须将增强盈利能力作为经营目标的重中之重，这是企业顺利进行生产经营和提升安全性、成长性和流动性的基础。一般来说，企业获利能力越强，偿债能力越强。

因此，分析与评价企业长期偿债能力就是要从长远观点出发，动态地考察和判断企业是否可以按照先前约定的条件进行还本付息。偿债的物质保证是企业的资产及其增值，而偿债的资金源泉是企业经营与理财的收益或利润。分析企业长期偿债能力对经营者、投资者、债权人和其他与企业有密切利益关系的部门都具有重要意义，有助于他们了解企业经营活动的安全性、稳定性和盈利性，对做出经营和投资决策及颁布相应政策都有很大帮助。

二、影响企业长期偿债能力的因素

企业长期偿债能力是指企业偿还长期债务的能力。企业的长期债务包括长期借款、应付债券、长期应付款及其他长期负债。影响企业长期偿债能力的主要因素有以下五个方面：

（一）盈利能力

企业短期偿债能力主要考虑流动资产结构、流动负债结构、企业变现能力及流动资产与流动负债的对比关系，它是从资产变现角度来分析的。企业长期偿债能力则不同，由于所衡量的时间较长，对未来较长时间的资金流量很难做出可靠的预测，而且所包含的因素更加复杂，因此我们难以通过资产变现情况做出判断。

企业的偿债义务包括按期偿付本金和按期支付利息两个方面。短期债务可以通过流动资产变现来偿付，因为大多数流动资产的取得往往以短期负债为其资金来源。企业的长期负债大多用于企业长期资产投资，形成企业的固定生产能力，在企业正常生产经营条件下，企业不可能将出售资产作为偿债的资金来源，而应依靠企业生产经营所得。从举借债务的目的来看，企业使用资金成本较低的负债资金是为了获取财务杠杆利益，增加企业收益，其利息支出自然要用所融通资金创造的收益偿付。所以说企业长期偿债能力是与企业盈利能力密切相关的。一般来说，盈利能力越强，企业长期偿债能力越强。如果企业长期亏损，则企业必须通过变卖资产才能清偿债务，企业的生产经营活动就不能正常进行下去，最终要影响投资人和债权人的利益。因此，企业盈利能力是影响企业长期偿债能力的最重要因素。

（二）投资效果

企业所举借的长期债务主要用于固定资产等方面的长期投资，投资的效果决定了企业是否有能力偿还长期债务，特别是在某项投资的资金全部依靠长期负债来筹措时。当然，作为对债权人的一种保障，企业必须有相当比例的权益资金，不能因为某项投资效果不佳而损害债权人利益。但如果企业每项投资都不能达到预期目标，即使有相当比例的权益资金做保证，企业长期偿债能力也会受到相当程度的影响。

（三）权益资金的增长和稳定程度

尽管企业盈利能力是影响企业长期偿债能力最重要的因素，但如果企业将绝大部分利润分配给投资者，权益资金较少增加，就会减弱偿还债务的可靠性。对于债权人来说，将利润的大部分留在企业，会使权益资金增加，减少利润外流，这对投资人并没有什么实质的影响，却会增强偿还债务的可靠性，使企业长期偿债能力提升。

（四）权益资金的实际价值

这是影响企业最终偿债能力的最重要因素，当企业结束经营时，最终偿债能力取决于企业权益资金的实际价值。如果资产不能按其账面价值处理，就可能损害债权人利益，使债务不能全部清偿。

（五）其他因素

1. 合资经营

合资经营就是指两个或两个以上的企业为特定目的而建立联合关系，可以采用合伙企业、股份公司等形式。合资经营的会计处理有两种形式，当母公司对参与合资经营的企业拥有控制权力时，通常按持股比例与其合并；而当母公司对参与合资经营的企业仅仅有重要影响时，通常按权益法计算，并在投资账户中反映。无论哪种合资经营处理方法，企业均应在报表附注中揭示。参与合资经营的企业通常要做出一些承诺，如为与其合资经营的企业提供银行借款担保，保证长期购买与其合资经营的企业的产品等，这种担保会大量地增加该企业的潜在负债或承诺义务，却没有通过资产负债表反映出来。在进行企业长期偿债能力分析时，分析者应根据报表附注及合资经营的有关资料等，判断担保责任带来的潜在长期负债问题。

除此之外，由于某些特殊类型的企业的资产负债率可以高于其他类型的企业，为取得合资经营的企业整体利益的最大化，母公司可能会使参与合资经营的企业成为有专门职能的企业。

2. 或有项目

或有项目是指企业的某些收益或损失的发生或不发生，依赖于未来某些事情的发生或不发生。或有项目是现在还无法肯定的项目，其特点是现存条件的最终结果不确定。或有项目一旦发生将会影响企业的财务状况，因此在分析企业的财务报表时，必须充分注意有关或有项目的报表附注披露，以了解未来资产负债表上反映的重要负债项目，并在评价企业长期偿债能力时，考虑或有项目的潜在影响。

3. 金融工具

金融工具的公允价值揭示在财务报表或报表附注中，这种揭示有助于报表使用者分析与之相关的公司的重大机会或潜在风险。如果企业的金融工具计价所采用的价格高于应计的公允价值，则会造成资产的虚增，增大企业发生潜在损失的可能性。

除了公允价值以外，金融工具的风险因素也是影响企业未来损益的重要因素，因为风险大的金融工具，其发生损失的可能性也大。报表使用者在分析企业长欺偿债能力时，要注意记录具有资产负债表外风险的金融工具，并分析信贷风险集中的信用和金融工具，综合起来对企业长期偿债能力做出判断。

三、企业长期偿债能力分析指标

与企业短期偿债能力分析同理，对企业长期偿债能力的分析和评价主要也依据财务报表（如资产负债表、利润表等）以及其他相关资料，将长期负债与用于偿还这些负债的长期资金来源相比较，通过一些比率来判断企业未来的偿付能力和在面临财务困境时保持偿付能力的能力。常用的几种企业长期偿债能力分析指标如下：

（一）资产负债率

资产负债率是企业负债总额与资产总额之比。资产负债率又称负债比率或举债经营比率，是企业一定时期负债总额和资产总额的比值。它表明企业总资产中有多少是通过负债的筹资方式获得的，揭示了资产对债权人债务的保障程度，既可以用来衡量企业利用债权人资金进行经营活动的能力，又可以反映债权人发放贷款的风险和安全程度。其计算公式为

$$资产负债率=（负债总额÷资产总额）\times 100\%$$

其中，负债总额是指企业在本期期末所承担的债务总额，也就是资产负债表中负债

的总计数，包括长期负债和流动负债，也包括递延所得税、可赎回优先股等其他负债。之所以要考虑流动负债等负债类型，是因为流动负债作为一个整体的资金来源，其所提供的资金也经常被企业占用，可以被看作长期性资本来源的一部分，同时也是对稳健性的考虑。资产总额是指企业在本期期末所拥有的资产总额，也就是资产负债表中资产的总计数，一般是资产价值扣除了累计折旧、累计摊销、资产减值准备后的净值。资产负债率反映总资产中有多大比例是通过负债取得的，可以衡量企业清算时资产对债权人权益的保障程度。当资产负债率高于 50%，表明企业资产的主要来源是负债，财务风险较大。当资产负债率低于 50%，表明企业资产的主要来源是所有者权益，财务结构比较稳健。资产负债率越低，表明企业资产对负债的保障程度越高，企业长期偿债能力越强。在运用资产负债率分析企业长期偿债能力时，需要注意以下几点：

1. 不同的利益相关者对资产负债率的要求不尽相同

对债权人来说，该指标越低越好，因为这意味着企业资产中债权人提供的资产所占的比重越低，债权人负担的风险越小，债权人利益受保障的程度越高，而且企业面临清算时，资产变现所得可能远低于账面价值，而企业所有者通常只负有限责任，若资产负债率过高，则债权人可能蒙受损失；对企业所有者来说，由于企业通过负债方式筹集的资金和从股东处筹集的资金在企业经营中共同发挥作用，甚至发挥着同样作用，因而，股东或企业所有者关心的是全部资本的利润率是否超过因借款而支付的利息率，当超过的时候，股东得到的利润就会增多，而当全部资本的利润率没有超过甚至低于因借款而支付的利息率时，借入资本的多余利息就要用股东所得的利润来弥补，这样对股东不利。所以在他们看来，当全部资本的利润率高于因借款而支付的利息率时，资产负债率越高越好；反之，则越低越好。而对企业经营者来说，他们最关心的是自己经营管理的绩效，也就是能否实现并保持合理的资产组合和资本结构，这关乎他们的收益。如果资产负债率过高，说明企业获利能力强，利用债权人的资金较多，经营者比较敢于冒险，但同时意味着企业面临很大的筹资风险，未来可能超出债权人的心理承受范围，导致企业借不到钱；反之，如果资产负债率过低，说明企业举债少甚至基本不举债，企业筹资风险小或几乎没有筹资风险，也说明企业利用债权人的资金进行经营活动的能力弱，经营者太过保守，畏首畏尾，对未来缺乏信心，因而经营者更需要审时度势、全面考虑，在根据资产负债率制定借入资本决策时，充分估计预期增加的利润和风险，权衡得失，尽可能优化资产组合和资本结构。

2. 没有统一标准

资产负债率到底多少才是合理的，这并没有一个确定的统一标准，50% 是一个有利于风险和收益平衡的理想值，但实际上在不同行业和不同类型的企业中会有较大差异。例如，交通、运输、电力等基础行业的资产负债率平均为 50% 左右；加工业要高一些，约为 65%；商贸业则更高，在 80% 左右。另外，处于高速成长期的企业，出于给企业所有者更多利益的考虑，资产负债率可能会更高一些。企业究竟应该确定怎样的资产负债率，还与管理层对资产报酬率和未来财务风险承受能力的预测有关。在实践中，我们不能简单地以资产负债率的高低来判断企业负债情况的好坏。

下面以 ABC 公司为例，根据 2×17 年、2×18 年的资产负债表数据计算资产负债率，如表 9-5 所示：

表 9-5　ABC 公司资产负债率计算分析表

项目	2×17 年	2×18 年
资产合计/千元	6 124 355	5 963 778
负债合计/千元	2 509 066	1 812 688
资产负债率/%	41	30.4

从表 9-5 中可以看到，ABC 公司 2×18 年的资产负债率较 2×17 年有较大变化，降低了 10.6%，这主要是由于负债合计减少了 27.8%，债务负担减轻。而且 ABC 公司 2×17 年和 2×18 年的资产负债率都低于 50%，一方面说明长期偿债能力较强，有利于保障债权人利益，使其对企业偿还所借资金的能力更有信心；但另一方面，这也可能是 ABC 公司对债权人资金利用程度不高、财务杠杆作用发挥不充分造成的，ABC 公司还需综合考虑收益、成本及风险等因素，在权衡收益和风险的情况下，适度增加负债资金，进一步优化债务结构，提高盈利水平。

（二）产权比率

产权比率又称资本负债率，是负债总额与所有者权益之比，是企业财务结构稳健与否的重要标志，是衡量长期流动性和企业长期偿债能力的重要指标之一，揭示了负债资金与权益资金的比例关系，既能说明正常情况下及企业清算时股东权益（所有者权益）对债权人利益的保障程度，也能说明企业基本的财务结构或资本结构及其稳固程度。其计算公式为

产权比率=负债总额÷所有者权益×100%

其中，负债总额即资产负债表中的负债总额，包括了长期负债和流动负债。有时也会把优先股考虑在内，因为优先股股东比普通股股东拥有优先求偿权，并且其收益和股利一般是固定的，有时也会将优先股视同负债计入负债总额中。所有者权益总额也就是股东权益总额，即资产负债表中所有者权益的总计数，对编制合并报表的企业而言，少数股东权益也会包含在所有者权益总额中。另外，若将优先股视同负债计入了负债总额，则所有者权益总额中不再包括优先股权益。债权人一般更倾向于使用产权比率的倒数，将之理解为企业每单位的负债有多少股东权益作为保障。

由于资产=负债+所有者权益，在资产不变时，负债和所有者权益是一个此消彼长的关系。一般认为，产权比率为 100%比较合适，如果该指标大于 100%，说明负债总额大于所有者权益总额，在企业清算时，所有者权益不能完全保证债权人利益；如果该指标小于 100%，说明负债总额小于所有者权益总额，企业债权人投入的资金有足够的安全保障，即使企业陷入清算，债权人一般也不会有太大损失。

产权比率反映了由债权人提供的资本与所有者提供的资本的相对关系，即企业财务结构是否稳健，而且反映了债权人资本受股东权益保障的程度，或者是企业清算时对债权人利益的保障程度。在运用产权比率分析企业长期偿债能力时，需要注意以下几点：

（1）一般而言，产权比率高，说明企业的基本财务结构和资本结构具有高风

险、高收益的特性；而产权比率低，则说明企业的基本财务结构和资本结构具有低风险、低收益的特性。从债权人角度看，该指标越低越好，说明所有者权益对负债偿还的保证程度越高，债权人越安全；从企业所有者和经营者的角度看，该指标并非越低越好，因为出于扩大生产经营规模和获得财务杠杆利益的角度考虑，适当的负债经营是必要的。

（2）产权比率往往随企业的经营性质和现金流量的变化而变化，因而在分析时，要结合企业具体情况进行讨论。例如，现金流量较为稳定的电子产品企业就比现金流量不稳定的机械制造企业具有更高的产权比率。如果将某一家企业的产权比率进行横向和纵向比较，可以了解该企业信用价值和筹资风险等的变化趋势。

（3）企业到底需要较高还是较低的产权比率，应结合周期变化和物价变动等因素具体分析。例如，从股东角度看，当企业处于经济萎缩时期，降低产权比率可以减轻利息负担，减少风险损失；当企业处于经济繁荣时期，则应该提高产权比率，发挥举债经营的积极作用，以获得额外的风险收益。

（4）产权比率可以看作是对资产负债率的补充，它更侧重于揭示债务资本与权益资本的相互关系，说明企业财务结构的风险性和所有者权益对偿债风险的承受能力，而资产负债率更侧重于说明总资产里有多少是靠负债得到的，揭示了债权人利益受保障的程度。对产权比率的分析应该和对资产负债率的分析相结合，这样更能说明问题。

下面以 ABC 公司为例，根据 2×17 年、2×18 年的资产负债表数据计算其产权比率，如表 9-6 所示：

表 9-6 ABC 公司产权比率计算分析表

项目	2×17 年	2×18 年
负债合计/千元	2 509 066	1 812 688
股东权益合计/千元	3 615 289	4 151 090
产权比率/%	69.4	43.7

从表 9-6 中可以看到，ABC 公司 2×18 年的产权比率较 2×17 年大幅下降，下降了 25.7%，这与前面计算的资产负债率相互印证，表明 ABC 公司的长期偿债能力进一步增强，对债权人利益的保障程度也有了进一步的提高。但从 ABC 公司自身角度出发，这可能也表明其对债权人资金的利用程度不高，资本结构仍有继续优化的空间。因此，ABC 公司需要结合战略意图、财务目标及风险水平等采取有效措施，对资本结构进行合理的优化调整。

（三）利息保障倍数

利息保障倍数是指息税前利润与全部利息费用之比，又称已获利息倍数，用于衡量企业偿付借款利息的能力。它体现了当期企业经营收益与所需支付的债务利息的倍数关系，反映了企业在一定期间支付利息的能力，并认定利息是唯一需要用收益来偿付的固定性支出，从偿债资金来源的角度考察了企业对债务利息的偿还能力。一般来说，该指标越高，说明企业长期偿债能力也就越强。其计算公式为

利息保障倍数=息税前利润÷全部利息费用

=（净利润+利润表中的利息费用+企业所得税）÷全部利息费用

其中，息税前利润是指利润表中未扣除利息费用和企业所得税之前的利润，可以将其表示为息税前利润=税前利润+利息费用=税后利润+企业所得税+利息费用。之所以使用息税前利润而非税后净利润，主要是考虑到两点：第一，如果使用税后净利润，不把利息费用包括在内，会低估企业偿付利息的能力，因为利息在税前支付，所以应将利息费用加回到净利润中；第二，如果使用税后净利润，不将企业所得税包含进去，也会低估企业偿付利息的能力，因为企业所得税是在支付利息后才计算的，所以将其加回会更符合实际。利息费用总额是指当期发生的全部应付利息，理论上应当包括计入财务费用中的利息费用及计入固定资产成本中的资本化利息。所谓资本化利息，是指企业为购建某项固定资产而借入专项借款所发生的利息。利息资本化的结果是将利息作为固定资产的增加额而非费用来处理，虽然资本化利息不在利润表中作为费用扣除，但也是企业将来要偿还的一项负债，而利息保障倍数衡量的正是企业支付利息的能力，因此利息费用应该包含全部的利息。必须明确，利息费用指的是企业的应付利息而不是已付利息，但在缺乏信息的情况下，若无法从资本化利息中计算利息支出，也可以把已付利息作为利息费用的替代物和近似值。在运用利息保障倍数分析企业长期偿债能力时，需要注意以下几点：

（1）在实际的财务分析工作中，企业往往需要选择计算连续几个会计年度的利息保障倍数。这是因为无论企业所处会计年度的经营状况如何，企业都需要偿付利息，如果某个年度利润很高，则利息保障倍数也会很高，但不可能年年都这样。所以，从稳健性角度出发，一般会选择连续 5 年中最低的利息保障倍数作为最基本的反映偿付利息能力的指标。

（2）国际上一般公认的利息保障倍数为 1。通常，若该指标大于 1，表明企业负债经营能够赚取比资金成本更高的利润；若小于 1，则表明企业负债经营将不能赚取比资金成本更高的利润，企业面临较大的债务风险。但利息保障倍数的标准界限还跟企业所处行业有关，因此我们要结合起来考虑。

（3）利息保障倍数只是一个简单的计量指标，没有考虑公式中分子和分母的调整，因而在财务分析和评价上还有一定的误导性，并且该指标只衡量债权人的利息收益受企业经营收益的保障程度，不足以说明债权人的全部权益有没有得到保障。也就是说，该指标不考虑或至少在短期不考虑本金的偿还问题。而事实上，本金的偿还并不比利息的支付轻松。从现金流出的角度看，两个任务都很艰巨。所以，财务分析者不是光计算一个利息保障倍数就够了，还需要了解企业各种债务的偿付要求及期限，综合分析与评价它们对企业长期流动性和企业长期偿债能力的影响。

（4）在使用利息保障倍数来分析企业长期偿债能力时，还要注意一些非付现费用。从长期来看，企业必须拥有支付所有经营费用的资金，但在一个较短的时期，企业往往存在大量非付现费用，如折旧费、递延资产、无形资产摊销等，而这些都已计入本期费用，并从本期的收入中扣除了。因此，有些企业虽然出现了利息保障倍数小于 1 的情况，但未必就不能偿付债务利息。为了体现企业短期偿付债务利息的能力，可以将非付现费用加到公式的分子中，但这样计算出的利息保障倍数以收付实现制为基础，结果不够稳健，一般只能用于评价企业短期偿债能力。

下面以 ABC 公司为例，根据 2×17 年、2×18 年的利润表数据计算其利息保障倍数，如表 9-7 所示：

表 9-7　ABC 公司利息保障倍数计算分析表

项目	2×17 年	2×18 年
利润总额（税前）/千元	860 458	902 396
利息支出/千元	2 447	4 617
利息保障倍数	352.64	96.45

从表 9-7 中可以看到，尽管 ABC 公司 2×18 年的利息保障倍数较 2×17 年有所降低，但总体而言，ABC 公司的利息保障倍数依然较高，甚至可以被认为是过高，因为其已远远超过标准值。一方面说明，ABC 公司具有很强的偿付债务利息的能力，到期不能偿还债务本金和利息的风险很小；另一方面也说明，ABC 公司负债率低，承担的应该负担利息的对外债务较少，ABC 公司过于谨慎和保守，这样会影响其获利水平和盈利能力。由此，ABC 公司应根据以往经验，并结合行业情况及特点，全面权衡风险和收益，合理判断和调整其利息保障倍数。

（四）固定费用保障倍数

固定费用保障倍数是指企业一定时期的经营业务收益与固定支出的比值。它表明企业经营业务收益与固定支出的倍数关系，衡量了企业用经营业务收益偿付固定费用的能力。该指标是对利息保障倍数的扩展，是从利润表出发来评价企业长期偿债能力的又一指标，主要考虑了租赁费用等与负债相关的固定费用支出。企业在日常经营活动中，除了要按期还本付息外，还要及时、定期兑现有些固定费用，否则会发生财务困难。该指标实际上把所有长期债务都考虑了进去，其内涵更加丰富。该指标能比利息保障倍数更严格地衡量企业长期偿债能力。其计算公式为

$$固定费用保障倍数=（税前利润+固定费用）÷固定费用$$

其中，固定费用一般是指利息费用和企业发生的类似利息费用的固定性费用之和。在实务中，人们对固定费用具体应包含哪些内容有不同的看法。目前，普遍认同的观点是固定费用应该包括以下内容：一是计入财务费用的利息支出，也是最基本的固定费用支出；二是资本化利息，也就是计入固定资产成本中的利息费用。

也有观点认为，应将租赁费用、折旧、摊销、支付的债务本金、优先股股息等都作为固定费用，因为项目越多，越能体现固定费用保障倍数在分析企业长期偿债能力时的稳健性。事实上，这方面并没有统一规定。总之，不管计入固定费用的支出有哪些，固定费用保障倍数的趋势与利息保障倍数的趋势是一致的。这里要强调的是，固定费用保障倍数公式中的固定费用都是税前支出，而对那些属于税后支出的固定费用，都应调整为税前支出，如优先股股利。

$$\text{固定费用保障倍数}=\frac{\text{息税前利润+租赁费中的利息费用}}{\text{利息费用}+\text{租赁费中的利息费用}+\frac{\text{优先股股利}}{1-\text{企业所得税税率}}+\frac{\text{偿债本金}}{1-\text{企业所得税税率}}}$$

计算固定费用保障倍数时使用的息税前利润和利息保障倍数中的息税前利润相

同，都在利润表的基础上调整而来，用税前利润加上利息费用，计算口径一致。一般来说，固定费用保障倍数至少应为 1，指标越高，表明企业长期偿债能力越强。在运用固定费用保障倍数分析企业长期偿债能力时，需要注意以下几点：

（1）固定费用保障倍数有时会因为企业或财务分析者对固定费用构成的理解不同而出现有所差别的结果。例如，有人会把折旧也放入固定费用保障倍数公式的分子中，或者因不好确定租赁费用中具体的利息费用，而将租赁费用整体作为固定费用并进行计算，这些方法都有其依据和道理，但也可能对可比性造成一定的影响。企业可以根据自身财务的具体情况选择一种相对适合的计算方法并尽可能保持口径一致。

（2）在具体分析固定费用保障倍数时，企业必须考虑到所处行业的实际特点，并结合其他指标做更全面的评价。

（3）尽管利息保障倍数和固定费用保障倍数在反映企业长期偿债能力方面很有用，也是债权人关注的指标，但两者仍然具有先天的局限性。虽然利润越高，一般来说企业偿债能力也越强，但利润本身是一个会计数据，决定利润的两个因素（收入和费用）不等同于现金流入和流出，利润不是企业可以动用的净现金流量，因此用利润和固定（利息）支出的关系来衡量企业长期偿债能力并不是最好的方法，我们还应当结合现金流量表数据进行分析。

除了上述比率，还有一些比较常用的分析企业长期偿债能力的指标，如长期资产适合率、固定资产长期适合率、现金负债总额比率、有形资产负债比率、股东权益比率（1-资产负债率）和销售利息比率等。本章限于篇幅，不再详述。这些指标都可以在分析和评价企业长期偿债能力时作为综合考虑的依据加以结合。

企业偿债能力取决于企业经营绩效。企业短期偿债能力和企业长期偿债能力的分析在原理上有一些共通之处，但在方法上有明显的不同。在分析企业短期偿债能力时，由于时间跨度较小，因此我们容易准确预测未来现金流量；而在分析企业长期偿债能力时，由于时间跨度较大，不确定的复杂因素更多，因此我们难以准确、可靠地预测现金流量，更多采用的是概括的计量手段而非精确的计量工具。但无论如何，在具体的财务分析中，我们应牢记风险与报酬的均衡关系，注意考虑经济环境、行业状况、政策变更、非常项目等的影响。

四、企业长、短期偿债能力分析的比较

企业长期偿债能力分析和企业短期偿债能力分析之间的比较主要有以下两个方面：

（一）两者的联系

企业长、短期偿债能力分析并不是截然分开的，任何的长期债务在偿还时都已转变为短期债务。因此，一方面，企业短期偿债能力决定着企业长期偿债能力的最终形成。如果企业流动资产的变现能力弱，企业不能偿付到期债务，即使它有很好的长期偿债能力，也摆脱不了破产清算的命运。另一方面，企业长期偿债能力是企业短期偿债能力的基础和保障，任何的企业短期偿债能力最终都可以归结为由企业长期偿债能力转化而来。那种不考虑企业长期偿债能力，通过变卖在用固定资产等

方式增强短期资产流动性的做法，所提升的企业短期偿债能力只能是昙花一现，对报表使用人来说没有什么实际意义。因此，只有依靠企业长期偿债能力作后盾，企业短期偿债能力才可能不断增强。

（二）两者的区别

1. 分析重点的差异

企业短期偿债能力取决于短期资产流动性，核心在于现金流量；企业长期偿债能力则不仅取决于企业还本付息时的现金流量，而且与企业盈利能力相关。

一方面，对企业的长期现金流量进行估计有很大的不确定性，宏观政策、市场环境、经营策略等都会对长期现金流量产生影响，这就使使用长期现金流量分析企业长期偿债能力的方法变得难以操作。另一方面，企业在正常的生产经营活动中，不可能总是依靠变卖固定资产来还债，而应该用其在经营活动中实现的利润来偿还，这就使获利能力分析成为企业长期偿债能力分析的一个重要方面。

2. 分析方法的差异

对于企业短期偿债能力分析，我们主要采用资产负债表提供的数字计算相关指标，进而分析这些指标所反映的短期资产变现能力。

对于企业长期偿债能力分析，我们主要采用资产负债表和损益表提供的数据，将两者结合，计算相关指标。有的指标以资产负债表数字为主，有的指标涉及损益表数字。通过分析这些指标，我们可以确定企业资本结构是否合理，以及企业盈利能力对偿债能力的保障程度。

本章小结

企业偿债能力是指企业用资产偿还企业负债的能力。分析企业偿债能力，对企业投资者、经营者和债权人等都有非常重要的作用，有利于投资者做出正确的投资决策、经营决策和借贷决策，也有利于其他利益相关者正确评价企业的财务状况。企业偿债能力可分为企业短期偿债能力和企业长期偿债能力。

企业短期偿债能力是指企业用流动资产偿还流动负债的现金保障程度，主要取决于企业资产的流动性和变现能力。企业短期偿债能力分析主要是指根据企业财务报表，尤其是资产负债表，同时结合其他资料，将企业的短期债务与可获得的用于偿还这些债务的短期资金进行比较，通过计算一些指标来判断企业当前的偿付能力及在面临财务困境时能够保持一定偿付能力的能力。常用的几种企业短期偿债能力分析指标有营运资金、流动比率、速动比率、现金比率、现金流量比率等。

企业长期偿债能力是指企业偿还长期债务的现金保障程度，主要取决于企业的资本结构和获利能力。企业长期偿债能力分析主要是指根据企业的资产负债表、利润表等财务报表，从长远观点出发，动态地考查和判断企业是否可以按照先前约定的条件进行还本付息。常用的几种企业长期偿债能力分析指标有资产负债率、产权比率、利息保障倍数、固定费用保障倍数等。

另外，在进行企业短期偿债能力分析和企业长期偿债能力分析时，除了表内因素外，还必须考虑影响企业偿债能力的各种表外因素，这样才能更加综合、准确地对企业偿债能力做出判断。

课后习题

简答题

1. 简述企业偿债能力分析的目的。
2. 简述影响企业长期偿债能力的主要因素。
3. 流动比率和速动比率有何区别？各自的优点和不足有哪些？
4. 资产负债率对企业的债权人、投资者和经营者有何影响？
5. 企业短期偿债能力分析指标主要有哪些？
6. 企业长期偿债能力分析与企业短期偿债能力分析有何区别和联系？

第十章
企业盈利能力分析

学习目标

1. 了解盈利能力分析的目的，理解资本经营、资产经营和商品经营的内涵及相互关系，掌握搜集同行业企业数据的方法。

2. 掌握净资产收益率、总资产报酬率、收入利润率、成本利润率的计算与分析方法。

3. 根据盈利能力分析方法，能够运用资本经营盈利能力分析、资产经营盈利能力分析、商品经营盈利能力分析、上市公司盈利分析等方法分析上市公司的盈利能力，并对同行业企业进行比较。

课堂导入

中国企业500强盈利能力的衡量

2016年7月16日，财富中文网发布了2016年度中国企业500强排行榜。该排行榜覆盖了包括在中国境内外上市的所有中国公司。尽管在2015年，油价暴跌导致营业收入大幅下降，但中国石油化工股份有限公司和中国石油天然气股份有限公司在当年的榜单上仍然稳居前两位，中国建筑集团有限公司和中国工商银行股份有限公司继续位列第三位和第四位。中国移动通信集团有限公司排名连续两年下滑一位，2016年跌至第六位，被上海汽车集团股份有限公司超越。

2016年，上榜中国企业500强的门槛提高到96.08亿元。四大银行依旧是中国企业500强中最赚钱的公司。按利润统计，中国企业500强上榜公司中利润最高的前4家公司分别是：中国工商银行股份有限公司（利润为2 771.31亿元）、中国建设银行股份有限公司（利润为2 281.45亿元）、中国农业银行股份有限公司（利润为1 805.82亿元）、中国银行股份有限公司（利润为1 708.45亿元）。同时，共有52家公司亏损，较2015年的31家上升了67.7%。

从利润率来看，阿里巴巴集团控股有限公司利润率最高，达到73.09%，百度（中国）有限公司、国信证券股份有限公司利润率分别位列第二名和第三名。2016年中国企业500强中利润率最高的公司为阿里巴巴集团控股有限公司，它在2016年度中国企业500强排行榜上排名第62位，营业收入为943.84亿元，利润为689.88亿元，利润率高达73.09%。紧随其后的是百度（中国）有限公司和国信证券股份有限公司，利润率分别为50.71%和47.87%。

从净资产收益率来看，互联网公司在净资产收益率方面表现抢眼，多数上榜公司为民营企业。唯品会（中国）有限公司净资产收益率最高，达到44.92%。唯品会（中国）有限公司在2016年度中国企业500强排行榜上排名第146位，营业收入为402.03亿元，利润为15.90亿元。百度（中国）股份有限公司和华东医药股份有限公司分别位列第二名和第三名，其净资产收益率分别为41.95%和36.92%。

从这个案例可以看出，企业盈利能力是评价企业实力的重要依据。那么我们应当如何对企业盈利能力进行全面综合的分析呢？同行业企业盈利状况对本企业盈利能力的判断有怎样的参考作用呢？这些都需要我们了解并掌握企业盈利能力分析的技术和方法。

第一节　企业盈利能力分析的目的与内容

一、企业盈利能力分析的目的

企业盈利能力，也称获利能力，通常是指企业在一定时期内赚取利润的能力。盈利能力可以用利润率来衡量，利润率越高，盈利能力越强；利润率越低，盈利能力越弱。企业经营业绩最终可通过企业盈利能力来反映。无论是企业的经理人员、债权人，还是股东（投资人），都非常关心企业盈利能力，并重视对利润率及其变动趋势的分析与预测。

从企业角度来看，从事经营活动，直接目的是最大限度地赚取利润并持续稳定地经营和发展。持续稳定地经营和发展是获取利润的基础；而最大限度地获取利润又是企业持续稳定发展的目标和保证。只有不断获取利润，企业才可能发展；同样，盈利能力较强的企业比盈利能力较弱的企业具有更强的活力和更好的发展前景。因此，企业盈利能力是管理人员最重要的业绩衡量标准，也是发现问题、改进企业管理的突破口。对于管理人员来说，进行企业盈利能力分析的目的具体表现在以下两个方面：

（1）利用企业盈利能力的有关指标反映和衡量企业经营业绩。管理人员的根本任务就是通过自己的努力使企业赚取更多的利润。各项收益数据反映着企业盈利能力，也体现了管理人员的工作业绩。用已实现的企业经营业绩与基期数据、同行业平均数据，以及其他企业数据相比较，可以衡量管理人员的工作业绩。

（2）通过企业盈利能力分析，发现企业在经营管理中存在的问题。企业的经营状况，都会通过企业盈利能力表现出来。通过企业盈利能力分析，管理人员可以发现经营管理中的重大问题，进而采取措施以解决问题，提高企业收益水平。

对于债权人来讲，利润是企业偿债资金的重要来源，特别是对长期债务而言。企业盈利能力直接影响企业偿债能力。企业举债时，债权人势必审查企业偿债能力，而企业偿债能力最终取决于企业盈利能力。因此，对债权人而言，分析企业盈利能力也是非常重要的。

对于股东（投资人）而言，企业盈利能力更是至关重要的。在市场经济下，股东往往会认为企业盈利能力比财务状况、营运能力更重要。股东的直接目的就是获得更多的利润，因为对于信用相同或相近的几个企业，投资人倾向于将资金投向盈利能力较强的企业。股东关心企业赚取了多少利润并重视对利润率的分析，是因为他们获取的股息与企业盈利能力紧密相关。此外，企业盈利能力增强还会使股票价格上升，从而使股东获得资本收益。

二、企业盈利能力分析的基础

从不同角度或不同的分析目的看，利润率指标有多种形式。不同层次、不同性质的企业，经营方式不同，反映企业盈利能力的指标也会有所不同。经营方式是企业盈利能力分析的基础。经营方式可以分为资本经营、资产经营和商品经营三种类型。

（一）资本经营及其盈利能力

资本经营是与资本经营型企业的经营方式紧密联系的。资本经营的特点是围绕资本保值与增值进行经营管理，把资本收益作为管理的核心，资产经营、商品经营和产品经营都服从资本经营的目标。资本经营型企业的管理目标是追求资本保值与增值和资本盈利能力最大化。因此，资本经营的内涵是企业以资本为基础，通过优化配置来提高资本经营效益。资本经营的领域包括资本流动、收购、重组、参股和控股等能实现资本保值与增值的领域，资本经营的目的是使企业以一定的资本投入，取得尽可能多的资本收益。

（二）资产经营及其盈利能力

资产经营是与资产经营型企业的经营方式紧密相连的。资产经营的特点是把资产作为企业资源投入，并围绕资产的配置、重组、使用等进行管理。在资产经营中，商品经营或产品经营要以资产经营为基础，即围绕资产经营进行商品经营和产品经营。资产经营型企业的管理目标是追求资产增值和资产盈利能力最大化。因此，资产经营的内涵是合理配置与使用资产，以一定的资产投入取得尽可能多的收益。

（三）商品经营及其盈利能力

商品经营是与生产经营型企业的经营方式紧密相连的。生产经营的特点是围绕产品生产进行经营管理，包括对供应、生产和销售各环节的管理及相应的筹资与投资管理。生产经营型企业的管理目标是追求供产销衔接及商品盈利。因此，商品经营的基本内涵是企业以市场为导向，组织供产销等经营活动，以一定的人力、物力消耗，生产与销售尽可能多的社会需要的商品。

提到商品经营的概念，通常会与另外一个概念相区分，那就是产品经营。产品经营是与单纯生产型企业的经营方式紧密相连的。产品经营的基本特点是企业只管生产，不管供应与销售，更不管筹资、投资等。此时的企业严格来讲并不是真正意义上的企业，而只是一个生产车间。单纯生产型企业的管理目标是完成生产任务，降低生产消耗量。因此，产品经营的基本内涵就是在国家政策指导下，企业组织产品生产，以一定的人力、物力消耗，按时、保质、保量生产出一定的产品。商品经营和产品经营是既相互联系，又有所区别的。两者的联系和区别主要体现在以下几个方面：第一，产品经营是商品经营的一个环节，且是最基本的环节；商品经营是产品经营的扩展。第二，产品经营侧重于产品实物经营，而不强调投入品与产出品的价格；商品经营不仅重视产品实物经营，而且强调价值经营，即考虑投入品与产出品的价格。第三，商品经营目标比产品经营目标更综合。因此，要实现商品经营目标，既要搞好产品经营，提高生产技术效率，又要重视供产销衔接及价值管理，提高商品的经济效益。

（四）资本经营、资产经营与商品经营之间的联系

1. 资本经营与资产经营

人们在使用资本经营与资产经营概念时，往往会在一定程度上产生混淆。这种混淆主要产生于对资本和资产概念的不同认识。因此，要弄清资本经营与资产经营的关系，首先应明确资本与资产的内涵。从经济学角度来看，资本的内涵与我们通常所说的资产的内涵基本相同，但是资本的内涵侧重于揭示企业所拥有的经济资源，而不考虑这些经济资源的来源。从这个角度来看，资本经营实际上等同于资产经营。从会计学角度看，狭义的资本通常是指企业所有者投入的资本（自有资本或所有者权益），它与资产是不同的。广义的资本是由狭义资本（自有资本或所有者权益）和负债（他人资本）构成的。这里的资本实际上揭示了企业经济资源的来源及特征。从这个角度看，资产经营与资本经营是不同的。研究资产经营与资本经营的关系，应从这个角度进行。它们之间的区别主要表现在以下两个方面：第一，经营内容不同，资产经营主要强调资产的配置、重组及有效使用；资本经营主要强调资本流动、收购、重组、参股和控股等。第二，经营出发点不同，资产经营从整个企业出发，强调全部资源的运营，而不考虑资源的产权问题；资本经营则在产权清晰的基础上从企业所有者角度出发，强调资本（自有资本或所有者权益）的运营，把资产经营看作资本经营的环节或组成部分。它们之间的联系主要表现在以下两个方面：第一，资本与资产的关系决定了两者之间相互依存、相互作用，资本经营要以资产经营为依托，不能离开资产经营而独立存在；第二，资本经营是企业经营的最高层次，资本经营是资产经营的进步。

2. 资产经营与商品经营

资产经营与商品经营是既相互联系，又相互区别的，主要体现在以下几个方面：第一，资产经营不能离开商品经营而独立存在，没有有效的商品经营是不能取得好的资产经营效果的。第二，资产经营是商品经营的进一步发展，它不仅考虑商品本身的消耗与收益，还考虑资产的投入与产出及周转速度，并以此作为经营的核心。第三，资产经营目标比商品经营目标更综合。实现商品经营目标是实现资产经营目标的基础。要实现资产经营目标，应在商品经营基础上，进一步做好资产的重组与有效使用工作，加快资产周转速度。

三、企业盈利能力分析的内容

企业盈利能力分析是企业财务分析的重点。企业财务结构分析、企业偿债能力分析等分析工作的根本目的是通过分析及时发现问题，优化企业财务结构，增强企业偿债能力、经营能力，最终提升企业盈利能力，促进企业持续稳定发展。企业盈利能力分析主要是指对利润率的分析。因为尽管利润额分析可以说明企业财务成果的增减变动状况及原因，为改善企业经营管理指明方向，但是，由于利润额受企业规模或投入总量的影响较大，因此，利润额一方面不便于在不同规模的企业之间进

行对比；另一方面也不能准确地反映企业的盈利能力和盈利水平。所以，仅进行利润额分析一般不能满足各方面对财务信息的需求，还必须对利润率进行分析。

在这里，企业盈利能力分析将从资本经营、资产经营与商品经营的角度展开。同时，由于上市公司涉及股权流通、股票价格公开等事项，有一些特殊的指标，因此我们还应对上市公司盈利能力进行分析。

（一）资本经营盈利能力分析

资本经营盈利能力分析主要对净资产收益率进行分析与评价。对净资产收益率产生影响的指标主要有总资产报酬率、负债利息率、资本结构和企业所得税税率等。

（二）资产经营盈利能力分析

资产经营盈利能力分析主要对总资产报酬率进行分析和评价。对总资产报酬率产生影响的指标主要有总资产周转率和销售息税前利润率。

（三）商品经营盈利能力分析

商品经营盈利能力分析主要对利润率进行分析和评价，包括收入利润率分析和成本利润率分析两方面的内容。

（四）上市公司盈利能力分析

上市公司盈利能力分析主要对每股收益、普通股权益报酬率、股利发放率、价格与收益比率、托宾 Q 指标、现金分配率及每股经营现金流量等进行分析。

四、影响企业盈利能力的主要因素

企业盈利能力受到行业特征、营销能力、资产结构及资本结构等方面的影响。分析和研究这些因素对于正确评价企业盈利能力非常重要。

（一）行业特征

上市公司若处于不同行业，则盈利能力的差别会很大。例如，行业竞争状况、进入时机、领先时间等，都会对企业盈利能力的稳定性和持续性产生影响。

（二）营销能力

营业收入是企业利润的主要来源，是企业发展和扩张的基础。而营销能力的强弱可以改变企业市场占有率的高低，是扩张经营规模、增加营业收入的保证。科学有效的营销策略有助于形成良好的营销状况，为企业盈利提供最基本的条件。

（三）资产结构

资产结构是指企业资产负债表左边资产的配置比例关系。通常情况下，固定资产或长期资产比率过高，会使企业经营风险增大，经营能力利用度降低，经营杠杆系数偏高。相反，如果企业流动资产比例过高，则经营风险降低，经营杠杆系数变小，企业获利能力下降。

（四）资本结构

资本结构是指企业资产负债表右边不同的资金来源方式所形成的结构比例关系，资本结构有狭义和广义之分。狭义的资本结构是指长期资本之间的比例关系，广义的资本结构又称财务结构，是指负债与所有者权益之间的比例关系。反映资本结构状况的指标主要是资产负债率。理论上讲，长期负债由于具有相对稳定性，利息又在税前列支，具有税盾效应，因此适当的负债往往能够提高净资产收益率，增强企业盈利能力。但是很多研究表明，我国上市公司的盈利能力与资产负债率呈负相关关系，而且上市时间越长的公司盈利能力往往越弱。

（五）其他因素

除行业特征、营销能力、资产结构、资本结构等因素外，还有很多其他因素也会影响企业盈利能力。例如，技术创新，具有技术创新优势的企业容易形成较高的进入壁垒和集中度，从而获得较高的利润率，而较高的利润水平又增强了企业的产品研发能力，促进企业良性发展。资产规模、资本规模、行业生命周期、经济周期等也会对企业盈利能力产生重要影响。

五、企业盈利能力分析的意义

（一）有利于投资者进行投资决策

任何投资者进行投资的基本目的都是获利。因此投资者总是将资金投向盈利能力最强的企业。投资者通过分析企业盈利能力，能够判断企业盈利能力的高低、盈利能力的稳定性和持久性及未来盈利能力的变化趋势。企业盈利能力的增强能够提高投资者的投资回报，促进股票价格的提升，增加股东财富。

（二）有利于债权人衡量资金的稳定性

债权人为企业提供资金的目的是收回本金、获取利息。而本息安全程度的高低在很大程度上受制于盈利状况的好坏。企业短期债权人主要关注企业当期的盈利水平和企业的现金净流量，从而保证自身在短期内收回本息，短期债权人较少关注盈利的稳定性和持久性。而长期债权人关注企业在长期债务到期时能否及时足额还本付息，长期债务的偿还以企业持久稳定的获利为基础，因此长期债权人侧重于分析判断企业长期盈利能力的强弱、盈利的稳定性和持久性。

（三）有利于职业经理人对企业进行经营管理

企业从事生产经营活动的根本目的是最大限度地赚取利润并维持企业的稳定和发展。企业管理人员通过相关指标与标准值、基期值、行业平均值、目标值的比较，可以发现管理业绩的差距，通过对影响因素的进一步分析，可以发现经营管理中存在的重大问题，从而采取有效的措施，提高企业的盈利水平。

（四）有利于政府部门行使社会职能

财政收入是政府行使行政职能的经济基础，而税收是财政收入的主要构成成分。企业盈利能力越强，利润越高，对税收的贡献就越大。各级政府如果能汇集较多的财政收入，就能将更多的资金投入到基础设施建设、科技教育、环境保护、医疗卫生及其他公益事业中，从而更好地履行社会管理职能，为国民经济的良性发展提供必要的保证，推动社会的不断进步。

（五）有利于保障职工的劳动权益

企业盈利能力直接影响员工的切身利益。具有较强盈利能力的企业，能够吸引优秀员工，能够为员工提供较为稳定的就业岗位、较多的发展机会、较丰富的职工薪金和福利待遇，为职工的工作、生活、健康等方面创造良好的条件。

第二节　资本经营盈利能力分析

一、资本经营盈利能力的内涵

资本经营盈利能力是指企业所有者投入的资本通过经营取得利润的能力。投资者投资的目的是资本保值与增值。投资者非常关心企业的投资报酬率，因为投资报酬率的提高有利于股东权益的实现，但是高投资报酬率并不等于股东的高收益，因为当企业的总资本包括债务融资时，只有债务资本带来的利润高于债务资本的成本利息支出，投资才会使股东权益增加。

二、资本经营盈利能力指标

资本经营盈利能力分析主要对净资产收益率进行分析和评价。

净资产收益率是指企业在一定会计期间实现的净利润与其平均所有者权益的比率，用于衡量股东权益创造投资回报的能力，是反映企业盈利能力的核心指标。因为企业的根本目标是所有者权益最大化或股东价值最大化，而净资产收益率既可直接反映资本的增值能力，又影响着股东价值。该指标越高，企业盈利能力越强，其计算公式是

$$净资产收益率=\frac{净利润}{平均净资产}\times100\%$$

上式中，净利润是指企业当期税后利润；净资产是指企业资产减去负债后的余额，包括实收资本、资本公积、盈余公积和未分配利润等，也就是资产负债表中的所有者权益总额。对于平均净资产，一般取期初净资产与期末净资产的平均值，但是，如果要通过该指标观察分配能力，则取年末的净资产更为恰当。

【例 10-1】已知新希望集团 2×19 年和 2×20 年的相关数据如表 10-1 所示，分别计算 2×19 年和 2×20 年的净资产收益率。

表 10-1　净资产收益率

项目	2×20 年	2×19 年
净利润/千元	1 911 935	1 451 451
平均净资产/千元	14 035 978	12 107 123
净资产收益率/%		

2×20 年净资产收益率 = 1 911 935 000÷14 035 927 000×100% = 13. 62%

2×19 年净资产现金回收率 = 1 451 451 000÷12 107 123 000×100% = 11. 99%

可知，2×20 年新希望集团的净资产收益率较 2×19 年有所提高。

三、影响资本经营盈利能力的因素

影响净资产收益率的因素主要有总资产报酬率、负债利息率、资本结构和企业

所得税税率等。

1. 总资产报酬率

净资产是企业全部资产的一部分，因此净资产收益率必然受企业总资产报酬率的影响。在负债利息率等其他条件不变的情况下，总资产报酬率越高，净资产收益率就越高。

2. 负债利息率

负债利息率之所以影响净资产收益率，是因为在资本结构一定的情况下，如果总资产报酬率高于负债利息率，负债利息率越低，投资人（股东）获得的杠杆利益就越大；反之，杠杆利益就越小。如果总资产报酬率低于负债利息率，负债利息率越高，投资人（股东）遭受的杠杆损失就越大；反之，杠杆损失就越小。

3. 资本结构

当总资产报酬率高于负债利息率时，提高负债与所有者权益之比，净资产收益率也会随之提高；反之，降低负债与所有者权益之比，净资产收益率也会随之降低。

4. 企业所得税税率

因为净资产收益率的分子是净利润，即税后利润，因此企业所得税税率的变动必然引起净资产收益率的变动。通常情况下，企业所得税税率提高，净资产收益率下降；反之，净资产收益率上升。

下式可反映出净资产收益率与各影响因素之间的关系：

净资产收益率=总资产报酬率+（总资产报酬率-负债利息率）×（1-企业所得税税率）

公式推导如下：

净资产收益率=(利润总额÷净资产)×(1-企业所得税税率)
=(利润总额+利息支出-利息支出)÷净资产×(1-企业所得税税率)
=[(利润总额+利息支出)÷总资产×(总资产÷净资产)-利息支出÷净资产]×(1-企业所得税税率)
=[(利润总额+利息支出)÷总资产×(1+负债÷净资产)-利息支出÷净资产]×(1-企业所得税税率)
=[(利润总额+利息支出)÷总资产+(利润总额+利息支出)÷总资产×(负债÷净资产)-(利息支出÷净资产)×(负债÷负债)]×(1-企业所得税税率)
=[(利润总额+利息支出)÷总资产+(负债÷净资产)×(利润总额+利息支出)÷总资产-(负债÷净资产)×(利息支出÷负债)]×(1-企业所得税税率)
=[总资产报酬率+(总资产报酬率-负债利息率)×(负债÷净资产)]×(1-企业所得税税率)

四、资本经营盈利能力的因素分析

明确净资产收益率与其影响因素之间的关系，运用连环替代法或差额计算法，可分析各影响因素的变动对净资产收益率的影响。

【例 10-2】新希望集团 2×19 年和 2×20 年的相关数据如表 10-2 所示，要求运用连环替代法对新希望集团的资本经营盈利能力进行因素分析。

表 10-2 资本经营盈利能力的因素分析

项目	2×20 年	2×19 年	差异
平均总资产/千元	45 047 739	32 495 125	—
平均净资产/千元	14 035 978	12 107 123	—
负债/千元	35 682 374	26 341 148	—
负债与平均净资产之比	2. 54	2. 17	0. 37
利息支出/千元	1 308 254	494 371	—
负债利息率/%	3. 67	1. 88	1. 79
利润总额/千元	2 262 543	1 727 734	—
息税前利润/千元	3 570 797	2 222 105	—
净利润/千元	1 911 935	1 451 451	—
企业所得税税率/%	27. 4	30. 09	-2. 69
总资产报酬率/%	7. 93	6. 84	1. 09
净资产收益率/%	13. 62	12. 31	1. 31

注：利息支出按照财务费用计算。负债利息率按利息支出+负债推算。企业所得税税率分别根据 2×19 年和 2×20 年分解后的净资产收益率公式倒推得出。由于其中可能涉及递延税款等问题，因此企业所得税税率不能确保为 33%或 25%。本部分内容的学习以掌握方法为目的，故税率采用倒推数值。平均总资产为 2×19 年年末总资产与 2×20 年年末总资产数值的平均数。平均净资产为 2×19 年年末净资产与 2×20 年年末净资产数值的平均数。

根据表 10-2 的资料，对新希望集团的资本经营盈利能力的因素分析如下：

2×20 年净资产收益率-2×19 年净资产收益率＝13. 62%-12. 31%＝1. 31%

连环替代：

2×19 年净资产收益率＝［6. 84%+（6. 84%-1. 88%）×2. 17］×（1-30. 09%）＝12. 31%

第一次替代（总资产报酬率）：［7. 93%+（7. 93%-1. 88%）×2. 17］×（1-30. 09%）＝14. 72%

第二次替代（负债利息率）：［7. 93%+（7. 93%-3. 67%）×2. 17］×（1-30. 09%）＝12. 01%

第三次替代（负债与平均净资产之比）：［7. 93%+（7. 93%-3. 67%）×2. 54］×（1-30. 09%）＝13. 11%

2×20 年净资产收益率＝［7. 93%+（7. 93%-3. 67%）×2. 54］×（1-27. 4%）＝13. 62%

总资产报酬率变动的影响：14. 72%-12. 31%＝2. 41%

负债利息率变动的影响：12. 01%-14. 72%＝-2. 71%

负债与平均净资产之比变动的影响：13. 11%-12. 01%＝1. 10%

企业所得税税率变动的影响：13. 62%－13. 11%＝0. 51%

可见，新希望集团 2×20 年净资产收益率比 2×19 年净资产收益率提高了 1. 31%，主要是总资产报酬率提高引起的，总资产报酬率提高使得净资产收益率提高了 2. 41%。企业负债筹资成本上升给净资产收益率带来的是负面影响，负债利息率提高使得净资产收益率降低了 2. 71%。负债与平均净资产之比的上升发挥了一定的财务杠杆作用，但由于变化较小，故作用不是很明显，仅使得净资产收益率上升 1. 10%。企业所得税税率的降低为净资产收益率的上升做出了一定贡献，使得净资产收益率上升 0. 51%。

五、现金流量指标对资本经营盈利能力的补充

前文所述的资本经营盈利能力分析主要以资产负债表、利润表为基础，是在权责发生制基础上对企业一定时期获取利润的能力的一种评价。而在资本经营盈利能力评价的基准上，以收付实现制为计算基础，以现金流量表所列示的各项财务数据为基本依据，通过一系列现金流量指标的计算，对企业盈利能力可以做到进一步的检验。通过现金流量指标的计算来修正和补充企业盈利能力指标，更有利于对企业盈利状况进行多视角、全方位综合分析，可以反映企业创造的利润带来现金流的能力，从而反映企业利润的品质。对资本经营盈利能力发挥补充作用的现金流量指标主要有净资产现金回收率和盈利现金比率。

1. 净资产现金回收率

净资产现金回收率是指经营活动净现金流量与平均净资产之间的比率。该指标是对净资产收益率的有效补充。那些提前确认收益而长期未收现的企业可以用净资产现金回收率与净资产收益率进行对比，从而补充观察净资产收益率的盈利质量。其计算公式是

净资产现金回收率＝经营活动净现金流量÷平均净资产×100%

【例 10-3】已知新希望集团 2×19 年和 2×20 年的相关数据如表 10-3 所示，分别计算 2×19 年和 2×20 年的净资产现金回收率，并进行简要分析。

表 10-3　净资产现金回收率

项目	2×20 年	2×19 年
经营活动净现金流量/千元	3 647 913	88 390
平均净资产/千元	14 035 978	12 107 123
净资产现金回收率/%		

2×20 年净资产现金回收率＝3 647 913 000÷14 035 927 000×100%＝25. 99%

2×19 年净资产现金回收率＝88 390 000÷12 107 123 000×100%＝0. 73%

可知，2×20 年新希望集团的净资产现金回收率较 2×19 年有显著提高，说明新希望集团在盈利能力提升的同时，也提高了盈利质量。

2. 盈利现金比率

盈利现金比率也称盈余现金保障倍数。这一比率反映企业本期的经营活动净现金流量与净利润之间的比率关系。计算公式如下：

$$盈利现金比率=\frac{经营活动净现金流量}{净利润}\times 100\%$$

一般情况下，盈利现金比率越大，企业盈利质量就越高。如果该比率小于 1，说明本期净利润中存在尚未实现的现金收入。在这种情况下，即使企业盈利，也可能发生现金短缺，进而导致资金链断裂，甚至破产。应收账款的增加，可能有以下三方面的原因：第一，为了扩大市场份额而调整信用政策，进而导致赊销增加；第二，企业规模扩大（资产增加）而带来的应收账款增加；第三，盈余管理促成虚列收入，应收账款增加。对于第一种原因可以借助指标（销售商品、提供劳务收到的现金÷经营活动净现金流量）进行分析，若该指标随应收账款增加而持续上升，说明应收账款的增加尚属正常；对于第二种原因可以借助指标［（期末总资产-期末应收账款）÷（期初总资产-期初应收账款）］进行分析，若该指标上升，说明企业规模壮大，债权资产增加也属正常。若非前两种原因，则有利用应收账款操纵利润之嫌。

在进行盈利质量分析时，仅仅靠一年的数据未必能说明问题，需要进行连续的盈利现金比率的比较。若盈利现金比率一直小于 1 甚至为负数，则说明企业盈利质量相当差，严重时企业甚至会破产。

六、资本经营盈利能力的行业分析

按照总资产规模排名，新希望集团排第一位。表 10-4 是同行业企业净资产收益率比较分析信息。

表 10-4　同行业企业净资产收益率比较分析信息

企业名称	总资产规模/千元	净资产规模/千元	净资产收益率/%	差异/%
新希望集团	50 865 921	15 183 547	12. 36	100
FHT	5 654 387	2 788 478	7. 32	59. 22
YDG	4 039 555	1 134 789	2. 57	20. 79
ZTK	2 845 663	859 057	18. 12	146. 60
DFT	4 110 723	2 620 468	4. 15	33. 58

由表 10-4 可以看出，新希望集团的净资产收益率在同行业企业中偏高，其盈利能力也比同行业大多数企业更强。

第三节　资产经营盈利能力分析

一、资产经营盈利能力的内涵

资产经营盈利能力是指企业运营资产而产生利润的能力。企业的资金来源有两大渠道，一是投资者投入资金，形成股东权益；二是债权人借入资金，形成短期负债和长期负债。企业从外部取得资金是有成本的，企业必须通过有效的投资获取超过资金成本的收益，才能在激烈的市场竞争中生存、发展和盈利。对企业管理者而言，两种资金来源对企业投资盈利发挥着同样的作用，所以企业管理者对资产经营盈利能力非常关注。资产经营盈利能力分析是从企业的整体角度来考察企业盈利能力。

二、资产经营盈利能力指标

资产经营盈利能力分析主要对总资产报酬率进行分析和评价。

总资产报酬率也称总资产收益率，是指企业一定时期实现的收益总额与全部资产平均额之间的比率，即息税前利润与平均总资产之间的比率，计算公式为

总资产报酬率=息税前利润÷平均总资产×100%

=（利润总额+利息支出）÷平均总资产×100%

平均总资产=（期初资产总额+期末资产总额）÷2

为什么计算总资产报酬率会涉及利息支出？因为采用全部资产平均额进行计算，没有从利润中扣除自有资本的等价报酬——红利，那么也不能扣除借入资本的等价报酬——利息，何况从企业对社会的贡献来看，利息和利润具有同样的经济意义。

总资产报酬率高，说明企业资产利用效率高，也意味着企业资产盈利能力强，所以这个比率越高越好。但是在评价总资产报酬率时，还需要与本企业前期的这一比率、同行业企业的这一比率等进行比较，进一步找出影响该指标的不利因素，以利于企业加强经营管理。

三、影响资产经营盈利能力的因素

根据总资产报酬率的经济内容，我们可将总资产报酬率的公式做如下分解：

总资产报酬率=营业收入÷平均总资产×息税前利润÷营业收入×100%

=总资产周转率×息税前利润率×100%

可见，影响总资产报酬率的因素有两个：一个是总资产周转率，一个是息税前利润率。总资产周转率表示企业每一单位资产（以货币计量的资产，单位为元）能够带来的收入。作为反映企业资产运营能力的指标，总资产周转率可用于说明资产运营效率，是企业资产经营效果的直接体现。有时，总资产周转率也可以用倒数表示（平均总资产÷营业收入），表示企业每产生一元销售收入需要投入的资产。息税前利润率反映的是每一元销售收入所能带来的利润额，体现了商品经营盈利能力，盈利能力越强，销售利润率越高。可见资产经营盈利能力受商品经营盈利能力和资产运营效率两方面的影响。

四、资产经营盈利能力的因素分析

在上述总资产报酬率因素分解式的基础上，运用连环替代法或差额计算法可以分析总资产周转率和息税前利润率变动对总资产报酬率的影响。

【例10-4】仍以新希望集团有关资料（见表10-5）为例，分析确定总资产周转率和息税前利润率变动对总资产报酬率的影响。

表 10-5　资产经营盈利能力的因素分析

项目	2×20 年	2×19 年	差异
营业收入/千元	44 293 427	34 777 181	—
利润总额/千元	2 262 543	1 727 734	—
利息支出/千元	1 308 254	494 371	—
息税前利润/千元	3 570 797	2 222 105	—
平均总资产/千元	45 047 739	33 008 378	—
总资产周转率/千元	0. 983 3	1. 053 6	-0. 070 3
息税前利润率/%	8. 06	6. 39	1. 67
总资产报酬率/%	7. 93	6. 73	1. 2

2×20 年总资产报酬率-2×19 年总资产报酬率=7. 93%-6. 73%=1. 2%

因素分析：

总资产周转率变动对总资产报酬率的影响=（0. 983 3-1. 053 6）×6. 39%=-0. 45%

息税前利润率变动对总资产报酬率的影响=（8. 06%-6. 39%）×0. 983 3=1. 64%

分析结果表明，新希望集团 2×20 年总资产报酬率比 2×19 年提高了 1. 2%，这是息税前利润率提高的结果，它使总资产报酬率提高了 1. 64%；而总资产周转率降低使总资产报酬率降低了 0. 45%，否则总资产报酬率会有更大的增长幅度。由此可见，要提高总资产报酬率，增强资产经营盈利能力，就要从提高总资产周转率和息税前利润率两方面努力。

五、现金流量指标对资产经营盈利能力的补充

对资产经营盈利能力发挥补充作用的现金流量指标主要是全部资产现金回收率。全部资产现金回收率是指经营活动净现金流量与平均总资产之间的比率。该指标可以作为对总资产报酬率的补充，反映企业利用资产获取现金的能力，也可以用来衡量企业资产获取现金的能力。其计算公式为

全部资产现金回收率=经营活动净现金流量÷平均总资产×100%

【例 10-5】根据新希望集团资料（见表 10-6），计算 2×20 年和 2×19 年全部资产现金回收率。

表 10-6　全部资产现金回收率

项目	2×20 年	2×19 年
经营活动净现金流量/千元	3 647 913	88 390
平均总资产/千元	45 047 739	33 008 378
全部资产现金回收率/%		

2×20 年全部资产现金回收率=3 647 913 000÷45 047 739 000×100%=8.1%

2×19 年全部资产现金回收率=88 309 000÷33 008 378 000×100%=0.27%

与 2×19 年全部资产现金回收率相比，2×20 年新希望集团全部资产现金回收率有显著提高。这说明新希望集团在盈利能力增强的同时，也提高了盈利质量。

六、资产经营盈利能力的行业分析

按照总资产规模排名，新希望集团排第一位。表 10-7 是同行业企业总资产报酬率比较分析信息。

表 10-7　同行业企业总资产报酬率比较分析信息

企业名称	总资产规模/千元	净资产规模/千元	总资产报酬率/%	差异/%
新希望集团	50 865 921	15 183 547	7.93	100
FHT	5 654 387	2 788 478	4.52	57.00
YDG	4 039 555	1 134 789	3.62	45.65
ZTK	2 845 663	859 057	10.58	133.42
DFT	4 110 723	2 620 468	3.20	40.35

由表 10-7 可以看出，新希望集团的总资产报酬率在同行业企业中偏高，其盈利能力也比同行业大多数企业更强。

第四节　商品经营盈利能力分析

一、商品经营盈利能力的内涵

商品经营是相对资产经营和资本经营而言的。商品经营盈利能力不考虑企业的筹资或投资问题，只研究利润与收入或成本之间的比率关系。因此，反映商品经营盈利能力的指标可分为两类：一类是各种利润额与收入之间的比率，统称收入利润率；另一类是各种利润额与成本之间的比率，统称成本利润率。

二、收入利润率分析

反映收入利润率的指标主要有营业收入利润率、营业收入毛利率、总收入利润率、销售净利润率、销售息税前利润率等。不同的收入利润率，其内涵不同，揭示的收入与利润关系不同，在分析评价中的作用也不同。

（1）营业收入利润率指营业利润与营业收入之间的比率。

（2）营业收入毛利率指营业收入与营业成本的差额与营业收入之间的比率。

（3）总收入利润率指利润总额与总收入之间的比率，总收入包括营业收入、投资净收益和营业外收入。

（4）销售净利润率指净利润与营业收入之间的比率。

（5）销售息税前利润率指息税前利润与营业收入之间的比率，息税前利润是指利润总额与利息支出之和。

收入利润率是正向指标，值越高越好。分析时，我们应根据分析的目的与要求，确定适当的标准值，如可以使用行业平均值、全国平均值、企业目标值等。

【例 10-6】根据表 10-8 中的信息，分别计算新希望集团 2×20 年、2×19 年的收入利润率，并说明变动情况。

表 10-8 新希望集团收入利润率

项目	2×20 年	2×19 年
营业收入/千元	44 293 427	34 777 181
营业成本/千元	29 492 530	23 004 541
营业利润/千元	1 245 393	1 000 754
利润总额/千元	2 262 543	1 727 734
净利润/千元	1 911 935	1 451 451
利息支出/千元	1 308 254	494 371
总收入/千元	45 514 389	35 742 751
营业收入利润率/%		
营业收入毛利率/%		
总收入利润率/%		
销售净利润率/%		
销售息税前利润率/%		

2×20 年营业收入利润率＝1 245 393 000÷44 293 427 000×100%＝2. 81%

2×19 年营业收入利润率＝1 000 754 000÷34 777 181 000×100%＝2. 88%

差异＝2. 81%－2. 88%＝－0. 07%

2×20 年营业收入毛利率＝（44 293 427 000－29 492 530 000）÷44 293 427 000×100%＝33. 42%

2×19 年营业收入毛利率＝（34 777 181 000－23 004 541 000）÷34 777 181 000×100%＝33. 85%

差异＝33. 42%－33. 85%＝－0. 43%

2×20 年总收入利润率＝2 262 543 000÷45 514 389 000×100%＝4. 97%

2×19 年总收入利润率＝1 727 734 000÷35 742 751 000×100%＝4. 83%

差异＝4. 97%－4. 83%＝0. 14%

2×20 年销售净利润率＝1 911 935 000÷44 293 427 000×100%＝4. 32%

2×19 年销售净利润率＝1 451 451 000÷34 777 181 000×100%＝4. 17%

差异＝4. 32%－4. 17%＝0. 15%

2×20 年销售息税前利润率＝（2 262 543 000+1 308 254 000）÷44 293 427 000×100%＝8. 06%

2×19 年销售息税前利润率＝（1 727 734 000+494 371 000）÷34 777 181 000×

100%＝6.39%

差异＝8.06%－6.39%＝1.67%

从表 10－8 可以看出，新希望集团 2×20 年总收入利润率、销售净利润率比 2×19 年均有小幅提高，分别提高了 0.14%和 0.15%。销售息税前利润率得到了大幅提高，上升了 1.67%。但是，营业收入利润率和营业收入毛利率却有所降低，但降低幅度不大，这些表明，新希望集团盈利能力比较稳定，且略有提升。

对收入利润率分析，还可在此基础上，进一步研究各收入利润率之间的关系，从而找出某种利润率受其他利润率影响的状况。

三、成本利润率分析

反映成本利润率的指标有很多，主要有营业成本利润率、营业费用利润率、全部成本费用利润率等。

（1）营业成本利润率指营业利润与营业成本之间的比率。计算公式是

营业成本利润率＝营业利润÷营业成本×100%

（2）营业费用利润率指营业利润与营业费用的比率。营业费用包括营业成本、税金及附加、期间费用和资产减值损失。期间费用包括销售费用、管理费用、财务费用等。其计算公式是

营业费用利润率＝营业利润÷营业费用×100%

（3）全部成本费用利润率可分为全部成本费用总利润率和全部成本费用净利润率两种形式。

①全部成本费用总利润率的计算公式是

全部成本费用总利润率＝利润总额÷（营业费用+营业外支出）×100%

②全部成本费用净利润率的计算公式是

全部成本费用净利润率＝净利润÷（营业费用+营业外支出）×100%

以上反映成本利润率的指标反映了企业投入产出水平，即所得与所费的比率，体现了增加利润是以降低成本及费用为基础的。这些指标的数值越高，表明每耗费一元成本及费用取得的利润越多，劳动耗费实现的效益越高；反之，则说明每耗费一元成本及费用取得的利润越少，劳动耗费实现的效益越低。所以，成本利润率是综合反映企业成本效益的重要指标。

成本利润率也是正向指标，即值越高越好。分析评价时，我们可将各指标实际值与标准值进行对比，根据分析的目的与管理要求确定标准值，如可以使用行业平均值、全国平均值、企业目标值等。

【例 10－7】结合表 10－9 中的信息，分别计算新希望集团 2×20 年、2×19 年的成本利润率，并说明变动情况。

表 10－9　新希望集团成本利润率

项目	2×20 年	2×19 年
营业收入/千元	44 293 427	34 777 181
营业成本/千元	29 492 530	23 004 541

表10-9(续)

项目	2×20 年	2×19 年
营业费用/千元	43 048 034	33 776 427
营业利润/千元	1 245 393	1 000 754
利润总额/千元	2 262 543	1 727 734
净利润/千元	1 911 935	1 451 451
利息支出/千元	1 308 254	494 371
总收入/千元	45 514 389	35 742 751
营业外收入/千元	1 220 962	965 570
营业外支出/千元	203 812	238 590
营业成本利润率/%		
营业费用利润率/%		
全部成本费用总利润率/%		
全部成本费用净利润率/%		

2×20 年营业成本利润率＝1 245 393 000÷29 492 530 000×100%＝4. 22%

2×19 年营业成本利润率＝1 000 754 000÷23 004 541 000×100%＝4. 35%

差异＝4. 22%－4. 35%＝－0. 13%

2×20 年营业费用利润率＝1 245 393 000÷43 048 034 000×100%＝2. 89%

2×19 年营业费用利润率＝1 000 754 000÷33 776 427 000×100%＝2. 96%

差异＝2. 89%－2. 96%＝－0. 07%

2×20 年全部成本费用总利润率＝2 262 543 000÷（43 048 034 000+203 812 000）×100%＝5. 23%

2×19 年全部成本费用总利润率＝1 727 734 000÷（33 776 427 000+238 590 000）×100%＝5. 08%

差异＝5. 23%－5. 08%＝0. 15%

2×20 年全部成本费用净利润率＝1 911 935 000÷（43 048 034 000+203 812 000）×100%＝4. 42%

2×19 年全部成本费用净利润率＝1 451 451 000÷（33 776 427 000+238 590 000）×100%＝4. 27%

差异＝4. 42%－4. 27%＝0. 15%

从表 10-9 可以看出，新希望集团 2×20 年营业成本利润率和营业费用利润率与 2×19 年相比有所降低，但降低幅度较小，分别降低 0. 13%和 0. 07%。全部成本费用总利润率和全部成本费用净利润率有所上升，但上升幅度亦较小，分别上升 0. 15%和 0. 15%。这进一步说明了新希望集团盈利能力略有提升。对成本利润率的进一步分析，也可以从各成本利润率之间的关系角度进行。

四、现金流量指标对商品经营盈利能力的补充

销售获现比率是对商品经营盈利能力的补充，反映企业通过销售获取现金的能力，表明营业收入的现金保障程度。销售获利比率是指企业本期销售商品、提供劳务收到的现金与营业收入的比值，表示企业每 1 元营业收入中有多少是真金白银，即企业经营业务的资金回笼情况，其计算公式为

销售获现比率=销售商品、提供劳务收到的现金÷营业收入×100%

【例 10-8】新希望集团 2×20 年和 2×19 年相关资料如表 10-10 所示，计算 2×20 年和 2×19 年销售获现比率。

表 10-10　销售获现比率

项目	2×20 年	2×19 年
销售商品、提供劳务收到的现金/千元	45 008 874	34 078 133
营业收入/千元	44 293 427	34 777 181
销售获现比率/%		

2×20 年销售获现比率=45 008 874 000÷44 293 427 000×100%=101.62%

2×19 年销售获现比率=34 078 133 000÷34 777 181 000×100%=97.99%

从表 10-10 可以看出，2×20 年与 2×19 年相比，新希望集团销售获现比率有所提高，表明新希望集团通过销售获取现金的能力有所增强。由以上分析可以初步判定，新希望集团产品销售形势好，信用政策合理，收回货款及时，收款工作得力。

在使用销售获现比率进行分析时，应注意当期收到的预收账款和收回前期的应收账款的影响。

五、商品经营盈利能力的行业分析

按照总资产规模排名，新希望集团排第一位。表 10-11 是同行业企业营业收入利润率比较分析信息。

表 10-11　同行业企业营业收入利润率比较分析信息

企业名称	总资产规模/千元	净资产规模/千元	营业收入利润率/%	差异/%
新希望集团	50 865 921	15 183 547	2.81	100
FHT	5 654 387	2 788 478	4.87	173.38
YDG	4 039 555	1 134 789	-1.48	
ZTK	2 845 663	859 057	7.07	251.60
DFT	4 110 723	2 620 468	0.76	27.05

由表 10-11 可以看出，新希望集团营业收入利润率在同行业企业中处中等水平，原因可能是营业成本较高。

第五节　上市公司盈利能力分析

随着我国社会主义市场经济体制的建立、发展和完善，企业股份制改造成为建立现代企业制度的重要形式。随着股份制企业的增多和资本市场的完善，上市公司也越来越多。

根据上市公司自身特点，上市公司盈利能力除了可以通过一般企业盈利能力分析指标来分析外，还应进行一些特殊指标的分析，特别是一些与企业股票价格或市场价值相关指标的分析，如每股收益、普通股权益报酬率、股利发放率、价格与收益比率、托宾 Q 指标、现金分配率及每股经营现金流量等指标的分析。

一、每股收益分析

（一）每股收益的内涵与计算

每股收益是指每股发行在外的普通股所能分摊到的净收益额。这一指标关系普通股股东的利益，他们往往根据该指标做出投资决策。每股收益又分为基本每股收益与稀释每股收益。

1. 基本每股收益

基本每股收益是指归属于普通股股东的当期净利润与发行在外的普通股加权平均数之比。基本每股收益计算公式如下：

基本每股收益=（净利润-优先股股息）÷发行在外的普通股加权平均数（流通股股数）

由于优先股股东对股利的受领权优于普通股股东，因此在计算普通股股东所能享有的收益额时，应将优先股股利扣除。基本每股收益公式中采用发行在外的普通股加权平均数，是因为本会计期内新发行的普通股股数只能在增加以后的时期内产生权益，本会计期内减少的普通股股数在减少以前的期间内仍然产生收益，所以必须采用加权平均数，以正确反映本期内发行在外的普通股股数。发行在外的普通股加权平均数按下列公式计算：

发行在外的普通股加权平均数=期初发行在外普通股股数+当期发行在外普通股股数×已发行时间÷报告期时间-当期回购普通股股数×已回购时间÷报告期时间

已发行时间、报告期时间和已回购时间一般按照天数计算。在不影响计算结果合理性的前提下，也可以采用简化的计算方法，即按月计算。在按月计算的时候，发行时间是指普通股发行的次月至报告期期末的月数，而回购时间是指普通股回购的次月至报告期期末的月数。例如，某企业 2×20 年年初发行在外的普通股为 20 万股，同年 7 月 1 日该企业又增发了 6 万股，并且该年内未发行其他股票，亦未发生退股事项，采用简化的计算方法不会影响计算结果的合理性，则该年度发行在外的普通股加权平均数应为 23 万股（20+6×6÷12）。

【例 10-9】假设某企业在 2×20 年年初有发行在外的普通股 3 000 万股，为实施对外投资项目，3 月 31 日新发行股票 1 000 万股，为稳定企业股价，于 6 月 30 日和

12 月 31 日分别回购企业发行在外的普通股 500 万股，计算该企业发行在外的普通股加权平均数。

$$该企业发行在外的普通股加权平均数=3\ 000\times\frac{12}{12}+1\ 000\times\frac{9}{12}-500\times\frac{6}{12}$$

$$=3\ 500（万股）$$

转增的股份由于来自企业未分配利润，因此无论转增发生在哪个月，企业所有者权益总额都没有变化，因此转增的股份视同年初就存在的股本。

对于新发行的普通股股数，应当根据发行合同的具体条款，从应收对价之日（一般为股票发行日）起计算确定，通常包括以下情况：①为收取现金而收取的普通股数数，从应收现金之日起计算；②因债务转为资本而发行的普通股股数，从停止计息之日或结算日起计算；③非同一控制下的企业合并，作为对价发行的普通股股数，应当计入各列报期间普通股的加权平均数；④为收购非现金资产而发行的普通股股数，从确认之日起计算。例如，【例 10-9】中该企业计划发行股票并于 6 月获得监管部门批准，但在 6 月 30 日才实际发行并收到认购资金，则从 7 月 1 日起将新发行的普通股股数计入发行在外的普通股加权平均数。

2. 稀释每股收益

稀释每股收益是指当企业存在稀释性潜在普通股时，应当分别调整归属于普通股股东的当期净利润和发行在外的普通股加权平均数，并据此计算稀释每股收益。

所谓稀释性潜在普通股，是指假设当期转换为普通股会减少每股收益的潜在普通股，如可转换公司债券、认股权证和股份期权。

（1）计算稀释每股收益时，应当根据下列事项对归属于普通股股东的当期净利润进行调整：①当期已确认为费用的稀释性潜在普通股的利息；②稀释性潜在普通股转换时将产生的收益或费用。同时，应当考虑企业所得税的影响。

（2）计算稀释每股收益时，应当对当期发行在外的普通股加权平均数进行调整。调整后的普通股股数应当为计算基本每股收益时发行在外的普通股加权平均数与稀释性潜在普通股转换为已发行普通股而增加的普通股加权平均数之和。在计算稀释性潜在普通股转换为已发行普通股而增加的普通股加权平均数时，以前期间发行的稀释性潜在普通股，应当假设在当期期初转换；当期发行的稀释性潜在普通股，应当假设在发行日转换。对于基本每股收益和稀释每股收益的计算，可以参见以下两例：

【例 10-10】假设 L 企业 2×20 年 1 月 1 日发行 100 万份认股权证，行权价格为 3.5 元，2×20 年实现净利润 200 万元，发行在外的普通股加权平均数为 500 万股，普通股平均市场价格为 4 元。计算基本每股收益和稀释每股收益。

基本每股收益=200÷500=0.4（元）

增加的普通股股数=100-100×3.5÷4=12.5（万股）

稀释每股收益=200÷（500+12.5）=0.39（元）

【例 10-11】假设 X 企业 2×20 年 1 月 1 日发行利率为 4%的可转换债券，面值为 800 万元，每 100 元债券可转换为 90 股 1 元面值的普通股。2×20 年净利润为 4 500万元，2×20 年发行在外的普通股加权平均数为 4 000 万股，企业所得税税率为

25%。计算基本每股收益和稀释每股收益。

基本每股收益=4 500÷4 000=1.125（元）

增加的净利润=800×4%×（1-25%）=24（万元）

增加的普通股股数=800÷100×90=720（万股）

稀释每股收益=（4 500+24）÷（4 000+720）=0.96（元）

【例 10-12】根据表 10-12 中的数据，计算新希望集团 2×20 年和 2×19 年基本每股收益和稀释每股收益，并进行分析。

表 10-12 每股收益分析

项目	2×20 年	2×19 年
净利润①/千元	1 660 199	1 252 158
优先股股息/千元	0	0
发行在外的普通股加权平均数②/千股	1 343 330	1 343 330
股权激励——限制性股票/千股	36 945	13 434
调整后发行在外的普通股加权平均数/千股	1 380 275	1 356 764
基本每股收益/元		
稀释每股收益/元		

注：①不同于之前企业盈利能力分析中净利润额的选取，在计算每股收益时，每股净资产等涉及流通股股数的指标都应采用属于本公司普通股股东的净利润。

②2×20 年 7 月，新希望集团完成公积金转增资本，转增后，发行在外的普通股为 1 343 330 000 股。因此，以调整后的普通股数为基础，计算各列报期间的每股收益。

2×20 年基本每股收益=1 660 199 000÷1 343 330 000=1.24（元/股）

2×19 年基本每股收益=1 252 158 000÷1 343 330 000=0.93（元/股）

差异=1.24-0.93=0.31（元/股）

2×20 年稀释每股收益=1 660 199 000÷1 380 275 000=1.2（元/股）

2×19 年稀释每股收益=1 252 158 000÷1 356 764 000=0.92（元/股）

差异=1.2-0.92=0.28（元/股）

由表 10-12 中的信息可知，新希望集团 2×20 年每股收益比 2×19 年增长了 30%以上，表明 2×20 年盈利能力强于 2×19 年。当然，在运用每股收益判断企业盈利能力时，应将几家不同企业或同一企业不同时期的每股收益进行比较，才能得出正确的认识。

（二）每股收益的行业分析

按照总资产规模排名，新希望集团排第一位。表 10-13 是同行业企业每股收益比较分析信息。

表 10-13 同行业企业每股收益比较分析信息

企业名称	总资产规模/千元	净资产规模/千元	基本每股收益/元	差异/%
新希望集团	50 865 921	15 183 547	1.24	100

表10-13(续)

企业名称	总资产规模/千元	净资产规模/千元	基本每股收益/元	差异/%
FHT	5 654 387	2 788 478	0. 43	34. 68
YDG	4 039 555	1 134 789	0. 10	8. 06
ZTK	2 845 663	859 057	0. 539	43. 47
DFT	4 110 723	2 620 468	0. 077	6. 21

从表 10-13 中可以看到新希望集团每股收益远高于其他同行业企业，盈利能力较强。

（三）每股收益的因素分析

为了分析企业每股收益变动的原因，我们应确定影响每股收益的因素，并对各因素进行分析，测算各因素的变动对每股收益的影响程度。为方便起见，以下以基本每股收益为例进行介绍。依据每股收益的影响因素，对每股收益做如下分解：

$$每股收益=\frac{净利润-优先股股息}{发行在外的普通股加权平均数(流通股股数)}$$

$$=\frac{普通股权益}{流通股股数}\times\frac{净利润-优先股股息}{普通股权益平均额}$$

$$=每股账面价值\times普通股权益报酬率$$

从上面的公式中可知，每股收益主要取决于每股账面价值和普通股权益报酬率两个因素。每股账面价值亦称每股净资产，是指净利润减去优先股股息后的余额与发行在外的普通股加权平均数的比值。该指标有助于投资者了解普通股的每股权益，并有助于潜在的投资者进行投资分析，进而做出投资决策。普通股权益报酬率是影响每股收益的另一个重要因素，它的变动会使每股收益发生同方向变化，对它的分析将在下一部分展开。下面举例说明基本每股收益的因素分析方法。新希望集团 2×20 年、2×19 年有关资料如表 10-14 所示。

表 10-14　每股收益的因素分析

项目	2×20 年	2×19 年	差异
净利润/千元	1 660 199	1 252 158	—
优先股股息/千元	0	0	—
普通股权益平均额/千元	13 193 352. 5	11 408 036	—
普通股权益报酬率/%	12. 58	10. 98	1. 6
发行在外的普通股加权平均数/千股	1 343 330	1 343 330	—
每股账面价值/元	9. 82	8. 49	1. 33

注：2×18 年归属于母公司股东权益的年末数额为 10 678 911 000 元，2×19 年为 12 137 161 000 元，2×20 年为 14 249 544 000 元。

2×20 年基本每股收益=1 660 199 000÷1 343 330 000=1. 24（元/股）

2×19 年基本每股收益=1 252 158 000÷1 343 330 000=0. 93（元/股）

可见，2×20 年每股收益比 2×19 年增加了 0. 31 元。对增加的原因运用差额分析法分析如下：

每股账面价值变动对每股收益的影响=（9. 82-8. 49）×10. 98%=0. 15（元）

普通股权益报酬率变动对每股收益的影响=9. 82×（12. 58%-10. 98%）=0. 16（元）

计算结果表明，每股账面价值的变动使得每股收益增加了 0. 15 元，普通股权益报酬率的变动使得每股收益增加了 0. 16 元。两项因素共同作用，使每股收益增加了 0. 31 元。可见，新希望集团 2×20 年的经济实力和盈利能力均比 2×19 年有所增强。

二、普通股权益报酬率分析

普通股权益报酬率是指净利润扣除应发放的优先股股息后的余额与普通股权益平均额之比。其计算公式如下：

$$普通股权益报酬率=\frac{净利润-优先股股息}{普通股权益平均额}\times 100\%$$

该指标从普通股股东的角度反映企业盈利能力。该指标值越高，说明企业盈利能力越强，普通股股东可得收益也越多。普通股权益报酬率应作为独立指标对企业盈利能力、投资收益水平进行分析。

从计算公式可知，普通股权益报酬率的变化受净利润、优先股股息和普通股权益平均额三个因素的影响。一般情况下，优先股股息比较固定，因此应着重分析其他两个因素。现仍根据表 10-14 的资料进行分析。

2×19 年普通股权益报酬率=1 252 158 000÷11 408 036 000×100%=10. 98%

2×20 年普通股权益报酬率=1 660 199 000÷13 193 352 500×100%=12. 58%

可见，2×20 年普通股权益报酬率比 2×19 年增加了 1. 6%。对于其变动原因，用差额分析法分析如下：

净利润变动对普通股权益报酬率的影响=（1 660 199 000-1 252 158 000）÷11 408 036 000×100%=3. 58%

普通股权益平均额变动对普通股权益报酬率的影响=（1 660 199 000÷13 193 352 500-1 660 199 000÷11 408 036 000）×100%=-1. 97%

两因素共同作用，使普通股权益报酬率升高了 1. 61%。

三、股利发放率分析

股利发放率是普通股股利与每股收益的比值，反映普通股股东从每股的全部获利中分得的份额。其计算公式如下：

$$股利发放率=\frac{每股股利}{每股收益}\times 100\%$$

公式中，每股股利是指实际发放给普通股股东的股利总额与流通在外的普通股股数的比值。股利发放率反映了企业的股利政策，其要根据企业对资金需要量的具体情况而定，没有一个固定的衡量标准。为了进一步分析股利发放率变动的原因，可将股利发放率公式做如下分解：

$$股利发放率=\frac{每股股利}{每股收益}\times 100\%$$

$$=\frac{每股市价}{每股收益}\times\frac{每股股利}{每股市价}\times100\%$$

$$=价格与收益比率\times股利报偿率$$

从公式可以看出，股利发放率主要取决于价格与收益比率和股利报偿率。一般来说，长期投资者比较注重价格与收益比率，而短期投资者则比较注重股利报偿率。

股利报偿率亦称股利与市价比率，是企业发放的每股股利与股票市场价格之比。在价格与收益比率一定的情况下，股利报偿率越高，则股利发放率也越高，反之亦然。价格与收益比率将在下一部分中进行分析。

【例 10-13】新希望集团 2×20 年、2×19 年财务分析信息如表 10-15 所示，运用因素分析法分析各因素变动对股利发放率的影响。

表 10-15　新希望集团财务分析信息

项目	2×20 年	2×19 年	差异
净利润/千元	1 660 199	1 252 158	—
普通股股利实发数/股	402 999	239 880	—
流通在外普通股平均数/股	1 343 330	1 343 330	—
基本每股收益/元	1. 24	0. 93	—
每股股利/元	0. 3	0. 18	0. 12
股利发放率/%	24. 19	19. 35	4. 84
每股市价/元	27. 20①	63. 69②	-36. 49
价格与收益比率	21. 94	68. 48	-46. 54
股利报偿率/%	1. 1	0. 28	0. 82

注：①采用 2×20 年 12 月 23 日收盘价。

②采用 2×19 年 12 月 27 日收盘价。

根据表 10-15 可知，2×20 年股利发放率比 2×19 年增长 4. 84%。对增加的原因用差额分析法分析如下：

价格与收益比率变动对股利发放率的影响 =（21. 94-68. 48）×0. 28%

=-13. 03%

股利报偿率变动对股利发放率的影响 =（1. 1%-0. 28%）×21. 94 = 17. 99%

两因素综合作用，使股利发放率提高了 4. 96%（因素分析的影响结果 4. 96%与股利发放率差异 4. 84%不同，这是计算过程中的多次四舍五入导致的）。

四、价格与收益比率分析

价格与收益比率亦称市盈率，用于反映普通股的市场价格与当期每股收益之间的关系，可用来判断企业股票与其他企业股票相比所具有的潜在价值。其计算公式如下：

$$价格与收益比率=\frac{每股市价}{每股收益}$$

该指标的数值能够表明企业盈利能力的稳定性，可在一定程度上反映企业管理部门的经营能力和企业盈利能力及潜在的成长能力。同时，该指标可以反映此普通股的市场价格是否具有吸引力。把多个企业的股票价格与收益比率进行比较，并结合对行业经营前景的了解，可以为投资目标的选择提供参考。

在一般情况下，发展前景较好的企业通常都有较高的价格与收益比率，发展前景不佳的企业，这个比率较低。但是必须注意，当全部资产利润率很低或企业发生亏损时，每股收益可能为零或负数，此时价格与收益比率可能很高或为负数。在这种特殊情况下，仅用这一指标来分析企业盈利能力，常常会导致错误地估计企业发展前景或无法对企业发展前景做出估计，所以我们还必须结合其他指标，予以综合考虑。

【例 10-14】以表 10-15 的资料为依据，分别计算新希望集团 2×20 年和 2×19 年价格与收益比率，并利用因素分析法分析产生差异的原因。

2×19 年价格与收益比率＝63. 69÷0. 93＝68. 48

2×20 年价格与收益比率＝27. 2÷1. 24＝21. 94

可见，2×20 年价格与收益比率比 2×19 年降低了 46. 54。对降低的原因用差额分析法分析如下：

每股市价的变动对价格与收益比率的影响＝（27. 2−63. 69）÷0. 93＝−39. 24

每股收益的变动对价格与收益比率的影响＝27. 2÷1. 24−27. 2÷0. 93＝−7. 31

两因素共同作用，使价格与收益比率减少了 46. 55（因素分析的影响结果−46. 55 和价格与收益比率差异−46. 54 不同，这是计算过程中的多次四舍五入导致的）。

五、托宾 Q 指标分析

托宾 Q（Tobin Q）指标是指企业的市场价值与其重置成本之比。若某企业的托宾 Q 值大于 1，表明市场对该企业的估价高于其自身的重置成本，该企业的市场价值较高；若某企业的托宾 Q 值小于 1，则表明市场对该企业的估价低于其自身的重置成本，该企业的市场价值较低。

通常，人们用总资产账面价值替代重置成本，用股权市场价格和长、短期债务账面价值之和表示市场价值，计算公式为

$$托宾Q值=\frac{股权市场价格+长、短期债务账面价值合计}{总资产账面价值}$$

其中，要说明的是，对长、短期债务，之所以用账面价值而非市场价值，是因为一般来讲，企业债务的市场价值较难衡量。不过若可以衡量或估计企业债务的市场价值，则应当使用市场价值。如果企业发行了债券，则企业债务的账面价值应当采用债券的市场价值。

【例 10-15】新希望集团 2×20 年年末有关资料如表 10-16 所示，计算 2×20 年新希望集团的托宾 Q 值，并进行相关分析。

表 10-16　2×20 年年末财务分析信息表

项目	数额
流通在外普通股股数/千股	1 343 330
股票价格/元	27.20
长、短期债务账面价值/千元	35 682 374
所有者权益账面价值/千元	15 183 547
总资产账面价值/千元	50 865 921

托宾 Q 值=（27.2×1 343 330 000+35 682 374 000）÷50 865 921 000

=72 220 950 000÷50 865 921 000=1.42

由计算结果可知，新希望集团的托宾 Q 值大于 1，表明市场对新希望集团的估价高于其自身的重置成本，说明其市场价值较高。

不过，在运用托宾 Q 值判断企业盈利能力和市场价值时，由于股票价格的影响因素具有多样性，有可能导致托宾 Q 值不能真实反映企业的价值，如存在市场投机性炒作时，市场在乐观情绪及资金的推动下往往会出现非理性繁荣，因此在用托宾 Q 值判断企业盈利能力和市场价值时，往往要根据资本市场的现实状况做出一定的判断或调整。

六、现金分配率分析

现金分配率是指现金股利与经营活动净现金流量之间的比率，反映经营活动取得的现金中有多大比重用于现金股利的分配。其计算公式为

$$现金分配率=\frac{现金股利}{经营活动净现金流量}\times100\%$$

【例 10-16】已知新希望集团 2×20 年现金股利为 404 999 000 元，经营活动净现金流量为 3 647 913 000 元，计算现金分配率。

现金分配率=404 999 000÷3 647 913 000×100%=11.10%

新希望集团现金分配率为 11.05%，说明经营活动产生的净现金流量对现金股利的分配具有较强保障性，并且在分配现金股利后，有一定剩余用于扩大生产规模或偿还债务。

七、每股经营现金流量分析

每股经营现金流量是指经营活动净现金流量与发行在外的普通股股数的比率。这个指标越大，说明企业进行资本支出和股利支付的能力越强。其计算公式为

$$每股经营现金流量=\frac{经营活动净现金流量}{发行在外的普通股股数}$$

该指标的分母是发行在外的普通股股数，与每股收益中的计算相同，指的是发行在外的普通股加权平均数。

【例 10-17】已知新希望集团 2×20 年经营活动净现金流量为 3 647 913 000 元，发行在外的普通股股数为 1 343 330 000 股，计算新希望集团 2×20 年每股经营现金流量。

2×20 年每股经营现金流量=3 647 913 000÷1 343 330 000=2. 72（元）

可见，新希望集团 2×20 年每股经营现金流量比较不错，企业有能力进行资本支出和股利支付。按照总资产规模排名，新希望集团排第一位。表 10-17 是同行业企业每股经营现金流量比较分析信息。

表 10-17　同行业企业每股经营现金流量比较分析信息

企业名称	总资产规模/千元	净资产规模/千元	每股经营现金流量/元	差异/%
新希望集团	50 865 921	15 183 547	2. 72	100
FHT	5 654 387	2 788 478	0. 58	21. 32
YDG	4 039 555	1 134 789	0. 18	6. 62
ZTK	2 845 663	859 057	0. 208	7. 65
DFT	4 110 723	2 620 468	0. 25	9. 19

由表 10-17 可知，前述新希望集团盈利能力在同行业企业中处于领先地位的结论比较可靠，因为同行业企业每股经营现金流量比较分析信息进一步证实了新希望集团盈利质量好于同行业多数企业。

本章小结

企业盈利能力通常是指企业在一定时期内赚取利润的能力。利润率越高，盈利能力越强；利润率越低，盈利能力越弱。企业经营业绩最终可以通过企业盈利能力来反映。无论是企业的经理人、债权人，还是股东（投资人），都非常关心企业盈利能力。

企业盈利能力根据资源投入及经营特点的不同可以分为资本经营盈利能力、资产经营盈利能力、商品经营盈利能力。同时，由于上市公司涉及股权流通、股票价格公开等事项，有一些特殊的指标，因此我们还应对上市公司盈利能力进行分析。

资本经营的内涵是企业以资本为基础，通过优化配置来提高资本经营效益，资本经营的领域包括资本流动、收购、重组、参股和控股等能实现资本保值与增值的领域，资本经营的目的使企业以一定的资本投入，取得尽可能多的资本收益。资本经营盈利能力分析主要对净资产收益率进行分析与评价。对净资产收益率产生影响的指标主要有总资产报酬率、负债利息率、资本结构和企业所得税税率等。

资产经营的内涵是合理配置与使用资产，以一定的资产投入取得尽可能多的收益。资产经营盈利能力分析主要对总资产报酬率进行分析和评价。对总资产报酬率产生影响的指标主要有总资产周转率和销售息税前利润率。

商品经营的基本内涵是企业以市场为导向，组织供产销等经营活动，以一定的人力、物力消耗，生产与销售尽可能多的社会需要的商品。商品经营盈利能力分析主要对利润率进行分析和评价，包括收入利润率分析和成本利润率分析两方面的内容。

上市公司盈利能力分析主要对每股收益、普通股权益报酬率、股利发放率、价格与收益比率、托宾 Q 指标、现金分配率及每股经营现金流量等指标进行分析。

课后习题

一、单项选择题

1. 总资产报酬率是指（　　）与平均总资产之间的比率。

A. 利润总额　　B. 息税前利润

C. 净利润　　D. 息前利润

2. （　　）是反映盈利能力的核心指标。

A. 总资产报酬率　　B. 股利发放率

C. 总资产周转率　　D. 净资产收益率

3. （　　）指标越高，说明企业的资产盈利能力越强。

A. 总资产周转率　　B. 存货周转率

C. 总资产报酬率　　D. 应收账款周转率

4. 股利发放率的计算公式是（　　）。

A. 每股股利/每股市价　　B. 每股股利/每股收益

C. 每股股利/每股账面价值　　D. 每股股利/每股金额

5. 反映商品经营盈利能力的指标可以分为两类：一类统称收入利润率；另一类统称（　　）。

A. 成本利润率　　B. 销售成本利润率

C. 营业费用利润率　　D. 全部成本费用利润率

6. （　　）是指普通股股利与每股收益的比值，反映普通股股东从每股的全部获利中分到多少。

A. 每股收益　　B. 普通股权益报酬率

C. 市盈率　　D. 股利发放率

7. 每股收益主要取决于每股账面价值和（　　）两个因素。

A. 净利润　　B. 普通股权益报酬率

C. 优先股股息　　D. 普通股股数

8. （　　）是指股东权益总额减去优先股权益后的余额与发行在外的普通股平均股数的比值。

A. 每股收益　　B. 每股股利

C. 每股金额　　D. 每股账面价值

9. 商品经营能力分析是利用（　　）资料开展的。

A. 资产负债表　　B. 现金流量表

C. 利润表　　D. 利润分配表

10. 分析净资产现金回收率，可以为（　　）的分析提供更好的补充。

A. 总资产报酬率　　B. 每股股利

C. 净资产收益率　　D. 盈余现金保障倍数

二、多项选择题

1. 影响净资产收益率的因素主要有（　　）。

A. 总资产报酬率　　B. 负债利息率
C. 企业资本结构　　D. 总资产周转率
E. 企业所得税税率

2. 反映企业盈利能力的指标有（　　）。

A. 营业利润　　B. 利息保障倍数
C. 净资产收益率　　D. 成本利润率
E. 净利润

3. 影响总资产报酬率的因素有（　　）。

A. 资本结构　　B. 销售利润率
C. 产品成本　　D. 销售息税前利润率
E. 总资产的周转率

4. 反映商品经营能力的指标有（　　）。

A. 销售收入利润率　　B. 总资产报酬率
C. 普通股权益报酬率　　D. 净资产收益率
E. 销售成本利润率

5. 反映上市公司盈利能力的指标有（　　）。

A. 每股收益　　B. 普通股权益报酬率
C. 股利发放率　　D. 总资产报酬率
E. 价格与收益比率

6. 资产经营盈利能力受（　　）的影响。

A. 资本经营盈利能力　　B. 商品经营盈利能力
C. 资产运营效率　　D. 产品经营盈利能力
E. 资本运营效率

7. 反映收入利润率的指标主要有（　　）等。

A. 产品销售利润率　　B. 营业收入利润率
C. 总收入利润率　　D. 销售净利润率
E. 销售息税前利润率

8. 反映成本利润率的指标主要有（　　）等。

A. 销售成本利润率　　B. 营业成本费用利润率
C. 全部成本费用利润率　　D. 成本费用利润率
E. 营业费用利润率

9. 营业成本费用总额包括（　　）。

A. 产品销售成本　　B. 期间费用
C. 管理费用　　D. 财务费用
E. 营业费用

10. 影响销售成本利润率的因素主要有（　　）。

A. 税率　　B. 单位产品销售成本
C. 单价　　D. 销售量
E. 品种构成

11. 普通股权益报酬率的变化受（　　）因素的影响。
A. 普通股股息　　B. 净利润
C. 优先股股息　　D. 普通股权益平均额
E. 普通股股数

12.（　　）是企业发放的每股股利与股票市场价格之比。
A. 股利发放率　　B. 股利报偿率
C. 价格与收益比率　　D. 股利与市价比率
E. 市盈率

三、判断题

1. 资本经营盈利能力分析主要对全部资产报酬率指标进行分析和评价。（　　）
2. 对企业盈利能力的分析主要指对利润额的分析。（　　）
3. 从会计学角度看，资本的内涵与我们通常所说的资产的内涵是基本相同的，它侧重于揭示企业所拥有的经济资源，而不考虑这些资源的来源和特征。（　　）
4. 总资产报酬率越高，净资产收益率就越高。（　　）
5. 当总资产报酬率高于负债利息率时，提高负债与所有者权益之比将使净资产收益率提高。（　　）
6. 资产经营、商品经营和产品经营都服从资本经营目标。（　　）
7. 资本经营的内涵是合理配置与使用资产，以一定的资产投入取得尽可能多的收益。（　　）
8. 净资产收益率是反映盈利能力的核心指标。（　　）
9. 收入利润率是综合反映企业成本效益的重要指标。（　　）
10. 企业盈利能力的强弱与利润的高低成正比。（　　）
11. 影响销售成本利润率的因素与影响销售收入利润率的因素是相同的。（　　）
12. 税率变动对产品销售利润没有影响。（　　）
13. 价格变动对销售收入的影响额与对利润的影响额总是相同的。（　　）
14. 普通股权益报酬率与净资产收益率是相同的。（　　）
15. 价格与收益比越高，说明企业盈利能力越强。（　　）

四、简答题：

1. 阐述资本经营与资产经营的关系。
2. 为什么说净资产收益率是反映盈利能力的核心指标？
3. 分别阐述商品经营与产品经营、资产经营的关系。
4. 为什么总资产报酬率的分子为息税前利润，是否可用其他指标做分子？
5. 计算商品经营盈利能力时，应注意哪些问题？

6. 简述上市公司盈利能力分析指标与一般企业盈利能力分析指标的关系。
7. 反映商品经营盈利能力的指标可分为几类，具体包括哪些内容？
8. 从企业管理人员的角度出发，阐述企业盈利能力分析的目的。
9. 阐述企业盈利能力分析的内容。

五、计算题

1. 某企业 2×19 年、2×20 年利润表如表 10-18 所示。

表 10-18　利润表　　单位：千元

项目	2×19 年	2×20 年
一、营业收入	134 568	368 321
减：营业成本	67 986	156 989
税金及附加	28 450	75 588
销售费用	2 040	3 002
管理费用	4 700	9 980
财务费用	4 654	8 620
其中：利息支出	6 894	10 112
资产减值损失	1 009	2 080
加：投资收益	2 257	5 365
二、营业利润	27 986	117 427
加：营业外收入	22 032	37 987
减：营业外支出	4 522	6 211
三、利润总额	45 496	149 203
减：所得税费用	15 014	49 237
四、净利润	30 482	99 966

要求：（1）计算 2×19 年、2×20 年的收入利润率及其变动情况。

（2）计算 2×19 年、2×20 年的成本利润率及其变动情况。

2. 资本经营能力分析

根据某企业 2×19 年、2×20 年的资产负债表、利润表、附表资料及会计报表附注，给出以下数据资料表（见表 10-19）。

表 10-19　数据资料表

项目	2×19 年	2×20 年
平均总资产/千元	9 638	15 231
平均净资产/千元	8 561	11 458
利息支出/千元	146	189

表10-19(续)

项目	2×19 年	2×20 年
利润总额/千元	821	1 689
企业所得税税率/%	33	30

要求：用连环替代法计算各因素变动对资本经营能力的影响程度。

六、业务题

2×19 年，A 公司拥有 B 公司 20%的有表决权资本的控制权。2×20 年，A 公司有意对 B 公司继续投资。A 公司认为 B 公司的盈利能力比财务状况、营运能力更重要，他们希望通过投资获得更多的利润。因此，A 公司搜集了 B 公司的有关资料。B 公司的利润表、财务费用表、年末平均资产情况如表 10-20、表 10-21、表 10-22 所示。

表 10-20 利润表 单位：千元

项目	2×19 年	2×20 年
一、营业收入	1 200 000	1 500 000
减：营业成本	1 050 000	1 100 000
税金及附加	8 000	15 000
销售费用	2 000	3 000
管理费用	12 000	15 000
财务费用	4 000	1 000
资产减值损失	1 000	2 000
加：投资收益	2 000	5 000
二、营业利润	125 000	371 000
加：营业外收入	8 200	30 100
减：营业外支出	18 000	6 000
三、利润总额	115 200	395 100
减：所得税费用	38 016	130 383
四、净利润	77 184	264 717

表 10-21 财务费用表 单位：千元

项目	2×19 年	2×20 年
利息支出	8 000	5 000
减：利息收入	10 039	2 893
汇兑损失	3 809	3 108

表10-21(续)

项目	2×19 年	2×20 年
减：汇兑收益	956	1 320
其他	186	105
财务费用合计	1 000	4 000

表 10-22　年末平均资产情况　　单位：千元

项目	2×19 年	2×20 年
平均总资产	2 815 000	3 205 000
平均净资产	1 063 000	1 885 000

根据所给资料，A 公司应做好以下几方面的工作，从而便于 2×20 年的投资决策。

要求：(1) 计算反映资产经营盈利能力和资本经营盈利能力的指标。

(2) 采用因素分析法，分析 B 公司总资产报酬率变动的原因。

(3) 评价 B 公司盈利能力状况。

第十一章
企业营运能力分析

学习目标

1. 了解企业营运能力分析目的。
2. 掌握流动资产周转情况分析方法。
3. 掌握固定资产周转情况分析方法。
4. 掌握总资产周转情况分析方法。

课堂导入

去库存初见成效

2017 年，伴随着宏观经济增速企稳及供给侧结构性改革的深入，上市公司去库存的努力逐渐取得成效，从上市公司发布的三季报数据看，不仅 A 股上市公司存货增速较去年同期明显放缓，还有约 1/4 的 A 股上市公司的存货规模同比出现下降。业内人士指出，较低的库存水平将会放大行业的价格弹性，从而为相关公司带来股价重置动力。

据统计，截至 2017 年 10 月 23 日，沪深两市已有 351 家上市公司公布了 2017 年三季报，相关公司在报告内总计实现净利润 1 087.24 亿元，同比增长 46.14%。在保持整体业绩正增长的同时，上市公司去库存的努力在前三季度也取得了一定成效，在剔除金融类及不具备可比数据的上市公司后，325 家上市公司在报告期内的存货总规模为 4 434.27 亿元，同比增长约 17.56%，虽然存货总规模仍在上升，但与 2016 年同期相关上市公司 19.33%的存货增长率相比，上市公司在 2017 年上半年承受的存货压力明显下降。

在存货增速放缓的同时，存货周转率、存货周转天数等代表上市公司营运能力的数据也有好转。统计显示，已披露三季报且有可比数据的 325 家上市公司的平均存货周转率从 2016 年三季度末的 8.71 次上升至 2017 年三季度末的 9.22 次；平均存货周转天数则从 2016 年上半年的 488.04 天降至 2017 年上半年的 274.61 天。上市公司平均存货周转率的上升和平均存货周转天数的下降，意味着企业存货资产的变现能力有所提升。

请问：如何盘活存量资产？盘活存量资产是如何影响企业盈利目标的？

第一节　企业营运能力分析的概念与目的

一、企业营运能力分析的概念

营运能力，又称资产负债管理状况、资产质量状况、资产运营状况或生产性，它是指通过企业生产经营资金周转速度的有关指标所反映出来的企业资金（或资源）的利用效率，表明企业管理者在企业经营管理活动中运用其所拥有的资金（或资源）的能力。显然，企业营运能力分析是将资产负债表与利润表联系起来进行的分析，其实质是分析企业管理者是否实现了资金的流动性、财务的稳定性和增值性。企业营运能力分析从一定意义上讲是企业盈利能力分析的一部分。

企业营运能力分析主要包括流动资产周转情况分析、固定资产周转情况分析和总资产周转情况分析。

二、企业营运能力分析的目的

企业营运能力既表明企业管理者运用其所拥有的资金（或资源）的能力，又表明企业管理者对企业内部人力资源和生产资料资源的配置组合能力。在企业生产经营中，配置组合能力越强、资金周转速度越快，表明企业利用资金的效果越好，效率越高，企业经营管理者的经营能力越强。企业营运能力对企业获利能力和偿债能力的不断提升有决定性的影响。因此，企业营运能力分析，对企业所有者考察其投入企业资金的利用效率，对债权人评价企业偿债能力，对加强企业经营管理，对国家制定政策等各方面都具有十分重要的意义和作用。

（一）企业管理者的分析目的

企业管理者进行企业营运能力分析的主要目的如下：首先是发现企业资产结构问题，寻找优化资产结构的途径与方法，做出优化资产结构的决策，进而达到优化资产结构的目的。不同行业、不同性质的企业，有不同的资产结构需求。通常制造业企业固定资产比重较高，流动资产占资金总额比重较低；商业企业流动资产比重较高，固定资产比重较低；历史悠久的企业可能无形资产比重较高；等等。同时，不同资产，其流动性、获利性各不相同，管理要求自然就不同。因此，企业应合理安排资产结构与布局，做到物尽其用。其次是发现企业资产在周转过程中的问题，寻找加速资金周转的途径与方法，制定加速资金周转的决策，进而达到优化资源配置、加速资金周转的目的。不同资产的使用及周转特点不同，固定资产与流动资产在资金周转过程中相互依赖、相互促进、互为前提。我们只有合理配置资产，才能达到加速资金周转的目的。再次，不同行业的资产、同一企业的不同资产，其风险程度都不同，因此我们应合理安排资产结构以达到降低资产风险的目的。最后，企业不同资产在资本保值与增值性能上具有不同特征，因此我们进行企业营运能力分析，就可以了解资本保值与增值能力。

（二）企业所有者及潜在投资者的分析目的

企业投资者投资的基本目的是资本保值与增值。就保值而言，不同行业及同一企业的不同资产具有不同的保值特征和能力，在通货膨胀情况下，企业固定资产具有长期的较强的保值能力，流动资产具有短期的保值能力，因此企业营运能力分析可以帮助企业所有者了解企业资本的保值能力。就资本增值而言，在企业正常经营的条件下，资本的增值能力最终取决于企业营运能力。加速资金周转，提高资金利用效率，是实现资本增值的基本保证和有效途径。企业潜在投资者进行企业营运能力分析主要是为了进行投资决策。企业营运能力强、资金利用效率高的企业是投资者在投资时选择的目标。

（三）企业债权人的分析目的

企业债权人进行企业营运能力分析是为了弄清楚债权的物质保障情况和安全状况，判断企业偿还债务利息及本金的能力。一般而言，债务人偿还债务利息及本金的能力取决于其获利能力，而获利能力主要来源于企业营运能力，因此分析企业营运能力有助于债权人分析企业偿还债务利息及本金的能力。企业营运能力又是企业投资能否按时收回的基本保证。企业只有及时收回投资才能按时偿还债务利息及本金。

第二节　流动资产周转情况分析

一、流动资产周转情况分析的含义

流动资产周转情况又称流动资产管理状况、流动资产质量状况、流动资产运营状况，它是指通过企业生产经营资金周转速度的有关指标所反映出来的企业流动资金的利用效率，表明企业管理者在企业经营管理活动中运用流动资金的能力。反映流动资产周转情况的指标主要有应收账款周转率、存货周转率、营运资本周转率、流动资产构成比率、流动资产周转率等。

正确认识流动资产的特性，是进行流动资产周转情况分析的基础。流动资产是指能够在一年或超过一年的一个营业周期内变现的资产，其突出特点如下：

（一）周转速度快，变现能力强

企业用在流动资产上的资金一般在一年或超过一年的一个营业周期内就能够收回，实现一次周转。流动资产中的很多项目甚至在较短（如一个月）的时间内就能变现，货币资金及到期票据等则具有即期的现金支付能力。存货等虽然是非速动资产，但是企业只要有资金需求，一般也能随时将其售出而获得现金。

（二）项目繁多、性质复杂

流动资产项目繁多，如货币资金、存货、预付费用等，这些项目的性质极为复杂，货币资金、存货等项目的运用、变现的主动权在企业，而预付费用等的变现有时则令企业难以驾驭。这说明有些流动资产项目的分析也是很复杂的。

（三）获利能力强，投资风险小

流动资产是企业的劳动对象，在企业的总资产中占有举足轻重的地位。企业的各项经济活动（除个别长期投资和无形资产直接转让外）都是通过流动资产实现价值增值这一生产经营目的的。流动资产周转快，营业周期短，对未来市场的应变能力强。由于单项流动资产占用资金少，因此流动资产风险小。

二、应收账款周转率分析

（一）应收账款周转率分析的含义

应收账款周转率是反映应收账款周转速度及周转情况的核心指标，是指赊销收入或营业收入净额与应收账款平均余额的比率。其计算公式为

应收账款周转率=赊销收入÷应收账款平均余额

赊销收入净额=赊销收入-赊销退回-赊销折让-赊销折扣

应收账款平均余额=（期初应收账款+期末应收账款）÷2

应收账款周转率体现了应收账款的流动性、企业因销售而形成的应收账款的可收回程度，即企业在一定时期内收回应收账款的概率，反映了企业应收账款的变现速度及企业管理效率。在一定时期内，应收账款周转次数越多，表明应收账款回收速度越快，企业管理效率越高，资产流动性越大，企业短期偿债能力越强。同时，应收账款周转次数的增多可以减少收款费用和坏账损失，从而相对增加企业流动资产的投资收益，可以更好地用于评价客户的信用程度及企业制定信用条件的合理性。

【例 11-1】丙公司 2×19 年销售收入净额为 585 668. 44 元，年初应收票据为 14 666. 23元，应收账款净额为 39 010. 72 元，年末应收票据为 25 636. 24 元，应收账款净额为 36 045. 64 元。则丙公司 2×19 年应收账款周转率计算如下：

丙公司 2×19 年应收账款周转率=赊销收入净额÷应收账款平均余额

=585 668. 44×2÷（14 666. 23+39 010. 72+25 636. 24+36 045. 64）

= 10. 15（次）

应收账款周转率的另一种表示方法是应收账款账龄。应收账款账龄又称应收账款周转天数或平均收账期间，是指企业自商品或产品销售出去开始至应收账款收回为止所需经历的天数。周转天数越少，说明应收账款变现的速度越快，企业资金被外单位占用的时间越短，企业管理效率越高。它是在计算应收账款周转率之后，通过进一步分析得到的，是评价应收账款流动程度的补充指标。计算公式如下：

应收账款账龄=365÷应收账款周转率

丙公司 2×19 年应收账款账龄计算如下：

丙公司 2×19 年应收账款账龄=365÷10. 15=35. 96（天）

将计算得出的应收账款账龄与企业在赊销时向赊销对象要求的放款期限相对比，即可评价企业的应收账款管理能力。若应收账款账龄大于所要求的偿还期限，则说明赊销企业需要重新调整赊销政策。两者的差距越大，款项收回的可能性就越小，发生坏账的可能性也就越高，企业在催偿账款方面越需要加大管理力度。赊销业务过多地占用了企业的营运资金，容易造成资金周转不灵，进而影响日常经营活动。

【例 11-2】丙公司 2×18 年销售收入净额为 509 110. 54 元，年初应收票据为 28 961. 68元，应收账款净额为 40 413. 68 元，年末应收票据为 14 666. 23 元，应收账款净额为 39 010. 72 元。则丙公司 2×18 年应收账款周转率计算如下：

丙公司 2×18 年应收账款周转率=509 110. 54×2÷（28 961. 68+40 413. 68+14 666. 23+39 010. 72）

= 8. 27（次）

丙公司 2×18 年应收账款周转天数 = 365÷8. 27 = 44. 14（天）

从计算结果可以看出，丙公司 2×19 年应收账款周转率比 2×18 年有所提高，周转次数由 8. 27 次提高到 10. 15 次，周转天数由 44. 14 天缩短为 35. 96 天，说明仅从应收账款项目来看，丙公司营运能力有所增强，对提升流动资产的变现能力和加快周转速度也将起到促进作用。

（二）应收账款与日销售额的比率

应收账款与日销售额的比率是测算应收账款质量的指标，其计算公式为

应收账款与日销售额的比率 = 应收账款总额÷日销售净额

日销售净额 = 销售净额÷365

其中，应收账款总额是指不包括与销货无关的应收款项。

（三）应收账款周转率分析应注意的主要问题

在计算应收账款周转率时，应注意以下几个问题：

（1）营业或销售收入净额是在与其他企业进行比较时使用的，这是由于在各个企业公开的财务信息资料中，赊销收入净额很少标明，这一资料的取得较为困难。但企业在进行内部分析时，可用赊销收入净额代替销售收入净额并进行计算，有利于科学地管理应收账款。

（2）公式中的应收账款平均余额应包括会计报表中的“应收账款”与“应收票据”等全部赊销应收账款。

（3）应收账款平均余额应是扣除坏账准备后的净额。

（4）在计算应收账款平均余额时，为了消除季节影响，最好采用月度应收账款平均余额。应收账款平均余额需用应收账款、应收票据年初和各月月底共 13 期的余额相加后除以 13 来计算。假如与其他企业相比，或者本企业各月应收账款资料比较齐全，或者年内企业有重大变更，那么也可使用年末的平均余额，甚至年末余额。

（5）计算应收账款周转率是分析企业流动资产周转情况的一部分，应把它看作对流动资产周转率分析的补充。我们没有单纯评价应收账款周转率的绝对标准。应收账款周转率还与客户信用状况、企业提取的坏账准备、催收账款工作等因素相联系。在实际分析时，我们还应注意这些因素的变化。应收账款周转率也不是越高越好，因为企业信用政策过于紧缩，可能会影响企业长期销售工作。

（6）在计算应收账款周转率时，是否应将“其他应收账款”包括在内？如果包括，计算的应收账款周转率就比较稳健，可以引导企业加强对“其他应收账款”的管理与控制工作；如果不包括，计提应收账款坏账准备时又包括了“其他应收账款”，要扣除已计提的坏账准备比较麻烦，且难以区分，因此我们在分析时应予以特别关注。

（7）对于超过一年期的应收账款应作重点分析。这部分应收账款具有极差的流动性，容易发生坏账。

三、存货周转率分析

（一）存货周转率分析的含义

存货需要大量的营运资金，而这种资金的占用是企业在创造利润时必不可少的。分析存货的周转情况对反映企业营运能力十分必要。

存货周转率是一定时期内企业销售成本或营业成本与平均存货余额的比率。它

是反映企业销售能力和存货周转速度的指标，也是衡量企业在生产经营各环节中存货运营效率的综合性指标。其计算公式如下：

存货周转率=销售成本÷平均存货余额

平均存货余额=（期初存货+期末存货）÷2

在实际工作中，若企业每月的存货数量变化很大，为了获得准确的分析结果，则应计算年初数及 12 个月的存货余额的平均数。

在通常情况下，存货周转率越高，存货周转速度越快，存货占用资金的水平就越低，利润率就越高。这是因为，在一定时期内，企业存货周转速度越快则购产销的循环次数就越多，实现收入的次数也相应增多，同时营运资金中用于存货的金额就越小。反之，存货周转率低，存货周转速度慢，利润率低，存货储存过多，占用资金多。所以，存货周转率不仅是考核企业流动资产周转情况的指标，也是关系企业获利能力的指标。

【例 11-3】丙公司 2×19 年销货成本为 482 909. 35 元，年初存货为 60 321. 45 元，年末存货为 63 515. 63 元。则丙公司存货周转率计算如下：

丙公司存货周转率=482 909. 35×2÷（60 321. 45+63 515. 63）

=7. 80（次）

又如，乙公司 2×19 年销货成本为 1 003 130. 8 元，年初存货为 70 751. 42 元，年末存货为 53 091. 9 元。则乙公司存货周转率计算如下：

乙公司存货周转率=1 003 130. 8×2÷（70 751. 42+53 091. 9）

=16. 2（次）

丙、乙两家公司以相近的资金投资存货（平均存货均为 62 000 元左右），有相近的销货成本净利润率（21. 28%），但是由于乙公司存货周转率（16. 2 次）比丙公司存货周转率（7. 80 次）快一倍多，因此在相同时间内，乙公司完成购产销循环的次数比丙公司多一倍，实现收入的次数也比丙公司多一倍，乙公司利润净额也高出丙公司利润净额一倍多。

如果存货周转率放慢，则会占用企业营运资金，并使企业支付不必要的资金占用成本。出现这种情况可能是由于存货中出现了不符合生产或销货需要的废残次品，也可能是由于投入存货的资金过多。总之，存货周转率低，是企业经营状况欠佳的一种迹象。但是，存货周转率过高，有时也不完全能说明企业经营状况非常好，因为投入存货的资金过少，有可能导致存货储备不足，影响生产或销售业务，特别是那些难以采购的存货。存货周转率加快有时也可能是存货成本不变而货物销售标价提高（提高毛利率），或者期间费用压缩造成的。可见，存货周转率也反映了存货结构与质量的状况。

存货是企业流动资产中最重要的组成部分，常常占流动资产总额的一半以上。因此，存货质量、周转速度，对企业的流动比率具有重要的影响，是影响企业短期偿债能力的重要因素。存货周转率又与企业获利能力有直接关系。因此，存货周转率是综合评价企业营运能力的一个十分重要的财务指标。

利用存货周转率，可以计算存货周转天数，其计算公式如下：

存货周转天数=计算期天数÷存货周转次数

=存货平均余额×计算天数÷销售成本

其中，计算天数通常为 365 天。

【例 11-4】丙公司 2×18 年和 2×19 年存货周转率分析表如表 11-1 所示。

表 11-1　丙公司存货周转率分析表

项目	2×19 年	2×18 年
销售成本/元	482 909. 35	423 666. 13
存货期初余额/元	60 321. 45	77 405. 65
存货期末余额/元	63 515. 63	60 321. 45
存货平均余额/元	61 918. 54	68 863. 55
存货周转率/次	7. 80	6. 15
存货周转天数/天	46. 79	59. 35

从表 11-1 可以看出，丙公司 2×19 年和 2×18 年存货周转率都高，说明存货周转速度很快。2×19 年存货周转率比 2018 年高，存货周转次数由 6. 15 次增至 7. 80 次，存货周转天数由 59. 35 天缩短至 46. 79 天，这说明丙公司 2×19 年存货管理效率比 2×18 年有一定的提高，其原因与 2×18 年减少存货而增加销售收入有关。

在制造业企业，存货周转率可以细分为产成品周转率、在产品周转率和原材料周转率。

1. 产成品周转率

产成品周转率指销货成本与产成品存货平均余额的比率。计算公式如下：

产成品周转率＝销货（或营业）成本÷产成品存货平均余额

产成品周转率体现了企业从产品完工到销售出去所耗用的时间，反映了企业经营能力和销售部门工作效率。这一指标也是评价企业资产变现能力和支付能力的重要依据。

【例 11-5】丙公司 2×19 年销货成本为 482 909. 35 元，产成品存货平均余额为 15 653. 29 元，则产成品周转率计算如下：

产成品周转率＝482 909. 35÷15 653. 29＝30. 85（次）

产成品周转天数＝365÷30. 85＝11. 83（天）

2. 在产品周转率

在产品周转率指销货（或营业）成本和在产品存货平均余额的比率。其计算公式如下：

在产品周转率＝销货（或营业）成本÷在产品存货平均余额

【例 11-6】丙公司 2×19 年销货成本为 482 909. 35 元，在产品存货平均余额为 16 656. 37 元，则在产品周转率计算如下：

在产品周转率＝482 909. 35÷16 656. 37＝28. 99（次）

在产品周转天数＝365÷28. 99＝12. 59（天）

3. 原材料周转率

原材料周转率指原材料耗用成本和平均原材料存货余额的比率。计算公式如下：

原材料周转率＝原材料耗用成本÷平均原材料存货余额

【例 11-7】丙公司 2×19 年度原材料耗用成本为 360 424.33 元，平均原材料存货余额为 29 608.88 元，则原材料周转率计算如下：

原材料周转率＝360 424.33÷29 608.88＝12.17（次）

原材料周转天数＝365÷12.17＝29.99（天）

引起存货周转率降低的原因有很多，如企业产品已逐渐被市场淘汰，企业销售能力不强使产品积压，受物价影响有意增加库存材料。我们需要具体问题具体分析，区别调整经营管理措施。

（二）存货周转率分析应注意的主要问题

在计算存货周转率时，应注意以下几个方面的问题：

（1）注意计算公式中的分子、分母的可比性，分子采用销货成本而不是销售收入净额。另外应注意时间上的可比性。

（2）采用不同的存货计价方法，对存货周转率的计算结果有较大的影响，因此，将不同时期存货周转率进行对比时，要注意存货计价方法的变更所带来的影响。

（3）存货范围及内容也是影响存货周转率的重要因素，如企业的存货通常包括商品存货、材料存货及包装物、低值易耗品、修理用工具等，其中包装物、低值易耗品等与企业销货基本上没有直接关系。因此，企业在计算存货周转率，进行财务分析时必须注意，最好剔除与将来销货或营业成本无关的存货项目。

（4）企业所处环境的客观因素对存货周转次数也会造成较大影响，如宏观经济形势、生产和销售产品的季节性等。

（5）将测算营业周期作为对存货周转率分析的补充。营业周期是指从取得存货到销售存货再到收回现金的这段时间。其计算公式如下：

营业周期＝存货周转天数+应收账款周转天数

一般而言，营业周期越短说明营业周转速度越快。

四、营运资本周转率分析

（一）营运资本周转率分析的含义

营运资本周转率又称营运资金周转率，指企业一定时期的产品或商品销售净额与平均营运资本的比率。其计算公式为

营运资本周转率＝销售净额÷平均营运资本

营运资本＝流动资产－流动负债

平均营运资本＝（营运资本年初值+营运资本年末值）÷2

营运资本周转率表明企业营运资本利用效率，反映每 1 元营运资本所获得的销售收入，也反映营运资本在 1 年内的周转次数，是评价企业营运能力和企业偿债能力的指标。一般而言，营运资本周转率越高，说明企业每 1 元营运资本所创造的销售净收入越多，企业营运资本利用效率越高，营运资本利用效果越好；反之，营运资本周转率越低，说明企业营运资本利用效率越低，营运资本利用效果越差。较高的营运资本周转率说明企业只需较少的营运资本即可满足企业日常经营需要，可以实现较多的销售收入，也说明企业具有较强的偿债能力和盈利能力。

【例 11-8】丙公司 2×18 年和 2×19 年营运资本周转率的计算情况如表 11-2 所示。

表 11-2　营运资本周转率计算分析表　　金额单位：万元

项目	2×18 年	2×19 年
销售收入/元	509 110. 54	585 668. 44
年初运营资本/元	103 381. 29	64 627. 31
年末运营资本/元	64 627. 31	79 528. 77
运营资本周转率/次	6. 06	8. 13

从表 11-2 可以看出，丙公司营运资本周转率由 2×18 年的 6. 06 次增加到 2×19 年的 8. 13 次，说明营运资本利用效率提高。主要原因可能是 2×19 年营运资本比 2×18 年有大幅下降，而销售收入有所上升。

（二）营运资本周转率分析应注意的主要问题

进行营运资本周转率分析需要注意的问题是，有许多因素影响营运资本，因此在某些情况下运用这个比率具有局限性。较低的营运资本周转率可能是大量存货或高额应收款项造成的，也可能是大量现金余额造成的。较高的营运资本周转率可能是有利的应收账款和存货周转率的结果，但也反映了营运资本不足以满足日常生产经营的需要。许多因素影响营运资本周转率，因而其在应用上还具有一定的局限性。因此，评价营运资本周转率没有通用的标准。评价营运资本周转率的方法是将这一指标与本企业历史水平、同行业平均水平或同类企业平均水平相比较。营运资本周转速度过快则反映企业业务规模过大，资本不足，存在因资本周转不灵、偿还不了短期债务而破产的危险。营运资本周转速度过缓，则说明营运资本使用效率不高，销售不足，企业利用现有资金可获得更多的利润，需要进一步挖掘潜力，使销售收入与营运资本形成合理比例，使所投入的营运资本能够最大限度地发挥作用。

五、流动资产构成比率分析

流动资产构成比率是指计算每一项流动资产在流动资产总额中的比率。其常用计算公式为

流动资产构成比率＝每一项流动资产÷流动资产总额

总体来说，流动资产变现能力强、变现速度快，但具体表现在各个构成项目上又有很大差别。有的项目变现能力极强，如库存现金、银行存款和短期投资等；有的项目变现能力较弱，如存货等。所以，分析流动资产的结构，无论是对债权人、投资者还是对企业管理来讲，都是十分必要的。

通过流动资产构成比率分析，可以看出每一项流动资产在流动资产总额中的比重及增减变化情况，评价其财务状况，进而达到优化资产结构、改善财务状况、加速资金周转的目的。流动资产构成比率指标有存货与流动资产的比率、其他流动资产与流动资产的比率、单项流动资产与流动资产总额的比率。

1. 存货与流动资产的比率

存货与流动资产的比率指存货总额占流动资产总额的比重。其计算公式为

存货与流动资产的比率=存货总额÷流动资产总额

【例 11-9】丙公司 2×19 年年末存货总额为 63 515.63 元，流动资产总额为 214 712.18元，则存货与流动资产的比例计算如下：

存货与流动资产的比率=63 515.63÷214 712.18=0.295 8=29.58%

存货一般是流动资产中所占比重最大的项目。适量的存货是保证企业生产经营活动得以正常进行的基本条件。存货过多会积压资金，影响流动资金周转。存货不足又会严重影响生产或使企业坐失营销良机。因此，存货在流动资产中必须保持适当的比重。

2. 其他流动资产与流动资产的比率

其他流动资产与流动资产的比率是指除了速动资产以外的其他流动资产总额与流动资产总额的比率。其计算公式为

其他流动资产与流动资产的比率=其他流动资产总额÷流动资产总额

【例 11-10】丙公司 2×19 年年末其他流动资产总额为 71 443.89 元，流动资产总额为 177 967.91 元，则其他流动资产与流动资产的比率计算如下：

其他流动资产与流动资产的比率=71 443.89÷214 712.18=0.332 7=33.27%

其他流动资产，虽然也是流动资产的构成部分，但它们不构成企业短期偿债能力。所以，在流动资产中，其所占比重越低越好。

3. 单项流动资产与流动资产总额的比率

单项流动资产与流动资产总额的比率是指计算每一项流动资产在流动资产总额中的比重。其计算公式为

单项流动资产与流动资产总额的比率=每一项流动资产÷流动资产总额

六、流动资产周转率分析

（一）流动资产周转率分析的含义

流动资产周转率是指流动资产周转额与流动资产平均占用额之间的比率。其计算公式为

流动资产周转率=流动资产周转额÷流动资产平均占用额

流动资产周转率是反映企业流动资产周转速度的指标。在一定时期内，流动资产周转次数越多，表明企业以相同的流动资产完成的周转额越多，意味着企业相对增加了资产的投入，提高了流动资产使用效率，同时增强了企业盈利能力。如果流动资产周转速度较慢，则企业需要补充流动资金参加周转以保证日常的生产经营活动。此外，流动资产周转速度越快，则流动资产变现能力越强，企业短期偿债能力相应越强。

流动资产周转天数，即一定时期内完成相应周转额，流动资产每周转一次所需要的天数。其计算公式为

流动资产周转天数=计算期天数÷流动资产周转率

=计算期天数÷（流动资产周转额÷流动资产平均占用额）

流动资产每周转一次所需要的天数越少，表明流动资产每周转一次所需要的时间越短，周转速度越快，流动资产利用率越高。

上述公式中的“流动资产周转额”通常有两种计算方法：一种是按营业收入计算，另一种是按营业成本计算。

按营业收入计算的流动资产周转率，可以称为收入流动资产周转率。其计算公式为

收入流动资产周转率=营业收入÷流动资产平均余额

按营业成本（包括销售费用）计算的流动资产周转率可以称为成本费用流动资产周转率。其计算公式为

成本费用流动资产周转率=营业成本÷流动资产平均余额

按营业收入计算流动资产周转额时，流动资产周转率不仅反映企业生产经营过程中流动资产的周转速度，而且反映新创造的纯收入的情况。可见，流动资产周转率不仅受实际投入流动资产周转速度的影响，而且受企业盈利水平的影响。按营业成本计算流动资产周转额时，流动资产周转率仅反映企业流动资产所占用资金的周转速度。由于营业收入中，有一部分因税利分配而不参加流动资产周转，因此按营业成本计算流动资产周转率似乎更合理些。

（二）流动资产周转率分析应注意的主要问题

在分析流动资产周转率时，需要注意以下问题：

（1）计算公式中营业收入应为营业收入净额，即扣除了销售折扣、销售折让、销售退回；营业成本也应是营业成本净额。

（2）流动资产平均余额应根据流动资产净额计算，其中应收账款应是扣除了坏账准备后的净额。

（3）流动资产周转率的计算期通常为一年，其中计算期天数应为 365 天或 360 天。

（4）利用流动资产周转率分析流动资产投资的节约与浪费情况。其计算公式为

流动资产相对节约或浪费额=分析期实际销售额×（分析期流动资产实际占用率-基期实际或分析期流动资产计划占用率）

计算结果若为正值，表示流动资产占用资金浪费额；若为负值，表示流动资产占用资金节约额。

其中：

流动资产占用率=流动资产平均占用额÷销售收入净额
=1÷流动资产周转率

（5）前面分别介绍了应收账款周转率、存货周转率、营运资本周转率和流动资产构成比率，这些比率可以说是对流动资产周转率的补充和说明。流动资产周转率是进行流动资产周转情况分析的基本指标。在实际工作中，进行流动资产周转情况分析，可以从流动资产周转率分析开始，然后逐一测算其他几项比率。

（6）流动资产周转率分析并无绝对的标准，通常应参考全国、地区或行业的同期指标值。我国国有及国有控股工业企业 2013—2018 年流动资产周转率情况如表 11-3 所示。

表 11-3 我国国有及国有控股工业企业
2013—2018 年流动资产周转率情况

年份	企业数/个	流动资产平均余额/亿元	产品销售收入合计/亿元	流动资产周转率/次
2013	64 737	36 122.72	33 566.11	0.93
2014	61 301	29 885.62	35 950.70	1.20
2015	53 489	31 485.38	42 203.12	1.34
2016	46 767	32 575.86	44 443.52	1.36
2017	41 125	32 625.56	478 444.21	1.47
2018	34 280	34 327.98	58 027.15	1.69

资料来源：国家统计局. 中国统计年鉴 2019［M］. 北京：中国统计出版社，2019.

七、其他分析指标

（一）现金周转率

现金周转率反映企业现金的周转情况。其计算公式为

现金周转率=现金流入总额÷现金平均余额

（二）折旧及摊销费用影响率

折旧及摊销费用影响率的计算公式为

折旧及摊销费用影响率=（折旧费用+摊销费用）÷经营活动产生的现金流量净额

（三）现金流量结构比率

现金流量结构比率主要分析经营活动产生的现金净流量占现金净流量总额的比重。对于现金流量结构比率的分析，必要时可以分别计算经营活动产生的现金净流量、投资活动产生的现金净流量及筹资活动产生的现金净流量占现金净流量总额的比重等。现金流量结构比率的计算为

现金流量结构比率=经营活动产生的现金净流量÷现金净流量总额

第三节 固定资产周转情况分析

一、固定资产周转情况分析的含义

固定资产是企业进行生产经营活动必不可少的物质基础。固定资产投资的收回及投资效果，取决于固定资产的使用效率。因此，固定资产周转情况分析应重点关注固定资产的使用情况、固定资产的周转速度等内容。正确分析固定资产周转情况，需要把握固定资产周转的一些基本特点：

（1）固定资产投入资金多，收回时间长。一般来讲固定资产单位价值高，在企业资产总额中占有较大比重，占用资金多。固定资产的价值通过在耐用年限内逐期计提折旧的方式，从产品或商品销售收入中收回，收回时间较长，短则几年，长则几十年。

(2) 固定资产变现能力弱，风险大。固定资产一经投资，便要多年周转使用，每一项固定资产都有固定用途，变现能力弱。在市场需求发生变化时，如果更换固定资产，则损失很大。因此，在市场多变的情况下，固定资产的投资风险较大。

(3) 固定资产的使用效率主要取决于流动资产的周转情况。固定资产是企业在生产经营中的劳动资料，其投资收益率的高低取决于流动资产周转的快慢及周转效率的高低。

(4) 固定资产使用成本是一种非付现成本。固定资产使用成本越高，当期企业付现能力、企业短期偿债能力可能越强。

反映固定资产周转情况的指标主要有固定资产周转率、固定资产增长率、固定资产结构比率、固定资产折旧比率等。

二、固定资产周转率分析

(一) 固定资产周转率分析的含义

固定资产周转率是指企业商品销售或营业收入净额与固定资产平均净值的比率。其计算公式为

固定资产周转率=商品销售或营业收入净额÷固定资产平均净值

其中:

固定资产平均净值=（年初固定资产净值+年末固定资产净值）÷2

固定资产周转率是反映企业固定资产周转情况、衡量固定资产利用效率的指标。固定资产周转率越高，表明企业固定资产利用越充分，固定资产投资得当，固定资产结构分布合理，管理水平也较高；反之，如果固定资产周转率不高，则表明固定资产使用效率不高，企业提供的生产经营成果不多，企业营运能力弱。

【例 11-11】丙公司 2×18 年和 2×19 年固定资产周转率分析表如表 11-4 所示。

表 11-4　固定资产周转率分析表

项目	2×18 年	2×19 年
销售收入净额/元	509 110. 54	585 668. 44
固定资产年初值/元	322 455. 83	398 309. 07
固定资产年末值/元	398 308. 07	447 048. 89
固定资产平均净额/元	360 382. 76	422 679. 29
固定资产周转率/次	1. 41	1. 39

从表 11-4 可以看出，丙公司 2×19 年固定资产周转率比 2×18 年减少了 0. 02 次，说明丙公司 2×19 年固定资产周转速度减慢，固定资产利用效率有一定的下降。主要原因是固定资产平均净额增长幅度（17. 29%）大于销售收入净额增长幅度（15. 04%）。在一般情况下，如果固定资产增长幅度大于销售收入增长幅度，则固定资产营运能力就将减弱。

如前所述，固定资产周转率体现了固定资产的利用效率。固定资产周转率低，说明固定资产未获得充分利用，有设备处于闲置状态，造成浪费。与此同时，企业

还要支出不必要的费用以维护这些闲置资产。固定资产周转率较高可能有两个原因：一是企业使用固定资产的效率较高，充分发挥了固定资产的生产能力；二是设备老化，折旧基本完成，固定资产净额较小。

正因为上述原因，有人提出在计算固定资产周转率时，应将固定资产净值改为固定资产原值。但是，我们认为，由于从资金周转角度来看，折旧部分已不再参加周转，因此用固定资产净值更合理。

（二）固定资产周转率分析应注意的主要问题

在利用固定资产周转率进行财务分析时，应注意的问题如下：

（1）固定资产净值由于是固定资产原值减累计折旧再减已提取的固定资产减值准备后的余额，因此常常会因企业所采用的固定资产折旧方法及折旧年限、固定资产减值准备计算方法的不同而产生人为的差异，导致固定资产周转率缺乏可比性。

（2）利用固定资产周转率进行财务分析时，应结合流动资产的投资规模、周转额、周转速度等来分析固定资产营运能力。

（3）利用固定资产周转率进行财务分析时，还应当注意分析年度内固定资产的更新、废弃、重置等情况。

（4）固定资产周转率分析并无绝对的标准，通常应参考全国、地区或行业的同期指标值。我国国有及国有控股工业企业 2013—2018 年固定资产周转率情况如表 11-5 所示。

表 11-5　我国国有及国有控股工业企业 2013—2018 年固定资产周转率情况

年份	企业数/个	固定资产净值年平均余额/亿元	产品销售收入合计/亿元	固定资产周转率/次
2013	64 737	31 891. 43	33 566. 11	1. 05
2014	61 301	339 386. 64	35 950. 70	1. 06
2015	53 489	38 638. 22	42 203. 12	1. 14
2016	46 767	39 728. 29	44 443. 52	1. 15
2017	41 125	39 728. 29	47 844. 21	1. 20
2018	34 280	42 118. 40	58 027. 15	1. 38

资料来源：国家统计局. 中国统计年鉴 2019［M］. 北京：中国统计出版社，2019.

三、固定资产增长率分析

固定资产增长率是指固定资产年度增长额与期初固定资产原值的比率，其计算公式为

固定资产增长率=（期末固定资产原值-期初固定资产原值）÷期初固定资产原值

【例 11-12】丙公司 2×18 年固定资产原值为 283 604. 64 元，2×19 年固定资产原值为 409 356. 19 元，则丙公司固定资产增长率计算如下：

固定资产增长率=（409 356. 19-283 604. 64）÷283 604. 64×100%

=125 751. 55÷283 604. 64×100%

=44. 34%

固定资产增长率综合反映企业固定资产规模的扩大程度。将该指标与固定资产周转率联系起来分析，可以观察企业固定资产增长所带来的经济效益，即在固定资产增长率增加的同时，企业销售收入也有所增加。在固定资产增长率的基础上，还可以进一步计算固定资产更新率和固定资产退废率等指标。

固定资产更新率是指新增固定资产原值与期末固定资产原值的比率，说明固定资产的更新程度。其计算公式如下：

固定资产更新率=新增固定资产原值÷期末固定资产原值

固定资产退废率是指本期报废清理固定资产原值与期初固定资产原值的比率。其计算公式如下：

固定资产退废率=本期报废清理固定资产原值÷期初固定资产原值

四、固定资产结构比率分析

固定资产结构比率是指某类或某项固定资产净值与固定资产总额的比率。其计算公式如下：

固定资产结构比率=某类或某项固定资产净值÷固定资产净值总额

因固定资产分类不同，固定资产结构比率有不同的计算方法。固定资产按经济用途的不同可分为生产用固定资产、销售用固定资产、科研开发用固定资产、生活福利用固定资产等几类，按这种分类计算固定资产结构比率，可以考察企业在固定资产配置上的经济性和合理性。固定资产按使用情况的不同可分为使用中的固定资产、未使用固定资产和不需用固定资产，按这种分类计算固定资产结构比率，可以反映企业固定资产的利用程度，促使企业及时处理未使用和不需用的固定资产，提高固定资产的使用效率。

五、固定资产折旧比率分析

固定资产折旧比率又称固定资产磨损率，反映固定资产的平均磨损程度及新旧状况，是指固定资产累计折旧额与固定资产原值总额的比率。其计算公式如下：

固定资产折旧比率=固定资产累计折旧额÷固定资产原值总额

反映固定资产的新旧状况还可以计算固定资产净值率。固定资产净值率是指固定资产净值与固定资产原值的比率，其计算公式如下：

固定资产净值率=1-固定资产磨损率

=固定资产净值÷固定资产原值

固定资产净值率反映企业现有固定资产平均的新旧程度，表明固定资产目前的技术状况。如果固定资产净值率高而磨损率低，就说明固定资产总体较新，技术状况好；反之则说明固定资产总体较旧，技术状况差，更新的难度较大。同时，如果固定资产折旧比率高，就说明固定资产周转速度快；反之，则说明固定资产周转速度慢。

【例 11-13】丙公司 2×18 年和 2×19 年固定资产折旧分析表如表 11-6 所示。

表 11-6　固定资产折旧分析表

项目	2×18 年	2×19 年	差异
固定资产累计折旧/元	97 558.09	122 635.39	25 077.3
固定资产原值/元	283 604.64	409 356.19	125 751.55
固定资产折旧率/%	34.4	29.96	-4.44
固定资产净值率/%	65.6	70.04	4.44

从表 11-6 可以看出，丙公司 2×19 年固定资产折旧速度较 2×18 年减缓，固定资产折旧率下降 4.44%，而固定资产净值率上升 4.44%。这与 2×19 年固定资产投资大幅增长是基本一致的。

第四节　总资产周转情况分析

总资产是企业拥有或控制的能用货币计量的经济资源。总资产周转情况分析实际上就是对企业的总资产及其构成要素的营运能力的分析。

一、总资产周转率分析

总资产周转率是指销售收入或营业收入净额与资产平均总额的比率。其计算公式如下：

总资产周转率=销售收入或营业收入净额÷资产平均总额

总资产周转率是反映企业总资产周转速度的指标。企业总资产的营运能力集中反映在总资产的销售水平上，因此总资产周转率可以用来分析企业全部资产的使用效率。如果总资产周转率较高，说明企业运用全部资产进行经营的效果好，效率高；反之，则说明企业运用全部资产进行经营的效果差，效率低，最终将影响企业获利能力。如果总资产周转率长期处于较低的状态，企业就应当采取措施以提高销售收入和各项资产的利用程度，对那些确实无法提高利用率的多余、闲置资产，应当及时进行处理，加快资产周转速度。利用总资产周转率也可以计算总资产周转天数。其计算公式如下：

总资产周转天数=计算期天数÷总资产周转率

=计算期天数÷（销售收入或营业收入净额÷资产平均总额）

在进行总资产周转率分析时，应注意以下几点：

（1）计算期天数取决于实际计算期，通常为 1 年，即 365 天或 360 天。

（2）资产平均总额的计算通常有以下几种方法：

①月资产平均总额=（月初资产总额+月末资产总额）÷2

②季资产平均总额=（季初资产总额÷2+第一月月末资产总额+第二月月末资产总额+季末资产总额÷2）÷4

③年资产平均总额=（年初资产总额÷2+1 月月末资产总额+…+11 月月末资产总额+12 月月末资产总额÷2）÷12

（3）销售收入或营业收入净额指销售收入或营业收入扣除销售折扣、销售折让、销售退回等之后的金额。

【例 11-14】丙公司 2×18 年和 2×19 年总资产周转率分析表如表 11-7 所示。

表 11-7　总资产周转率分析表

项目	2×19 年	2×18 年
销售收入净额/元	585 668.44	509 110.54
总资产年初值/元	617 602.09	684 522.53
总资产年末值/元	759 147.90	617 602.09
总资产周转率/次	0.85	0.78
总资产周转天数/天	429.41	467.95

从表 11-7 可以看出，丙公司 2×19 年总资产周转率较 2×18 年稍有提高，周转次数增加 0.07 次，周转天数缩短了 38.54 天，说明资产总体利用效率有所提高，总体流动性及周转能力也都有所增强。

一般来说，总资产周转率越高越好。总资产周转率越高，说明同样的资产取得的收益越多，资产的管理水平越高，相应的企业营运能力和企业偿债能力就越强。在具体分析时，经营者可以将当期的总资产周转率和上期的总资产周转率进行对比，也可以将本企业指标与同行业平均水平进行对比，以评价资产管理水平。

如果总资产周转率长期处于较低状态，为了找到产生问题的原因，就需要进一步分析固定资产周转率和流动资产周转率等指标。若流动资产周转率过低，可进一步分析存货周转率和应收账款周转率，直到找出问题所在。分析总资产周转率需要结合总资产结构。

二、总资产结构比率分析

总资产结构比率是指每类或每项资产额与资产总额的比例。其计算公式如下：

总资产结构比率＝每类或每项资产额÷资产总额

资产结构比率主要分析一定时点上各项资金的占用量是否合理，经济资源分布和配置是否妥当，资产周转速度的快慢，资产利用效率的高低。在进行分析时，我们应首先掌握资产风险结构类型。不同的企业对资产风险的偏好不同，从而形成资产风险结构的三种类型，即保守型、中庸型和风险型。

所谓保守型（稳健型）资产风险结构，是指企业在一定销售量水平上，维持较多的货币性资产，备有较高比例安全存量的存货，采取宽松的信用政策，从而产生大量的应收账款和应收票据等商业信用。偏好这种资产风险结构类型的企业，在总资产不变的情况下，或者在长期资产规模不变的情况下，流动资产占总资产的比例相应增加，企业资产的流动性和变现能力强，同时，足额的存货能保证生产和销售的顺利进行，因此企业面临的财务风险和经营风险都很小。但是，企业流动资产占用资金多，特别是货币性流动资产多，会导致资金利润率相对降低。

所谓中庸型资产风险结构，是指企业在一定销售量水平上，维持中等数量的货币性资产和存货，在信用政策上也使应收账款和应收票据维持在平均水平上，使流动资产总额保持在平均水平或合理比重上。在这种资产风险结构类型下，资金周转速度相对加快，资金利润率也能保持中等水平。

所谓风险型资产风险结构，是指企业在一定销售量水平上，尽可能减少货币性资产，保持较低比例安全存量的存货，采取紧缩信用政策，流动资产占总资产的比重下降，企业在资产流动性、变现能力、偿债能力方面有较大风险。由于存货少，因此生产和销售业务也存在较大风险，并且资金周转速度加快，资金利润率提高。

上述三种资产风险结构类型为资产结构分析奠定了理论基础，也使总资产周转率分析得以深入、准确和具体。

【例 11-15】丙公司 2×19 年和 2×18 年总资产结构分析表如表 11-8 所示。

表 11-8　丙公司总资产结构分析表

项目	2×19 年		2×18 年		差异
	金额/元	结构比率/%	金额/元	结构比率/%	结构比率/%
流动资产	214 712. 18	28. 28	177 967. 91	28. 86	-0. 58
长期投资	97 386. 84	12. 83	41 324. 48	6. 69	6. 14
固定资产	447 048. 89	58. 89	398 309. 70	64. 49	-5. 6
无形资产及其他资产	0	0	0	0	0
合计	759 147. 90	100	617 602. 09	100	0

从表 11-8 可以看出，2×19 年丙公司流动资产大幅增长，但是由于长期投资和固定资产都加大了投资力度，因此总资产同比例增长，流动资产结构比率有所下降。非流动资产结构比率虽基本保持前期水平，但非流动资产内部各个项目的金额和结构比率却有一定的变化。非流动资产项目中，固定资产结构比率下降 5. 6%，长期投资结构比率上升 6. 14%。丙公司于 2×19 年在总资产的各个项目上都有较大的投入，无疑增加了资产风险。但结合丙公司 2×19 年产品销售收入增长 15. 04%和总资产周转率增加 0. 07 次来看，丙公司在资产风险增大的同时，增加了收入，加快了资产周转速度，高风险被高收益所补偿。

为了进一步弄清资产结构调整与总资产周转率的关系，还可以进一步分析总资产周转结构。丙公司总资产周转结构分析表如表 11-9 所示。

表 11-9　丙公司总资产周转结构分析表

项目	2×19 年	2×18 年	差异
流动资产周转率/次	2. 98	1. 96	1. 02
固定资产周转率/次	2. 48	2. 64	-0. 16
总资产周转率/次	0. 85	0. 78	0. 07

从表 11-9 可以看出，丙公司 2×19 年与 2×18 年相比，总资产周转率增加了 0. 07 次，其中流动资产周转率增加了 1. 02 次。固定资产周转率减少了 0. 16 次，这

是由于丙公司2×19年加大了对固定资产的投资力度。流动资产周转速度的加快在很大程度上影响了总资产周转速度的变化。或者说，丙公司若想进一步提高总资产周转率，应主要针对固定资产制定合理措施以提高固定资产使用效率。流动资产周转率和总资产周转率的提高，说明资产流动性和企业获利能力有所增强，长期资产利用效率有所提高。

三、总资产周转情况综合分析

分析总资产周转情况还应将有关反映资产周转情况的主要指标结合起来，并对照全国或行业甚至国际平均水平进行分析，以便得出较全面、准确的评价结论。2019年我国1 352家上市公司实现主营业务收入（营业收入）33 038亿元，年初资产总额为36 499亿元，年末资产总额为42 366亿元。2019年我国上市公司资产周转情况对比表如表11-10所示。

表11-10　2019年我国上市公司资产周转情况对比表　　单位：次

指标	2017年	2018年	2019年
存货周转率	3.95	4.24	4.62
应收账款周转率	10.24	9.33	11.00
流动资产周转率	1.41	1.66	1.92
总资产周转率	0.63	0.72	0.84

资料来源：中国上市公司业绩评价课题组. 2019中国上市公司业绩评价报告［M］. 北京：经济科学出版社，2019.

从表11-10可以看出，2019年我国上市公司存货周转率、应收账款周转率、流动资产周转率均比2017年、2018年有所提高，说明我国上市公司拥有优质资产，获利能力较强，企业营运能力也较强。

本章总结

本章主要介绍了企业营运能力分析方法。需要说明的是，对于任何一项比率，都不能单一地进行分析。由于企业所在的行业不同，企业面对的主要市场、所处的地域等都有所不同，因此任何一项指标在评价时都没有固定标准。在分析时，我们必须结合企业以前年度的同一指标进行对比，也可以将本企业指标与同行业平均水平或同类型企业平均水平进行比较，以评价管理水平的高低。

课后习题

一、单项选择题

1. 若要保持资产的弹性，在资产中占有比重较大的应是（　　）。

A. 流动资产　　B. 固定资产

C. 有形资产　　D. 无形资产

2. 当流动资产占有额增加、流动资产周转速度加快时，企业一定存在流动资产的（　　）。

A. 绝对浪费　　B. 相对节约

C. 相对浪费　　D. 同时存在绝对节约和相对节约

3. 下列比率中，属于营运能力的比率是（　　）。

A. 流动比率　　B. 产权比率

C. 存货周转率　　D. 资产负债率

4. 在销售水平一定的情况下，某企业流动资产比重较低，长期资产比重较高，基本可判定该企业偏好（　　）。

A. 保守型资产结构　　B. 中庸型资产结构

C. 风险型资产结构　　D. 无风险型资产结构

5. 某企业在营运资本大于零的情况下，若把超过一定期限的应收账款注销，将（　　）。

A. 降低速动比率　　B. 增大速动比率

C. 增加营运资本　　D. 降低流动比率

6. 某企业在营运资本大于零的情况下，若把长期投资提前变现，将使（　　）。

A. 对流动比率的影响大于对速动比率的影响

B. 对速动比率的影响大于对流动比率的影响

C. 对速动比率的影响与对流动比率的影响一样

D. 影响速动比率，不影响流动比率

7. 如果某企业流动比率很高，而速动比率很低，原因可能是（　　）。

A. 有大量的应收账款　　B. 有大量的存货

C. 有大量的流动负债　　D. 现金比率太高

8. 某企业年初流动比率为2.3，速动比率为1；年末流动比率为2.5，速动比率为0.8，说明（　　）。

A. 当年存货增加　　B. 与现金销售相比，赊销增加

C. 应付购货款增加　　D. 应收账款的收回速度加快

9. 某企业某年年末流动负债为80万元，速动比率为1，流动比率为1.8，年度销售成本为640万元，则年末存货周转率为（　　）。

A. 6次　　B. 8次

C. 9次　　D. 10次

10. 下列不影响现金比率的业务是（　　）。

A. 将还有两个月到期的应收票据贴现　　B. 将赊销比率降低

C. 压缩采购存货量　　D. 出售固定资产

二、多项选择题

1. 下列选项中，正确的有（　　）。

A. 流动比率和速动比率之差等于现金比率

B. 存货周转率越高，说明企业存货管理越好

C. 在销售额一定的情况下，企业资产总额越小，资产周转率越高

D. 企业资产周转速度越快，企业盈利能力越强

2. 反映企业营运能力的指标有（　　）。

A. 总资产报酬率　　B. 总资产周转率

C. 资产负债率　　D. 应收账款账龄

3. 下列项目中，影响资产周转率的指标或项目有（　　）。

A. 营业收入　　B. 资产结构

C. 资产规模　　D. 利润

4. 下列项目中，影响固定资产周转率的指标或项目有（　　）。

A. 营业收入　　B. 固定资产结构

C. 折旧政策　　D. 固定资产利用率

5. 下列项目中，影响流动资产周转率的指标或项目有（　　）。

A. 营业成本　　B. 存货周转率

C. 实施最低存货管理制度　　D. 尽可能拖欠应付账款

6. 下列项目中，能够提高流动资产周转率的指标或项目有（　　）。

A. 勤进快销

B. 严格销售的信用管理，加快应收账款的回收

C. 提高负债率

D. 在销售不畅的情况下，加快生产产品

7. 下列项目中，能够提高总资产周转率的指标或项目有（　　）。

A. 扩大销售，增加收入

B. 缩减长期投资规模，增加现金持有量

C. 控制现有生产规模，加大科研开发费用投入

D. 增加无形资产的实际投资

8. 下列项目中，能够提高现金周转率的指标或项目有（　　）。

A. 提高现销比率，减少应收账款

B. 增加存货，减少现金存量

C. 增加银行短期借款

D. 缩减预提费用规模

9. 下列项目中，可能提高材料周转率的指标或项目有（　　）。

A. 在保持生产成本总额不变的情况下，提高产品生产成本

B. 在保持生产成本总额不变的情况下，降低产品生产成本

C. 减少材料浪费损失

D. 改进生产工艺

10. 下列项目中，可能提高库存商品周转率的指标或项目有（　　）。

A. 扩大销售规模　　B. 降低生产成本

C. 提高应收账款周转率　　D. 提高在产品周转率

三、判断题

1. 速动比率降低，营运资本一定减少。（　　）
2. 加强应收账款管理的主要目的是确保不发生坏账。（　　）
3. 在速动比率提高的情况下，流动比率一定也提高。（　　）
4. 在提高现金周转率、增加现金流入总额的同时，不断降低现金留存余额。（　　）
5. 在固定资产总额不变的情况下，流动资产周转率越高，固定资产周转率就越高。（　　）
6. 流动比率、速动比率、营运资本、现金比率都可以反映企业短期偿债能力。（　　）
7. 期末存货采用何种计价方法，对同期存货周转率、流动比率均无影响。（　　）
8. 在计算存货周转率时，使用销售成本指标较使用销售收入指标更为准确。（　　）
9. 销售现金流入比率高说明销售质量好。（　　）
10. 存货采购次数过多，可能是因为存货周转率过低。（　　）

四、简答题

1. 流动资产中的哪些内容可用于行企业营运能力分析？计算得出的各项比率可以说明企业的哪些问题？
2. 某企业 2×19 年决定大幅增加对存货的投资，这种行为会导致哪些营运能力分析比率产生变化？如何变化？
3. 营运能力分析与偿债能力分析有何关系？
4. 用营业收入和营业成本计算流动资产周转率各有何利弊？
5. 营运能力分析指标有哪些？

五、业务题

甲公司 2×18 年、2×19 年资产负债表，2×18 年、2×19 年利润表，2×18 年、2×19 年现金流量表分别如表 11-11、表 11-12、表 11-13 所示。

表 11-11　资产负债表

编制单位：甲公司　　　　单位：元

项目	2×19 年	2×18 年
流动资产：		
货币资金	130 629 627 801. 12	112 074 791 420. 06
交易性金融资产	0. 00	0. 00
衍生金融资产	0. 00	0. 00
应收票据及应收账款	1 463 000 645. 08	563 739 710. 00

表11-11（续）

项目	2×19 年	2×18 年
其中：应收票据	1 463 000 645. 08	563 739 710. 00
应收账款	0. 00	0. 00
应收款项融资	0. 00	0. 00
预付款项	1 549 477 339. 41	1 182 378 508. 06
其他应收款（合计）	76 540 490. 99	393 890 493. 12
其中：应收利息	0. 00	343 889 944. 47
应收股利	0. 00	0. 00
其他应收款	76 540 490. 99	50 000 548. 65
买入返售金融资产	0. 00	0. 00
存货	25 284 920 806. 33	23 506 950 842. 22
划分为持有待售的资产	0. 00	0. 00
一年内到期的非流动资产	0. 00	0. 00
其他流动资产	20 904 926. 15	140 084 334. 11
流动资产合计	159 024 472 009. 08	137 861 835 307. 57
非流动资产：		
发放贷款及垫款	48 750 000. 00	36 075 000. 00
可供出售金融资产	0. 00	29 000 000. 00
长期应收款	0. 00	0. 00
长期股权投资	0. 00	0. 00
投资性房地产	0. 00	0. 00
在建工程（合计）	2 518 938 271. 72	1 954 322 968. 68
其中：在建工程	2 518 938 271. 72	1 954 322 968. 68
工程物资	0. 00	0. 00
固定资产及清理（合计）	15 144 182 726. 19	15 248 556 585. 02
其中：固定资产净额	15 144 182 726. 19	15 248 556 585. 02
固定资产清理	0. 00	0. 00
生产性生物资产	0. 00	0. 00
公益性生物资产	0. 00	0. 00
油气资产	0. 00	0. 00
使用权资产	0. 00	0. 00
无形资产	5 047 797 749. 75	3 499 175 374. 52
开发支出	0. 00	0. 00
商誉	0. 00	0. 00
长期待摊费用	158 284 338. 19	168 414 678. 77
递延所得税资产	1 099 946 947. 57	1 049 294 821. 45

表11-11(续)

项目	2×19 年	2×18 年
其他非流动资产	0.00	0.00
非流动资产合计	24 017 900 033.42	21 984 839 428.44
资产总计	183 042 372 042.50	159 846 674 736.01
流动负债：		
短期借款	0.00	0.00
交易性金融负债	0.00	0.00
应付票据及应付账款	1 513 676 611.44	1 178 296 416.59
其中：应付票据	0.00	0.00
应付账款	1 513 676 611.44	1 178 296 416.59
预收款项	13 740 329 698.82	13 576 516 813.44
应付手续费及佣金	0.00	0.00
应付职工薪酬	2 445 071 026.57	2 034 514 658.91
应交税费	8 755 949 266.98	10 771 075 966.85
其他应付款（合计）	14 638 272 609.03	14 877 782 957.69
其中：应付利息	11 081.87	42 770 451.84
应付股利	446 880 000.00	0.00
其他应付款	14 191 381 527.16	14 835 012 505.85
一年内到期的非流动负债	0.00	0.00
其他流动负债	0.00	0.00
流动负债合计	41 093 299 212.84	42 438 186 813.48
非流动负债：		
长期借款	0.00	0.00
应付债券	0.00	0.00
租赁负债	0.00	0.00
长期应付职工薪酬	0.00	0.00
长期应付款（合计）	0.00	0.00
其中：长期应付款	0.00	0.00
专项应付款	0.00	0.00
预计负债	0.00	0.00
递延所得税负债	72 692 601.01	0.00
递延收益	0.00	0.00
其他非流动负债	0.00	0.00
非流动负债合计	72 692 601.01	0.00
负债合计	41 165 991 813.85	42 438 186 813.48
所有者权益（或股东权益）：		

表11-11(续)

项目	2×19 年	2×18 年
实收资本（或股本）	1 256 197 800. 00	1 256 197 800. 00
资本公积	1 374 964 415. 72	1 374 964 415. 72
减：库存股	0. 00	0. 00
其他综合收益	-7 198 721. 79	-7 065 725. 70
专项储备	0. 00	0. 00
盈余公积	16 595 699 037. 02	13 444 221 244. 84
一般风险准备	898 349 936. 77	788 302 643. 63
未分配利润	115 892 337 407. 39	95 981 943 953. 56
归属于母公司所有者权益（或股东权益）合计	136 010 349 875. 11	112 838 564 332. 05
少数股东权益	5 866 030 353. 54	4 569 923 590. 48
所有者权益（或股东权益）合计	141 876 380 228. 65	117 408 487 922. 53
负债和所有者权益（或股东权益）总计	183 042 372 042. 50	159 846 674 736. 01

表 11-12　利润表

编制单位：甲公司　　　　单位：元

项目	2×19 年	2×18 年
一、营业总收入	88 854 337 488. 76	77 199 384 110. 22
营业收入	85 429 573 467. 25	73 638 872 388. 03
二、营业总成本	29 812 253 033. 37	25 866 030 564. 04
营业成本	7 430 013 945. 12	6 522 921 833. 77
税金及附加	12 733 292 400. 79	11 288 926 846. 97
销售费用	3 278 990 982. 26	2 572 076 872. 16
管理费用	6 167 982 844. 22	5 325 940 762. 24
财务费用	7 458 015. 66	-3 521 209. 23
研发费用	48 688 841. 05	21 953 605. 93
资产减值损失	0. 00	1 289 685. 01
公允价值变动收益	-14 018 472. 46	0. 00
投资收益	0. 00	0. 00
其中：对联营企业和合营企业的投资收益	0. 00	0. 00
汇兑收益	0. 00	0. 00
三、营业利润	59 041 489 276. 14	51 342 987 681. 18
加：营业外收入	9 454 451. 03	11 619 526. 11
减：营业外支出	268 391 929. 45	527 003 759. 82

表11-12(续)

项目	2×19 年	2×18 年
其中：非流动资产处置损失	0.00	0.00
四、利润总额	58 782 551 797.72	50 827 603 447.47
减：所得税费用	14 812 551 005.21	12 997 985 690.66
五、净利润	43 970 000 792.51	37 829 617 756.81
归属于母公司所有者的净利润	41 206 471 014.43	35 203 625 263.22
少数股东损益	2 763 529 778.08	2 625 992 493.59
六、每股收益		
基本每股收益	32.80	28.02
稀释每股收益	32.80	28.02
七、其他综合收益	-132 996.09	335 850.70
八、综合收益总额	43 969 867 796.42	37 829 953 607.51
归属于母公司所有者的综合收益总额	41 206 338 018.34	35 203 961 113.92
归属于少数股东的综合收益总额	2 763 529 778.08	2 625 992 493.59

表 11-13　现金流量表

编制单位：甲公司　　　　单位：元

项目	2×18 年	2×19 年
一、经营活动产生的现金流量		
销售商品、提供劳务收到的现金	94 980 138 631.64	84 268 695 732.62
收到的税费返还	0.00	0.00
收到的其他与经营活动有关的现金	1 234 081 863.41	621 558 368.29
经营活动现金流入小计	99 444 437 154.22	89 345 635 398.70
购买商品、接受劳务支付的现金	5 521 948 744.75	5 298 518 032.55
支付给职工及为职工支付的现金	7 669 863 126.24	6 653 137 733.66
支付的各项税费	39 841 352 755.42	32 032 178 125.92
支付的其他与经营活动有关的现金	5 315 417 150.90	2 935 766 833.07
经营活动现金流出小计	54 233 824 521.66	47 960 400 991.98
经营活动产生的现金流量净额	45 210 612 632.56	41 385 234 406.72
二、投资活动产生的现金流量		
收回投资所收到的现金	0.00	0.00
取得投资收益所收到的现金	0.00	0.00
处置固定资产、无形资产和其他长期资产所收回的现金净额	38 080.00	0.00

表11-13(续)

项目	2×18 年	2×19 年
处置子公司及其他营业单位收到的现金净额	0.00	0.00
收到的其他与投资活动有关的现金	7 321 070.40	11 244 181.30
投资活动现金流入小计	7 359 150.40	11 244 181.30
购建固定资产、无形资产和其他长期资产所支付的现金	3 148 864 661.38	1 606 750 226.28
投资所支付的现金	0.00	0.00
取得子公司及其他营业单位支付的现金净额	0.00	0.00
支付的其他与投资活动有关的现金	24 180 232.27	33 456 659.58
投资活动现金流出小计	3 173 044 893.65	1 640 206 885.86
投资活动产生的现金流量净额	-3 165 685 743.25	-1 628 962 704.56
三、筹资活动产生的现金流量		
吸收投资收到的现金	833 000 000.00	0.00
其中：子公司吸收少数股东投资收到的现金	833 000 000.00	0.00
取得借款收到的现金	0.00	0.00
发行债券收到的现金	0.00	0.00
收到其他与筹资活动有关的现金	0.00	0.00
筹资活动现金流入小计	833 000 000.00	0.00
偿还债务支付的现金	0.00	0.00
分配股利、利润或偿付利息所支付的现金	20 117 402 829.22	16 441 093 160.06
其中：子公司支付给少数股东的股利、利润	1 853 543 015.02	2 624 173 549.23
支付其他与筹资活动有关的现金	0.00	0.00
筹资活动现金流出小计	20 117 402 829.22	16 441 093 160.06
筹资活动产生的现金流量净额	-19 284 402 829.22	-16 441 093 160.06
四、汇率变动对现金及现金等价物的影响	27 240.01	29 006.86
五、现金及现金等价物净增加额	22 760 551 300.10	23 315 207 548.96
加：期初现金及现金等价物余额	98 243 288 299.54	74 928 080 750.58
六、期末现金及现金等价物余额	121 003 839 599.64	98 243 288 299.54
附注		
净利润	43 970 000 792.51	37 829 617 756.81
少数股东权益	0.00	0.00
未确认的投资损失	0.00	0.00
资产减值准备	5 313 489.80	1 289 685.01

表11-13(续)

项目	2×18 年	2×19 年
固定资产折旧、油气资产折耗、生产性物资折旧	1 149 884 850. 35	1 084 662 728. 58
无形资产摊销	83 262 106. 36	80 431 667. 22
长期待摊费用摊销	10 331 490. 16	10 331 100. 62
处置固定资产、无形资产和其他长期资产的损失	32 123. 57	0. 00
固定资产报废损失	478 391. 99	1 808 930. 93
公允价值变动损失	14 018 472. 46	0. 00
递延收益增加（减：减少）	0. 00	0. 00
预计负债	0. 00	0. 00
财务费用	0. 00	0. 00
投资损失	0. 00	0. 00
递延所得税资产减少	-50 890 686. 63	352 502 540. 32
递延所得税负债增加	-3 504 618. 12	0. 00
存货的减少	-1 777 969 964. 11	-1 449 469 465. 76
经营性应收项目的减少	3 424 860 902. 28	525 665 014. 45
经营性应付项目的增加	-1 615 204 718. 06	2 948 394 448. 54
已完工尚未结算款的减少（减：增加）	0. 00	0. 00
已结算尚未完工款的增加（减：减少）	0. 00	0. 00
其他	0. 00	0. 00
经营活动产生现金流量净额	45 210 612 632. 56	41 385 234 406. 72
债务转为资本	0. 00	0. 00
一年内到期的可转换公司债券	0. 00	0. 00
融资租入固定资产	0. 00	0. 00
现金的期末余额	121 003 839 599. 64	98 243 288 299. 54
现金的期初余额	98 243 288 299. 54	74 928 080 750. 58
现金等价物的期末余额	0. 00	0. 00
现金等价物的期初余额	0. 00	0. 00
现金及现金等价物的净增加额	22 760 551 300. 10	23 315 207 548. 96

要求：(1) 分别计算甲公司 2×18 年、2×19 年营运能力指标。

(2) 对甲公司营运能力进行必要分析。

第十二章
企业发展能力分析

学习目标

1. 熟悉企业发展能力的定义，理解企业发展能力的反映形式，明确企业发展能力分析的目的，了解企业发展能力分析的内容。

2. 理解各种增长率指标的内涵，掌握各种增长率指标的计算和分析方法，能运用增长率指标分析企业单项发展能力。

3. 了解企业偿债能力分析、企业盈利能力分析、企业营运能力分析、企业发展能力分析的联系与区别，运用企业整体发展能力分析框架对企业整体发展能力做出合理的评价。

课堂导入

房地产行业过去依靠高杠杆、高周转、高负债的模式发展，恒大地产集团有限公司（以下简称“恒大”）便是其中的典型，在规模迅速扩大的同时，负债也在快速增长。2020 年 3 月 31 日，恒大举行 2019 年度业绩发布会。数据显示，恒大 2019 年实现合约销售额 6 011 亿元，同比增长 9%；核心利润 408.2 亿元，同比下降 48%；资产负债率 77.9%，同比增加 4.2 个百分点；净负债率 159.3%，同比增加 7.4 个百分点；现金余额 2 287.7 亿元，同比增长 12%。可以看出，恒大的核心利润并没有和销售额同步增长，并且净负债率很高，虽然现金余额是增长的，但和恒大过去整体规模的提升相比仍然显得落后。

恒大过去的这种高负债、低现金流的模式并不健康，一旦现金流断裂，后果不堪设想，随着监管部门近两年收紧了房企融资渠道，恒大的现金流压力变大。所以，恒大从 2020 年开始转变发展方式，全面实施高增长、控规模、降负债的发展战略。2020 年 2 月，恒大实施了网上卖房的颠覆性营销政策，下半年又推出全线 7 折特大优惠以抢跑楼市，仅仅两个月就大卖 1 820 亿元。

2021 年 1 月 5 日，恒大业绩公告显示，2020 年实现合约销售额 7 232.5 亿元，同比增长 20.3%；销售面积 8 085.6 万平方米，同比增长 38.3%，累计销售回款 6 531.6 亿元，同比增长 38.5%，9 个月减少负债超1 500 亿元。

值得企业追求的增长，是可持续的、稳定的增长，是营业收入、利润和现金流量同步增加的增长，这体现了一个企业突出的发展能力。

第一节　企业发展能力分析的目的与内容

企业发展能力通常是指企业未来生产经营活动的发展趋势和发展潜能，也可以称为增长能力。从形成看，企业发展能力是企业通过自身的生产经营活动，不断增加积累而形成的。企业发展能力的提升主要依托不断增长的销售收入、不断增加的资金投入和不断创造的利润等。从结果看，一个发展能力强的企业，应该是资产规模不断扩大、股东财富持续增长的企业。

一、企业发展能力分析的目的

不同的相关方对企业发展能力分析有不同的目的。对于股东而言，其可以通过企业发展能力分析衡量企业创造股东价值的能力，从而为采取下一步战略行动提供依据。对于潜在的投资者而言，其可以通过企业发展能力分析评价企业的成长性，从而选择合适的目标企业以做出正确的投资决策。对于经营者而言，其可以通过企业发展能力分析发现影响企业未来发展的关键因素，从而采取正确的经营策略和财务策略以促进企业可持续发展。对于债权人而言，其可以通过企业发展能力分析判断企业未来盈利能力，从而做出正确的信贷决策。总体而言，企业发展能力分析有以下三个目的：

首先，分析企业发展能力可以判断企业拥有资源的潜力。分析企业发展能力，能够预判企业未来发展变化趋势，包括预测企业未来盈利能力、变现能力、技术先进性及未来更新改造等情况。

其次，分析企业发展能力可以判断企业负债变化趋势。相关人员通过企业发展能力分析，可以判断企业未来一定时期的融资变化趋势，进而分析企业再融资能力。企业再融资能力一方面取决于企业资产优良程度和未来一定时期的创利能力，另一方面取决于企业现有债务负债率及债务结构。企业通过债务结构整合不仅可以提高企业负债效益，而且可以减轻债务压力甚至可以进一步提高债务比率，使杠杆效益最大化。

最后，分析企业发展能力可以明晰企业未来发展速度和政策。在企业市场份额和行业水平既定的情况下，企业经营策略和财务策略的不同组合与安排能够影响企业未来盈利能力。因此，企业管理人员在正确评价企业偿债能力、企业营运能力和企业盈利能力的基础上，通过进一步分析企业发展能力及其影响因素、企业未来发展速度，能够更科学地制定经营策略和财务策略。

二、企业发展能力分析的内容

企业发展能力分为单项发展能力和整体发展能力，对应的企业发展能力分析也就分为企业单项发展能力分析和企业整体发展能力分析。

（一）企业单项发展能力分析

企业价值的增加必然依赖股东权益、利润、收入和资产等方面的持续增长。企业单项发展能力分析通过计算和分析股东权益增长率、净利润增长率、销售增长率、资产增长率等指标，分别衡量企业在股东权益、净利润、销售、资产等方面所具有的发展能力，并对其所具有的发展趋势进行评估。

（二）企业整体发展能力分析

企业要实现可持续发展，必须在股东权益、净利润、销售、资产等方面协调发展。企业整体发展能力分析通过分析股东权益增长、收益增长、销售增长和资产增长等，综合判断企业整体发展能力。

在分析企业单项发展能力和企业整体发展能力之前，需要学习产业发展特征分析、产品寿命周期及其特征分析和企业发展周期分析，这是进行企业发展能力分析所必需的基础知识。

1. 产业发展特征分析

企业所属产业的性质和特征不同，往往使企业具有不同的财务状况及盈利状况。从属于传统产业的企业多属于劳动密集型企业，货币资产少，资产的流动性较弱，资产负债率普遍不高，利润率不高。朝阳产业的产品附加值极高，科学技术先进，资金投入量大，对未来的预期极高，利润率高，无形资产所占比重高，盈利能力强，但财务结构多为风险型。夕阳产业所生产的产品多属于面临被淘汰的产品，企业盈利能力、企业营运能力均较弱，企业面临资产重组、产业调整，急需战略投资者的介入，迫切需要生产技术改造和研发投入。

2. 产品寿命周期及其特征分析

产品寿命周期通常分为产品投放期、产品增长期、产品成熟期和产品衰退期四个阶段。

（1）产品投放期。在产品投放期，产品生产费用高，推广销售费用高，销售额增长缓慢，企业产品盈利水平低，资金需要不断追加。企业财务状况的突出特征是资金紧张，企业需要稳定的融资保障。

（2）产品增长期。在产品增长期，产品生产费用开始降低，推广销售费用趋于下降，销售额增长快速，企业产品盈利水平也在不断提高。企业财务状况的突出特征是有现金盈余，开始归还借款。

（3）产品成熟期。在产品成熟期，产品生产费用增长及销售额增长基本处于停滞状态，推广销售费用较低或接近于零，企业产品盈利水平达到最高状态。企业财务状况的突出特征是，可以归还大部分借款，企业营运能力极强。

（4）产品衰退期。在产品衰退期，替代产品出现，产品生产费用及销售额开始下降，推广销售费用开始增加，企业产品盈利水平开始下降，如果继续大量生产、销售现有产品，企业可能造成大量资金被占用，资产质量下降，财务状况开始恶化，企业营运能力减弱。因此，正确把握企业产品所处的寿命周期，是正确分析企业财务状况、企业盈利能力及现金流量状况的重要前提。

3. 企业发展周期分析

企业发展周期受产品寿命周期影响很大，因此用产品寿命周期描述企业发展周期较为合理。企业发展周期也称企业生命周期。生命周期范式作为一种重要的研究方法，在20世纪70年代以后被广泛运用，格林纳（Greiner）和爱迪斯（Asizes）提出了对企业理论有重要影响的企业生命周期理论。这一理论的核心观点是企业的成长像生物有机体一样，也有一个从生到死、从盛到衰的过程。人们通常认为企业生命周期依次经历企业成长期、企业成熟期、企业衰退期。如果将产品寿命周期引入企业发展周期分析，可以进一步将企业发展周期细分为企业初创期、企业成长期、企业成熟期和企业衰退期四大阶段。

（1）企业初创期。在企业初创期，企业致力于新产品的开发生产和市场开拓，企业内部投资活动活跃，资金需求量大，费用开支较大，销售业务处于起步阶段，企业基本处于微利或亏损状态，筹资活动及投资活动的现金流量大于经营活动产生的现金流量，负债可能还要增加，企业经营风险较大。

（2）企业成长期。在企业成长期，企业基本度过的艰难时期，产品开始走向成熟，资金投入及产品生产趋于稳定，销售额不断增加，费用开支也度过急剧增加期，企业开始有了盈利，负债不再增加，经营活动的现金流量开始逐渐超过投资活动的现金流量。

（3）企业成熟期。在企业成熟期，企业产品的生产、销售及利润基本达到最高临界点并开始呈现下降趋势，企业开始偿还大量的到期债务，经营活动产生的现金流量大于筹资活动及投资活动的现金流量，产品的固定成本比重降低，市场开拓能力开始下降，资金富余状态开始出现。

（4）企业衰退期。在企业衰退期，产品生产规模可能缩小，库存积压，市场份额不断下降，销售呈现负增长的状况，企业盈利能力开始减弱，经营活动产生的现金流量仍然大于筹资活动及投资活动的现金流量，企业负债率最低，财务状况最好，但面临开发新产品或投资新项目的压力。解决大量资金沉淀的问题成为决策的难题。

第二节　企业单项发展能力分析

针对企业局部或某一方面来分析发展状况并用相应指标衡量的行为叫企业单项发展能力分析。企业单项发展能力分析涉及股东（所有者）权益增长分析、收益增长分析、销售增长分析、资产增长分析等。

一、股东（所有者）权益增长分析

股东（所有者）权益增长主要有两个渠道：一是负债增加，二是所有者权益增加。股东（所有者）权益增长主要应当依靠增加盈余公积、资本公积和所有者追加投资，而不能过于依赖增加负债。股东（所有者）权益增长情况通过股东权益增长率来反映。

（一）股东权益增长率的内涵

股东权益增长率又称所有者权益增长率、资本扩张率或资本积累率，它是指本期股东权益增加额与股东权益期初余额的比率。其计算公式为

股东权益增长率＝本期股东权益增加额÷股东权益期初余额×100%

＝（年末股东权益额－年初股东权益额）÷年初股东权益额×100%

股东权益增长率越高，表明企业本期股东权益增加得越多；反之，股东权益增长率越低，表明企业本期股东权益增加得越少。

资本扩张率表示企业当年资本的积累能力，是评价企业发展能力的重要指标。类似的还有累计保留盈余率。累计保留盈余率是指企业盈余公积与未分配利润之和同平均股东权益的比率，它反映了企业靠自身经营而形成的发展能力。其计算公式为

累计保留盈余率=（盈余公积+未分配利润）÷平均股东权益×100%

（二）股东（所有者）权益增长分析实例

【例 12-1】甲上市公司 2×19 年权益增长分析表如表 12-1 所示。

表 12-1　甲上市公司 2×19 年权益增长分析表　　金额单位：元

权益项目	年末数	年初数	增长额	增长率%	增长结构%
流动负债	783 450 638.89	1 392 264 908.15	-608 814 270	-43.73	229.19
长期负债	146 872 500.92	144 606 986.74	2 265 514.2	1.57	-0.85
少数股东权益	458 221 104.99	446 868 529.20	11 352 575.7	2.54	-4.28
所有者权益	5 718 519 046.65	5 388 965 877.39	329 553 169	6.12	-124.06
其中：股本	1 196 472 423	797 648 282	398 824 141	50.00	
资本公积	2 933 718 592.07	3 173 013 077.07	-239 294 485	-7.54	
盈余公积	1 197 962 722.81	1 071 703 762.31	126 258 960	11.78	
未分配利润	390 365 308.77	346 600 756.01	43 764 553	12.63	
负债与权益合计	7 107 063 291.45	7 372 706 301.48	-265 643 010	-3.60	100

从表 12-1 可以看出，甲上市公司资产总额减少了 265 643 010 元，增长率为 -3.60%，其中所有者权益增长率为 6.12%，累计保留盈余率为 24.41%（11.78%+12.63%），说明甲公司资产总额减少的主要原因是减少了流动负债，而企业当年的资本积累能力和靠自身经营形成的发展能力都有较大提升。

二、收益增长分析

收益的增长主要表现为净利润的增长，而对于一个持续发展的企业而言，其净利润的增长则有赖于营业利润的增长。

净利润增长率是本期净利润增加额与上期净利润之比，其计算公式如下：

净利润增长率=本期净利润增加额÷上期净利润×100%

需要说明的是，如果上期净利润为负值，则该计算公式中的分母应取绝对值。该计算公式反映的是净利润增长情况。

营业利润增长率是本期营业利润增加额与上期营业利润之比，其计算公式如下：

营业利润增长率=本期营业利润增加额÷上期营业利润×100%

需要说明的是，如果上期营业利润为负值，则该计算公式的分母也应取绝对值。该计算公式反映的是营业利润增长情况。要全面了解净利润增长情况，就需要结合营业利润增长情况共同分析。要分析营业利润增长情况，则应结合营业收入增长情况一起分析。

为了更准确地反映净利润和营业利润的增长趋势，应将企业连续多期的净利润增长率和营业利润增长率进行对比分析，这样可以剔除个别时期偶然性或特殊性因素的影响，从而更加全面真实地揭示净利润增长情况和营业利润增长情况。

三、销售增长分析

销售增长分析通常通过测算三年以上的销售增加额、销售增长率来实现。销售增加额及销售增长率越高，说明企业在市场上生存与发展的空间越大，企业发展能力也越强。

（一）销售增长率的内涵

销售增长率就是本期营业收入增加额与上期营业收入之比，其计算公式如下：

销售增长率＝本期营业收入增加额÷上期营业收入×100%

＝（分析期销售额－基期销售额）÷基期销售额×100%

其中，销售额通常应采用利润表中的营业收入净额，即扣除销售折扣、销售折让后的主营业务收入数额。销售增长率多高为好，并没有绝对的标准。我们应看同行业增长水平及世界主要大公司增长水平，以便找出差距，及时发现问题，同时应分析销售发展趋势，以便做好销售预测与决策工作。

需要说明的是，如果上期营业收入为负值，则该计算公式中的分母也应取绝对值。在利用销售增长率来分析企业在销售方面的发展能力时，应该注意以下几个方面的问题：

（1）要判断企业在销售方面是否具有良好的成长性，必须分析销售增长是否具有效益性。

（2）要全面准确地分析和判断销售收入的增长趋势和增长水平，必须对企业不同时期销售收入增长率加以比较和分析。

（3）可以利用某种产品的销售增长率指标来观察企业产品的结构状况，进而分析企业的成长性。

（二）销售增长分析实例

【例 12-2】S 公司 2×16—2×20 年主营业务收入增长情况如表 12-2 所示。

表 12-2　S 公司 2×16—2×20 年主营业务收入增长情况

项目	2×16 年	2×17 年	2×18 年	2×19 年	2×20 年
主营业务收入/万元	55 313	114 705	135 873	166 392	232 420
增加额/万元	—	59 392	21 168	30 519	66 028
增长率/%	—	107.37	18.45	22.46	39.68

从表 12-2 可以看出，S 公司主营业务收入连续 4 年增长，说明 S 公司在不断拓展市场业务，抢占市场份额，所以增加了主营业务收入。其中，2×20 年主营业务收入的增加额是 2×16—2×20 年中最多的，但 2×17 年的增长率是最高的，达 107.37%。

【例 12-3】K 公司 2×19—2×20 年主营业务收入及增长构成情况如表 12-3 所示。

表 12-3　K 公司 2×19—2×20 年主营业务收入及增长构成情况

项目	2×19 年	2×20 年	增长额	增长率/%	增长构成/%
主营业务收入/万元	1 168 837	1 529 938	361 101	30.89	100
空调器销售收入/万元	599 589	766 275	166 686	27.80	46.16
电冰箱销售收入/万元	333 070	453 342	120 272	36.11	33.31
其他主营业务收入/万元	236 178	310 321	74 143	31.39	20.53

从表 12-3 可以看出，K 公司 2×20 年主营业务收入较 2×19 年增长 30.89%，其中增长较快的是电冰箱销售收入，增长了 36.11%，但从增长构成来看，空调器销售收入的增长额占主营业务收入增长额的 46.16%，说明 K 公司 2×20 年实现利润的主要产品仍然是空调器，但是，电冰箱销售收入的增长趋势也值得重视。进一步的分析发现，其他主营业务收入增长也较快，达到 31.39%，但只占主营业务收入增长额的 20.53%，说明 K 公司主营业务仍然是销售空调器和电冰箱，增长合计占主营业务收入增长额的 79.47%。

四、资产增长分析

资产增长能力分析通常涉及资产增长率分析、资产增长结构分析和经营活动的现金流量增长率分析。

（一）资产增长率分析

资产增长率就是资产增长额与基期资产额的比率，其计算公式为

资产增长率=资产增长额÷基期资产额×100%

其中，资产增长额通常应为资产平均增长额，即

资产增长额=分析期平均资产总额-基期平均资产总额

分析期平均资产总额=（分析期期末资产总额+分析期期初资产总额）÷2

基期平均资产总额=（基期期末资产总额+基期期初资产总额）÷2

为了计算的方便，也可以按照下述公式进行计算：

资产增长额=分析期期末资产总额-分析期期初资产总额

资产增长率=资产增长额÷期初资产额×100%

资产增长率是用来考核企业资产投入增长幅度的财务指标。若资产增长率为正数，说明企业本期资产规模增加，资产增长率越高，说明企业本期资产规模增加的幅度越大；若资产增长率为负数，说明企业本期资产规模缩减，资产出现负增长。

在对资产增长率进行具体分析时，应该注意以下几点：

（1）资产增长率高并不意味着企业资产规模的增长就一定适当。

（2）需要如实分析企业资产增长的原因。

（3）为全面认识企业资产规模的增长趋势和增长水平，应将企业不同时期的资产增长率加以比较。

【例 12-4】T 集团 2×15—2×20 年收益情况如表 12-4 所示，请分析 T 集团近几年的资产增长情况。

表 12-4 T 集团 2×15—2×20 年收益情况

	2×15 年	2×16 年	2×17 年	2×18 年	2×19 年	2×20 年
每股净资产/万元	200.27	300.51	400.34	400.95	500.51	200.00
加权净资产收益率/%	1.57	25.81	21.28	15.90	13.55	10.36
总资产增长率/%	-14.78	29.39	15.48	27.93	10.36	-6.74
净利润增长率/%	-89.20	20.77	14.09	-11.42	-3.80	-13.84

如表 12-4 所示，T 集团 2×15—2×20 年的净利润增长率、总资产增长率、加权净资产收益率都很不稳定。其中，2×15 年和 2×20 年的净利润增长率和总资产增长率都是负值，2×15 年的收益情况最不理想，2×16 年和 2×17 年 T 集团扭亏为盈。虽然 2×18 年的总资产增长率相对来说较高，但净利润增长率是-11.42%，说明 T 集团的资产规模增长有一定的问题，可能是由于成本控制力度不够，即以高成本换取资产规模增长，牺牲了净利润。

（二）资产增长结构分析

资产增长结构是指资产增长额占资产增长总额的比率，其计算公式为

资产增长比重=资产增长额÷资产增长总额×100%

【例 12-5】甲上市公司 2×19 年(合并)资产增长率及增长构成情况如表 12-5 所示。

表 12-5 甲上市公司 2×19 年（合并）资产增长率及增长构成

资产项目	期末数/元	期初数/元	增长额/元	增长率/%	增长构成/%
流动资产	3 957 791 985.62	4 019 954 669.47	-62 162 684	-1.55	23.40
长期投资	1 454 536 317.58	1 528 539 319.90	-74 003 002	-4.84	27.86
固定资产	1 620 191 810.98	1 742 226 089.53	-122 034 279	-7.01	45.94
无形资产	74 543 177.27	81 986 222.54	-7 443 045	-9.08	2.80
资产总额	7 107 063 291.45	7 372 706 301.48	-265 643 010	-3.60	100

从表 12-5 可以看出，甲上市公司 2×19 年资产总额较 2×18 年减少了 265 643 010元，减少 3.60%，其中减少幅度较大的是无形资产，减少了 744 304 元，减少 9.08%；其次是固定资产，减少了 122 034 279 元，减少 7.01%；再次是长期投资，减少了 74 003 002 元，减少 4. 84%；而流动资产仅减少 62 162 684 元，减少 1.55%。甲上市公司缩减资产规模的主要目的有两个：一是提高资金利润率，即提高企业盈利能力与水平；二是调整资产结构，增强资产流动性，即改善企业财务状况。可见，资产总额负增长对于改善经营状况及财务状况是有利的、正确的。

一般来说，资产总额下降而营业额上升的企业好于资产总额增加而营业额增加不多或营业额减少的企业。当然，准确的评价结论还要依据资产总额变化后的未来发展状况。如果资产投资项目前景好，企业发展后劲大，未来盈利能力强，资产总额增加是应该得到肯定和提倡的，不能单纯靠压缩资产规模来提高资金利润率，过于保守说明管理者对企业未来的信心不足。

（三）经营活动的现金流量增长率分析

经营活动产生的现金流量增量是指企业通过良好的经营使得现金发生增值，以增加资产规模。经营活动的现金流量增长率计算公式如下：

经营活动的现金流量增长率=（本期经营活动产生的现金流量净额-上期经营活动产生的现金流量净额）÷上期经营活动产生的现金流量净额×100%

【例 12-6】S 公司 2×20 年经营活动产生的现金流量增长情况如表 12-6 所示。

表 12-6　SX 股份公司 2×20 年经营活动产生的现金流量增长情况

金额单位：元

项目	2×20 年	2×19 年	增加额	增长率/%
销售商品、提供劳务收到的现金	2 541 378 092. 43	1 979 836 446. 13	561 541 646	28. 36
收到的税费返还	18 087 655. 08	5 294 978. 56	12 792 676	241. 60
收到的其他与经营活动有关的现金	7 204 374. 50	8 335 490. 29	-1 131 116	-13. 57
现金流入小计	2 566 670 122. 01	1 993 466 914. 98	573 203 208	28. 75
购买商品、接受劳务支付的现金	2 027 575 161. 67	1 678 773 243. 05	348 801 918	20. 78
支付给职工及为职工支付的现金	136 439 007. 11	115 720 815. 56	20 718 192	17. 90
支付的各项税费	122 401 348. 48	153 700 793. 49	-31 299 445	-20. 36
支付的其他与经营活动有关的现金	108 803 985. 08	104 121 204. 76	4 682 780	4. 50
现金流出小计	2 395 219 502. 34	2 052 316 056. 86	342 903 446	16. 71
经营活动产生的现金流量净额	171 450 619. 67	-58 849 141. 88	230 299 762	391. 34

从表 12-6 可以看出，2×20 年 S 公司经营活动产生的现金流量净额较 2×19 年增加了 230 299 762 元，增长 391. 34%，其中现金流入增长了 28. 75%，现金流出增长了 16. 17%。在现金流入中，销售商品、提供劳务收到的现金增加 561 541 646 元，增长 28. 36%。在现金流出中，购买商品、接受劳务支付的现金增加 348 801 918 元，增长 20. 78%。现金收入增长速度快于现金支出增长速度，这说明 S 公司 2×20 年经营业务质量提高，同时也说明资产流动性增强。

第三节　企业整体发展能力分析

企业整体发展能力分析包括企业整体发展能力分析框架和企业整体发展能力分析框架应用。

一、企业整体发展能力分析框架

企业整体发展能力分析与企业单项发展能力分析应该是整体和部分的关系。企业单项发展能力能够促进企业整体发展能力的提升。企业整体发展能力分析的具体思路如下：

（1）分别计算股东权益增长率、净利润增长率、销售增长率和资产增长率的实际值。

（2）分别将上述增长率数值与以前不同时期增长率数值、同行业平均水平进行比较，分析企业在股东权益、收益、销售和资产等方面的发展能力。

（3）比较股东权益增长率、净利润率、销售增长率和资产增长率之间的关系，判断增长的效益性及协调性。

（4）根据以上分析结果，运用一定的分析标准，判断企业整体发展能力。一般而言，只有一个企业的股东权益增长率、净利润增长率、销售增长率、资产增长率保持同步增长，且不低于行业平均水平，我们才可以认为这个企业具有较强发展能力。

企业整体发展能力分析框架如图 12-1 所示。

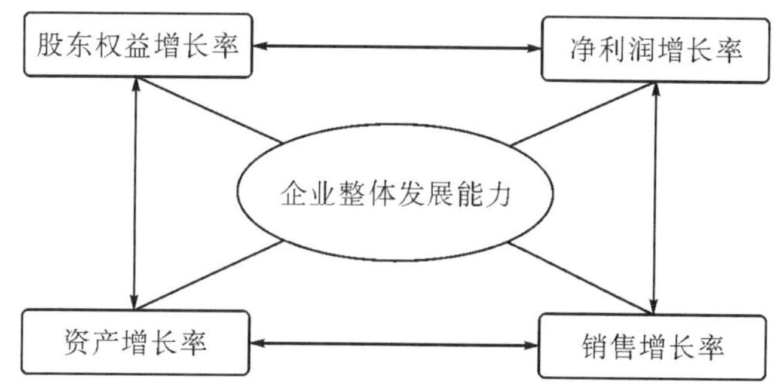

图 12-1　企业整体发展能力分析框架

二、企业整体发展能力分析框架应用

应用企业整体发展能力分析框架分析企业整体发展能力应该注意以下几方面的问题：

第一，对股东权益增长的分析。股东权益的增长一方面来源于净利润，净利润主要来自营业利润，营业利润取决于销售收入，并且销售收入的增长在资产使用效率保持一定的前提下依赖资产投入的增加；股东权益的增长另一方面来源于股东的净投资，而股东的净投资取决于本期股东投资资本和本期向股东发放的股利。

第二，对收益增长的分析。收益的增长主要表现为净利润的增长，对一个持续发展的企业而言，净利润的增长应该主要来源于营业利润，营业利润的增长又应该主要来自营业收入的增加。

第三，对销售增长的分析。销售收入是企业营业收入的主要来源，也是企业价值增长的源泉。一个企业只有不断开拓市场，保持稳定的市场份额，才能不断增加营业收入和股东权益，同时为进一步占领市场、开发新产品和进行技术改造提供资金。

第四，对资产增长的分析。一定规模的企业资产是取得销售收入的保障，要实现销售收入的增长，在资产利用效率一定的条件下就需要扩大资产规模。企业要扩大资产规模，一方面可以通过负债融资实现，另一方面可以依赖股东权益的增长，即净利润和净投资的增长。

总之，在运用企业整体发展能力分析框架时需要注意这四个增长率指标之间的关系，否则无法对企业发展能力做出正确的判断。

【例 12-7】ZME 公司 2×18—2×20 年单项增长率指标如表 12-7 所示。

表 12-7 ZME 公司 2×18—2×20 年单项增长率指标 单位:%

项目	2×18 年	2×19 年	2×20 年	行业平均值	行业优秀值
股东权益增长率	5.64	13.80	17.81	-1.9	7.1
净利润增长率	-29.83	60.63	31.73	—	—
营业利润增长率	-66.72	151.37	24.45	3.1	15.1
销售增长率	6.78	49.81	27.36	3.5	20.2
资产增长率	18.93	52.28	29.66	0.8	14.3

根据表 12-7 可知，ZME 公司 2×18—2×20 年的股东权益增长率是逐年递增的，只不过在 2×18—2×19 年快速增长而在 2×20 年放慢增速，数值都高于行业平均值，且在 2×18 年和 2×19 年都高于行业优秀值。ZME 公司 2×18—2×20 年的净利润增长率、营业利润增长率、销售增长率、资产增长率都是先增后降，但除了净利润增长率和营业利润增长率在 2×18 年是负值外，其他指标都是正值并且都高于行业优秀值。整体来看，5 个指标的变化趋势在 3 年间基本一致并且 5 个指标在大多数时候都高于行业优秀值，说明 ZME 公司的发展模式是有效的。

本章总结

企业发展能力是和企业未来生产经营活动的发展趋势和发展潜能有关的能力。企业发展能力的提升主要依托不断增长的销售收入、不断增加的资金投入和不断创造的利润等。我们通常用资产规模和股东财富是否持续增加来衡量一个企业的发展能力是否强大。企业发展能力分析有企业单项发展能力分析和企业整体发展能力分析。企业单项发展能力分析是针对企业某方面进行的分析，常用指标有股东权益增长率、净利润增长率、销售增长率、资产增长率等。企业整体发展能力分析则是比较股东权益增长率、净利润增长率、销售增长率和资产增长率等指标之间的关系，判断增长的效益性及协调性，对企业各方面的发展能力从总体上做出总结与分析，强调综合性与全局性。企业整体发展能力分析包括企业整体发展能力分析框架和企业整体发展能力分析框架应用。企业整体发展能力分析可以较好地解释企业发展变化和趋势，为企业管理者制定未来发展战略和采取具体发展措施指明方向，为优化经营结构和财务结构、提升企业盈利能力提供依据。

课后习题

一、单项选择题

1. 下列各项命题中，正确的表述是（　　）。
   A. 企业增长过快是企业发展的必然结果
   B. 企业增长过快是一种正确的决策
   C. 企业增长过快而破产是时常发生的一种必然结果
   D. 企业增长过快而破产的数量与因为增长太慢而破产的数量几乎一样多

2. 产品生产费用高，推广销售费用高，销售额增长缓慢，企业产品盈利水平低，资金需要不断追加，企业财务状况的突出特征是资金紧张，企业需要有稳定的融资保障，这些表明该企业所处的产品寿命周期是（　　）。
   A. 投放期　　B. 增长期
   C. 成熟期　　D. 衰退期

3. 资产增长率高的企业说明（　　）。
   A. 经济效益好　　B. 财务状况好
   C. 所有者权益保障程度提高　　D. 债权人权益保障程度提高

4. 主营业务利润增长率高于同期营业利润率，说明（　　）。
   A. 财务状况好　　B. 盈利能力增强
   C. 主营业务鲜明度高　　D. 企业处于成熟期

5. 下列各项中，能够提高企业可持续增长率的指标是（　　）。
   A. 销售利润率　　B. 费用增长率
   C. 股利支付　　D. 资产负债率

二、多项选择题

1. 下列各项指标中，可以与资产增长率同时增长的有（　　）。
   A. 资产利润率　　B. 销售净利率
   C. 资产负债率　　D. 股利支付率

2. 企业生命周期通常可以表述为（　　）。
   A. 成长期　　B. 成熟期
   C. 衰退期　　D. 稳定期

3. 下列各项中，影响主营业务鲜明率的指标有（　　）。
   A. 主营业务利润率　　B. 其他业务利润率
   C. 利润总额　　D. 企业所得税税率

4. 下列各项中，属于企业在成熟期的合理战略选择的有（　　）。
   A. 巩固改进　　B. 降低消耗，控制成本
   C. 新产品替代老产品　　D. 提高市场占有率

5. 下列各项中，属于企业在衰退期的合理战略选择的有（　　）。
   A. 巩固改进　　B. 新一轮的研究与开发
   C. 新产品替代老产品　　D. 发展壮大

三、判断题

1. 提高留存收益比率可以增强企业可持续增长能力。 ( )
2. 股利政策是影响企业可持续增长率的一个重要因素。 ( )
3. 研究与开发的资金投入是评价企业可持续增长的重要指标。 ( )
4. 适当增加被客户接受认可的营业费用开支，是企业在成长期的战略选择。 ( )
5. 客户忠诚度的提高是评价企业是否处于成熟期的标志。 ( )

四、简答题

1. 企业发展能力分析的指标有哪些?
2. 企业单项发展能力和企业整体发展能力的关系是什么?
3. 阐述企业发展能力与企业市盈率间的关系。
4. “购买股票就是买企业的未来”意味着要买市盈率高的企业的股票吗?

五、业务题

1. 根据TDT股份公司2×15—2×20年的有关资料（见表12-8），分别计算2×15—2×20年资产增长率、资本扩张率、销售增长率、利润增长率。

表12-8 TDT股份公司2×15—2×20年有关资料 金额单位：元

年份	平均净资产	净资产利润率	主营业务收入	平均资产	股利支付率
2×20	2 727 384 521	0.121 890 6	6 315 826 529.29	5 694 861 827	0.64
2×19	2 196 523 503	0.073 729 6	3 403 159 429.04	4 262 710 930	0.60
2×18	1 955 555 395	0.067 166 6	2 401 454 776.61	3 235 129 493	0.58
2×17	1 882 049 834	0.061 823 3	1 892 612 776.38	2 848 277 226	0.56
2×16	1 459 263 728	0.094 245 4	2 008 034 066.99	2 185 040 649	0.54
2×15	1 032 478 745	0.127 277 5	1 655 278 038.65	1 441 501 984	0.50

2. 根据LT股份公司2×15—2×20年有关资料（见表12-9），分别计算2×15—2×20年资产增长率、资本扩张率、销售增长率、利润增长率。

表12-9 LT股份公司2×15—2×20年有关资料 金额单位：元

年份	平均净资产	净资产利润率	销售利润率	资产负债率	股利支付率
2×20	1 517 476 283	0.184 478 28	0.148 049 607	0.562 279 76	0.62
2×19	1 356 038 251	0.141 392 71	0.150 910 704	0.402 372 34	0.59
2×18	1 249 978 973	0.100 441 61	0.132 035 417	0.274 334 8	0.58
2×17	1 225 534 092	0.09 312 465	0.145 256 871	0.141 019 72	0.54
2×16	773 115 231.5	0.111 899 24	0.178 032 376	0.142 707 15	0.52
2×15	328 553 705.1	0.196 100 32	0.161 826 57	0.446 866 4	0.50

第十三章
财务综合能力分析

学习目标

1. 全面系统地掌握财务综合能力分析的基本理论、方法体系，包括财务综合能力分析的概念、实质、目的、作用、依据、种类等。

2. 了解财务综合能力分析的发展变化及基本动因。

3. 理解构建财务综合能力分析方法体系的理论依据，了解各种财务综合能力分析方法及其指标的不同，明确各种财务综合能力分析方法在企业财务分析中的地位与作用。

4. 正确把握企业偿债能力分析、企业营运能力分析、企业盈利能力分析、企业发展能力分析等在财务综合能力分析中的具体运用及财务综合能力分析与企业经营管理分析的关系。

课堂导入

每到年初，所有的财经媒体无不将关注的焦点放在上市企业的财务报表上，不惜笔墨地报道上市企业的财务业绩，很关注净利润金额、每股收益、每股净资产等财务指标。但是某个或某类指标并不能反映企业整体财务和经营情况，想要了解企业全局的、整体的发展状况就要进行财务综合能力分析。

例如，一家企业的利润总额在逐年上升，并且销售净利率也以每年5%~10%的增长率稳步增长，我们能不能因此说这家企业整体状况良好呢？

答案是不能。因为利润总额和销售净利率稳定上升只代表这家企业的盈利能力不错，不能说明其他方面也不错。如果这家企业的资产负债率远远高于行业均值，并且总资产周转率低于行业均值，就说明它至少存在偿债能力弱、营运能力不强等问题。

由此可见，分析企业的单个指标不能看出它们的联系和发展趋势，更不能了解企业整体经济效益，这个时候我们就需要分析财务综合能力。

第一节　财务综合能力分析的目的与内容

财务综合能力分析就是将企业盈利能力分析、企业偿债能力分析、企业营运能力分析等有机地整合到一个综合的分析系统之中，整体地、全局地对企业当前的财务和经营情况进行详细分析，从而对企业经济效益做出相对准确的评价与判断。

在改革开放以前，我国对企业经营效绩的评价侧重于对工业经济的运行效果进行考核，主要的考核指标是工业企业的生产产值、利税、成本和产品产量等，主要检查计划的实现情况及原因。改革开放以后，在推行以利润包干为主的经济责任制阶段，考核指标主要是利润完成和上缴情况。20 世纪 90 年代以后，随着社会主义市场经济体制的确立和逐步完善，我国进行了国有企业改革，逐步建立和推行现代企业制度，实现政企分开、产权明晰，国有企业自主经营、自负盈亏，企业评价问题，尤其是企业财务状况评价越来越为人们所重视。

评价内容由原来的以反映产值等总量方面的内容为主，转向以全面系统地反映企业盈利能力、企业偿债能力、企业营运能力和企业发展能力等多方面的内容为主；评价指标由单纯的总量指标，转向系统化的以财务报表比率为主导的评价指标体系；评价方法更是在继承传统分析方法的基础上，逐步引入了美国、日本等国的分析方法和现代统计方法，形成了多种财务分析和评价方法共存互补的局面；评价理念也由效益导向向价值导向过渡；评价主题和评价目的也呈现多元化发展趋势。

一、财务综合能力分析的目的

财务综合能力分析的终极目的在于全面、准确、客观地披露被分析企业的财务现状和经营现状，揭示相关风险，进而对企业经济效益做出合理客观的评价。但是，要达到这样一个财务综合分析目的，仅仅计算几个简单的财务指标，是不太可能实现的，有时甚至会得出南辕北辙的结论，使决策者制定出错误的经营方针和发展策略。例如，如果只对某企业的偿债能力进行分析，特别是只对短期偿债能力进行分析，可能会因为短期偿债能力弱而得出该企业财务状况趋于恶化的结论。但是，在计算分析其营运能力和盈利能力的相关比率后，可能会发现这些比率都很健康，显然该企业的盈利能力和营运能力都较强，说明该企业采用了一种风险偏好型的发展策略，对未来前景充满信心、充满希望，通过高短期负债的形式来实现高经济效益。

由此可以看出，仅仅分析某些财务指标，或者将一些孤立的财务指标堆砌在一起，彼此分离地观察，很难达到理想的分析目的。只有将企业偿债能力、企业营运能力、企业盈利能力、企业发展能力等各项指标有机联系、结合起来，做出整体的综合评价，才能从总体上摸清企业财务状况和经营情况。因此，不难看出，财务综合能力分析，就是将各项财务分析指标作为整体，系统全面地对企业财务状况和经营情况进行分析、解释、评价。

二、财务综合能力分析的内容

财务综合能力分析与前述各项分析相比，有独特的要求：

（1）评价指标要全面、真实、适当。进行财务综合能力分析，是以各财务分析单项指标及各指标要素为基础的，所以各指标要素一定要真实、全面和适当。设置的评价指标要尽可能涵盖企业偿债能力、企业营运能力和企业盈利能力等方面的考核要求。

（2）财务综合能力分析中，各主辅指标功能要协调匹配。财务综合能力分析涉及的指标很多，我们只有抓住主要指标，才能找出影响企业当前财务状况的主要因素，在主要财务比率分析的基础上对辅助比率进行分析，才能透彻分析彼此之间的影响，掌握真实的财务状况；要能从不同侧面、不同层次反映企业财务状况，揭示企业经营业绩；在利用主辅指标时，还要关注主辅指标间的相互联系和层次关系。

（3）要满足企业利益相关方的不同财务信息需求，断不可只从企业内部管理的角度出发，或者按照投资者、债权人、国家宏观监管等方面的要求进行分析、做出判断，这样容易得出片面、不准确的结论，要多角度、多层次进行综合分析和评价。

财务综合能力分析的方法主要有三种：杜邦财务分析体系、帕利普财务分析体系及沃尔评分法，其中杜邦财务分析体系应用得最广泛。

第二节 杜邦财务分析体系

杜邦分析法，又称杜邦财务分析体系，简称杜邦体系，是利用各主要财务比率指标间的内在联系，对企业财务状况及经济效益进行综合系统的分析评价的方法。该体系重点揭示企业获利能力及权益乘数对净资产收益率的影响，以及各相关指标间的作用关系。其最初由美国杜邦公司成功开发并应用，因此得名。

一、杜邦财务分析体系的内容

企业的各项财务活动及各项财务指标都是相互联系的，因此要得出对企业总体财务状况的评价，就必须将企业财务活动看作一个系统，对系统内相互依存、相互作用的各种因素进行综合分析。美国杜邦公司因此而建立了一个财务综合分析与评价体系，即杜邦财务分析体系。杜邦财务分析体系也称杜邦分析法，是指根据企业内相互影响的各种因素之间的内在联系，将若干反映企业盈利能力、偿绩能力及资产管理效率的比率有机结合起来，形成一个完整的分析企业财务状况的体系，并最终通过净资产收益率（或权益净利率）这一核心指标来综合反映。

现金流量是指企业在一定会计期间按照现金收付实现制，通过一定经济活动（包括经营活动、投资活动、筹资活动和非经常性项目）而产生的现金流入、现金流出及其差量情况的总称。杜邦财务分析体系以企业的净利润及净资产收益率为核心指标，摆脱不了应计制的局限性，不利于真实反映企业的盈利水平及盈余质量。因此，企业在传统的财务分析指标体系中引入现金流量指标和构建新的财务指标体系可以让更多的经济工作者了解现金流量指标的实用性、真实性，更加注重推广对现金流量的分析；帮助企业投资者正确评价企业，做出正确的购买、持有、抛售企业股票的投资决策；帮助债权人获得企业真实的财务信息，做出正确的信贷决策。杜邦财务分析体系中包含以下几种主要比率关系：

因为：

权益净利率（净资产收益率）= 净利润÷所有者权益

=（净利润÷资产总额）×（资产总额÷所有者权益）

= 资产净利率×权益乘数

资产净利率=净利润÷资产总额

=（净利润÷销售收入）×（销售收入÷资产总额或平均资产总额）

=销售净利率×资产周转率

权益乘数=资产总额÷所有者权益

=资产总额÷（资产总额-负债总额）

=1÷［（资产总额-负债总额）÷资产总额］

=1÷（1-负债总额÷资产总额）

=1÷（1-资产负债率）

所以：

权益净利率(净资产收益率)=净利润÷所有者权益

=(净利润÷销售收入)×(销售收入÷资产总额)×(资产总额÷所有者权益)

=销售净利率×资产周转率×权益乘数

由上式可见，决定权益净利率的因素有三个，即销售净利率、资产周转率和权益乘数。这样分析以后，可以把权益净利率这项综合性指标发生的升降变化原因具体化。杜邦分析法有助于企业管理者更加清晰地看到权益净利率的决定生因素，以及销售净利率与资产周转率、权益乘数之间的相互关联关系，给企业管理者提供了一张明晰的考察公司资产管理效率和是否最大化股东投资回报的路线图。如果只用一个指标来判断企业的优劣，权益净利率是个不错的选择，它是股东每投入一元资本在某一年里能赚取的利润，这个数值当然越高越好。那么，如何提高权益净利率呢？按照常规做法，无非是提高净利润或是减少净资产，但这都太过笼统，不宜付诸实践。在这种情况下，美国杜邦公司开创性地提出了一种思路，那就是寻找权益净利率的驱动因素。通过简单的因式分解，就得到了传统的杜邦公式，即权益净利率=销售净利率×资产周转率×权益乘数。三个驱动因素中，销售净利率是利润表的总结，代表了企业盈利能力；资产周转率是资产负债表的概括，反映了企业营运能力；权益乘数是资产负债表的概括，代表了企业财务状况。销售净利率和资产周转率可以进一步分解。由此形成杜邦财务分析体系。

杜邦财务分析体系构成图如图 13-1 所示。

有了杜邦公式，企业就能轻易分清自己的优势和劣势，就能找出股东回报率低的原因，然后对症下药。如果销售净利率比较低，说明企业盈利能力不强，如果资产周转率很高，说明企业营运能力很强，从销售产品到收回现金的时间较短，产品属于薄利多销型；如果销售净利率比较高，说明企业盈利能力很强，如果资产周转率很低，说明企业营运能力很弱，从销售产品到收回现金的时间较长，产品属于厚利少销型；如果权益乘数较低，说明企业没有充分利用财务杠杆的作用，这个时候增加借款会提高权益净利率。但权益乘数的提高不是无限制的，负债一多，财务风险就会增大，因为企业每年需要偿还大量的固定利息。如果企业资产负债率高，则再借款时的利率也会很高，有可能会超过企业资产的收益率，这时再增加借款就得不偿失了。

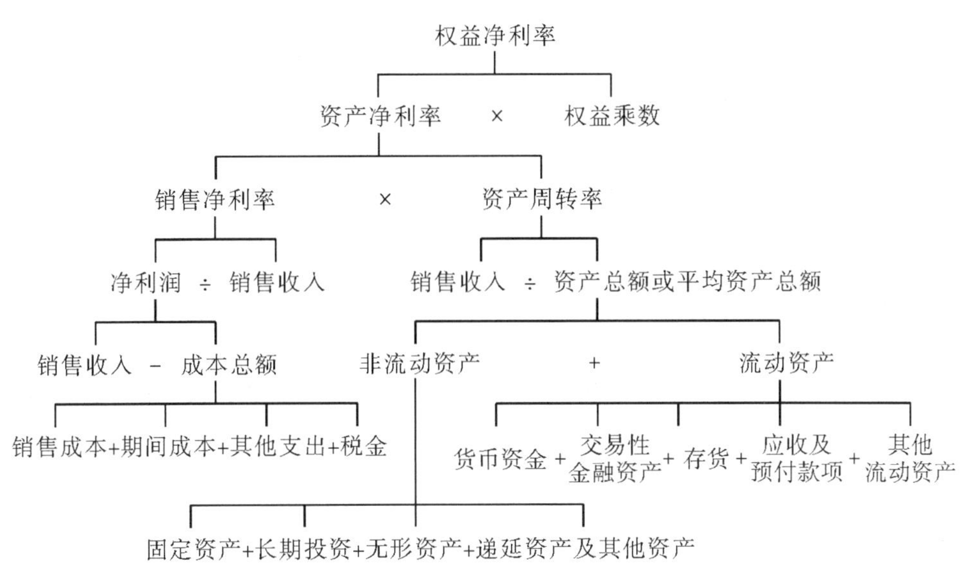

图 13-1　杜邦财务分析体系构成图

二、杜邦财务分析体系的形成机制

从杜邦财务分析体系构成图我们可以看出其形成机制，更好地理解杜邦财务分析体系。

（一）杜邦财务分析体系基本指标的构成

1. 权益净利率

权益净利率（净资产收益率）是所有比率中综合性最强、最具代表性的指标。它是杜邦分析法的核心，其他各项指标都围绕这一核心，通过研究彼此间的相互依存和制约关系，从而揭示企业获利能力及其前因后果。财务管理的目标是使所有者财富最大化，权益净利率反映所有者投入资金的获利能力，反映企业筹资、投资、资产运营等活动的效率，提高权益净利率是实现财务管理目标的基本保证。该指标取决于经营效率、资产管理效率和财务杠杆度。如果权益净利率不理想，财务管理人员可通过销售净利率、资产周转率和权益乘数的纵向和横向比较，找出其中原因，并制定和采取改进措施。

2. 销售净利率

销售净利率反映了净利润与销售收入的关系。就此意义而言，提高销售净利率是提升企业盈利能力的关键所在。销售利润的提高，第一要靠增加销售收入，第二要靠降低成本费用。减少各项成本开支也是企业财务管理的一项重要内容。通过各项成本的列示，有利于进行成本费用的结构分析，加强成本控制。

3. 资产周转率

资产周转率反映了企业运用资产取得销售收入的能力。对资产周转率分析，需要对影响资产周转率的各因素进行分析。除了对资产的各构成部分在占用量上是否合理进行分析外，还要对流动资产周转率、存货周转率、应收账款周转率等进行分析，判断影响资产周转率的主要问题出在哪里。

4. 权益乘数

权益乘数主要受资产负债率的影响。负债比例大，权益乘数就高，说明企业有较高的负债程度和较多的杠杆利益，这给企业带来了较大的风险。

5. 资产净利率

资产净利率也是一个重要的财务比率指标，综合性也较强。它是销售净利率和资产周转率的乘积，因此我们要从销售成果和资产运营两方面来对其进行分析。要提高销售净利率，不仅要千方百计地增加销售收入，而且应努力降低各项成本。要提高资产周转率，则一方面要增加销售收入，另一方面应减少资金占用。

（二）杜邦财务分析体系各指标间的关系

我们可以通过对杜邦财务分析体系深入分析，揭示净资产收益率这一综合指标升降变动的原因及趋势。

1. 净资产收益率与销售净利率有关

销售净利率的高低主要取决于销售收入和成本费用的多少。销售净利率可以进一步分解为销售毛利率、销售成本率、销售期间费用率和销售税金率。深层次的指标分解可以定量地揭示销售净利率变动的原因（如售价、销售数量、成本费用的影响等），进而分析投入付出与产出回报的关系，从而为企业决策提供服务。

2. 净资产收益率与资产管理密切相关

企业资产管理既影响企业获利能力，又影响企业偿债能力，进而综合体现为影响企业净资产收益率。一般而言，流动资产直接体现了企业偿债能力和变现能力；非流动资产体现了企业经营规模和发展潜力。两者之间应该有一个合理的结构比率，如果企业持有的现金超过其业务需要，就有可能影响企业获利能力；如果企业占用过多的存货和应收账款，既影响其获利能力，又影响其偿债能力。

3. 净资产收益率与资本结构有关

合理稳定的资本结构是企业健康稳妥发展的基本要求，但在资产总额不变的情况下，适度有效地提高举债额度能使企业获得财务杠杆利益。

通过以上的分解剖析，可以在了解企业整体表现的基础上，探究指标变化的深层次原因，还可以建立一个更具体和全面的杜邦财务分析模式。资本经营、资产经营与商品经营是企业的三种有差别的经营方式，三种经营方式都会影响权益净利率，反映企业管理的主要内容。影响企业盈利能力（销售净利率）的要素为销售收入、成本费用等，这些都是影响权益净利率的基本驱动因素；而定价条件、竞争者行为、市场潜力、供货条件、劳动力市场又是其基本影响因素。对这些指标追根溯源，可以发现影响企业财务状况的根本原因。

三、杜邦财务分析体系的应用

杜邦分析法和其他财务分析方法一样，关键不在于指标的计算而在于对指标的理解和运用。杜邦分析法通过自上而下的分析，可以反映企业财务状况的全貌，以及各项财务分析指标之间的结构关系，查明各项主要财务指标增减变动的影响因素及存在的问题。

（一）应用步骤

（1）从净资产收益率开始，根据会计资料（主要是资产负债表和利润表）逐步分解计算各指标。

（2）将计算出的指标填入杜邦分析图。

（3）逐步进行前后期的对比分析，也可以进一步进行企业间的横向对比分析。

（二）应用建议

首先，深刻理解杜邦分析法与企业理财目标、企业代理关系及企业金字塔风险之间的内在联系。充分认识杜邦分析法对实现企业理财目标，缓解企业代理冲突，化解企业金字塔风险所具有的重要作用。只有深刻理解这种内在联系并充分认识这种重要作用，企业才有可能会想方设法去用足、用好杜邦分析法。其次，完善财务与会计的各项基础工作，建立健全财务与会计的各种规章制度，保证财务与会计信息的真实性、完整性、可靠性、及时性，提高财务与会计信息的质量。再次，强化杜邦分析法与企业长期战略目标及近期目标责任之间的联系，把杜邦分析法的功能从事后财务分析延伸到事前战略规划和事前目标责任管理，最大限度地用足、用好杜邦分析法。最后，注意杜邦分析系统中各项财务指标的递进影响关系和动态发展趋势。根据这种递进影响关系来平衡影响某一财务指标变动的各个要素之间的关系，使之协调发展。同时，根据这种动态发展趋势观测企业近期目标责任的落实情况和长期战略目标的实施情况，并适时对之进行合理的调整，使近期目标责任和长期战略目标共同形成一个和谐、统一、相互支持、相互促进的经营管理目标体系。

（三）杜邦分析法的实例分析

杜邦财务分析体系可以解释指标变动的原因和变动趋势，为采取措施指明方向。下面以M公司为例，说明杜邦分析法的运用。

【例13-1】M公司2×19—2×20年基本财务数据和2×19—2×20年财务比率分别如表13-1和表13-2所示（本例中涉及的所有基础数据都来自M公司2×20年年报），运用杜邦分析法说明指标变动的原因和变动趋势。

表13-1 M公司2×19—2×20年基本财务数据 单位：元

年份	净利润	销售收入	资产总额	负债总额	全部成本
2×19	10 284.04	411 224.01	306 222.94	205 677.07	403 967.43
2×20	12 653.92	757 613.81	330 580.21	215 659.54	736 747.24

表13-2 M公司2×19—2×20年财务比率

项目	2×19年	2×20年
权益净利率	0.097	0.112
权益乘数	3.049	2.874
资产负债率	0.672	0.652
资产净利率	0.032	0.039
销售净利率	0.025	0.017
资产周转率	1.34	2.29

1. 对权益净利率的分析

权益净利率是衡量企业利用资产获取利润的能力的指标。权益净利率充分考虑了筹资方式对企业获利能力的影响，因此它所反映的获利能力是企业经营能力、财务决策和筹资方式等多种因素综合作用的结果。

M 公司权益净利率在 2×20 年出现了一定程度的好转，从 2×19 年的 0.097 增加至 2×20 年的 0.112。企业投资者在很大程度上依据这个指标来判断是否投资或是否转让股份，分析经营者业绩和决定股利分配政策。这些指标对 M 公司管理者也至关重要。M 公司管理者为优化财务决策而进行财务分析，他们可以将权益净利率分解为资产净利率和权益乘数，以找到问题产生的原因。M 公司权益净利率分析如下：

权益净利率=资产净利率×权益乘数

2×19 年：0.097=0.032×3.049

2×20 年：0.112=0.039×2.874

通过分解可以明显看出，M 公司权益净利率的变动是资本结构（权益乘数）变动和资产利用效果（资产净利率）变动共同作用的结果。而 M 公司资产净利率太低，显示出很差的资产利用效果。

2. 分解分析过程

由于 M 公司权益净利率的变动是资本结构（权益乘数）变动和资产利用效果（资产净利率）变动共同作用的结果，因此我们继续对资产净利率进行分解：

资产净利率=销售净利率×资产周转率

2×19 年：0.035=0.025 ×1.34

2×20 年：0.039=0.017 ×2.29

通过分解可以看出，2×20 年资产周转率有所提高，说明资产的利用取得了比 2×19 年更好的效果，表明 M 公司利用其总资产取得销售收入的效率在提高。

资产周转率提高的同时，销售净利率的降低阻碍了资产净利率的提高，我们接着对销售净利率进行分解：

销售净利率=净利润÷销售收入

2×19 年：0.025=10 284.04÷411 224.01

2×20 年：0.017=12 653.92÷757 613.81

M 公司 2×20 年大幅度提高了销售收入，但是净利润的增长幅度却很小，原因是成本费用增多，从表 13-1 可知，全部成本从 2×19 年的 403 967.43 元增加到 2×20 年的 736 747.24 元，与销售收入的增长幅度大致相当。

通过分解可以看出，杜邦分析法有效解释了指标变动的原因和趋势，为管理者采取应对措施指明了方向。在【例 13-1】中，导致权益净利率偏小的主要原因是全部成本过高。也正是全部成本的大幅度提高导致了净利润的提高幅度不大，而销售收入的大幅度增长引起了销售净利率的降低，显示出 M 公司销售盈利能力减弱。资产净利率的提高归功于资产周转率的提高，销售净利率的减少却起到了阻碍的作用。

M 公司下降的权益乘数说明资本结构在 2×19—2×20 年发生了变动。权益乘数越小，企业负债程度越低，偿债能力越强，财务风险程度越低。这个指标同时反映了财务杠杆对利润水平的影响。财务杠杆具有正反两方面的作用。在收益较好的年度，它可以使股东获得的潜在报酬增加，但股东要承担因负债增加而引起的风险；在收益不好的年度，它可能使股东获得的潜在报酬下降。

M公司权益乘数一直处于2~5，即负债率在50%~80%，表明M公司属于激进战略型企业。管理者应该准确把握M公司所处的环境，准确预测利润，合理控制负债带来的风险。

因此，对M公司而言，当前最重要的就是努力降低各项成本，在控制成本上下力气，同时要保持高的资产周转率。这样，可以使销售净利率和资产净利率都得到提高。

四、杜邦分析法的局限性

杜邦分析法在给企业提供很大便利的同时也存在一些局限性。杜邦财务分析体系不仅反映出企业各项财务指标间的结构关系，深入揭示各项主要财务指标变动的影响因素，为管理者进一步采取具体措施指明了方向，还为决策者优化经营结构和理财结构及提高企业偿债能力和经营效益提供了基本思路。随着社会经济的不断发展，信息使用者对信息质量的要求也不断提高，杜邦财务分析体系也渐渐表现出许多不足。

（一）杜邦财务分析体系仅局限于财务角度

传统的企业财务综合能力分析基本上是就财务论财务，没有提供一套财务与业务互动的财务分析体系架构，没有建立财务指标和非财务指标之间的联系。传统的财务分析评价局限于财务角度，容易受到限制，它以净资产报酬率的提高为目标，这以杜邦财务分析体系最为典型。尽管分解的各项指标与企业价值最大化的财务目标存在一定的逻辑关系，但其分解的程度不够。

（二）杜邦财务分析体系不能评价企业盈利能力的质量

盈利能力的质量是指企业会计信息在满足会计信息质量特征的前提下，反映企业盈利能力的相关信息能够为财务分析主体放心使用并有利于其准确决策的程度。由于会计利润容易受到企业管理层的人为操纵，因此其会影响企业利润的质量，使权益净利率、资产净利率、销售净利率这三个指标只能从数量上反映企业盈利能力，无法真实地反映企业盈利能力的质量。

（三）杜邦财务分析体系不能真实地反映企业实际偿债能力

杜邦财务分析体系强调了权益乘数的重要性。它是企业进行长期偿债能力分析的指标之一，该指标越大，说明企业所有者投入的一定量资本在生产经营中所运营的资产越多。但单凭权益乘数指标的分析来反映企业偿债能力是不够的。企业偿还债务的资金来源有资产变现等多种渠道，而仅将资产变现作为企业偿还债务的主要资金来源渠道显然不能正确衡量企业实际偿债能力。因此，企业偿债能力的分析必须与现金流量指标的分析相结合，才能全面反映企业实际偿债能力。

（四）杜邦财务分析体系缺少反映风险状况的指标

杜邦财务分析体系重视权益乘数对权益报酬率的贡献，在其他指标不变的情况下，权益乘数越大，资产负债率越高，带来的财务杠杆效应越显著，对净资产收益的贡献也越大。但是，过高的资产负债率也意味着较高的财务风险，尤其是在经营现金流量不足且无法归还当期利息及到期债务时，企业往往因此陷入财务危机。因此，仅仅使用杜邦财务分析体系无法预见企业的财务风险。

第三节　帕利普财务分析体系

帕利普财务分析体系是美国哈佛大学教授帕利普（Palepu）对杜邦财务分析体系变形、补充而发展起来的。

一、帕利普财务分析体系产生的背景

杜邦财务分析体系有一定的局限性，所以我们需要对其进行改进。尽管杜邦财务分析体系通过层层分解财务比率指标，能更清晰地反映影响权益净利率的各种因素及其内在联系，揭示企业生产运营、投资、筹资等方面的效率，但如前文所述，其在应用中存在诸多不足。因此，为了让杜邦财务分析体系更好地帮助企业进行财务综合能力分析，研究人员开始对杜邦财务分析体系进行改进。

二、帕利普财务分析体系的内容

帕利普在其《经营透视：企业分析与评价》一书中，将财务分析体系中常用的财务比率分为四大类：偿债能力比率、盈利比率、资产管理效率比率、现金流量比率。帕利普将某个要分析的指标层层展开，这样便可探究财务指标发生变化的根本原因。帕利普财务分析体系的分析方法如下：用可持续增长率将企业的各种财务比率统一起来，以评估企业的增长战略是否可持续；分解净资产收益率，得到影响企业净利润的动因是净利润率、资产周转率和财务杠杆的结论；采用共同尺度损益表来分解净利润率，了解企业的毛利率与竞争战略的关系及其变动的主要原因等；分解资产周转率来评估企业的投资管理效果；检验财务杠杆的作用来评估企业的财务管理效果。

（一）可持续增长率——统一财务比率

从长远看，企业的价值取决于企业的盈利能和增长能力。这两项能力又取决于企业的产品市场战略和资本市场战略。产品市场战略包括企业的经营战略和投资战略，资本市场战略又包括融资战略和股利政策。财务分析的目的就是评价企业在经营管理、投资管理、融资战略和股利政策四个方面的管理效果。可持续增长率是企业在保持利润能力和财务政策不变的情况下能够达到的增长比率，它取决于净资产收益率和股利政策。因此，可持续增长率将企业的各种财务比率统一起来，以评估企业的增长战略是否可持续。可持续增长率的计算公式如下：

可持续增长率＝净资产收益率（ROE）×（1－股利支付比率）

净资产收益率＝净利润÷所有者权益平均余额

（二）分析利润动因——分解净资产收益率

企业的净资产收益率受两个因素的影响：企业利用资产的有效性及与股东的投资相比企业的资产基础。

净资产收益率=资产收益率×财务杠杆

为了更直观地了解影响企业净利润的动因，可以将净资产收益率进一步分解为

净资产收益率=净利润率×资产周转率×财务杠杆

此分解后的公式表明，影响企业净利润的动因是净利润率、资产周转率和财务杠杆。

（三）评估经营管理——分解净利润率

净利润率表明企业经营活动的盈利能力，因此对净利润率进行分解能够评估企业的经营管理效率。常用的分析工具是共同尺度损益表，即该表中的所有项目都用同一个销售收入比率来表示。共同尺度损益表可用于企业一段时间内损益表各项目的纵向比较，也可用于行业内企业间的横向比较。通过分析共同尺度损益表，我们可以了解企业的毛利率与竞争战略的关系及其变动的主要原因、期间费用率与竞争战略的关系及其变动的主要原因、企业的经营管理效率等。

（四）评估投资管理——分解资产周转率

详细分析资产周转率可评估企业的投资管理效果。资产管理分为流动资金管理和长期资产管理。流动资金管理分析的重点在应收账款、存货和应付账款。评估投资管理效果的主要财务指标有资产周转率、存货周转率、应收账款周转率、应付账款周转率、固定资产周转率、营运资金周转率。

（五）评估财务管理——检验财务杠杆的作用

财务杠杆使企业拥有大于其产权的资产，即企业通过借款和一些不计息债务等来增加资本。只要债务的成本低于资产收益率，财务杠杆就可以提高企业的净资产收益率，但同时财务杠杆也增加了企业的风险。评估企业财务杠杆风险程度的财务指标有流动比率、速动比率、超速动比率和营业现金流动比率等流动性比率及资产负债率、可持续增长率、有形净值负债率和利息保障倍数等长期偿债比率。

三、帕利普财务分析体系的应用

帕利普财务分析体系的应用是通过对可持续增长率的层层分解来进行的，企业的可持续增长率高代表企业对长期经营发展战略和财务成长策略的选择是正确的，而且帕利普财务分析体系综合了企业销售政策、资产运营政策、企业融资政策、股利政策的分析。

在激烈的市场竞争中，企业能够取得长久的发展并不断增加价值，是一件十分困难的事情。因此，保持企业可持续增长，必须制定好长期经营发展战略与财务成长策略。可持续增长能力分析实质上是对长期经营发展战略和财务成长策略进行分析。进行可持续增长能力的分析也为企业经营与财务决策提供依据。经营发展战略主要指业务销售政策和资产运营政策；财务成长策略主要指融资政策和股利政策。因此，可持续增长能力分析也就是对业务销售政策、资产运营政策、融资政策和股利政策的分析。

可持续增长率是帕利普财务分析体系的核心指标。它反映企业在保持目前经营发展战略和财务成长策略的情况下能够实现的增长速度。由于企业留存收益是反映业务销售政策、资产运营政策、融资政策和股利政策及其实施效果的中心指标，因

此，以留存收益为基础计算的净资产增长率（扣除实收资本及资本公积融资影响的净资产增长率）比较贴切地反映了可持续增长效果。可持续增长率的计算公式为

可持续增长率=净资产增长率

=留存收益÷所有者权益

=净收益÷所有者权益×留存收益÷净收益

=净资产收益率×收益留存率

=净资产收益率×（1-股利支付率）

该计算公式表明可持续增长率取决于净资产收益率和股利支付率两个指标，即可持续增长率在净资产收益率最高而股利支付率最低时最高。其中股利支付率通常指现金股利支付率。将可持续增长率计算公式进一步分解，可以为进一步深入分析影响可持续增长的因素提供帮助。可持续增长率的分解公式为

可持续增长率=净利润÷销售额×销售额÷平均资产额×平均资产额÷平均净资产×（1-股利支付率）

=销售净利率×资产周转率×权益乘数×（1-股利支付率）

由此可见，业务销售政策、资产运营政策、融资政策和股利政策是影响企业增长率的四个因素。利用这一原理，可以通过测算销售利润率、资产周转率、权益乘数及股利支付率四个指标的影响程度，进行因素分析。

【例 13-2】K 股份有限公司 2×19 年净资产收益率为 6.85%，股利支付率为 64.86%；2×20 年净资产收益率为 6.46%，股利支付率为 10.80%。分别计算该公司 2×19 年和 2×20 年可持续增长率：

2×19 年可持续增长率=6.85%×（1-64.86%）=2.41%

2×20 年可持续增长率=6.46%×（1-10.80%）=5.76%

从计算结果可以看出，K 股份有限公司 2×20 年可持续增长率较 2×19 年提高了 3.35%（5.76%-2.41%），这说明 2×20 年可持续增长能力有所增强。

【例 13-3】K 股份有限公司 2×20 年可持续增长率因素分析表如表 13-3 所示。运用连环替代法分析销售净利率、资产周转率、权益乘数和股利支付率变动对可持续增长率的影响。

表 13-3　K 股份有限公司 2×20 年可持续增长率因素分析表

项目	2×19 年	2×20 年	差异
平均资产总额/万元	734 846	723 989	-10 857
平均净资产/万元	532 414	555 374	22.960
营业收入/万元	1 168 838	1 529 938	361 100
净利润/万元	36.895	36.944	49
股利/万元	23.929	3 988[①]	-19 941
销售净利率/%	3.16	2.42	-0.74
资产周转率/次	1.59	2.11	0.52
权益乘数	1.38	1.30	-0.08

表13-3(续)

项目	2×19 年	2×20 年	差异
股利支付率/%	64.86	10.80	-54.06
可持续增长率/%	2.44	5.92②	3.48

注：①2×19 年转作股本的普通股股利为 15 953 万元，2×20 年合计发放 19 941 万元。

②由于四舍五入，此处计算的可持续增长率与【例 13-2】中计算的可持续增长率相比，有一定差额。

2×19 年可持续增长率=3.16%×1.59×1.38×（1-64.86%）=2.44%

第一次替换：2.44%×1.59×1.38×（1-64.86%）=1.88%

第二次替换：2.44%×2.11×1.38×（1-64.86%）=2.48%

第三次替换：2.44%×2.11×1.30×（1-64.86%）=2.33%

第四次替换：2.44%×2.11×1.30×（1-10.80%）=5.92%

计算 2×20 年各因素变动的影响程度：

销售净利率变动的影响=1.88%-2.44%=-0.56%

资产周转率变动的影响=2.48%-1.88%=0.6%

权益乘数变动的影响=2.33%-2.48%=-0.15%

股利支付率变动的影响=5.92%-2.33%=3.59%

从计算结果可以看出，K 股份有限公司 2×20 年可持续增长率较 2×19 年提高了 3.48%。这主要是在销售净利率有所下降的情况下，通过增发股票以降低股票支付率、权益乘数，加速资金周转而实现的。

第四节 沃尔评分法

沃尔评分法是指把若干个财务比率用线性关系结合起来，对选中的财务比率给定其在总评价中的比重（比重总和为 100），然后确定标准比率，并将其与实际比率相比较，评出每项指标的得分，最后得出总评分。

一、沃尔评分法的内容

1928 年，亚历山大·沃尔在出版的《信用晴雨表研究》和《财务报表比率分析》中提出了信用能力指数的概念，他选择了 7 个财务比率，即流动比率、产权比率、固定资产比率、存货周转率、应收账款周转率、固定资产周转率和自有资金周转率，分别给定各指标的比重，然后确定标准比率（以行业平均数为基础），将实际比率与标准比率相比，得出相对比率，将相对比率与各指标比重相乘，得出总评分。他进而提出了综合比率评价体系，把若干个财务比率用线性关系结合起来，以此来评价企业的财务状况。

使用沃尔评分法的基本步骤如下：

第一，选择评价指标并分配指标权重。

盈利能力指标有资产净利率、销售净利率、净值报酬率。

偿债能力指标有自有资本比率、流动比率、应收账款周转率、存货周转率。

发展能力指标有销售增长率、净利润增长率、资产增长率。

按重要程度确定各项指标的评分值，评分值之和为 100。三类指标的评分比例为 5∶3∶2。盈利能力指标中，三项指标的评分比例约为 2∶2∶1；偿债能力指标和发展能力指标中，各项具体指标的重要性大体相当。

第二，确定各项指标的标准值，即各指标在企业现时条件下的最优值。

第三，计算企业在一定时期内各项指标的实际值。计算公式如下：

资产净利率=净利润÷资产总额×100%

销售净利率=净利润÷销售收入×100%

净值报酬率=净利润÷净资产×100%

自有资本比率=净资产÷资产总额×100%

流动比率=流动资产÷流动负债

应收账款周转率=赊销净额÷平均应收账款余额

存货周转率=产品销售成本÷平均存货成本

销售增长率=销售增长额÷基期销售额×100%

净利润增长率=净利润增加额÷基期净利润×100%

资产增长率=资产增加额÷基期资产总额×100%

第四，形成评价结果。沃尔评分法的公式如下：

实际分数=实际值÷标准值×权重

当实际值>标准值为理想时，此公式计算的结果正确；当实际值<标准值为理想时，实际值越小，得分应越高，但此公式计算的结果恰恰相反。另外，某一单项指标的实际值如果畸高，会导致最后的总分大幅度提高，掩盖情况不良的指标，从而给管理者造成一种假象。

二、沃尔评分法的实践应用

沃尔评分法从理论上讲有一个明显的问题，就是未能证明为什么要选择这几个指标，以及未能证明每个指标所占比重的合理性。这个问题至今没有从理论上得到解决。沃尔评分法从技术上讲也有一个问题，就是某一个指标严重异常时，会对总评分产生不合逻辑的重大影响。这个毛病是由财务比率与其比重相乘引起的。财务比率提高一倍，评分增加 100%；而缩小一半，其评分只减少 50%。

尽管沃尔评分法在理论上还有待证明，在技术上也不完善，但它还是在实践中被应用。耐人寻味的是，很多理论上相当完善的经济计量模型在实践中往往很难被应用，而企业实际使用并行之有效的模型在理论上无法得到证明。这可能是人类对经济变量之间数量关系的认识还相当肤浅造成的。

沃尔评分法存在以上问题的原因在于：综合得分=评分值×关系比率。改进办法是将财务比率的标准值由企业最优值调整为本行业平均值；设定评分值的上限（正常值的 1.5 倍）和下限（正常值的一半）。具体公式如下：

综合得分=评分值+调整分

调整分=（实际比率-标准比率）÷每分比率

每分比率=（行业最高比率-标准比率）÷（最高评分-标准评分值）

本章总结

本章介绍了杜邦财务分析体系、帕利普财务分析体系、沃尔评分法。财务综合能力分析与前述的企业偿债能力分析、盈利能力分析等相比，具有以下特点：第一，分析问题的方法不同。财务综合能力分析从财务活动的总体做出总结与分析，强调综合性与全局性。第二，企业偿债能力分析等单项财务指标分析把每个分析的指标都放在同等重要的地位来处理，它不考虑各种指标之间的相互关系。财务综合能力分析强调各种指标之间的相互作用与联系。

杜邦分析法、帕利普财务分析体系、沃尔评分法和其他财务分析方法一样，关键不在于指标的计算而在于对指标的理解和运用。杜邦分析法通过自上而下的分析，可以反映企业财务状况的全貌，以及各项财务分析指标之间的结构关系，查明各项主要财务指标增减变动的影响因素及存在的问题。帕利普财务分析体系是针对杜邦财务分析体系的局限性所进行的变形、补充和改进。它用可持续增长率将企业的各种财务比率统一起来，分解净资产收益率，采用共同尺度损益表来分解净利润率，分解资产周转率和检验财务杠杆的作用，探究企业财务指标发生变化的根本原因。沃尔评分法是指把若干个财务比率用线性关系结合起来，对选中的财务比率给定其在总评价中的比重，然后确定标准比率，并将其与实际比率相比较，评出每项指标的得分，最后得出总评分。但沃尔评分法未能证明每个指标所占比重的合理性。

总体来说，这些财务综合能力分析方法为管理者进一步采取具体措施指明方向，也为决策者优化经营结构和财务结构，增强企业偿债能力和企业盈利能力提供基本思路。

课后习题

一、单项选择题

1. 企业进行财务综合能力分析的根本目标是（　　）。
   A. 综合分析企业偿债能力
   B. 综合分析企业营运能力
   C. 综合分析企业偿债能力、企业营运能力、企业盈利能力、企业发展能力、综合经营能力及其内在联系与影响
   D. 综合分析企业支付能力
2. 在杜邦财务分析体系中，假设其他条件相同，下列表述中错误的是（　　）。
   A. 权益乘数大则财务风险大　　B. 权益乘数大则权益净利率大
   C. 权益乘数等于资产权益率的倒数　　D. 权益乘数大则资产净利率大
3. 决定权益乘数大小的主要指标是（　　）。
   A. 资产周转率　　B. 销售利润率
   C. 资产利润率　　D. 资产负债率

4. 杜邦财务分析体系的核心指标是（　　）。

A. 资产净利率　　B. 销售净利率

C. 资产周转率　　D. 股东权益净利率

5. 下列观点中，准确的表述是（　　）。

A. 沃尔评分法下各个分析比率的标准值通常应根据行业平均值确定

B. 沃尔评分法下各个分析比率的标准值通常应根据行业最高值确定

C. 沃尔评分法所得出的分析结果比杜邦分析法所得出的结果准确

D. 雷达图法与杜邦分析法或沃尔评分法没有任何关系

二、多项选择题

1. 财务综合能力分析与单项财务指标分析的不同点有（　　）。

A. 分析方法不同　　B. 分析主体不同

C. 分析客体不同　　D. 评价标准不同

2. 下列各项中，属于财务综合能力分析方法的有（　　）。

A. 比较分析法　　B. 比率分析法

C. 杜邦财务分析体系　　D. 沃尔评分法

3. 仅利用资产负债表资料不能直接分析的内容有（　　）。

A. 偿债能力　　B. 盈利能力

C. 运营能力　　D. 发展能力

4. 在进行财务综合能力分析时，在其他条件不变的情况下，如果资产负债率较上期提高，下列命题中正确的有（　　）。

A. 所有者权益总资产率提高　　B. 所有者权益总资产率下降

C. 所有者权益净利率升高　　D. 所有者权益净利率下降

5. 下列项目中，影响财务综合能力分析效果的有（　　）。

A. 粉饰财务报表

B. 过度盈余管理

C. 有关企业的非财务信息不详

D. 分析期与以前各期相比，市场经济环境发生重大变化

6. 股东权益报酬率的决定因素有（　　）。

A. 流动比率　　B. 现金比率

C. 资产周转率　　D. 权益乘数

7. 影响资产净利率的因素有（　　）。

A. 销售产品的售价　　B. 销售产品的单位成本

C. 资产占用额　　D. 产品的销量

8. 按照我国企业会计准则，将营业外收支分为计入利润和直接计入所有者权益的利得与利失，在其他因素不变的情况下，这会使得（　　）指标发生变化。

A. 资产负债率　　B. 资产利润率

C. 所有者权益收益率　　D. 销售净利率

9. 提高固定资产折旧率通常会使（　　）下降。

A. 固定资产周转率　　B. 销售净利率

C. 每股收益　　D. 资产负债率

10. 在其他因素不变的情况下，实施售后租回，可能会改变指标计算值的有（　　）。

A. 资产负债率　　B. 销售毛利率

C. 资产周转率　　D. 流动比率

三、判断题

1. 财务综合能力分析比单项财务指标分析更容易找出企业经营管理的毛病。（　　）

2. 财务综合能力分析会改变单项财务指标分析时计算的许多分析值。（　　）

3. 各种财务分析指标的行业平均水平对进行财务综合能力分析具有重要的意义。（　　）

4. 财务综合能力分析并不一定总能得出十分准确的分析结果。（　　）

四、简答题

1. 为什么要进行财务综合能力分析？
2. 财务综合能力分析方法有哪些？各自优点是怎样的？
3. 试比较各种财务综合能力分析方法的利弊？
4. 为什么财务综合能力分析不能仅仅局限于利用财务报表资料？

五、业务题

相关资料：速动比率为 1.7 : 1；存货周转率为 4 倍（年初存货为 50 000 元）；销售利润率为 5%；平均应收账款收款期为 53.881 天，坏账准备余额为 2 000 元；毛利率为 40%；资产报酬率为 20%（年初资产总额为 180 000 元）；股东权益比率为 60%；利息费用为全年发行在外的应付债券利息。

根据资料计算有关指标并填入表 13-4 和表 13-5 中。

表 13-4　森森公司 2×19 年资产负债表　　金额单位：元

资产	金额	负债及所有者权益	金额
库存现金		流动负债	
应收账款净额		债券投资（利率为 10%）	
存货		普通股股本	
固定资产净额		留存收益	32 000
资产总额	220 000	负债及所有者权益	220 000

表 13-5 森森公司 2×19 年利润表 金额单位：元

项目	金额	项目	金额
销售净额		利息费用（债券利息）	
销售成本		税前净收益	
销售毛利		企业所得税（税率为 40%）	
销售费用		净利润	21 000
非销售收入			

第十四章
企业价值评估

学习目标

1. 理解与掌握企业价值评估的内涵，明确企业价值评估的目的与作用，掌握企业价值评估的基本原理，明确各种企业价值评估方法的优点与缺点。

2. 了解以现金流量为基础的企业价值评估方法、以经济利润为基础的企业价值评估方法和以价格比为基础的企业价值评估方法。

3. 能够根据企业性质及所掌握的信息采用不同的企业价值评估方法。

课堂导入

如何评估L公司的价值

L公司拟进行资产重组，于是委托评估机构对公司股东全部权益价值进行评估。评估基准日为2×17年12月31日。评估人员经调查分析得到以下相关信息：

（1）L公司经过审计后的有形资产账面净值为920万元，评估值为1 000万元，负债为400万元。

（2）L公司原账面无形资产仅有土地使用权一项，经审计后的账面价值为100万元。评估人员评估得出的市场价值为300万元。

（3）L公司刚开发完一套产品质量控制系统应用软件。该软件在同行业中居领先地位，已经通过专家鉴定并投入生产。该软件投入使用后将有利于提高产品质量，增强企业竞争力。目前，市场上尚未出现同类型软件。该套软件的实际开发成本为50万元，维护成本很低。如果重新开发此软件，那么所需的开发成本基本保持不变。

（4）L公司长期以来具有良好的社会形象，产品在同行业中具有较强的竞争力。未来5年，L公司的净现金流量分别为100万元、130万元、120万元、140万元、145万元。从第6年起，L公司的净现金流量将保持在前5年各年净现金流量的平均水平上。

（5）评估人员通过对资本市场的深入调查分析，认为L公司能够持续经营。评估人员初步测算的折现率为10%，L公司适用的企业所得税税率为25%。

企业价值评估是现代市场经济的产物。它能满足频繁发生的企业改制、企业上市、企业并购和跨国经营等经济活动的需要。由于评估对象的特殊性和复杂性，企业价值评估成为一项涉及面较广和技术性较强的资产评估业务，它对财务分析有很重要的作用。那么，企业价值评估的目的有哪些？企业价值评估的内容和方法有哪些？企业价值评估的基本程序是什么？对此，本章将一一进行说明。

第一节　企业价值评估概述

企业价值评估是指专业机构和人员，按照特定的目的，遵循客观和公正的原则，依照国家规定的标准和程序，运用科学的方法，对企业财务能力的市场表现进行价值评定和估算。价值评估作为一种经济评估方法，一方面，它使用许多定量指标进行分析，具有一定的科学性和客观性；另一方面，它又使用许多主观估计的数据，带有一定的主观性，结论必然会存在一定误差。评估的质量与评估人员的经验、责任心、投入的时间和精力等因素有关。评估模型只是一种工具，评估模型并非越复杂，评估结果就越好。价值评估作为一种分析方法，要通过符合逻辑的分析来完成。

一、企业价值评估的用途

在某种程度上，几乎所有的经济决策都包含估价或计价（包括隐含的）。在企业内部，编制资本预算包括考虑某个项目将如何影响企业价值，战略规划着重强调更大规模的行动将如何影响价值。在企业外部，证券分析人员进行估价，以支持他们的购买或售出决策，而潜在的购买者，常常在他们的投资银行或投资顾问的协助下，估计目标企业的价值。估价对原始的公开销售证券定价、不动产处理及经营中企业的财产分割是非常必要的。对信用分析人员来说，虽然他们通常不明确地估计企业的价值，但如果要对与贷款行为相关的风险有一个全面的概念，他们至少隐含地考虑了企业资产的价值。可见企业价值评估无处不在，应用十分广泛。企业价值评估的主要用途表现在以下三个方面：

第一，企业价值评估可以用于投资分析。企业价值评估是基础分析的核心内容。投资人信奉不同的投资理念，有的人相信技术分析，有的人相信基础分析。相信基础分析的人认为企业价值与财务数据之间存在函数关系，这种关系在一定时期内是稳定的，证券价格与价值的偏离经过一段时间的调整会向价值回归。他们据此原理寻找并且购进被市场低估的企业，以期获得高于市场平均报酬率的收益。

第二，企业价值评估可以用于战略分析。战略分析是指使用定价方法清晰地说明经营设想和发现这些设想可能创造的价值，其目的是明确企业目前和今后增加股东财富的关键因素。企业价值评估在战略分析中处于核心地位，如收购属于战略决策，收购企业要估计目标企业的合理价格，在决定收购价格时对合并前后的价值变动进行评估，以判断收购能否增加股东财富，以及依靠什么来增加股东财富。

第三，企业价值评估可以用于以价值为基础的管理。如果把企业的目标设定为增加股东财富，而股东财富就是企业的价值，那么企业决策正确与否的根本标志就是能否增加企业的价值。不了解一项决策对企业价值的影响，就无法对决策进行评价。从这种意义上说，企业价值评估是改进企业一切重大决策的手段。为了搞清楚财务决策对企业价值的影响，需要清晰地描述财务决策、企业战略和企业价值之间的关系。在此基础上实行以价值为基础的管理，依据价值最大化原则制订和执行经营计划，通过度量价值增加来衡量经营业绩并确定相应的报酬。

二、企业价值评估的内容与方法

（一）企业价值评估的内容

企业价值评估的内容是指对企业的什么价值进行评估。企业价值评估的目的是分析和衡量企业（或企业内部的一个经营单位、分支机构）的公平市场价值并提供有关信息，以帮助投资人和管理当局优化决策。企业价值评估的首要问题是明确要评估的是什么，也就是企业价值评估的内容是什么。企业价值评估的一般内容是企业整体经济价值。企业整体经济价值是指企业作为一个整体的公平市场价值，可以分为实体价值和股权价值、持续经营价值和清算价值、少数股权价值和控股权价值等内容。企业价值评估提供的是有关公平市场价值的信息。

第一，实体价值与股权价值。当一家企业收购另一家企业的时候，可以收购卖方的资产，而不承担其债务；或者购买卖方的股份，同时承担其债务。例如，A 企业以 10 亿元价格买下了 B 企业的全部股份，并承担了 B 企业原有的 5 亿元债务，收购的经济成本是 15 亿元。通常，人们说 A 企业以 10 亿元收购了 B 企业，其实并不准确。对于 A 企业的股东来说，他们不仅需要支付 10 亿元现金（或发行价值 10 亿元的股票以换取 B 企业的股票），而且要以书面契约形式承担 5 亿元债务。实际上他们需要支付 15 亿元购买 B 企业的全部资产，其中 10 亿元现在支付，另外 5 亿元将来支付。由此可见，企业的资产价值与股权价值不一定是相同的。

企业全部资产的总体价值，称为实体价值，实体价值是股权价值与债务价值之和。股权价值在这里不是所有者权益的会计价值（账面价值），而是股权的公平市场价值；债务价值也不是债务的会计价值（账面价值），而是债务的公平市场价值。大多数企业并购是以购买股份的形式进行的，因此评估的对象和双方谈判的焦点是卖方的股权价值。但是，买方的实际收购成本应等于股权成本加上所承接的债务。

第二，持续经营价值与清算价值。企业能够给所有者提供的价值有两种：一种是营业产生的未来现金流量的现值，称为持续经营价值（简称续营价值）；另一种是停止经营、出售资产而产生的现金流，称为清算价值。企业的持续经营价值与清算价值可能是不同的。在进行企业价值评估时应根据评估对象的具体情况，考虑应选择的价值。我们必须明确拟评估的企业是一个持续经营的企业还是一个准备清算的企业，评估的价值是持续经营价值还是清算价值。有的企业的清算价值高于持续经营价值，而有的企业的持续经营价值高于清算价值，企业公允的市场价值应是持续经营价值和清算价值中较高的那个。在大多数情况下，评估的是企业的持续经营价值。

第三，少数股权价值与控股权价值。企业价值评估通常以股票或债券市场价格为基础进行评估。市场价值是评估企业经营业绩的重要指标。但是，应当指出，市场价值衡量的是少数股权价值，不是控股权交易的可靠价格。在股票市场上交易的只是少数股权，大多数股票并没有参加交易。掌握控股权的股东，不参加日常的交易。我们看到的股价，通常只是少数已经交易的股票价格，它们衡量的只是少数股权的价值。少数股权与控股权的价值差异，明显出现在收购交易当中。一旦控股权参加交易，股价会迅速飙升，甚至达到少数股权价值的数倍。在评估企业价值时，必须明确拟评估的对象是少数股权价值还是控股权价值。买入企业的少数股权和买入企业的控股权，是完全不同的两回事。买入企业的少数股权，是承认企业现有的管理方式和经营战略，买入者只是一个旁观者。买入企业的控股权，能获得改变企业生产经营方式的充分自由，或许还能增加企业的价值。

（二）企业价值评估的方法

企业价值评估的方法有许多，目前较为流行的方法包括三种，分别是以现金净流量为基础的企业价值评估、以经济利润为基础的企业价值评估和以价格比或价格乘数为基础的企业价值评估。

第二节　以现金净流量为基础的企业价值评估

一、以现金净流量为基础的企业价值评估概述

（一）以现金净流量为基础的企业价值评估的意义

一般财务理论认为，企业价值应该与企业未来资本收益的现值相等。企业未来资本收益可用股利、净利润、息税前利润和现金净流量等表示。不同的表示方法，反映的企业价值内涵是不同的。将现金净流量作为资本收益并进行折现，被认为是较理想的企业价值评估方法。因为现金净流量与以会计为基础计算的股利及利润相比，能更全面精准反映所有价值因素。下面以表 14-1 和表 14-2 为例加以说明。

表 14-1　甲公司与乙公司 2×14—2×19 年预测净利润　　单位：万元

项目		2×14 年	2×15 年	2×16 年	2×17 年	2×18 年	2×19 年
甲公司	销售额	1 000	1 050	1 100	1 200	1 300	1 450
	现金支出	−700	−745	−790	−880	−970	−1 105
	折旧	−200	−200	−200	−200	−200	−200
	净利润	100	105	110	120	130	145
乙公司	销售额	1 000	1 050	1 100	1 200	1 300	1 450
	现金支出	−700	−745	−790	−880	−970	−1 105
	折旧	−200	−200	−200	−200	−200	−200
	净利润	100	105	110	120	130	145

表 14-2　甲公司与乙公司 2×14—2×19 年预测现金净流量　　单位：万元

项目		2×14 年	2×15 年	2×16 年	2×17 年	2×18 年	2×19 年	累计
甲公司	净利润	100	105	110	120	130	145	710
	折旧	200	200	200	200	200	200	1 200
	资本支出	-600	0	0	-600	0	0	-1 200
	应收款增加额	-250	-13	-13	35	45	-23	-219
	净现金流量	-550	292	297	-245	375	322	491
乙公司	净利润	100	105	110	120	130	145	710
	折旧	200	200	200	200	200	200	1 200
	资本支出	-200	-200	-200	-200	-200	-200	-1 200
	应收款增加额	-150	-8	-8	-15	-15	-23	-219
	净现金流量	-50	97	102	105	115	122	491

从表 14-1 可看出，甲乙两家公司 2×14—2×19 年的销售额和净利润都完全相等。如果以此资料为基础评估股东价值，可得出两家公司的股东价值完全相等的结论。但从表 14-2 可看出，虽然两家公司各年度的净利润和销售额完全相等，累计资本支出和应收款增加额也相同，但各年度的现金净流量及变动趋势却不同。因此，以现金净流量折现法评估的两家公司的股东价值就可能不同。显然，以现金净流量为基础的评估方法更科学，它考虑了资本支出时间不同对资本收益的影响。

（二）以现金净流量为基础的企业价值评估的方式

以现金净流量为基础的企业价值评估的基本思路是遵循现值规律，任何资产的价值都等于预期未来全部现金净流量现值的总和。现金净流量折现法具体又分为两种：一是仅对企业股东资本价值进行估价，二是对企业全部资本价值进行估价。

如果将企业未来全部现金流量定义为企业所有者的现金净流量，则现金净流量的现值实际上反映的是股东价值。将股东价值加上债务价值，可得到企业价值。如果将企业未来全部现金净流量定义为所有资本提供者（包括所有者和债权者）的现金净流量，则现金净流量现值反映的是企业价值。从企业价值中减去债务价值才能得到股东价值。因此，资本经营价值评估既可评估企业价值，也可评估股东价值。由于资本经营的根本目标是股东资本增值，所以资本经营价值评估通常评估的是股东价值。但是为了全面说明股东价值的来源或创造，通常在评估企业价值的基础上，减去债务价值，得到股东价值。

二、以现金净流量为基础的企业价值评估的方法

（一）以现金净流量为基础的企业价值评估的程序

以现金净流量为基础的企业价值评估的公式如下：

$$\text{企业经营价值}=\frac{\text{明确预测期现金}}{\text{净流量现值}}+\frac{\text{明确预测期后}}{\text{现金净流量现值}} \quad (14.1)$$

$$\text{企业价值}=\text{企业经营价值}+\text{非经营投资价值} \quad (14.2)$$

$$股东价值=企业价值-债务价值 \tag{14.3}$$

下面以丙公司为例，通过表 14-3 来说明企业价值与股东价值的评估方法。

表 14-3　丙公司企业价值评估表　　单位：元

项目	企业经营现金净流量	折现率（12%）	企业经营现金净流量现值
2×14 年	2 641 187	0.893	2 358 579.99
2×15 年	3 197 175	0.797	2 548 148.48
2×16 年	4 156 807	0.712	2 959 646.58
2×17 年	4 825 847	0.636	3 069 238.69
2×18 年	5 516 968	0.567	3 128 120.86
2×19 年	8 663 093	0.507	4 392 188.15
连续价值	306 095 952.7	0.452	46 118 458.98
经营价值			59 556 613.07
非经营投资价值			0.00
企业价值			59 556 613.07
减：债务价值			-6 969 592.00
股东价值			52 587 021.07

注：本评估表及其评估数据旨在说明基于现金净流量的企业价值的评估方法，有关折现率、增长率等的预计与设定均以某种假设为前提，评估数据并不构成对企业真实价值和股价等的影响，特此说明。

（二）明确预测期现金净流量现值的估算

明确预测期现金净流量现值的估算是企业价值评估的重要内容。要正确预测经营现金净流量现值，需要按以下步骤进行：

1. 确定预测期

本部分研究的是明确预测期现金净流量现值的确定问题。所谓明确预测期，是指预测期是有限的，而不是无限的。从预测的准确性、必要性角度考虑，明确预测期通常为 5～10 年。以丙公司为例，我们设定其明确预测期为 6 年，即 2×14—2×19年。

2. 预测经营现金净流量

经营现金净流量是相对非经营投资而言的。它是指可提供给企业所有者和债权人的经营现金流量总额。经营现金净流量的计算有两种基本方法。第一种方法如下：

$$经营现金净流量=息前税后利润-净投资 \tag{14.4}$$

其中：

$$息前税后利润=净利润+利息$$

$$净投资=总投资-折旧$$

上式中的总投资是指企业新的资本投资总额，包括资本支出、流动资产及其他资产投资。折旧包括固定资产折旧、无形资产及递延资产摊销等。第二种方法如下：

$$经营现金净流量=毛现金流量-总投资 \tag{14.5}$$

其中：

毛现金流量=息前税后利润+折旧

进行经营现金净流量预测，首先应对企业绩效进行分析，将财务分析与产业结构分析结合在一起，并对企业实力和弱点进行质的评估，同时从信贷角度了解企业财务状况。

在对企业历史绩效分析之后，便可预测企业未来绩效了。预测绩效的关键是明确影响企业价值或经营现金净流量的因素，包括时间因素。在预测各种价值影响因素的基础上，可形成预测利润表、资产负债表及需要的个别项目，然后将这些详细资料综合起来，用以预测经营现金净流量。

以丙公司的经营现金净流量预测为例，假设丙公司 2×14 年的预测净利润为 2 563 685元，利息支出为 1 373 667 元，息前税后利润为 3 937 352 元，总投资额为 2 229 331 元，折旧为 933 166 元。

根据公式（14.4）可得：

经营现金净流量=净利润+利息-总投资+折旧
=2 563 685+1 373 667-2 229 331+933 166
=2 641 187（元）

根据公式（14.5）可得：

经营现金净流量=息前税后利润+折旧-总投资
=3 937 352+933 166-2 229 331
=2 641 187（元）

明确预测期的其他年份的经营现金净流量计算方法均相同。

3. 确定折现率

经营现金净流量的折现率主要取决于企业资本成本的水平。为了与现金净流量的定义相一致，经营现金净流量的折现率应反映所有资本提供者按照各自对企业总资本的相对贡献而加权的资本机会成本，即加权平均资本成本。由于个别资本成本取决于投资者从其他同等风险投资中可能得到的报酬率，因此折现率必须准确反映经营现金净流量的风险程度。只有这样，企业价值评估结果才准确。否则，不准确的折现率将使企业价值评估结果偏高或偏低。加权平均资本成本的计算公式如下：

加权平均资本成本=平均股权资本成本×股权资本构成+
平均负债资本成本×负债资本构成 （14.6）

可见，进行加权平均资本成本估算：一要确定资本结构或资本成本加权数，二要估算股权资本成本，三要估算负债资本成本。

如果要确定价值评估企业的目标资本结构，建议综合采用三种方法：第一，尽量估算以现实市场价值为基础的企业资本结构；第二，考虑可比企业的资本结构；第三，考虑管理层的筹资方针及其对目标资本结构的影响。

关于平均股权资本成本和平均负债资本成本的估算，可在个别股权资本成本和个别负债资本成本估算的基础上，采用加权平均法。

以丙公司为例，假设估算其平均股权资本成本为 10.51%，平均负债资本成本为 3.67%，负债资本构成（资产负债率）为 70.15%，股权资本构成为 29.85%，则根据公式（14.6）可得：加权平均资本成本 = 10.51%×29.85%+3.67%×70.15% =5.71%。

考虑到丙公司未来融资成本的上升趋势，结合行业平均资本收益率状况，我们假设折现率为12%。

4. 估算经营现金净流量现值

$$经营现金净流量现值 = \sum_{t=1}^{n} \frac{经营现金净流量^{t}}{(1+折现率)^{t}} \tag{14.7}$$

应当注意，使用现金净流量折现法的关键是保持现金净流量与折现率的匹配，用加权平均资本成本折现股权现金净流量会导致股权价值偏高；用股本成本折现企业现金净流量，又会低估企业价值。如果被估价的资产当前的现金净流量为正，并且我们可以比较可靠地估计未来现金净流量的发生时间，同时根据现金净流量的风险特征能够确定恰当的折现率，那么企业就适合采用现金净流量折现法。但是在现实生活中，陷入财务拮据状态的企业，收益呈周期性波动的企业，拥有未被利用资产的企业，有专利权或产品选择权的企业等，在现金净流量的预测和折现率的确定方面存在一定困难。

以丙公司为例，其明确预测期的经营现金净流量现值分别为 2 641 187 元、3 197 175 元、4 156 807 元、4 825 847 元、5 516 968 元、8 663 093 元，折现率为12%，因此明确预测期的企业价值为明确预测期的经营现金净流量现值之和，根据公式（14.7）可得：

$$明确预测期的企业价值 = \frac{2\ 641\ 187}{(1+12\%)} + \frac{3\ 197\ 175}{(1+12\%)^{2}} + \frac{4\ 156\ 807}{(1+12\%)^{3}} + \frac{4\ 825\ 847}{(1+12\%)^{4}} + \frac{5\ 516\ 968}{(1+12\%)^{5}} + \frac{8\ 663\ 093}{(1+12\%)^{6}} = 13\ 438\ 154.09（元）$$

（三）明确预测期后现金净流量现值的估算

明确预测期后现金净流量现值的估算亦称连续价值估算。用现金净流量折现法进行连续价值估算，可供选择的方法有长期明确预测法、现金净流量恒值增长公式法和价值驱动因素公式法。第一种方法实质上与明确预测期现金净流量现值估算方法相同，只是预测期变长（75 年或更长）。这种方法不但麻烦，而且没有必要。因此，我们通常选择后两种方法。

（1）现金净流量恒值增长公式法的估算公式如下：

$$连续价值 = \frac{明确预测期后第一年现金净流量正常水平}{加权平均资本成本-现金净流量预期增长率恒值} \tag{14.8}$$

使用这一公式应当注意：第一，这一公式假定企业现金净流量在连续价值期间内的增长率不变；第二，现金净流量预期增长率恒值应小于加权平均资本成本；第三，必须正确估算明确预测期后第一年现金净流量正常水平，使之与预测增长率一致。

（2）价值驱动因素公式法的估算公式如下：

$$连续价值=\frac{\text{明确预测期后第一年息前税后利润正常水平}\times\left(1-\frac{\text{息前税后利润预期增长率恒值}}{\text{新投资净额的预期报酬率}}\right)}{\text{加权平均资本成本}-\text{息前税后利润预期增长率恒值}}\tag{14.9}$$

在特定情况下，采用这两种方法计算的连续价值结果是相同的。例如，某企业明确预测期后第一年现金净流量正常水平为 9 182 879 元，明确预测期后第一年息前税后正常水平为 11 019 455. 11 元，以后每年的增长率均为 3%，新投资净额的预期报酬率为 18%，加权平均资本成本为 12%，则采用公式（14. 8）计算的连续价值为

$$连续价值=\frac{9\ 182\ 879}{12\%-3\%}=102\ 031\ 988.9（元）$$

采用公式（14. 9）计算的连续价值为

$$连续价值=\frac{11\ 019\ 455.11\times\left(1-\frac{3\%}{18\%}\right)}{12\%-3\%}=102\ 031\ 991.8（元）$$

应当注意，此时的连续价值是指明确预测期后现金净流量折现到明确预测期最后一年的现值，而构成企业经营价值的明确预测期后现金净流量现值应在此基础上进一步折现为明确预测期期初的现值。

无论采用何种方法计算连续价值，都涉及明确预测期、估计明确预测期后现金净流量正常水平或利润正常水平及其增长率、加权平均资本成本估算及折现三个问题。

预测期的选择取决于应用明确预测期现金净流量折现法时选择的期限。应当指出，虽然选择明确预测期十分重要，但它并不影响企业价值，只关系到以后年份的企业价值如何分配。

息前税后利润、现金净流量、新投资净额的预期回报率、息前税后利润增长率和现金净流量增长率的确定，是涉及企业价值评估的重要参数。我们应结合其各自特点，采取相应方法进行预测。

加权平均资本成本是进行连续价值折现的基础，资本成本确定可参照前述方法。

（四）非经营投资价值和债务价值

企业价值是经营价值与非经营投资价值之和。非经营投资价值的确定可通过非经营现金流量折现来实现。运用现金净流量折现法进行企业价值评估：一要明确企业价值包括非经营投资价值，二要注意正确划分经营现金流量与非经营现金流量。由于非经营投资的特殊性，因此我们也可不采用现金净流量折现法进行估价，而直接用非经营投资额代表非经营投资价值。

为了计算股东价值或股本价值，我们可在企业价值评估基础上减去债务价值。债务价值等于对债权人现金净流量的折现。因此，要评估债务价值：一要确定债权人的现金净流量，二要确定债权人的资本成本或折现率。应当注意，只有在企业价值评估当日尚未偿还的企业债务才需要估算价值，对于未来借款可以假设其现值为零，因为这些借款的现金流入与未来偿付的现值完全相等。

以丙公司为例，假设其非经营投资价值为零，其短期借款、交易性金融负债、一年内到期的非流动负债和长期借款分别为 3 882 479 元、12 560 元、1 782 006 元

和 1 292 547 元。

债务价值=短期借款+交易性金融负债+一年内到期非流动负债+长期借款

=3 882 479+12 560+1 782 006+1 292 547=6 969 592（元）

根据公式（14.1）、公式（14.2）和公式（14.3）可得：

企业经营价值=13 438 154.09+46 118 458.98=59 556 613.07（元）

企业价值=59 556 613.07+0=59 556 613.07（元）

股东价值=59 556 613.07-6 969 592.00=52 587 021.07（元）

第三节　以经济利润为基础的企业价值评估

一、以经济利润为基础的企业价值评估的特点与优点

在以经济利润为基础的企业价值评估中，企业价值等于投资资本加上相当于未来每年创造超额收益的现值，即

企业价值=投资资本+预计创造超额收益的现值　　(14.10)

而企业未来每年创造的超额收益，实质上反映了企业未来的非正常收益或超额利润。在经济学中通常将这种非正常收益定义为经济利润。而后来人们在以价值为基础的管理中又将其定义为附加经济价值（EVA）。

经济利润或附加经济价值=息前税后利润-资本费用　　(14.11)

以经济利润为基础的企业价值评估方法优于现金净流量折现法之处在于：经济利润可以让我们了解企业在单一时期内创造的价值。经济利润等于投资资本回报率与加权平均资本成本之差乘以投资成本，因此经济利润将价值驱动因素、投资资本回报率和增长率转化为一个数字（增长率最终关系到投资资本数额或企业规模）。计算经济利润的另一个途径是用息前税后利润减去资本费用，这里的资本费用是指全部资本成本，不仅仅是指债务利息。以经济利润为基础的企业价值评估方法说明企业价值是投资资本和预计经济利润的现值之和。只有当企业利润多于或少于加权平均资本成本时，企业价值才多于或少于其投资成本。它与现金净流量折现法的区别就是折现的是预计的经济利润而不是现金净流量。

二、以经济利润为基础的企业价值评估的方法

（一）经济利润或 EVA 预测

1. 经济利润或 EVA 的一般计算公式计算

前面谈到，经济利润或 EVA 实质上是一种超额利润。根据其内涵，经济利润或 EVA 可用下式计算：

经济利润=息前税后利润-资本费用

或者

经济利润=息前税后利润-（投资资本×加权平均资本成本）

或者

经济利润=投资资本×（投资资本回报率-加权平均资本成本）　　(14.12)

上述计算是站在企业角度，考虑全部投资资本所计算的经济利润。如果站在企业所有者角度考虑，经济利润或超额利润是归属于企业所有者的，则经济利润可用下式计算：

$$经济利润=税后利润-产权资本费用$$

或者

$$经济利润=税后利润-（所有者权益×产权资本成本）$$

或者

$$经济利润=所有者权益×（净资产收益率-产权资本成本）\tag{14.13}$$

以经济利润为基础的企业价值评估方法的关键在于经济利润预测。如果明确预测期较长，预测经济利润可直接运用上述公式，逐年预测。如果考虑明确预测期经济利润和明确预测期后经济利润预测两个阶段，则前者可逐年采用上述公式测算，后者可采用简化公式确定。确定方法可参照公式（14.8），只不过将公式中的现金净流量改为经济利润，即

$$连续价值=\frac{明确预测期后第一年经济利润正常水平}{加权平均资本成本-经济利润预期增长率恒值}\tag{14.14}$$

2. 对 EVA 计算的探讨

前面谈到，经济利润的本质与国外流行的 EVA 相同或相似。EVA 是英文 economic value added 的首字母缩写，其中文含义，有人译为附加经济价值，有人译为资本所增加的经济价值或收益，等等。无论如何翻译，它实质上反映了企业价值的增加或资本增值。但是，应当注意，一些翻译文献将 EVA 的计算公式写作：

$$EVA=扣除调整税的净营业利润（或税后利润）-资本费用\tag{14.15}$$

其中：

$$扣除调整税的净营业利润=营业利润-所得税税额$$

$$资本费用=总资本×平均资本成本$$

上述公式从西方会计学和经济学的角度看是正确的，但是从我国的实际情况看，使用这个公式应注意以下几个问题：

第一，上式扣除调整税的净营业利润是指营业利润减去所得税税额后的余额；而我国现行制度中的税后利润则是指利润总额减去应交所得税后的余额。

第二，上式中的营业利润是指息税前利润，即营业利润中包括利息费用，而我国现行制度中的营业利润却不包括利息费用，利润总额中也不含利息。因此，扣除调整税的净营业利润实际上是息前税后利润。

第三，上式中的总资本是西方经济学中的资本含义，相当于我们通常所说的总资产，而不是会计平衡公式（资产=负债+资本）中的资本含义。

第四，上式中的平均资本成本是以股本成本和负债成本为基数、以资本构成率和负债构成率为权数的一个加权平均数。正确确定股本成本及负债成本是计算平均资本成本的关键。

但是，目前一些介绍和应用 EVA 的文章往往忽视了这些问题，出现了一些不应有的误解和错误。经济利润或 EVA 在我国的正确计算方法应如公式（14.12）和公式（14.13）所示。

（二）经济利润折现

经济利润现值计算的一般公式是

$$经济利润现值 = \sum_{t=1}^{\infty}\left[\frac{经济利润^{t}}{(1+折现率)^{t}}\right] \quad (14.16)$$

应当注意，由于经济利润是一种超额利润，归企业所有者所有，因此经济利润现值应反映对股东价值的增值。从这点考虑，折现率应采用产权资本成本，而不是加权平均资本成本。另外，这一公式主要用于明确预测期经济利润折现。对于明确预测期后经济利润折现，可直接用下列公式计算：

$$明确预测期后经济利润现值 = \frac{连续价值}{(1+折现率)^{n}} \quad (14.17)$$

其中，n 代表有明确预测期的最后一年。

（三）投资资本确定

企业价值评估中的投资资本是指预测期期初的投资资本。由于投资资本于预测期期初发生，因此投资资本本身价值或账面价值与其现值相同，通常可用投资资本账面价值直接作为以经济利润为基础的企业价值评估中企业价值的组成部分。

（四）企业价值确定

在上述三个步骤的基础上，运用下式可确定企业价值：

企业价值=投资资本+明确预测期经济利润现值+明确预测期后经济利润现值 (14.18)

第四节　以价格比或价格乘数为基础的企业价值评估

一、以价格比为基础的企业价值评估原理

价格是价值的货币表现。企业价值或股东价值往往可通过股票价格来体现，而股票价格与企业收益、销售额和资产账面价值等都直接相关。因此，企业价值可表现为价格比与相关因素的乘积，用公式表示如下：

企业价值=价格比×相关价格比基数 (14.19)

（一）价格比的形式

最常用的价格比有三个，即市盈率或价格与收益比、市场价格与账面价值比和价格与销售额比。价格与收益比或市盈率的计算公式是

价格与收益比=每股市价÷每股收益

在此情况下，企业价值随预期收益的增长变化而呈正比例变化。

市场价格与账面价值比的计算公式是

市场价格与账面价值比=每股市价÷每股净资产

市场价格与账面价值比因企业的未来产权收益率、账面价值的增长和风险（决定折现率的差别）的不同而在企业之间有所不同。

价格与销售额比的计算公式是

价格与销售额比=每股价格÷每股销售额

该计算公式可以看作价格与收益比和收益与销售额比的乘积。因此除了解释价格与收益比变化的因素外，还应指出价格与销售额比随着预期利润率的变化而呈正比例变化。

（二）相关价格比基数

相关价格比基数根据价格比的不同而有所不同。价格比的分母正是相关价格比基数。例如，价格与收益比的相关价格比基数是企业的收益，而市场价格与账面价值比的相关价格比基数是企业的账面净资产，价格与销售额比的相关价格比基数是销售额。进行企业价值评估时，评估人员必须保证价格比和相关价格比基数的一致性。

二、以价格比为基础的企业价值评估步骤

（一）选择价格比

在明确价格比主要有价格与收益比、市场价格与账面价值比、价格与销售额比的基础上，评估人员要以此为基础进行企业价值评估，并选择适当的价格比。因为对于同一评估对象，选择不同的价格比所评估的结果可能是不同的。选择何种价格比要与被评估企业的基本信息联系起来。这些基本信息主要指与股票价格相关的信息，特别是构成相关价格比基数的信息，如收益信息、账面价值信息、销售额信息等。选择时，第一要考虑相关性程度，通常应选择与股票价格相关度最高的价格比；第二要考虑相关价格比基数信息的可靠性，例如，如果被评估企业的股票价格与其收益相关度最高，而该企业的收益预测也比较可靠，则选择价格与收益比进行评估将会比较准确、可行。

（二）选择该价格比的可比或类似企业

在选择价格比的基础上，评估人员还应确定可用于评估的价格比的比值。由于企业价值评估在很大程度上取决于对未来几年的企业运作情况的预测，因此评估人员可能会对价格比的估算信心不足。一个可以替代的方法是根据类似企业的价格比评价企业。利用价格比的主要困难在于确定真正类似的企业。

所谓类似企业是指那些具有相似的经营和财务特征的企业。同一行业内部的企业是最佳的选择对象。但是，应当注意，并非同行业所有企业都是可比的，不同的企业有不同的特点。在选择类似企业时通常有两种选择方法：一种方法是将同行业中所有企业的该价格比进行平均，这种做法是要通过平均数将各企业的非可比因素抵消掉，而让被评估企业成为该行业最具代表性的企业；另一种方法是选择行业中最相似的企业。

（三）确定价格比

在选择可比企业的基础上，价格比的确定可以历史状况为标准，也可以预期未来状况为标准。在以历史价格比为标准时，其前提是历史数据能准确反映未来价格比状况。

另外，价格比的确定或计算应保持分子与分母的一致性。例如，价格与收益比的分母应该是每股收益；价格与销售额比的分子，在存在债务的情况下，应做如下调整：

$$价格与销售额比=\frac{产权市场价值+债务}{销售额}=\frac{(股票价格\times股数)+债务}{销售额}$$

（四）预测价格比基数

所谓价格比基数是指与价格比相对应的相关价格比基数，即价格比的分母。要准确进行企业价值评估，评估人员就需在确定价格比的基础上，准确预测价格比基数。例如，如果选择的价格比为价格与收益比，那么评估人员需对企业的未来净收益进行准确预测；如果选择的价格比为价格与销售额比，那么评人员需对企业的未来销售额进行准确预测；如果选择的价格比为市场价格与账面价值比，那么评估人员需对企业的账面净资产价值进行准确预测。

评估人员将确定的价格比与预测的价格比基数代入公式（14. 18），即可得到企业的评估价值。

本章小结

企业价值评估是对企业全部或部分价值进行估价的过程。企业价值评估作为企业业绩评价或企业决策的手段或方法，已经被越来越多的人所接受或采用。

进行企业价值评估首先要明确对企业的什么价值进行评估。我们既可以从评估企业价值入手来评估股东价值，也可以从评估股东价值入手来评估企业价值。在企业价值评估时，我们应根据评估对象的具体情况，考虑应选择的价值。有的企业的清算价值高于持续经营价值，而有的企业的持续经营价值高于清算价值，企业公允的市场价值应是持续经营价值和清算价值中较高的那个。企业价值评估通常以股票或债券市场价格为基础进行评估。但是，市场价值衡量的是少数股权价值，不是控股权交易的可靠价格。

一般财务理论认为，企业价值应该与企业未来资本收益的现值相等。企业未来资本收益可用股利、净利润、息税前利润和现金净流量等表示。不同的表示方法，反映的企业价值内涵是不同的。将现金净流量作为资本收益并进行折现，被认为是较理想的企业价值评估方法。因为现金净流量与以会计为基础计算的股利及利润相比，能更全面精准反映所有价值因素。以现金净流量为基础的企业价值评估的公式如下：

企业经营价值=明确预测期现金净流量现值+明确预测期后现金净流量现值

企业价值=企业经营价值+非经营投资价值

股东价值=企业价值-债务价值

以经济利润为基础的企业价值评估认为，企业价值等于投资资本加上相当于未来每年创造超额收益的现值，即

企业价值=投资资本+预计创造超额收益的现值

企业未来每年创造的超额收益，实质上反映了企业未来的非正常收益或超额利润。经济学中通常将这种非正常收益定义为经济利润，而后来人们在以价值为基础的管理中又将其定义为附加经济价值（EVA）。

经济利润或附加经济价值=息前税后利润-资本费用

以经济利润为基础的企业价值评估方法优于现金净流量折现法之处在于：经济利润可以让我们了解企业在单一时期内创造的价值。经济利润等于投资资本回报率与加权平均资本成本之差乘以投资成本，因此经济利润将价值驱动因素、投资资本回报率和增长率转化为一个数字。

企业价值或股东价值往往可通过股票价格来体现，而股票价格与企业收益、销售额和资产账面价值等都直接相关。因此，企业价值可表现为价格比与相关因素的乘积，用公式表示如下：

企业价值=价格比×相关价格比基数

最常用的价格比有三个，即市盈率或价格与收益比、市场价格与账面价值比和价格与销售额比。

课后习题

简答题

1. 企业价值评估的目的是什么？
2. 请简述企业价值评估的价值选择。
3. 企业的整体经济价值可以分为哪几类？
4. 以现金净流量为基础的企业价值评估的程序是什么？
5. 以价格比为基础的企业价值评估的原理是怎样的？

参考文献

[1] 荆新，刘兴云. 财务分析学 [M]. 3 版. 北京：经济科学出版社，2010.

[2] 万如荣，张莉芳，蒋琰. 财务分析 [M]. 2 版. 北京：人民邮电出版社，2020.

[3] 姜毅，范火盈. 财务分析 [M]. 上海：上海交通大学出版社，2016.

[4] 巩雪茹. 财务分析 [M]. 北京：北京理工大学出版社，2015.

[5] 李敏. 财务分析与报表解读 [M]. 上海：上海财经大学出版社，2016.

[6] 仇元元. 财务分析轻松上手 [M]. 北京：北京理工大学出版社，2016.

[7] 韩德静，范雅玲. 财务会计报告分析 [M]. 北京：人民邮电出版社，2016.

[8] 杨孝安，何丽婷. 财务报表分析 [M]. 北京：北京理工大学出版社，2017.

[9] 张先治，陈友邦. 财务分析 [M]. 大连：东北财经大学出版社，2017.

[10] 桂玉娟. 财务分析 [M]. 上海：上海财经大学出版社，2017.

[11] 周晋兰，杨昀. 财务报表分析 [M]. 北京：科学出版社，2017.

[12] 刘海英. 财务管理学 [M]. 北京：经济科学出版社，2019.

[13] 吴坚. 财务分析：挖掘数字背后的商业价值 [M]. 北京：机械工业出版社，2019.

[14] 韩吉茂，王琦，渠万焱. 现代财务分析与会计信息化研究 [M]. 长春：吉林人民出版社，2019.

[15] 王雪珍，俞雪华. 财务分析与案例研究 [M]. 2 版. 苏州：苏州大学出版社，2019.